Belas Letras.

Este livro foi finalizado em setembro de 2022, aos 78 anos de Nick Mason, baterista da revolucionária Pink Floyd e coautor deste livro que você tem em mãos. A primeira apresentação da banda no *Top of the Pops*, programa da rede britânica BBC que divulgava a parada de sucessos nas noites de quinta-feira, completou 55 anos e a primeira apresentação com David Gilmour integrando Pink Floyd completou 54 anos. Há 53 anos, Neil Armstrong e Buzz Aldrin caminharam na Lua ao som de "Moonhead", um improviso que Pink Floyd tocou por 5 minutos. Quatro anos depois, o icônico disco *The Dark Side of the Moon* seria lançado e consolidaria a banda como sucesso comercial inquestionável. Suas turnês, desavenças e conquistas estão carinhosamente relatadas nas páginas a seguir. Prepare-se para a psicodelia.

NICK MASON

EDITADO POR PHILIP DODD

INSIDE OUT

MINHA HISTÓRIA COM O PINK FLOYD

TRADUÇÃO: FLÁVIA SOUTO MAIOR

2ª reimpressão/2025

Belas Letras

Edited by Philip Dodd
Título original: *Inside Out*

Publisher
Gustavo Guertler
Coordenador editorial
Germano Weirich
Supervisora comercial
Jéssica Ribeiro
Gerente de marketing
Jociele Muller
Supervisora de operações logísticas
Daniele Rodrigues
Supervisora de operações financeiras
Jéssica Alves

Edição
Giovana Bomentre
Tradução
Flávia Souto Maior
Preparação
Cássio Yamamura
Revisão
Karina Novais
Capa e projeto gráfico
Celso Orlandin Jr.
Diagramação
Juliana Rech

2025
Todos os direitos desta edição reservados à
Editora Belas Letras Ltda.
Rua Visconde de Mauá, 473/301 – Bairro São Pelegrino
CEP 95010-070 – Caxias do Sul – RS
www.belasletras.com.br

Dados Internacionais de Catalogação na Fonte (CIP)
Biblioteca Pública Municipal Dr. Demetrio Niederauer
Caxias do Sul, RS

M411i Mason, Nick
Inside out : minha vida no Pink Floyd / Nick Mason; editado por Philip Dodd; tradução: Flávia Souto Maior. - Caxias do Sul, RS: Belas Letras, 2022.
464 p.

ISBN: 978-65-5537-144-4
978-65-5537-145-1
978-65-5537-142-0
978-65-5537-143-7

1. Rock (Música). 2. Músicos de rock - Inglaterra - Biografia. 3. Pink Floyd (Conjunto musical) . I. Dodd, Philip. II. Souto Maior, Flávia. III. Título.

21/130 CDU 784.4(420)

Catalogação elaborada por Vanessa Pinent, CRB-10/1297

PINK FLOYD

SUMÁRIO

1. DIAS DE POLI

ROGER WATERS SÓ SE DIGNOU A FALAR COMIGO depois de praticamente seis meses estudando juntos na faculdade. Uma tarde, enquanto tentava ignorar o burburinho de outros quarenta estudantes de arquitetura para que pudesse me concentrar no desenho técnico à minha frente, a sombra longa e distinta de Roger projetou-se sobre minha prancheta de desenho. Embora tivesse ignorado minha existência persistentemente até aquele momento, Roger havia finalmente reconhecido em mim um espírito musical como o dele, preso no corpo de um arquiteto em desenvolvimento. Os caminhos malfadados de Virgem e Aquário haviam ditado nosso destino e estavam forçando Roger a procurar uma forma de unir nossas mentes em uma grande aventura criativa.

Não, não, não. Estou tentando inventar o mínimo possível. Roger só se aproximou de mim porque queria meu carro emprestado.

O veículo em questão era um Austin Seven "Chummy" 1930, que eu tinha comprado por vinte libras. A maioria dos outros adolescentes da época provavelmente teria escolhido algo mais prático, como um Morris 1000 Traveller, mas meu pai havia incutido em mim um amor por carros antigos, e fornecido esse carro em particular. Com a ajuda dele, aprendi a manter o "Chummy" funcional. Apesar disso, Roger devia estar desesperado para pedi-lo emprestado. O Austin era tão lento que uma vez tive que dar carona a uma pessoa por puro constrangimento, porque estava indo tão devagar que o sujeito achou que eu estava efetivamente parando para lhe oferecer uma carona. Eu disse a Roger que o carro não podia circular, o que não era totalmente verdade. Parte de mim estava relutante em emprestá-lo para qualquer pessoa, mas acho que também achei Roger um tanto quanto ameaçador. Quando ele me viu dirigindo o Austin pouco tempo depois, teve a primeira prova de minha inclinação a ocupar aquela terra de ninguém entre a falsidade e a diplomacia. Em uma ocasião anterior, Roger havia interpelado Rick Wright, também aluno de nossa turma, e lhe pedido um cigarro, recebendo um "não" bem direto. Foi um sinal prematuro da lendária generosidade de Rick. Esses primeiros contatos sociais triviais – durante a primavera de 1963 – continham as sementes dos relacionamentos que apreciaríamos e suportaríamos ao longo dos anos seguintes.

O Pink Floyd surgiu de dois grupos de amigos concomitantes: um ficava em Cambridge, de onde vieram Roger, Syd Barrett, David Gilmour e outras pessoas que viriam a ter relações futuras com o Pink Floyd. O outro – Roger, Rick e eu – juntou-se no primeiro ano de um curso de arquitetura da Escola Politécnica de Regent Street, em Londres, que é onde começam minhas lembranças de nossa história em comum.

Na verdade, eu já tinha me aposentado como baterista quando cheguei à Poli (desde então renomeada Universidade de Westminster). A faculdade ficava na Little Titchfield Street, perto da Oxford Street, no centro do West End. A Poli, em retrospectiva, parece pertencer a uma era passada, com painéis de madeira antiquados que lembram uma enorme escola pública utilitarista. Até onde me recordo, não havia qualquer equipamento no local além de utensílios para fazer chá, mas a Poli – no coração da região da indústria de vestuário, perto da Great Titchfield Street e da Great Portland Street – era cercada de cafeterias que ofereciam ovos, linguiça e batatas fritas até meio-dia, quando bife, torta de rim e rocambole recheado com geleia eram o *menu du jour*.

A escola de arquitetura ficava em um prédio que abrigava uma série de outros cursos relacionados e havia se tornado uma instituição respeitada. Ainda havia uma abordagem um tanto quanto conservadora em relação ao ensino: em História da Arquitetura, o professor entrava e desenhava no quadro uma representação imaculada da planta baixa do Templo de Khonsu, em Karnak, e esperava que copiássemos, assim como vinham fazendo havia trinta anos. No entanto, a escola havia introduzido recentemente a ideia de professores peripatéticos e recebeu alguns arquitetos visitantes que estavam na linha de frente de novas ideias, incluindo Eldred Evans, Norman Foster e Richard Rodgers. A faculdade claramente tinha um bom olho para a forma.

Eu havia esbarrado no estudo da arquitetura sem grandes ambições. Certamente tinha interesse no assunto, mas não estava particularmente comprometido com ele como carreira. Acho que devia pensar que ser arquiteto poderia ser uma forma de ganhar a vida tão boa quanto qualquer outra. Mas também não passava meu tempo na faculdade sonhando em me tornar músico. Quaisquer aspirações adolescentes nesse âmbito tinham sido ofuscadas pela chegada de minha carteira de motorista.

Apesar de minha falta de ambição fervorosa, o curso oferecia uma variedade de disciplinas – incluindo belas-artes, artes gráficas e tecnologia – que acabou servindo como uma educação completa, e que provavelmente explica por que Roger, Rick e eu, em maior ou menor grau, compartilhávamos de um entusiasmo diante das possibilidades oferecidas pela tecnologia e pelos efeitos visuais. Em anos posteriores, nos envolveríamos amplamente em tudo, desde a construção de torres de iluminação até a arte da capa dos discos e design de estúdio e de palco. Nosso conhecimento em arquitetura nos permitiu o luxo de fazer comentários relativamente informados sempre que contratávamos especialistas.

Àqueles interessados em conexões tênues, meu interesse na mistura entre técnico e visual provavelmente veio de meu pai, Bill, diretor de documentários. Quando eu tinha dois anos, ele aceitou um emprego na divisão de filmes da Shell e nos mudamos do subúrbio de Edgbaston, em Birmingham, onde nasci, para o norte de Londres, onde passei meus anos de formação.

Embora meu pai não fosse particularmente musical, sem dúvida era interessado em música, em especial quando diretamente relacionada a um de seus filmes. Nesses casos, podia ficar bem entusiasmado por música, desde grupos de percussão jamaicanos até seções de cordas, jazz ou as loucas divagações elétricas de Ron Geesin. Ele também era fascinado por equipamentos de gravação, discos de teste estéreo, efeitos sonoros e carros de corrida, em várias combinações, e todos esses interesses foram herdados por mim.

No entanto, havia um indício de herança musical na família: meu avô materno, Walter Kershaw, tocou em um grupo de banjo com seus quatro irmãos e teve uma composição publicada, chamada "The Grand State March". Minha mãe, Sally, era uma pianista talentosa, cujo repertório incluía o hoje extremamente politicamente incorreto "Golliwog's Cakewalk", de Debussy.[1] A seleção de discos de 78 rpm em casa era ainda mais eclética, incluindo obras clássicas, canções de trabalhadores comunistas interpretadas pelo Coro do Exército Vermelho, "The Teddy Bears' Picnic" e "The Laughing Policeman". Sem dúvida, traços dessas influências podem ser encontrados em nossa música – deixo a investigação para outras pes-

---

1. Golliwog era um boneco de pano popular no século 19, criado a partir do personagem de um livro. O boneco faz parte de um imaginário racista por ser uma caricatura de homem negro com lábios grandes, pele muito escura e olhos arregalados. Cakewalk era uma dança que foi criada por africanos escravizados nos EUA, usada para zombar dos modos e das danças de seus donos; ao longo do tempo, a dança foi apropriada e embranquecida até chegar à França como um passatempo burguês. Debussy escreveu "Golliwog's Cakewalk" como parte da peça "O lugar das crianças", cujos movimentos faziam alusão a brinquedos de sua filha. (N. da E.)

soas com mais energia. Fiz algumas aulas de piano, assim como de violino, mas elas não foram capazes de revelar um prodígio musical e ambos instrumentos foram abandonados.

Também devo confessar uma atração misteriosa por Fess Parker cantando "The Ballad of Davy Crockett"; single lançado no Reino Unido em 1956. Mesmo naquela época a relação profana entre música e mercadoria claramente já existia, e eu logo estava ostentando um chapéu de pele de guaxinim sintética realçado por sua cauda extravagante.

Eu devia ter por volta de doze anos quando o rock invadiu minha consciência pela primeira vez. Lembro-me de me esforçar para permanecer acordado pelas exortações de Horace Batchelor a seu sistema de apostas improváveis na Radio Luxembourg, na esperança de ouvir "Rocking To Dreamland". Ajudei "See You Later Alligator", de Bill Haley, a chegar à lista das Dez Mais do Reino Unido em março de 1956 comprando o disco em 78 rpm na loja de materiais elétricos da vizinhança e, mais tarde naquele mesmo ano, mergulhei em "Don't Be Cruel" de Elvis Presley: ambos foram tocados no novo gramofone de última geração da família, que era elétrico e se conectava a um aparelho que parecia um cruzamento dos gabinetes feitos na época de Luís XIV e um painel de Rolls-Royce. Aos treze anos, obtive meu primeiro LP: *Rock'n'Roll*, de Elvis Presley. Esse disco inspirador foi o primeiro LP de pelo menos dois outros membros do Pink Floyd e de quase toda a nossa geração de músicos de rock. Não se tratava apenas de uma música nova e fantástica, mas, para um adolescente rebelde, também tinha o *frisson* adicional de causar nos pais a mesma reação normalmente reservada a uma aranha de estimação.

Foi mais ou menos nessa época que eu saí com minha mochila, calças de flanela curtas e jaqueta de colegial – esta última rosa, com acabamento preto e um broche da cruz de malta – para ver uma apresentação de Tommy Steele em um programa de variedades no leste de Londres. Fui sozinho. Aparentemente, nenhum dos meus amigos da escola estava tão entusiasmado. Tommy era a atração principal e o restante era terrível. Comediantes, malabaristas e outros refugiados das *music halls* inglesas esforçavam-se para esvaziar o salão antes de Tommy entrar, mas eu persisti. E, devo dizer, ele foi fantástico. Cantou "Singing the Blues" e "Rock with the Caveman" e tinha exatamente a mesma aparência de quando foi ao *Six-Five Special*, programa popular da televisão do Reino Unido. Não era Elvis, mas certamente era uma boa alternativa.

Passados alguns anos, eu tinha me aproximado de um grupo de amigos do bairro que também havia descoberto o rock and roll, e pareceu uma excelente ideia formar uma banda. O fato de nenhum de nós saber tocar era apenas um pequeno detalhe, já que não tínhamos nenhum instrumento. Consequentemente, decidir quem tocaria o quê foi uma espécie de loteria. Minha única ligação com a bateria era ter ganhado um par de vassourinhas de percussão de Wayne Minnow, um amigo jornalista de meus pais. Depois do fracasso de minhas aulas de piano e violino, esta pareceu uma razão perfeitamente legítima para eu me tornar baterista. Minha primeira bateria, adquirida na Chas. E. Foote da Denman Street, no Soho, incluía um bumbo Gigster, uma caixa de idade e linhagem indeterminadas, chimbal, pratos e um livro de instruções sobre os mistérios dos *flam paradiddles* e *ratamacues* (que ainda estou tentando desvendar). Equipado com este arsenal destruidor, juntei-me aos meus amigos e formamos a Hotrods.

O grupo tinha Tim Mack na guitarra solo, William Gammell na guitarra base e Michael Kriesky no baixo. Também contávamos com um saxofonista, John Gregory, embora seu saxofone, que precedia a padronização da afinação pelo Lá 440 Hz, estivesse meio tom acima de um modelo novo e, consequentemente, ficasse impossibilitado de tocar em conjunto. Michael, com a ajuda de todos nós, havia construído seu baixo do zero. Francamente, os saxões teriam tido mais sucesso

PASSADOS ALGUNS ANOS,
EU TINHA ME APROXIMADO DE
UM GRUPO DE AMIGOS
DO BAIRRO QUE TAMBÉM
HAVIA DESCOBERTO O
ROCK AND ROLL, E PARECEU
UMA EXCELENTE IDEIA
FORMAR UMA BANDA.

construindo uma sonda espacial, mas conseguimos chegar à vaga aparência externa de um instrumento. Embora tivéssemos acesso a alguns amplificadores, eram tão constrangedores que, quando posamos para uma foto do grupo, sentimos a obrigação de simular uma caixa de som usando papelão e uma caneta esferográfica.

Graças ao trabalho do meu pai no cinema, pudemos usar um gravador estéreo Grundig novinho. Em vez de perder tempo ensaiando, iniciamos de imediato nossa primeira sessão de gravação. A técnica de estúdio envolvia o posicionamento de dois microfones em algum ponto entre a bateria e o amplificador, usando o método de tentativa e erro. Lamentavelmente, essas fitas ainda existem.

Os Hotrods nunca foram muito além das inúmeras versões do tema do programa de TV *Peter Gunn*, e minha carreira na música parecia destinada ao fracasso. Mas agora eu estudava no Frensham Heights, colégio misto independente em Surrey. Lá, havia garotas (foi onde conheci Lindy, minha primeira esposa), um clube de jazz, e era permitido usar calças compridas depois do terceiro ano. Sim, era a vida sofisticada que eu procurava.

Comparando à escola anterior, eu gostei muito do tempo que passei no Frensham – o colégio ficava em uma grande casa de campo em um terreno amplo, perto de Hindhead, em Surrey. Embora fosse bastante tradicional – em termos de uniforme e provas – o colégio abordava a educação de forma muito mais liberal, e tenho boas lembranças dos professores de artes e inglês de lá. Também comecei a aprender técnicas de negociação. Como a escola ficava perto dos lagos de Frensham, eu consegui adquirir uma canoa e, em troca de emprestá-la ao professor de educação física, fui liberado dos jogos de críquete. Como prova disso, entre as peças obrigatórias do uniforme havia um caro suéter de críquete; o meu nunca saiu do pacote original de celofane.

A escola usava o salão de bailes da casa de campo para reuniões e outros eventos, mas regularmente ele era usado para seu propósito original, quando dançávamos valsas, foxtrotes e veletas. No entanto, durante o tempo que passei em Frensham, as danças do salão de baile se transformaram em algo mais agitado, embora sem dúvida precisássemos de uma autorização especial para tocar os últimos sucessos – uma tentativa da escola de limitar a invasão da música pop. Mas tínhamos um clube de jazz. Não era algo criado pelos professores, mas uma reunião informal de alunos: Peter Adler, filho do grande gaitista Larry Adler, estudava naquela escola. Lembro-me dele tocando piano, e talvez tenhamos tentado tocar jazz juntos em algum momento. Era difícil até mesmo ouvir nossos discos de jazz, pois a escola só tinha um toca-discos, e só fomos ter nossos próprios aparelhos quando eu já estava saindo de lá. O clube provavelmente estava mais para uma oportunidade de me livrar de fazer algo mais difícil e menos agradável, mas pelo menos representou um interesse embrionário pelo jazz. Posteriormente, eu passaria um tempo em Londres indo a lugares com o 100 Club para ouvir os líderes do movimento *trad jazz* na Inglaterra, músicos como Cy Laurie e Ken Colyer. No entanto, nunca gostei da parafernália de grande parte do *trad jazz* – os chapéus-coco e os coletes – e parti para o *bebop*. Ainda sou grande entusiasta do jazz moderno, mas, na adolescência, as técnicas avançadas de execução exigidas eram uma barreira insuperável. Voltei a aperfeiçoar a bateria do tema de *Peter Gunn*.

Depois de sair da Frensham Heights e passar um ano em Londres aprimorando meus estudos, cheguei à Escola Politécnica de Regent Street em setembro de 1962. Estudei um pouco, produzi vários trabalhos para meu portfólio e assisti a muitas aulas. Todavia, dediquei-me muito à tentativa de cultivar um visual adequado, com uma predileção por jaquetas de veludo cotelê e casacos de lã. Também tentei fumar um cachimbo. Foi em algum momento durante meu segundo semestre na faculdade que me envolvi com o que a geração mais velha costumava chamar de "má influência", ou seja, Roger.

Nossa primeira conversa infrutífera sobre o Austin "Chummy" talvez tenha levado, surpreendentemente, a uma amizade maior, baseada em gostos musicais compartilhados. Outro vínculo da amizade que se desenvolveu entre nós foi um gosto comum por tudo o que nos levasse para fora das dependências da faculdade, fosse andar para cima e para baixo na Charing Cross Road para olhar baterias e guitarras, frequentar as matinês dos cinemas no West End ou ir ao Anello & Davide, fabricantes de sapatilhas de balé em Covent Garden, que na época estavam fazendo também botas de caubói com salto cubano por encomenda. A perspectiva de um fim de semana na casa de Roger, em Cambridge, também costumava encorajar que deixássemos os rigores do trabalho escolar mais cedo na sexta-feira.

Politicamente, tínhamos origens bem semelhantes. A mãe de Roger era ex-membro do Partido Comunista e apoiadora convicta do Partido Trabalhista, assim como meus pais: meu pai tinha entrado para o Partido Comunista para se opor ao fascismo, e depois, com o início da guerra, deixou o PC e tornou-se representante sindical da ATC, a Associação dos Técnicos Cinematográficos. Compartilhávamos esse mesmo histórico com nossas respectivas namoradas, e mais tarde esposas, Lindy e Judy. Roger tinha sido presidente da seção jovem da Campanha pelo Desarmamento Nuclear em Cambridge, e ele e Judy participaram de inúmeras marchas da campanha de Aldermaston a Londres. Lindy e eu participamos de pelo menos uma marcha nos arredores de Londres no última dia, e ela depois esteve na manifestação na Grosvenor Square, que a polícia dispersou com uma mão um tanto quanto pesada. Eu diria agora que isso provavelmente reflete com bastante precisão meu próprio compromisso geral com a política – ligeiramente à esquerda, com entusiasmo parcial, e apenas uma ou outra explosão esporádica de bom comportamento.

É provável que parte da convicção de Roger tenha sido herdada de sua mãe, Mary, uma professora que havia mostrado sua tenacidade criando sozinha Roger e seu irmão mais velho, John, depois que o marido Eric Waters (que também era professor) fora morto na Itália, durante a Segunda Guerra Mundial. Roger havia frequentado a Cambridgeshire High School for Boys na mesma época que Syd Barrett – entre seus colegas estava também Storm Thorgerson, que depois teria um papel importante na história da banda, como nosso designer gráfico por mais de três décadas. A escola também forneceu a Roger a matéria-prima para um determinado tipo de professor intimidador que mais tarde apareceria como caricatura em *The Wall*.

As atividades musicais de Roger não eram particularmente diferentes das de qualquer outro adolescente da época: dedilhar um pouco o violão e captar *riffs* e ideias de antigos discos de blues. Como eu, ele era um ouvinte ávido da Radio Luxembourg, bem como da American Forces Network. Quando foi para a faculdade em Londres, seu violão viajou com ele. Um primeiro indício de que aproveitaríamos bem a educação que estávamos recebendo foi a forma como ele usou Letraset, na época uma ferramenta de design especializada, para estampar "I Believe to my Soul" no corpo do violão. Ao nossos olhos, pareceu bem astuto.

Além do violão, Roger tinha um comportamento particular. Como alguns outros alunos, ele já havia tido a experiência de trabalhar alguns meses em um escritório de arquitetura antes de chegar à faculdade. Isso lhe deu uma visão um pouco mais sofisticada de até onde aquela formação poderia levar, e ele ostentava uma expressão de desprezo diante da maioria de nós, o que acho que até os funcionários achavam irritante.

Um outro aluno, Jon Corpe, tem uma lembrança nítida do impacto de Roger na Poli: "Alto, magro, com uma pele ruim, ele projetava a imagem do pistoleiro de *O estranho sem nome*. Ele carregava o violão, que tocava com suavidade no estúdio e com firmeza na sala dos alunos de artes dramáticas (era a sala do clube de teatro da

Poli, uma de nossas salas de ensaio). Para mim, Roger sempre estará a uma certa distância, cantando canções mórbidas sobre perda".

De vez em quando, pediam que formássemos grupos para fazer trabalhos e, assim, durante o primeiro ano, Roger e eu juntamos forças com Jon Corpe para projetar uma pequena casa. Nosso projeto de construção foi muito bem aceito, apesar de ser totalmente impraticável, mas isso se deve muito ao fato de Jon ser um excelente aluno, que parecia feliz em se concentrar na arquitetura enquanto Roger e eu gastávamos o dinheiro de sua bolsa de estudos em curry e instrumentos musicais.

Trabalhar com Roger não era fácil. Era comum eu atravessar a cidade, de Hampstead, no norte de Londres, onde ainda morava com meus pais, e encontrar um bilhete de Roger na porta: "Fui ao Café des Artistes". Seu esquema de moradia costumava ser incerto; por um tempo, morou em um prédio abandonado particularmente precário próximo à King's Road, em Chelsea. Sem água quente – os banhos eram tomados no banheiro público de Chelsea, ali perto –, sem telefone e com alguns moradores extremamente instáveis, essa experiência provavelmente deu a ele uma vantagem para lidar com a vida em turnê; mas, em termos práticos, era bem difícil usar uma prancheta de desenho lá.

Embora o aspecto, os sons e os aromas dos aposentos de Roger tenham me marcado, tenho poucas lembranças claras de Rick naquele período, e ele deve ter menos ainda. Logo que chegou à faculdade, acho que percebeu que a arquitetura não era para ele – segundo Rick, foi uma escolha totalmente arbitrária sugerida por um orientador vocacional –, mas a Poli precisou de um ano inteiro para chegar à mesma conclusão. Assim que as partes chegaram a esse entendimento mútuo, Rick saiu em busca de um caminho alternativo, indo parar no London College of Music.

O que a história registra é que Rick nasceu em Pinner, que seu pai, Robert, era o bioquímico-chefe da Unigate Dairies, e que a casa da família ficava em Hatch End, nos arredores de Londres: lá, Rick frequentou a Haberdashers' Aske's Grammar School. Rick tocava trompete quando era estudante, e sempre afirmava que já tocava piano antes mesmo de aprender a andar... mas depois acrescentava que só havia começado a andar aos dez anos. Na verdade, foi uma perna quebrada aos doze anos – que o obrigou a passar dois meses de cama – que transformou o violão em companhia, mas sem nenhum professor. Rick aprendeu a tocar sozinho, fazendo os acordes à sua própria maneira. Mais tarde, encorajado por sua mãe, a galesa Daisy, usou a mesma abordagem no piano. Esse método autodidata produziu o som e o estilo únicos de Rick, e provavelmente impediu que ganhasse a vida como professor de técnica em um conservatório.

Depois de um breve flerte com o *skiffle*, Rick sucumbiu à influência do *trad jazz*, tocando trombone, saxofone e piano. Sinto dizer que uma vez ele confessou ter usado um chapéu-coco como surdina para o trombone. Ele foi ver Humphrey Lyttelton e Kenny Ball na Eel Pie Island, e Cyril Davies, um dos pais do R&B britânico, na Railway Tavern, em Harrow. Também pedia carona ou pedalava até Brighton aos fins de semana, antes do surgimento dos *mods* com suas lambretas e o estilo de se vestir excêntrico (camisa sem colarinho, colete e, de vez em quando, chapéu-coco). Antes de chegar à Poli, ele passou um breve período como assistente de entregas da Kodak, onde a experiência de trabalho resumia-se a observar os motoristas escapulindo no meio do dia para jogar golfe e voltar ao depósito às 20h para bater o ponto e reivindicar suas horas extras.

Minhas impressões de Rick na faculdade foram de alguém calmo, introvertido, com um círculo de amigos fora da Poli. Jon Corpe lembra que "Rick tinha uma boa aparência viril, com cílios longos e sedutores que despertavam a curiosidade das garotas".

Em nosso primeiro ano, Rick, Roger e eu acabamos em uma banda montada por Clive Metcalfe, outro estudante da Poli, que tocava em uma dupla com Keith Noble, um de nossos colegas de turma. Tenho certeza de que foi Clive que motivou o surgimento da banda: ele de fato sabia tocar um pouco de guitarra e havia nitidamente passado muitas horas aprendendo as músicas. O restante de nós foi recrutado de forma casual, na base do "Sim, eu tocava um pouco antigamente", e não devido a qualquer ambição mais veemente. Essa primeira banda da Poli – a Sigma 6 – era formada por Clive, Keith Noble, Roger, eu e Rick, com a irmã de Keith, Sheila, ajudando de vez em quando nos vocais. A posição de Rick era um pouco tênue, visto que ele não tinha teclado elétrico. Ele tocava se houvesse piano no pub, mas, sem um amplificador, era improvável que alguém conseguisse ouvi-lo junto ao som da bateria e dos amplificadores Vox AC30. Se não houvesse nenhum piano disponível, ele ameaçava levar o trombone.

A namorada de Rick, Juliette, que depois se tornou sua esposa, participava como artista convidada, com um repertório variado de blues, incluindo "Summertime" e "Careless Love", que cantava particularmente bem. Juliette, estudante de línguas modernas na Poli, foi cursar a universidade em Brighton no final de nosso primeiro ano, na mesma época em que Rick foi para o London College of Music. No entanto, àquela altura já tínhamos encontrado elementos musicais suficientes em comum para manter nossa amizade.

Acho que a banda se estabilizou ao redor dos piores músicos, não dos melhores. Por um curto período, tivemos um guitarrista competente (sei que ele era bom porque tinha um belo instrumento e um amplificador Vox decente), mas ele desistiu depois de alguns ensaios. Pelo que me lembro, nunca tentamos formalizar o grupo: se aparecessem dois guitarristas, simplesmente se ampliava o repertório, já que sem dúvidas um deles saberia uma música que o restante de nós não havia aprendido. A essa altura, Roger foi nomeado guitarrista base. Ele só passou ao baixo depois, quando sua recusa em gastar dinheiro a mais para comprar uma guitarra elétrica, combinada à chegada de Syd Barrett, obrigou-o a assumir uma posição mais modesta. Como ele observou mais tarde: "Graças a Deus não me puseram para tocar bateria". Tenho que concordar com essa opinião. Se Roger estivesse na bateria, eu acabaria virando *roadie*...

Como a maioria das bandas iniciantes, passávamos mais tempo conversando, planejando e pensando em nomes que ensaiando. Os shows eram esporádicos. Até 1965, nenhum dos shows que fizemos foi estritamente comercial – eram organizados por nós ou por colegas estudantes para eventos privados, não públicos. Festas de aniversário, fins de semestre e festas de alunos eram a norma. Ensaiávamos em uma sala de chá no porão da Poli e, juntamente com músicas adequadas a festas estudantis, como "I'm a Crawling King Snake" e *hits* dos Searchers, também trabalhávamos em músicas escritas por um amigo de Clive Metcalfe, um estudante chamado Ken Chapman. Ken tornou-se nosso empresário/compositor. Ele mandou fazer cartões para oferecer nossos serviços para festas e uma grande campanha publicitária para nossa – felizmente breve – carreira como os Architectural Abdabs foi organizada utilizando uma fotografia um tanto quanto recatada do grupo, além de um artigo no jornal da faculdade, no qual expressávamos nossa devoção ao R&B acima do rock. Infelizmente, as letras de Ken tendiam a ir demais para o lado das baladas para o nosso gosto, com letras como "Have you seen a morning rose?" (acompanhada da melodia de "Für Elise") e "Mind the gap". Mas, depois de um tempo, ele conseguiu uma oportunidade de mostrá-las a um renomado editor, Gerry Bron, que foi ouvir a banda e as músicas. Ensaiamos com determinação para aquela oportunidade, mas não foi um grande sucesso. Gerry gostou mais das músicas do que da banda (bem, pelo menos foi o que Ken nos disse), mas nem mesmo as músicas foram para a frente.

No início de nosso segundo ano de faculdade, em setembro de 1963, Clive e Keith decidiram seguir sozinhos como uma dupla, então a versão seguinte da banda começou a se reunir em uma casa que pertencia a Mike Leonard. Mike, na época com trinta e poucos anos, era professor em meio período na Poli e, além de seu amor pela arquitetura, era fascinado por percussão étnica e pela interação entre ritmo, movimento e luz, o que demonstrava com grande entusiasmo em suas aulas. Em setembro de 1963, época em que também dava aulas no Homsey College of Art, Mike comprou uma casa no norte de Londres e queria alugá-la para ter uma renda extra.

O imóvel do número 39 da Stanhope Gardens, em Highgate é uma daquelas casas eduardianas confortáveis, com cômodos espaçosos e pé-direito alto. Mike estava no processo de convertê-la em um apartamento separado no térreo, reservando o andar de cima para seus próprios, e mais exóticos, aposentos e escritório de desenho. Havia aberto uma boa parte da cobertura e criado um espaço grande, bem apropriado para funcionar como sala de ensaio, mas felizmente para ele, as escadas eram íngremes demais e raramente tínhamos energia para carregar todo o equipamento para cima.

Mike também precisava de ajuda em meio período no escritório, onde seu trabalho projetando banheiros em escolas para o Conselho do Condado de Londres lhe permitia financiar a criação dos projetores de luz que construía em casa (eles utilizavam discos de metal ou vidro perfurados com elementos de acrílico, girados por motores elétricos, que lançavam padrões de luz em uma parede). A sugestão de Mike para que virássemos seus inquilinos pareceu um acordo ideal, então Roger e eu nos mudamos para lá. No decorrer dos três anos seguinte, Rick, Syd e vários outros conhecidos moraram lá em diferentes períodos. O clima do local foi capturado em um documentário no programa *Tomorrow's World* da BBC, que mostrava os projetores de luz de Mike em ação enquanto nós ensaiávamos no andar de baixo (o programa previa corajosamente que, na década de 1970, cada sala de estar do país teria seu próprio projetor).

Mike tinha dois gatos, Tunji e McGhee – um birmanês e um siamês – de que ele e Roger gostavam muito. Como resultado, Roger continuou sendo um amante de gatos durante anos. Acredito que ele achava a agressão arrogante dos bichanos reconfortante. As paredes da casa eram cobertas de tela de juta, e depois de arrastar um arenque defumado pelo tecido, Mike anunciava os horários de refeição aos gatos usando uma buzina antiga. Eles voltavam correndo de seu turno aterrorizando a vizinhança, atravessavam a abertura para correspondências na porta e iniciavam uma viagem louca pelas paredes e peitoris das janelas até encontrarem o peixe, às vezes preso no teto do escritório de desenho.

Stanhope Gardens representou uma grande diferença em nossas atividades musicais. Tínhamos nosso próprio local permanente para ensaios, graças a um senhorio generoso: inclusive usamos o nome Leonard's Lodgers por um tempo. Os ensaios aconteciam na sala de entrada do apartamento, onde todo o equipamento ficava sempre montado. Infelizmente, aquilo tornava impossível qualquer estudo, e dormir estava praticamente fora de questão, uma vez que o espaço era também meu quarto e de Roger. Naturalmente, os vizinhos reclamavam, embora a ameaça de processo por perturbação sonora nunca tenha se materializado. No entanto, só por precaução, às vezes aliviávamos a dor deles alugando uma sala de ensaios nas proximidades, na Railway Tavern, localizada na Archway Road.

Nunca recebemos reclamações da parte de Mike. Na verdade, ele se tornou um participante ativo. Era um pianista competente, e o convencemos a comprar um órgão elétrico Farfisa Duo e ser nosso tecladista por um tempo. Mike ainda tem o Farfisa. Outro grande bônus foi Mike ter nos dado acesso aos experimentos com luz e som realizados no Hornsey College. Roger, em particular, passava muitas horas por lá trabalhando com os projetores de luz, e tornou-se efetivamente uma espécie de assistente de Mike.

Assim, durante nosso segundo ano de faculdade, moramos em Stanhope Gardens, ensaiamos e fizemos alguns shows, enquanto continuávamos nossos estudos de maneira intermitente. A mudança seguinte que foi realmente significativa em nosso destino foi a chegada de Bob Klose, em setembro de 1964. Bob, outro produto da Cambridgeshire High School for Boys, chegou a Londres com Syd Barrett e matriculou-se na faculdade de arquitetura dois anos abaixo de nós. Bob pôde ir morar em Stanhope Gardens de imediato, pois eu havia saído de lá e voltado para a casa de meus pais, em Hampstead, durante o verão. Havia ficado bem claro que se eu fosse permanecer na Poli, o que parecia uma boa ideia na época, teria que me esforçar mais, e era impossível estudar em Stanhope Gardens.

A reputação de Bob como guitarrista era positiva e muito merecida. Entrar em uma loja de guitarras com ele era fascinante, pois até mesmo os vendedores arrogantes ficavam impressionados com seus acordes de jazz de Mickey Baker e com a velocidade de seus dedos, embora sob nosso ponto de vista ele infelizmente preferisse os mais conservadores violões semiacústicos à Fender Stratocaster. Com Bob, nos sentíamos mais confiantes musicalmente, mas por Keith Noble e Clive Metcalfe terem saído da Poli e da banda, estávamos desesperados por um vocalista. A conexão com Cambridge funcionou mais uma vez, e Bob nos forneceu Chris Dennis. Ele era um pouco mais velho que o restante de nós e já havia participado de algumas das melhores bandas no cenário musical de Cambridge. Chris era assistente de dentista da Força Aérea Britânica e morava em Northolt. Ele não tinha carro (geralmente eu era o motorista, ainda dirigindo o Austin "Chummy"), mas tinha um amplificador de potência Vox, que consistia em duas colunas e um amplificador separado, com canais individuais para os microfones. Quando necessário, também podíamos ligar as guitarras no amplificador de potência. Com todo esse equipamento, Chris teve, é claro, o posto de vocalista automaticamente garantido.

Como líder da banda – agora chamada The Tea Set – Chris tinha a infeliz tendência de imitar bigodes de Hitler com sua gaita, dizendo: "desculpe por isso, pessoal" e anunciando todas as músicas ("com excessiva desenvoltura", nas palavras de Bob Klose) com o nome "Looking Through the Knotholes in Granny's Wooden Leg" ["Olhando pelos buracos da perna de madeira da vovó"]. Se Chris tivesse permanecido na banda, suspeito que esse hábito acabaria se tornado um problema quando o Pink Floyd se tornou, segundo fontes fidedignas, o queridinho da elite intelectual *underground* de Londres.

Nos separamos de Chris pouco tempo depois, quando Syd Barrett começou a tocar conosco regularmente. Roger conhecia Syd de Cambridge – sua mãe havia dado aula para Syd no ensino fundamental – e pretendíamos incluí-lo na banda antes mesmo de sua chegada a Londres para estudar no Camberwell College of Art. A situação claramente foi Syd se juntando a nós, e não ele recrutando uma banda. Bob Klose se lembra bem do momento: "Eu me recordo do ensaio que selou o destino de Chris Dennis. Foi no sótão da casa de Stanhope Gardens. Chris, Roger, Nick e eu estávamos praticando algumas de nossas músicas de R&B preferidas da época. Syd chegou mais tarde e ficou observando em silêncio do alto das escadas. Em seguida, disse: 'É, o som é incrível, mas não vejo o que eu faria na banda'".

Embora Syd não soubesse muito bem onde se encaixaria, parecia certo que ele deveria participar. Como resultado, os dias de Chris Dennis e seu equipamento de som estavam contados. Como Bob tinha sido o responsável por recrutar Chris, Roger decidiu que ele também ficaria responsável pelo procedimento de "desrecrutamento", o que Bob fez de um telefone público na estação de metrô de Tottenham Court Road. Por acaso, Chris estava sendo transferido para o exterior, de qualquer modo. Assim, Syd, em parte por falta de outra opção, tornou-se vocalista da banda.

Sem saber nada sobre a infância de Syd, só posso dizer que quando o conheci, em 1964, ele foi muito agradável. Em uma época em que todos eram indiferentes, como adolescentes constrangidos, Syd ia contra a corrente e era extrovertido. O que mais me lembro de nosso primeiro encontro foi ele ter se dado ao trabalho de se aproximar de mim e se apresentar.

A criação de Syd em Cambridge havia sido possivelmente a mais boêmia e liberal de todos nós. Seu pai, Arthur, patologista acadêmico e hospitalar, e sua mãe, Winifred, sempre incentivaram sua música. Permitiam, e até estimulavam, ensaios das bandas anteriores de Syd em sua sala de estar. Era um comportamento muito avançado para os pais no início da década de 1960. Além da música, o interesse e o talento de Syd em relação à pintura ficaram evidentes durante o tempo que passou na Cambridgeshire High School, de onde saiu para estudar artes na Cambridge Tech, logo após a morte de seu pai. Velho conhecido seu, David Gilmour também estava lá, estudando línguas modernas. Os dois se deram bem – encontravam-se na hora do almoço para tocar guitarra e gaita – e depois passaram um verão no sul da França, pedindo carona e tocando na rua.

Syd nem sempre foi Syd – ele foi batizado Roger Keith, mas no Riverside Jazz Club que frequentava em um pub local de Cambridge, um dos frequentadores assíduos era um baterista chamado Sid Barrett. Os clientes habituais do clube imediatamente apelidaram o Barrett recém-chegado de "Syd", mas com Y, para evitar uma confusão completa. E foi assim que o conhecemos desde sempre.

Storm Thorgerson lembra-se de Syd como um interessante, porém não necessariamente o mais interessante, membro de um talentoso grupo de amigos que morava em Cambridge, todos entusiasmados com a elegância e cultura da cidade e com a paisagem rural dos arredores. Syd era bonito, charmoso, engraçado, tocava um pouco de guitarra e fumava um baseado de vez em quando. Certamente, quando entrou para nossa banda em Londres, não houve nenhuma transição repentina em nossos gostos musicais. Syd se sentia bem confortável com as covers de Bo Diddley, Stones e R&B que formavam a maior parte de nosso repertório. Storm também lembra que Syd adorava os Beatles em uma época em que a maioria de seus amigos preferia os Stones.

Da mesma forma que Stanhope Gardens resolveu o problema de nossos ensaios, a Poli era um local pronto para apresentações. A impressão que tenho é que na verdade tínhamos que nos esforçar muito na faculdade. O curso de arquitetura exigia muitas horas de estudo fora das aulas, e as noites em casa – e mais tarde nos apartamentos em que vivíamos – eram passadas trabalhando, ou pelo menos tentando, a despeito de outras distrações. Íamos pouco, ou quase nunca, a casas noturnas ou bares durante a semana, mas quando chegava a sexta-feira podíamos relaxar no pub. E nos fins de semana sempre havia eventos na Poli. Eles aconteciam em um grande salão que tinha aspecto de ginásio. Havia um palco em uma das extremidades, onde aconteciam várias cerimônias e uma ou outra produção teatral. Os bailes eram simples, com um toca-discos reproduzindo os últimos sucessos a todo volume, mas de vez em quando uma banda ao vivo era contratada.

Como éramos a única banda local, conseguimos em algumas ocasiões abrir para a atração principal. Representou um desenvolvimento significativo para nós, e creio que nos esforçamos muito para conseguir a oportunidade. Provavelmente fomos pagos, mas não muito; era a perspectiva de tocar que nos empolgava. A ideia de nos apresentarmos não nos intimidava – de todo modo, só precisávamos nos levantar e tocar algumas covers para o pessoal dançar –, mas ficávamos estupefatos com o profissionalismo dos que faziam aquilo em tempo integral. O modo com que tocavam enfatizava o abismo que havia entre uma banda que tocava regularmente para ganhar a vida e um grupo de estudantes que tocava de vez em quando, como o nosso.

Lembro-me particularmente de abrir para os Tridents, que na época tinham Jeff Beck na guitarra. Foi a primeira banda de Jeff a obter algum reconhecimento, e eles já haviam estabelecido uma reputação razoável. Tanto que quando Jeff saiu da banda, foi para ocupar o posto de Eric Clapton nos Yardbirds e acentuar sua reputação como um dos maiores guitarristas de blues rock, além de alguém capaz de criar o clássico dançante "Hi Ho Silver Lining".

Perto do Natal de 1964, entramos em um estúdio pela primeira vez. Conseguimos fazê-lo por meio de um amigo de Rick, que trabalhava no estúdio, em West Hampstead, e nos deixava usar de graça em alguns horários de pouco movimento. A sessão incluiu uma versão de um antigo clássico de R&B "I'm a King Bee", e três músicas escritas por Syd: "Double O Bo" (uma mistura de Bo Diddley com o tema de 007), "Butterfly" e "Lucy Leave". Aquelas se tornaram nossas principais músicas demo, em fita de rolo de ¼ de polegada e uma edição limitada em vinil, e foram imprescindíveis, uma vez que a maioria dos lugares exigia esse tipo de material antes de realizar audições ao vivo.

Curiosamente, mais ou menos nessa época Rick teve uma música chamada "You're the Reason Why", publicada e lançada como lado B em um single chamado "Little Baby", de um grupo conhecido como Adam, Mike & Tim, e recebeu um adiantamento de 75 libras, anos antes de nós sabermos o verdadeiro significado da palavra "roubada"...

No fim da primavera de 1965, conseguimos um posto como banda fixa no Countdown Club, um porão na Palace Gate 1A, perto da Kensington High Street. O Countdown Club ficava embaixo de um hotel, ou de um conjunto de apartamentos, o que, é claro, gerou problemas devido ao nível de barulho que a casa noturna produzia. O Countdown não tinha nenhuma decoração temática ou ambiente taciturno. Era um lugar pensado para música, com uma clientela relativamente jovem e bebidas bem baratas. Acho que a ideia era que, devido à falta de divulgação, os donos esperavam que grupos como o nosso trouxessem um monte de amigos para nos apoiar, e que eles consumissem bebidas no bar.

Tocávamos mais ou menos das nove da noite até duas da madrugada, com alguns intervalos. Com três séries de noventa minutos cada, começávamos a repetir músicas mais para o fim da noite, conforme ficávamos sem canções novas e o álcool afetava a memória de curto prazo do público. Foi também quando começamos a compreender que músicas podiam ser estendidas com solos prolongados. Começamos a juntar uma variedade mais ampla de músicas, além de um pequeno, porém leal, grupo de seguidores. Embora usássemos amplificadores inicialmente, havíamos tido apenas duas ou três noites de sucesso quando a casa noturna recebeu uma reclamação formal por perturbação sonora. Estávamos tão desesperados pelo trabalho (era nossa única apresentação remunerada na época) que nos oferecemos para fazer apresentações acústicas. Roger deu um jeito de comprar um contrabaixo, Rick tirou o pó do piano vertical, Bob e Syd tocavam violões e eu usava um par de vassourinhas de percussão. Sei que o repertório incluía "How High the Moon", uma das músicas "cartão de visita" de Bob, e "Long Tall Texan", mas as outras canções já foram esquecidas há muito tempo.

Ao mesmo tempo, fizemos testes para dois novos trabalhos em potencial. Um foi para ser banda de abertura em uma casa noturna chamada Beat City. Havia um anúncio procurando bandas no *Melody Maker*, jornal semanal que – até seu fechamento, em 2000 – oferecia informações acerca de "Músicos disponíveis e requisitados" ("Um acordeonista apto..." foi o primeiro anúncio durante anos). Vimos o anúncio da Beat City e fomos até lá apresentar uma seleção de nossas músicas. Eles nos rejeitaram.

O outro teste foi para o *Ready Steady Go!*, o melhor programa de música da época, onde jovens descolados podiam ser vistos dançando ao som de bandas jovens descoladas. Transmitido pela ITV, canal comercial de televisão relativamente novo, o programa podia ser um pouco mais radical do que a BBC se atreveria a ser. Infelizmente, até mesmo os produtores do *Ready Steady Go!* nos consideraram um pouco radicais *demais* para os espectadores em geral, e sugeriram que gostariam de nos ouvir novamente, dessa vez tocando canções com as quais eles estivessem mais familiarizados. Mas pelo menos demonstraram certo interesse e tiveram a decência de nos convidar para voltar ao estúdio e fazer parte da plateia na semana seguinte. Aquilo me pareceu um bom motivo para ir até a Carnaby Street e comprar uma calça boca de sino com estampa xadrez, uma vez que a plateia deveria ser vista em movimento diante das câmeras. Também era uma oportunidade de ver bandas como Rolling Stones e Lovin' Spoonful ao vivo.

Outra excelente ideia para lançar nossa carreira era participar de concursos de rock. Entramos em dois. Um era um evento local no Country Club, no norte de Londres. Havíamos tocado lá algumas vezes, e tínhamos um pequeno grupo de fãs, então chegamos à final sem muita dificuldade. Àquela altura, no entanto, esbarramos em um obstáculo. Também íamos participar de um evento mais grandioso, o *Melody Maker* Beat Contest ("Beat" era uma palavra usada em excesso naquela década). Na ansiedade, enviamos nossa fita demo juntamente com fotos da banda tiradas no jardim dos fundos da casa de Mike, que chamavam a atenção por nosso uniforme: camisas com colarinho *snap-tab* e gravatas italianas de tricô azuis, tudo da Cecil Gee, na Charing Cross Road.

A demo e as gravatas de tricô aparentemente funcionaram. Depois de conseguirmos entrar no concurso, descobrimos que nossa participação seria na mesma noite da final do concurso do Country Club. A data da final não podia ser mudada, nem a de nossa participação no outro concurso, uma vez que o *Melody Maker* era uma plataforma bastante planejada que permitia que um organizador ganhasse dinheiro vendendo ingressos aos fãs de cada banda em uma tentativa de influenciar a votação. Por fim, conseguimos negociar com outra banda para que nos apresentássemos primeiro. Ficamos com o pior horário possível (e embora não fizesse a mínima diferença, havia um erro em nossa faixa, que dizia "Pink Flyod"). O horário que seria nosso ficou com os vencedores, a St. Louis Union, que mal pôde acreditar na sorte – e que acabou vencendo o prêmio nacional. Depois de tocar, corremos para o Country Club, mas fomos desqualificados porque chegamos atrasados. Isso fez com que uma banda chamada Saracens colhesse os louros e as oportunidades de carreira.

Bob Klose saiu da banda durante o verão de 1965, por insistência de seu pai e dos professores da faculdade. Ele tocou mais algumas vezes conosco em segredo, mas mesmo perdendo a pessoa que considerávamos nosso músico mais proficiente, não pareceu um grande contratempo. Essa notável presciência – ou mera falta de imaginação – acabaria se tornando algo costumeiro.

Eu estava prestes a passar um ano trabalhando para o pai de Lindy, Frank Rutter, em seu escritório de arquitetura perto de Guildford. Tenho que agradecer a Roger por eu ter ido tão longe no curso, uma vez que me ajudou com os mistérios do cálculo estrutural quando eu corria o risco de reprovar em uma prova que já estava fazendo pela segunda vez. Roger, por outro lado, estava um ano atrasado e lhe disseram para obter alguma experiência prática, apesar de ter recebido uma recomendação de um examinador externo. Acho que o corpo docente estava finalmente reagindo à exposição prolongada ao desdém de Roger, aliada à sua crescente falta de interesse em comparecer às aulas. Ou a decisão deles foi pura vingança, ou eles simplesmente precisavam ter uma folga de Roger.

Frank era um arquiteto bom e prático, mas também era admirador do novo movimento e tinha um forte conhecimento de cultura e história da arquitetura. De certo modo, ele representava um certo exemplo ao que eu poderia ter aspirado se tivesse seguido carreira na arquitetura. Ele tinha acabado de projetar uma universidade em Serra Leoa e estava começando a trabalhar em uma universidade na Guiana Inglesa, projeto em que trabalhei quando cheguei, sendo o mais inexperiente de todos. Embora meu envolvimento tenha sido bem reduzido, fez com que eu me desse conta de que havia completado três anos de faculdade de arquitetura e não tinha ideia de como tirar os projetos do papel e transformá-los em realidade. Aquilo abalou minha confiança.

Fiquei na casa de Rutter em Thursley, sul de Guildford, que era grande o bastante para abrigar os escritórios da grande firma de Frank, assim como parentes e convidados. O tamanho avantajado do terreno nos dava a opção um tanto quanto civilizada de jogar croquet no gramado durante o intervalo de almoço. Por coincidência, Frank depois vendeu a casa para Roger Taylor, baterista do Queen.

No outono, continuamos tocando, normalmente usando o nome The Tea Set, mas agora tínhamos um nome alternativo criado por Syd. O nome havia surgido sob pressão. Estávamos tocando, como The Tea Set, em uma base da Real Força Aérea Britânica, provavelmente em Northolt, perto de Londres, quando, vejam só, descobrimos que, por incrível que pareça, havia outra banda chamada The Tea Set contratada para se apresentar. Não tenho certeza se a outra Tea Set tinha prioridade por tocar antes ou depois, mas rapidamente tivemos que oferecer uma alternativa. Syd propôs, do nada, o nome Pink Floyd Sound, usando o primeiro nome de dois veneráveis músicos de blues, Pink Anderson e Floyd Council. Embora fosse provável que tivéssemos visto os nomes em alguns discos de blues, não estávamos particularmente familiarizados com eles; foi basicamente uma ideia de Syd. E o nome pegou.

É extraordinário como uma decisão improvisada pode se tornar uma coisa permanente e confortável, com implicações duradouras e amplas. Os Rolling Stones criaram seu nome em uma situação bastante similar. Brian Jones teve que dar à revista *Jazz News* o nome de sua banda, olhou para baixo e viu a faixa "Rollin' Stone Blues" em um disco de Muddy Waters. Daí vieram décadas de *merchandising*, trocadilhos e associações. Em nosso caso, quando nos tornamos uma das bandas fixas do *underground*, tivemos sorte de a muito abstrata combinação Pink e Floyd ter uma evocação adequada e vagamente psicodélica que um nome nas linhas de Howlin' Crawlin' King Snakes talvez não oferecesse.

Muito de vez em quando saíamos de Londres para fazer apresentações em que realmente éramos pagos. Tocamos em um evento em uma grande casa de campo chamada High Pines, em Esher, Surrey, e em outubro de 1965 em Cambridge, na festa de 21 anos da namorada de Storm Thorgerson, Libby January, e sua irmã gêmea Rosie. Entre os que também se apresentariam aquela noite estavam os Jokers Wild (incluindo um tal David Gilmour) e um jovem cantor de folk chamado Paul Simon. Storm se lembra de que aquela festa representou a cisão polarizada entre as gerações na época. Os pais de Libby organizaram a festa e convidaram vários de seus amigos, que compareceram usando ternos e vestidos de festa. Os amigos de Libby e de sua irmã, em sua maioria estudantes, vestiam roupas soltas em estilo proto-hippie e preferiam ouvir música alta. Pouco tempo depois, o pai de Libby, que não aprovava o jovem Thorgerson, ofereceu a ele um cheque em branco para se ausentar... permanentemente.

Embora não fosse óbvio na época, nosso passo importante seguinte foi tocar no Marquee em março de 1966. Antes disso, nossa reputação era baseada na combinação de Syd como nosso vocalista e nossa conexão com os acontecimentos intrigantes na oficina de luz e som do Hornsey College. Não devíamos ter mais de quatro ou cinco canções originais, a maioria das quais haviam sido gravadas quando fizemos a demo em Broadhurst Gardens.

O único show que talvez tivesse atraído mais atenção foi na Universidade de Essex. Em seu evento beneficente, dividimos o cartaz com os Swinging Blue Jeans, que realmente estavam lá, e Marianne Faithfull, que estava anunciada entre as atrações... se conseguisse voltar a tempo da Holanda. Não parecia muito promissor. Ainda chamávamos The Tea Set na época, embora provavelmente passássemos a impressão de estar em transição para a psicodelia, já que, apesar de termos “Long Tall Texan” no repertório, onde todos cantávamos acompanhados de violões acústicos, alguém havia preparado *slides* líquidos e um projetor de cinema. Imagino que alguém que estava lá, ou o boca a boca subsequente, tenha sido responsável por nos levar ao Marquee...

Vimos essa apresentação no Marquee como uma grande oportunidade de entrar no circuito das casas noturnas, por mais que no fim das contas o show faria parte do Trip, um evento privado totalmente independente para o qual a casa noturna havia sido reservada. Aconteceu em um domingo à tarde, e certamente nenhum frequentador habitual do Marquee sequer sonhou em comparecer.

Achei o evento todo bem estranho. Estávamos acostumados a tocar em festas de R&B, em que o ingresso era um barril de cerveja. De repente, estávamos nos apresentando em um *happening* e sendo estimulados a desenvolver os solos extensos que só havíamos inserido nas músicas para ganhar tempo durante nossa residência no Countdown Club. Os organizadores pediram para voltarmos ao Marquee para outros eventos similares aos domingos à tarde, que subsequentemente ficaram conhecidos como *Spontaneous Underground*. Foi muita sorte, pois de outro modo nunca teríamos conhecido Peter Jenner.

Peter tinha se formado em Cambridge havia pouco, porém não havia tido contato com nenhum membro do Pink Floyd durante o tempo que passou na universidade (ainda havia uma divisão significativa entre a comunidade local e a comunidade universitária). Ele estava trabalhando no Departamento de Administração Social da London School of Economics (LSE), dando aulas de sociologia e economia para assistentes sociais, e também estava envolvido com um selo musical chamado DNA. Era, em suas próprias palavras, "louco por música", principalmente jazz e blues, e havia criado o DNA com John Hopkins, Felix Mendelssohn e Ron Atkins para refletir seu amplo espectro de interesses musicais. "Queríamos que o DNA fosse uma coisa de vanguarda, qualquer coisa de vanguarda: jazz, folk, clássico, pop".

Ao fim do ano acadêmico, Peter estava corrigindo uma pilha de trabalhos em um domingo, e chegou ao ponto em que precisou sair um pouco para tomar ar fresco. Decidiu sair da LSE em Holborn e ir até o Marquee Club na Wardour Street, onde ele sabia que estava acontecendo um show privado. Ficara sabendo dele por meio de um conhecido chamado Bernard Stollman, cujo irmão, Stephen, dirigia o ESP, um selo americano com pretensões artísticas que incluía grupos como Fugs, e que havia servido de inspiração para a criação do DNA.

Peter lembra que "o DNA tinha trabalhado um pouco com o grupo de improvisação livre AMM, gravando um disco em um só dia na Denmark Street. O acordo era péssimo: 2%, que ainda precisava ser usado para pagar o tempo de estúdio, e provavelmente os artistas, e como economista eu cheguei à conclusão de que 2% de um disco de 30 libras era apenas 60 centavos, e seria necessária uma quantidade enorme de 60 centavos para se ganhar mil libras, o que eu considerava uma fortuna. Decidi que para o DNA dar certo, teríamos que trabalhar com uma banda pop. Foi quando vi o Pink Floyd Sound no Marquee Club aquele domingo. Ressalto que achei a palavra 'Sound' do nome bem sem graça.

"Lembro-me muito claramente de ver o show. A banda estava tocando basicamente R&B, canções como 'Louie Louie' e 'Dust My Broom', coisas que todo mundo tocava na época. Não consegui entender as letras, mas ninguém conseguia ouvir as letras naquela época. No entanto, o que me intrigou foi que em vez de solos de guitarra no meio, eles faziam um ruído estranho. Por um tempo, não consegui descobrir o que era. E por fim eram Syd e Rick. Syd tinha uma Binson Echorec e estava fazendo coisas estranhas com o *feedback*. Rick também estava fazendo alguns acordes estranhos, longos e mutantes. Nick estava usando baquetas tipo mallet. Foi isso que me cativou. Aquilo era vanguarda! Perfeito!"

Peter queria entrar em contato conosco, o que conseguiu por meio de Bernard Stollman. Ele foi até Stanhope Gardens para falar conosco:

"Roger abriu a porta. Todos tinham saído de férias, pois era o fim do ano letivo. Então concordamos: 'Até setembro!' O selo musical era um capricho meu, um hobby, então não foi problema esperar. Roger não tinha me mandado cair fora dali. Disse apenas: 'Até setembro'..."

Quando Peter passou em Stanhope Gardens, eu estava fora, em minha primeira viagem de baixo orçamento aos Estados Unidos. Minha viagem aos EUA foi considerada parte de minha formação arquitetônica, uma chance de ver alguns dos grandes edifícios dos Estados Unidos, e não uma peregrinação musical. Lindy estava em Nova York – preparando-se para ser bailarina da Companhia de Dança de Martha Graham – o que foi outro bom motivo para eu viajar, pois ela teria alguns dias de folga no verão (Juliette, namorada de Rick, por acaso também estava lá naquele período).

Voei em um PanAm 707 e passei algumas semanas em Nova York. Fiz um pouco de turismo cultural e arquitetônico – fui ao Guggenheim, ao MOMA, ao edifício Lever House –, mas também pude ver alguns shows de música ao vivo. Vi os Fugs e fui a algumas apresentações de jazz, como Mose Allison e Thelonious Monk, no Village Vanguard e em outros clubes de jazz do Greenwich Village. Passei um bom tempo visitando lojas de discos. Não tínhamos muito acesso a música importada, e as capas duras dos discos americanos – que pareciam muito sofisticadas em comparação às britânicas, um tanto quanto frágeis – eram como troféus cobiçados.

Por 99 dólares, Lindy e eu compramos um bilhete de ônibus Greyhound que nos dava direito a viagens ilimitadas durante três meses, e fomos para o oeste em uma viagem gigantesca – para nós – de quase 5 mil quilômetros de costa a costa, sem parar, exceto para abastecer e comprar comida e bebida. No ônibus, conhecemos um casal de americanos recém-casados – o noivo estava prestes a ir para o Vietnã, o que não significava muito para nós em 1966; só mais tarde fui ter uma noção maior do que aquilo representava, e ainda me pergunto de vez em quando se ele sobreviveu.

São Francisco ainda não era a capital do "Verão do amor". Haight-Ashbury ainda era apenas um cruzamento. A cidade era muito mais associada ao turismo (viagens a Alcatraz) e aos frutos do mar. De lá, pegamos o ônibus para Lexington, Kentucky, e encontramos um amigo da Poli, Don McGarry, e sua namorada Deirdre. Don tinha comprado um Cadillac do fim da década de 1950, com freios pouco confiáveis, o que tornava os trechos de montanha bem empolgantes. Dirigimos quase imediatamente – com um ou outro desvio para visitas arquitetônicas – para a Cidade do México, onde conseguimos nos virar antes de passar algum tempo em Acapulco, surpresos com como as coisas eram baratas fora de temporada: os quartos custavam um dólar por noite. Mais uma viagem épica de volta a Lexington se seguiu, e depois eu voltei a Nova York e em seguida regressei ao outro lado do Atlântico.

O Pink Floyd Sound não havia penetrado muito minha consciência durante a viagem. Simplesmente achei que, quando chegasse setembro, eu voltaria à rotina acadêmica. No entanto, em Nova York, vi uma cópia do jornal *East Village Other* com uma reportagem de Londres sobre as bandas mais promissoras, que mencionava o Pink Floyd Sound.

Encontrar aquele nome tão longe de casa realmente me deu uma nova percepção em relação à banda. Mostrando uma ingênua e comovente confiança nos jornais, dei-me conta de que a banda tinha potencial para ser mais do que apenas um veículo para nossa própria diversão.

2.

A CENA UNDER-GROUND

QUANDO OS MEMBROS DO PINK FLOYD SOUND voltaram a se reunir em Londres depois das férias de verão de 1966, Peter Jenner ainda estava esperando. Ele foi novamente a Stanhope Gardens e disse: "Adoraríamos ter vocês em nosso selo". Roger respondeu que não precisávamos de um selo, mas de um empresário.

Isso reacendeu instantaneamente nossas vagas fantasias de sucesso, devaneios que, de outro modo, talvez tivessem desaparecido no fim do verão. Levemente surpresos com sua insistência, mas ávidos por agarrar qualquer oportunidade, acabamos concordando que Peter, e seu sócio Andrew King, seriam os empresários da banda. Em uma ocasião, quando conversamos sobre gerenciamento, Andrew lembra que eu disse: "Ninguém mais quer gerenciar a banda, então podem ser vocês mesmo...". Vimos o envolvimento deles como um passo importante para nós, gerando a oportunidade de adquirir uma série de coisas, todas essenciais se pretendíamos fazer a transição do amador ao profissional, como trabalho regular e remunerado, um certo nível de credibilidade e equipamentos decentes.

Peter e Andrew se conheciam desde a época da escola em Westminster. Os pais de ambos eram párocos. Quando Andrew estava prestes a ir para o último ano, seus pais tiveram que deixar Londres e resolveram encontrar um bom lar cristão para seu filho ficar até o fim do ano letivo. Assim, Andrew foi morar com a família Jenner em

Southall, na casa do pároco de St. George. Peter era um ano mais novo que Andrew, então não interagiam muito na escola, mas morar na mesma casa os levou a compartilhar alguns interesses. Infelizmente, não tenho lembranças de termos recebido qualquer orientação espiritual da aliança profana que resultou da amizade dos dois. No entanto, Andrew observa que a assistência pastoral é uma ferramenta de gestão útil na indústria musical: "Em uma paróquia, é preciso estar pronto para lidar com qualquer coisa e qualquer pessoa que entre pela porta".

No ano entre os exames de Oxbridge e a ida para a universidade no outono, Andrew e Peter foram para os Estados Unidos graças a outra conexão clerical (dessa vez episcopal) e trabalharam em uma destilaria de uísque em Peking, Illinois, por seis meses. Dali, tinham acesso fácil a Chicago aos fins de semana e a oportunidade de absorver uma rica mistura de blues elétrico, jazz e música gospel.

Os dois mantiveram contato durante o período que passaram na universidade – Peter em Cambridge e Andrew em Oxford. Quando Peter decidiu começar a gerenciar nossa banda, ligou para seu velho amigo Andrew para pedir ajuda e, o mais importante, para pedir dinheiro. Andrew trabalhava para uma empresa que aplicava princípios científicos ao ensino por meio de uma máquina que pedia que os participantes selecionassem respostas para perguntas de múltipla escolha por meio de alavancas. Depois de escrever um programa para a máquina que tratava de termodinâmica (assunto sobre o qual tinha conhecimentos apenas rudimentares), Andrew foi contratado pela companhia aérea British European Airways (BEA) para ajudar a motivar seus funcionários. Uma empresa achava que ele estava no escritório da outra, quando era mais provável que Andrew estivesse ou na cama ou fazendo origami com papel de enrolar cigarro... Nem os funcionários da companhia aérea e nem o próprio Andrew pareciam demonstrar qualquer motivação, e o chamado de Peter mostrou-se uma proposta muito mais atraente.

Peter se lembra: "Éramos bons amigos e tínhamos ido a muitos shows juntos. Pensamos: 'Por que não gerenciar essa banda? Pode ser interessante'. Andrew tinha saído do antigo emprego e não estava trabalhando. Achei que poderia ser um bom hobby." Juntos, montaram a Blackhill Enterprises, nome tirado da Blackhill Farm, propriedade em Brecon Beacons que Andrew tinha comprado com parte do dinheiro de uma herança. O restante foi dividido igualmente entre uma vida desregrada e os equipamentos de que tanto necessitava o Pink Floyd Sound.

Anteriormente, nas poucas ocasiões em que realmente tínhamos sido pagos por shows, todo dinheiro havia sido gasto para aprimorar nosso equipamento individual: Roger comprou um baixo Rickenbacker e eu troquei minha bateria improvisada por uma bateria Premier. Depois de nos separarmos de Chris Dennis e seu amplificador de potência, tínhamos que ou pegar um emprestado, ou nos virar com o sistema que o local possuísse, geralmente oferecendo uma qualidade de som que nem mesmo o locutor de uma estação de trem consideraria decente. A Blackhill corrigiu a situação de imediato, levando-nos para um passeio à Charing Cross Road e comprando um amplificador de potência Selmer, além de novos amplificadores de baixo e guitarra.

Inicialmente, Peter pretendia continuar gerenciando o DNA, além de dar aulas e nos gerenciar, enquanto Andrew se concentrava no Pink Floyd, mas quando ficou claro que o DNA não prosperaria, Peter se concentrou em nós. Dos dois, Peter era o mais ativo – e diplomático – capaz de convencer e fazer acordos. Ele diz que era um "enrolador de primeira linha – e ainda sou!"; e tinha a vantagem de ter conexões com a cena *underground*. Andrew era mais relaxado e uma ótima companhia, mas seu gosto pela boa vida às vezes levava a momentos de irresponsabilidade. No entanto, ele nega o mito de que todo o dinheiro que tínhamos em caixa para uma turnê pela Escandinávia desapareceu depois de uma noitada particularmente boa. Na verdade, ele diz que apenas tirou uns trocados do bolso e algumas coroas caíram por um ralo. Foi lastimável os olhos de águia de Roger terem registrado o momento.

Com exceção do tempo que passaram em Illinois, que permitiu que observassem a cena musical de Chicago em ação, os dois praticamente não tinham experiência nenhuma na indústria da música. No entanto, aos nossos olhos ainda menos experientes, eles pareciam ter conexões suficientes para conseguir trabalhos melhores e em maior quantidade, além de abrir negociações com gravadoras. Teria sido loucura de nossa parte tentar negociar um contrato de gravação por conta própria, uma vez que, deslumbrados pela ideia de ter *singles* no topo das paradas, teríamos assinado por uma ninharia com a primeira empresa que fizesse uma oferta. Peter e Andrew pelo menos teriam hesitado com educação por um minuto ou dois.

Além da promessa de mais trabalho e da realidade dos novos equipamentos, a equipe Jenner-King nos proporcionou uma ligação com o incipiente movimento *underground* de Londres por meio do contato de Peter com a London Free School, um estabelecimento educacional alternativo. A Inglaterra de 1966 estava passando por algumas mudanças notáveis. O governo trabalhista de Harold Wilson estava em vias de apresentar uma série de mudanças nas leis relacionadas a obscenidade, divórcio, aborto e homossexualidade. A pílula anticoncepcional tornara-se disponível. A emancipação feminina estava se desenvolvendo para além da teoria, permitindo que mulheres como Germaine Greer e Caroline Coon (fundadora da Release primeiro serviço telefônico mundial para aconselhamento sobre drogas e assuntos jurídicos) participassem em termos igualitários.

Também foi um período de mudanças culturais. Os Beatles haviam desencadeado um fenômeno que fez com que, de repente, bandas inglesas dominassem a cena da música internacional. No rastro dos Beatles, bandas inglesas foram adotadas pelo mercado musical americano. Foi a versão original da “Cool Britannia” de Tony Blair.

Isso foi acompanhado pelo florescimento de inovações no varejo, modelos e fotógrafos na indústria da moda britânica, tornando notórios nomes como Mary Quant e Ozzie Clark, Carnaby Street e Biba, Twiggy, Jean Shrimpton, Bailey e Donovan. Até mesmo o futebol inglês estava em ascensão depois da vitória da Copa do Mundo de 1966.

Essa explosão comercial foi paralela a um estouro similar de atividade na área educacional. Grande parte aconteceu nas escolas de artes, que não apenas estavam produzindo grandes designers e fotógrafos, mas também uma geração de músicos de rock de talento, incluindo Ray Davies, Keith Richards, John Lennon e Pete Townshend. Um aumento no número de bolsas de estudos disponíveis tornou a educação profissionalizante não apenas uma boa escolha de carreira, mas também uma excelente forma de adiar o maldito dia em que seria necessário trabalhar de verdade para ganhar a vida. Os empregos eram relativamente abundantes e as carreiras de longo prazo estavam disponíveis, o que proporcionava muitas opções aos estudantes, incluindo simplesmente abandonar os estudos (e retomá-los) de maneira casual. Na verdade, é incrível pensar que estávamos de fato preocupados com o que faríamos com nosso tempo livre quando os robôs do *Tomorrow's World* começassem a fazer tudo por nós.

A única desvantagem real de tudo isso só apareceria treze anos depois. No admirável mundo novo alternativo e de classe média, a política convencional era um tanto quanto negligenciada. Quando as pessoas se deram conta, já era tarde demais. Os excluídos, que tinham sido deixados de fora de toda a diversão dos anos de 1960, vingaram-se na década de 1980, assumindo o controle do país e vandalizando o sistema de saúde, a educação, as bibliotecas e todas as outras instituições culturais em que conseguiram colocar as mãos.

Em 1965, um dos momentos significativos a marcar a agitação de uma espécie de movimento intelectual *underground* foi uma leitura de poesia organizada no Albert Hall em junho – com a presença de Allen Ginsberg, Lawrence Ferlinghetti e Gregory Corso.

Os organizadores esperavam algumas centenas de pessoas, no máximo; apareceram 7500. Esse florescente *underground* intelectual começou a se formar na livraria Indica. O dinheiro para a Indica tinha sido desembolsado pelo irmão de Jane Asher, Peter, que também era um velho amigo de escola de Peter Jenner e Andrew King. Os outros fundadores da Indica eram Miles, escritor e jornalista, e John Dunbar, amigo de Rick que mais tarde se casou com Marianne Faithfull. A livraria originalmente incorporava uma galeria de arte em Manson Yard, perto de St. James, antes de se mudar para Southampton Row. Era um lugar onde ideias e literatura experimental podiam ser promovidas pela importação da obra de poetas estadunidenses, uma área em que a intersecção com os Estados Unidos era bem estabelecida. O nome Indica vinha do nome botânico *Cannabis indica*, embora a versão mais comportada dissesse que se tratava de uma abreviação de "indicações". Outra livraria, a Better Books, recebeu Andy Warhol, que veio dos Estados Unidos para uma leitura de poesia, acompanhado por uma comitiva que incluía Kate Heliczer, estrela do filme de Warhol, *Couch*, que havia trazido as primeiras fitas do Velvet Underground ouvidas no Reino Unido.

Ambas as livrarias abriam uma rota para o tipo de rock americano de vanguarda que, de outra forma, muitos de nós nunca teríamos ouvido, como Fugs e Mothers of Invention. Às vezes, os nomes dessas bandas americanas, que soavam estranhos aos nossos ouvidos, sugeriam um grupo alternativo, mas sua música revelava-se bastante convencional. Ouvindo a muitos desses grupos, como Country Joe & The Fish ou Big Brother & The Holding Company, frequentemente nos surpreendíamos ao descobrir que sua música na verdade se inspirava no country americano ou no blues, embora o conteúdo de suas letras fosse radical o bastante para que fossem consideradas bandas *underground*.

Algumas pessoas envolvidas na livraria Indica também colaboravam com a London Free School. A escola havia sido criada por um grupo (do qual Peter Jenner fazia parte) como forma de levar o ensino profissionalizante a Notting Hill. Um dos principais motores do *underground*, John Hopkins – mais conhecido como Hoppy – havia tirado a ideia da Free University of New York, e isso que, em parte, incitou toda a iniciativa. (Hoppy tinha sido um dos primeiros a "largar" deliberadamente uma carreira estabelecida, deixando seu emprego no Harwell Atomic Research Establishment no início dos anos 1960 para se tornar fotojornalista *freelancer*.)

Peter diz que "a London Free School foi uma ideia para educação alternativa das massas. Em retrospecto, foi uma operação de classe média incrivelmente pretensiosa. Todos nós tínhamos vindo de um ambiente privilegiado, com amplo acesso à educação, mas não estávamos felizes com o que havíamos aprendido. Tínhamos sido educados de forma muito bitolada". A Free School foi uma reação ao fato de que as pessoas tinham se tornado alienadas da educação, e pregava que, ao ensinar, os professores também podiam aprender com os alunos. Ela teve vida breve, durando cerca de um ano, e depois se desintegrou – todos os diretores estavam ocupados com outros projetos, que iam do jornalismo à organização de eventos. A London Free School e o movimento psicodélico foram, em parte, inspirados pelo multiculturalismo de Notting Hill. Peter enfatiza que as pessoas não se lembram da monotonia da Inglaterra pós-guerra: "Era amargo de se ver. A psicodelia era antimonotonia".

A London Free School ficava em uma casa antiga (hoje já derrubada) em Tavistock Crescent, Notting Hill, que pertencia a Rhaunnie Laslett fundador do Carnaval de Notting Hill. A Free School precisava de dinheiro para sobreviver e os organizadores também queriam editar um periódico com notícias e informações para todos conhecerem o novo *underground*. Peter Jenner e Andrew King propuseram a solução: como todos os bons filhos de párocos, eles sabiam que se alguém quisesse angariar dinheiro, era preciso promover um evento de uíste ou um baile. A jogatina não parecia algo apropriado, então a London Free School alugou o salão anexo da igreja local (também já derrubado), a All Saints, em Powis Gardens, Notting Hill, e apresentou o Pink Floyd Sound – havíamos decidido manter o nome proposto por Syd para a banda durante nossa temporada no Marquee Club – como parte de um "baile pop".

É provável que não tenhamos ficado muito contentes com a ideia: tocar em salões de igreja não era o que esperávamos que nossos novos empresários tivessem em mente. Mas, na verdade, acabou sendo um dos melhores lugares que poderíamos encontrar, uma vez que o distrito W11 de Londres rapidamente se estabeleceu como centro do movimento alternativo. Toda a região de Notting Hill estava se tornando a área mais interessante de Londres, misturando aluguéis baratos, residentes multiculturais, atividades como a London Free School e um próspero comércio de drogas ilegais. Para combater esse último, a polícia local também desenvolveu habilidades criativas, principalmente relacionadas à falsificação de provas. Aquilo era algo novo para os intelectuais radicais: além das marchas da Campanha pelo Desarmamento Nuclear, a classe média raramente precisava confrontar o lado mais obscuro da lei.

O salão da All Saints não tinha nada de especial. Com pé-direito alto, piso de madeira e uma plataforma elevada em uma das extremidades, era similar aos vários prédios de igreja do país. Mas o evento rapidamente passou a ter personalidade própria. O público era diferente dos fãs de R&B e dos espectadores do *Top of the Pops*. Além dos descolados locais, havia estudantes ou jovens que haviam largado a faculdade, orgulhosos por serem "excêntricos", que sentavam no chão ou apenas ficavam por lá balançando os braços, uma definição física do que ficou conhecido como "viajar". Eles chegavam com poucas das ideias preconcebidas ou expectativas de um público normal, e com frequência estavam em um estado quimicamente alterado a ponto de achar até tinta secando algo não apenas interessante, mas profundamente significativo. O efeito sobre nós foi excelente. Eles reagiram tão bem e de maneira tão pouco crítica às partes improvisadas de nosso repertório que passamos a nos concentrar em ampliá-las em vez de simplesmente seguir uma sequência de covers.

Os shows de luzes tiveram um papel importante nas apresentações na All Saints: os eventos eram concebidos como *happenings* e as pessoas eram encorajadas a participar como quisessem. Um casal de americanos, Joel e Toni Brown, inicialmente projetaram alguns *slides* quando nos visitaram. Quando tiveram que voltar aos Estados Unidos, a contribuição do show de luzes tinha ficado importante o bastante para Peter, sua esposa, Sumi, e Andrew providenciarem substitutos. Sendo o orçamento uma prioridade e na ausência de amigos que trabalhassem com iluminação teatral, Andrew e Peter resolveram não ir atrás de empresas de iluminação profissional. Em vez disso, foram às lojas de materiais elétricos da região e compraram muitos refletores domésticos, interruptores comuns, gel e tachinhas, provavelmente conseguindo um desconto alegando trabalharem como faz-tudo. Todo esse equipamento de iluminação padrão foi colocado em ripas pregadas sobre algumas tábuas, o dispositivo era ligado à rede elétrica e as luzes eram simplesmente acendidas e apagadas manualmente. Era um equipamento improvisado, mas revolucionário para a época – nenhuma outra banda tinha esse tipo de iluminação de palco.

Uma reportagem publicada na *Melody Maker* de 22 de outubro de 1966 dá uma ideia de como era uma apresentação típica da banda: "Os slides eram excelentes – coloridos, assustadores, grotescos, belos, mas tudo fica um pouco insípido na fria realidade do salão da All Saints. Versões psicodélicas de 'Louie Louie' não vão dar certo, mas se eles conseguirem incorporar seus talentos eletrônicos a algumas canções melódicas e líricas – fugindo de coisas ultrapassadas de R&B –, podem ter êxito em um futuro próximo".

Nosso repertório estava incluindo menos clássicos do R&B e mais canções de Syd – muitas das quais seriam a base de nosso primeiro disco. Os clássicos do R&B eram misturados a nossas composições mais longas, de modo que "Interstellar Overdrive", com a qual costumávamos abrir os shows, podia ser imediatamente sucedida por uma cover bem direta de "Can't Judge a Book", de Bo Diddley, ou "Motivating", de Chuck Berry, uma das preferidas de Syd.

Embora essa série de shows estivesse nos trazendo um público regular e estivéssemos começando a ser identificados com o que já podia ser definido como "*underground*", minha impressão é que nenhum dos membros da banda estava particularmente ciente do significado do movimento em si. Tínhamos simpatia por seus objetivos, mas certamente não éramos participantes ativos. Gostávamos da mistura de pessoas envolvidas, como Hoppy, Rhaunnie Laslett e o ativista negro Michael X, mas nosso verdadeiro interesse estava em vingar no negócio da música e comprar nosso novo amplificador de potência, não os ideais de um periódico livre.

O dinheiro das apresentações no salão da All Saints ajudou a Free School a lançar seu jornal. O *IT* (*International Times*) foi criado como uma instituição regular para dar coesão a todos os acontecimentos e eventos que aconteciam em Londres. O modelo era o *Village Voice* de Nova York, com sua mistura distinta de críticas de arte, jornalismo investigativo e porta-voz de visões liberais e radicais. Para lançar a primeira edição – à venda em todos os bons pontos alternativos por um xelim, publicado pela Lovebooks Ltd, e com uma tiragem de 15 mil cópias – o *IT* organizou uma festa de lançamento na Roundhouse, em Chalk Farm, Camden, em uma noite fria de outubro.

A Roundhouse tinha sido construída na década de 1840, como um pátio de inspeção para motores a vapor, mas o pátio e sua plataforma giratória tornaram-se obsoletos em quinze anos, pois os motores simplesmente ficaram grandes demais. A destilaria Gilbeys havia usado o local como depósito, mas no início dos anos 1960 ele já estava em péssimas condições. Está bem documentado que nossa equipe de transporte e logística (que na verdade eram nossos empresários, porque não tínhamos equipe de transporte e logística), enfiou a van dentro de uma gelatina gigante moldada por um artista para a festa de lançamento. Esse desastre culinário cataclísmico obviamente não ajudou a reforçar nenhuma noção de ordem.

Não havia palco, mas havia uma carroça velha que era usada como plataforma. Todos os nossos instrumentos, os amplificadores e o show de luzes estavam ligados em uma única tomada de 13 amperes, que mal seria suficiente para fornecer energia para uma cozinha comum. Consequentemente, os níveis de iluminação eram extremamente baixos, e lanternas e velas proviam a maior parte da luz. A energia caía o tempo todo, sinalizando o fim das sequências ou intervalos.

Os efeitos de iluminação na Roundhouse também eram mínimos. Resumiam-se ao aparelho construído por Andrew e Peter e a alguns projetores Aldis de 35 mm de pouca potência – o tipo de aparato que famílias usavam para mostrar as imagens das férias de verão – contendo slides com misturas de óleo, água, tintas e produtos químicos que eram então aquecidos com maçaricos. Era preciso ter muita habilidade para não superaquecer o dispositivo. Se isso acontecesse, o vidro se quebrava, derramando a tinta, criando a possibilidade de um pequeno incêndio e a certeza de um desastre atroz. Nossos técnicos de luz podiam ser rapidamente identificados pelas manchas nos dedos e bolhas nas mãos.

O lançamento do *IT* foi um sucesso. A apresentação do Pink Floyd foi descrita na revista *Town* como "destruidora de tímpanos e globos oculares" e pelo próprio *IT* como uma banda que faz "coisas estranhas com a percepção do evento com seus sons de *feedback* assustadores". Foi como em Powis Gardens, mas com mais glamour. A notícia se espalhou e as celebridades começaram a aparecer. Alguns milhares de pessoas compareceram. O evento reuniu gente bonita e celebridades, incluindo Paul McCartney, Peter Brook, Michelangelo Antonioni e Monica Vitti, e foi dado um prêmio politicamente incorreto para a pessoa com "menos roupa", supostamente entregue a Marianne Faithfull. O Soft Machine também se apresentou, com a participação surpreendente de uma motocicleta com motor acelerado em certa parte do show. Havia carros estadunidenses pintados em estilo pop-art, uma cabine de adivinhação, uma mostra de filmes alternativos que durava a noite toda. E o maior público que já havíamos encarado.

Passamos bastante tempo no meio do público, compartilhando a experiência, mas foi uma das últimas vezes que o fizemos; logo chegaria o tempo em que passaríamos a nos recolher à cultura autossuficiente do camarim da banda. Lembro que a maioria de nós estava usando maquiagem pesada e passava um tempo exagerado arrumando o cabelo para ficar como achávamos que astros do pop deveriam ser. Nosso guarda-roupa era outra coisa que acabava com o orçamento. Ainda faltava alguns anos para que usar uma simples camiseta se tornasse a norma, e por conseguinte também se economizasse com ajudantes. Até então, considerávamos camisas de cetim, calças de veludo, echarpes e botas Gohill de salto alto peças obrigatórias.

No fim de outubro, formalizamos nosso acordo com Peter e Andrew, virando sócios da Blackhill Enterprises. Cada um de nós quatro, além de Peter e Andrew, possuíamos um sexto da empresa, o que significava que compartilhávamos o sucesso do Pink Floyd e quaisquer outros lucros dos acordos da Blackhill com outras bandas, e o gigantesco império do entretenimento que Andrew e Peter imaginavam. O acordo era condizente com a época, "organizado de uma maneira devidamente hippie", nas palavras de Peter, e "uma ótima ideia", nas palavras de Andrew.

A Blackhill então abriu as portas – literalmente, pois havia um apartamento em cima e uma loja no andar de baixo – no número 32 da Alexander Street, em Bayswater, uma propriedade alugada pela namorada de Andrew, Wendy, que muito posteriormente tornou-se a sede original da Stiff Records. Andrew morava no apartamento superior, e Roger, Rick e Syd também moraram ali em épocas variadas, assim como Joe Gannon, originalmente nosso técnico de iluminação, que depois se tornou um diretor, produtor e diretor de iluminação de sucesso nos Estados Unidos, especialmente em seu trabalho com Alice Cooper. O lugar logo virou um caos. Parte era sala de estar e depósito da banda, parte era escritório, e as coisas só ficaram em ordem com a chegada de June Child, nossa secretária, assistente de gerenciamento de viagens, motorista e assistente pessoal. Ela se tornou um membro valioso da equipe, fornecendo o elemento perdido da organização à nossa vida profissional – e mais tarde se casou com Marc Bolan, outro artista da Blackhill.

Robert Wyatt, do Soft Machine, lembra-se da Blackhill como "um grupo bacana de pessoas. Eles eram muito legais, uma honrada exceção à regra duvidosa associada a empresários, e realmente se preocupavam com as pessoas para quem trabalhavam. Acho que a maioria de nós teve muito menos sorte". O Soft Machine foi uma das poucas bandas que chegamos a conhecer, já que frequentemente trabalhávamos fora dos limites da música pop convencional. Os *happenings* em Powis Gardens e na Roundhouse não eram a forma tradicional de construir uma carreira.

Considerando sua abordagem um tanto casual à profissão de empresário, Peter e Andrew provaram ter uma excelente intuição quando se tratava de descobrir bandas. O Pink Floyd não era a única banda que fomentaram. Embora tivessem precisado se concentrar em nossas necessidades inicialmente, depois lançaram as carreiras de Edgar Broughton, Roy Harper, além de Marc Bolan e Tyrannosaurus Rex, e trabalharam com bandas como Slapp Happy e Third Ear Band.

Sua conexão com o promotor de música clássica Christopher Hunt era um exemplo do que tornava a Blackhill algo tão bom para nós na época. Em vez de depender do circuito consagrado de bares e casas noturnas existentes, Peter e Andrew estavam constantemente procurando formas alternativas de promover sua banda alternativa.

A esposa de Peter, Sumi, era secretária de Christopher. Ele conseguiu organizar um show para nós em janeiro de 1967, no Commonwealth Institute, um belo auditório em Kensington, utilizado principalmente para recitais de música étnica de artistas como Ravi Shankar, que havia entrado em voga na época. Precisávamos do respaldo de um promotor clássico para que algumas portas fossem abertas para nós, pois, de outro modo, certamente as autoridades presumiriam um tumulto iminente. Imagino que ainda achassem que "rock" tinha alguma coisa a ver com calças afuniladas, Teddy boys e Bill Haley.

A conexão com Westminster também foi útil ao nos proporcionar Jonathan Fenby, que escreveu os primeiros *press releases* do Pink Floyd – que eram bons, porque ele sabia o que a imprensa consideraria uma boa história. Na época, ele era jornalista da Reuters, e mais tarde tornou-se editor do *Observer* e do *South China Morning Post*, além de um autor de destaque. Ganhamos certa cobertura editorial na imprensa de renome graças a Jonathan. A primeira matéria apareceu no *Financial Times*. Depois, veio a coluna de Hunter Davies no *Sunday Times* de 30 de outubro de 1966, com um texto curto sobre psicodelia com citações de Andrew e Roger, que declarou: "Se você tomar LSD, sua experiência vai depender totalmente de quem você é. Nossa música pode te fazer gritar de terror ou de êxtase. Na maioria das vezes, é a última opção. Notamos que nosso público deixou de dançar. Normalmente, as pessoas ficam ali paradas, totalmente alucinadas e boquiabertas". Hunter Davies fez um único comentário sobre tudo aquilo: "Humm". Hunter foi o jornalista que pouco depois ficou famoso como observador do mundo pop com sua biografia *The Beatles*, em 1968.

Continuamos com mais aparições isoladas. Não eram exatamente shows de verdade, mas eventos privados anunciados boca a boca, alguns fora da cidade, em lugares como Bletchley e Canterbury, mas a maioria era em Londres, no Hornsey College of Art, além de mais eventos na All Saints – sendo o último em 29 de novembro.

Também fizemos algumas apresentações subsequentes na Roundhouse, incluindo "Psychodelphia vs Ian Smith", que anunciava: "Toda loucura é bem-vinda! Traga seus próprios *happenings* e substâncias extasiantes. *Drag* é opcional", mas nenhuma capturou muito bem o clima da apresentação original no lançamento do *IT*.

Tocar em outras casas foi uma curva de aprendizado íngreme em termos de gerenciamento. Quando fizemos um show em clube de jovens católicos, o responsável se recusou a nos pagar, alegando que o que estávamos tocando "não era música". Andrew e Peter foram ao tribunal de pequenas causas – e para a surpresa deles, e nossa, perdemos, uma vez que, para nossa decepção, o magistrado concordou completamente com a opinião do gerente do clube de jovens...

Um evento beneficente da Oxfam chamado "You Must Be Joking", realizado no Albert Hall em dezembro, foi outra vitrine útil, embora fôssemos os últimos no cartaz. Havia vários grandes nomes acima de nós, incluindo Peter Cook e Dudley Moore, Chris Farlowe, e o Alan Price Set, de modo que garantiu um público de 5 mil. Também tivemos um vislumbre de como o resto do mundo da música nos via quando Alan Price riu às nossas custas ao fazer reverberações com seu órgão Hammond e anunciar que se tratava de música psicodélica. Na época, morremos de vergonha, provavelmente porque nossas mães estavam na plateia; qualquer ressentimento já ficou no passado.

Também voltamos ao Marquee Club em dezembro, mas tivemos uma relação desconfortável com a casa e seu público. O gerente, John Gee, tinha um histórico de jazz e parecia insatisfeito com a música que a casa estava apresentando. Irascível e compreensivelmente descontente após a exposição a um fluxo interminável de bandas barulhentas, ele parecia desgostar igualmente das bandas e dos clientes. Com nossa música estranha e luzes engraçadas, além de uma musicalidade particularmente amadora, devemos ter sido um anátema total para ele.

Infelizmente, o público do Marquee e nossos grupos de apoio tinham uma visão bastante semelhante. O Marquee havia aberto em 1958 como um clube de jazz, mas com o tempo tinha se transformado no sustentáculo do movimento R&B britânico. Mesmo que inicialmente os jazzistas tivessem olhado para o R&B com desdém, senão ódio total, particularmente porque alguns dos músicos que também ganhavam a vida como músicos de sessão podiam ver seus trabalhos regulares e, portanto, seus meios de subsistência desaparecendo rapidamente, a casa era de fato o coração do movimento R&B britânico, e não do *underground*, e, embora tivéssemos podido desfrutar de uma curta temporada de apresentações, na verdade foi mais como um breve encontro.

O Marquee era uma casa musical arquetípica. O camarim era minúsculo, tinha cheiro de suor e perfume masculino barato – sempre muito mais simples do que tentar tomar banho em uma pia – e, em uma noite movimentada, tinha o clima de uma festa de estudantes realizada dentro de um elevador. Em outras noites, era melhor ir para o bar dos fundos, onde uma boa cerveja era servida em copos de plástico caso os clientes se irritassem com a música, ou uns com os outros. Trabalhava-se com o conhecimento de que era possível sair molhado, mas pelo menos evitava-se lacerações graves, contanto que não se deixasse o palco.

Felizmente, havia um clube que parecia ter sido feito para nós – era o UFO, abreviação de Underground Freak Out. Se a Indica era a principal loja do *underground*, a London Free School, seu sistema educacional, e o *IT*, sua Fleet Street, então o UFO era seu parquinho, criado por Joe Boyd e John Hopkins (Hoppy). Joe havia se formado em Harvard e era um louco por música que tinha ido à Inglaterra pela primeira vez na primavera de 1964 como gerente de turnê da Blues and Gospel Caravan. Conheceu Hoppy quando ele foi tirar fotos da Caravan. Quando Joe voltou, trabalhando na divisão de artistas e repertório (A&R) da Elektra Records, ficou impressionado ao descobrir que, em sua ausência, todo o movimento *underground* havia florescido subitamente.

Poucos dias depois de voltar para Londres, no outono de 1965, ele tinha participado da primeira reunião da London Free School, e, um ano depois, se envolveu na ideia de montar uma casa noturna. Hoppy e Joe encontraram o local: o Blarney Club, na Tottenham Court Road, que era um salão de baile irlandês, decorado com trevos, leprechauns e todo tipo de coisa irlandesa. A casa ficava perto da delegacia de polícia e embaixo de dois cinemas, o que significava que o show só podia começar por volta das 22h, quando os cinemas fechavam, devido aos problemas com o barulho. A primeira noite do UFO foi em 23 de dezembro de 1966 – tocamos na abertura – e depois a casa passou a abrir toda sexta-feira à noite, funcionando até as 8h da manhã.

O UFO acrescentou uma nova dimensão à nossa carreira: mesmo não sendo uma casa estabelecida, ficava no West End de Londres, e o lugar estava sempre cheio de gente que queria nos ver e sabia o que esperar. Conhecíamos grande parte do público, e ansiávamos por tocar lá. Foi uma mudança bem-vinda em relação à apreensão que sentíamos sempre que tocávamos fora de Londres. Sabendo que tínhamos um público fiel e que começávamos a ter uma base de fãs, saíamos do camarim para circular e assistir às outras apresentações. O Soft Machine aparecia regularmente, e havia grupos de teatro, leituras de poesia e eventos de arte performática. Além disso, ali éramos aplaudidos, em oposição à falta de compreensão que costumávamos encontrar fora da capital. O UFO parecia um verdadeiro acampamento base para aquelas expedições.

Nas palavras de June Child: "Era o ambiente que fazia as pessoas irem. Era escuro, tinha escadas que levavam ao andar de baixo... era basicamente um porão comprido. Havia um palco muito limitado e alto-falantes pequenos, provavelmente AC30s, além do equipamento de iluminação, que era como uma pequena plataforma".

O equipamento de iluminação era montado sobre algo parecido com um andaime de pintor.

Jenny Fabian, autora do livro *Groupie* (que teve um sucesso escandaloso quando foi lançando, em 1969, e no qual nós aparecemos disfarçados como Satin Odyssey), recorda uma noite típica no UFO: "A melhor coisa era a noite de sexta-feira, em que podíamos nos vestir como uma estrela de cinema antiga, tomar ácido, ir para o UFO, ver todas aquelas pessoas semelhantes, pegar um algodão doce e ficar por ali até a hora do show do Pink Floyd. Eram o primeiro som autêntico da consciência do ácido. Eu me jogava no chão e eles ficavam no palco como gárgulas sobrenaturais, tocando sua música entorpecente, e a mesma cor que explodia sobre eles explodia sobre nós. Era como se dominassem nossa mente, corpo e alma".

O UFO tinha vários shows de luzes além do nosso (ainda éramos a única banda que tinha um). Robert Wyatt se lembra do iluminador interno do UFO, Mark Boyle, "mexendo com luzes e se queimando inteiro ao fazer aqueles experimentos com ácidos de diferentes cores. Ele sempre estava com aqueles óculos, parecendo todo queimado, em cima de algum equipamento". Havia também um homem de cinquenta anos chamado Jack Bracelin, que geria uma colônia de nudismo em Watford e usava de vez em quando um canto do UFO para um show de luzes menor, provavelmente quando o clima em Hertfordshire ficava inclemente. Embora Robert lembre que o show de luzes permitia a ele um certo anonimato, de modo que sua banda pudesse relaxar na "mesma escuridão" que o público, ainda estávamos interessados em usar as luzes para nos iluminar, e não nos obscurecer.

A revista *Town* publicou uma matéria sobre o *underground* e capturou o clima do UFO em particular: "O Pink Floyd é a orquestra residente do *underground*. Sua música se parece mais com Thelonious Monk do que com Rolling Stones. Slides projetados banhavam os músicos e o público em padrões hipnóticos e frenéticos de luzes líquidas coloridas. Favos de mel, galáxias e células pulsantes giram em torno do grupo com uma despreocupação acelerada conforme a música se desenvolve."

Podíamos ter sido adotados como a orquestra residente, mas era raro compartilharmos a experiência psicodélica. Estávamos fora dela. Fora do circuito, presos no camarim do UFO. Estávamos ocupados sendo uma banda: ensaiando, viajando para fazer shows, arrumando as malas e voltando para casa. A psicodelia estava à nossa volta, mas não dentro de nós. Podíamos comprar um livro na Indica, mas certamente nunca tínhamos tempo para socializar por lá. Líamos o *IT*, mas o principal motivo era verificar se havia alguma crítica que falasse de nós. Da banda, talvez Syd estivesse um pouco mais intrigado com os aspectos mais amplos da psicodelia, atraído por alguns aspectos filosóficos e místicos que um grupo de amigos dele estava explorando. Mas, embora estivesse interessado, acho que não teve tempo suficiente – assim como o restante de nós, se quiséssemos – para ficar totalmente imerso na cena.

O resto do mundo formou suas impressões sobre a psicodelia com base em anúncios como o que saiu na *Melody Maker* sobre o show "Psychedelicamania" na Roundhouse, na véspera de ano novo: "O QUE É UM *FREAK OUT*? Quando um grande número de indivíduos se reúne e se expressa criativamente por meio de música, dança, padrões luminosos e som eletrônico. Os participantes, já emancipados da escravidão nacional, vestidos com seus trajes mais inspirados, percebem, como grupo, todo o potencial que podem ter para se expressar livremente. ISSO JÁ ESTÁ ACONTECENDO, CARA!"

Mais ou menos nessa época, um momento decisivo em meu desenvolvimento musical pessoal, foi a noite em que o Cream tocou na Poli, onde ainda nos apresentávamos de vez em quando, embora estivéssemos apenas na plateia daquele show em particular. O momento em que a cortina se abriu continua bem claro em minha mente. O gerente de turnê do Cream estava no palco – provavelmente ainda tentando fixar a bateria com dois bumbos de Ginger Baker no chão. Ginger era famoso por insistir nisso, e existem pisos de mármore e carpetes arruinados pelo mundo todo para provar. Daquele momento em diante, eu precisava ter uma bateria com dois bumbos, e fui direto comprar uma no dia seguinte.

Podíamos até ser os radicais da psicodelia, mas ficamos tão impressionados com toda aquela parafernália quanto com a banda em si. Babei sobre aquela bateria Ludwig de cor champanhe e os outros cobiçavam as pilhas de amplificadores Marshall enquanto Eric Clapton, Jack Bruce e Ginger tocavam o início de "NSU". Ficamos impressionados até quando as cortinas se fecharam quase imediatamente, pois eles decidiram tentar consertar alguns problemas técnicos. O fato de Jimi Hendrix ter aparecido depois para tocar algumas músicas como convidado – sua primeira aparição na Inglaterra – foi a cereja do bolo.

Para mim, aquela noite foi o momento em que eu soube que queria fazer aquilo do jeito certo. Eu amava o poder de tudo aquilo. Não era necessário usar jaquetas e camisas estilo Beatles e nem ter um cantor atraente na frente. Nem canções com a estrutura verso-refrão-verso-refrão-solo-refrão-fim, e o baterista não ficava atrás de uma plataforma horrível… ficava na frente.

Aquilo simplesmente reforçou o que já fazia parte de nosso plano mestre: um desejo de arrumar mais trabalho, comprar mais equipamentos e conseguir um contrato de gravação. No fim de 1966, uma combinação de momento oportuno e sorte estava começando a atuar em nosso favor, e com as composições distintas de Syd e nosso estilo de improvisação, tínhamos uma abordagem musical um tanto quanto rudimentar, mas definitivamente original para oferecer às gravadoras.

Os eventos aconteceram com muita rapidez neste período. Nosso contato assistemático com Peter Jenner, antes e depois das férias de verão, havia aumentado progressivamente durante o outono, e durante o inverno, nas palavras de Peter, as coisas "decolaram como um foguete". Havia um interesse imenso por este novo fenômeno por parte das gravadoras, distribuidoras e agentes. A *Melody Maker* publicou um artigo sobre o que estava acontecendo e a *Harper & Queen* levantou as antenas. Peter se lembra do momento em que percebeu que algo estava acontecendo. Ele estava a caminho do UFO, na Tottenham Court Road, e, quando entrou na Oxford Street havia "muitos jovens com sinos em volta do pescoço. Pensei, 'Cacete, está mesmo começando a acontecer'. Inacreditável".

Lindy voltou para a Inglaterra depois de terminar seu curso de dança nos Estados Unidos e nos viu em um evento chamado "Freak Out Ethel". Ela ainda se lembra de como ficou surpresa com nossa rápida transformação: de uma banda de estudantes que só tocava covers para pioneiros da psicodelia. Nas palavras de Andrew: "Não nos demos conta, mas a maré estava subindo e o Pink Floyd estava bem na crista da onda". Em sua visão, o que tocávamos em si, e se sabíamos tocar, era muito menos importante do que estar no lugar certo, na hora certa.

Além de gerenciar o UFO, Joe Boyd ainda estava envolvido com A&R e produção, mas seu antigo chefe na Elektra, Jac Holzman, com muita relutância, nos ofereceu apenas 1,87%. Não aceitaríamos a oferta, porque na época a Elektra era conhecida apenas como um pequeno selo de *folk* – embora depois acabasse assinando com o The Doors. Queríamos uma empresa adequada. Joe ainda estava desesperado, e nós também, para que assinássemos com alguma gravadora. A Polydor estava preparada para nos oferecer um bom negócio, o que permitiria a Joe atuar como produtor independente. Como o negócio parecia estar próximo de fechar, Joe montou sua própria empresa, a Witchseason Productions, para que isso pudesse acontecer.

Uma sessão de gravação foi organizada para nós em janeiro de 1967 no Sound Techniques, na Old Church Street, perto da Kings Road, com Joe como produtor e o dono, John Wood, como engenheiro de som. Todas as gravações – incluindo "Arnold Layne", uma música que tocávamos ao vivo havia um bom tempo, e uma versão de "Interstellar Overdrive" – foram feitas em um gravador de rolo de quatro faixas, para reprodução em mono. Gravamos baixo e bateria em uma faixa, guitarra e o teclado Farfisa Duo de som trêmulo em outras duas. Todos os efeitos, como as repetições de bateria em "Arnold Layne", foram acrescentados quando essas três faixas foram transferidas para uma quarta faixa, e os vocais e solos de guitarra foram incluídos como *overdub*. Uma mixagem final da música era então masterizada em uma fita mono.

Gravar em um estúdio profissional sempre resultava em um ótimo som. Nos estúdios em West Hampstead, a primeira vez que nos ouvimos em *playback*, com algum eco na bateria e nos vocais e uma mixagem decente, havia sido incrível. O Sound Techniques foi mais um passo adiante. Os estúdios contavam com os então modernos alto-falantes Tannoy Red, os melhores da época. Com acabamento em nogueira, tinham cerca de um metro e meio de altura e, em comparação ao que estávamos acostumados, tinham um grave extremamente potente.

Ouvindo "Arnold Layne" hoje, e outras canções da mesma fase, percebo que não torço o nariz para elas. Definitivamente, não me envergonho de nossa produção jovem. Parece tudo muito profissional, embora tenha sido gravado com certa rapidez. Com um número limitado de faixas, era preciso decidir de antemão que instrumento seria gravado em que faixa e depois mixá-las. Mas a música realmente não parece ter sido prejudicada.

"Candy and a Currant Bun" originalmente se chamava "Let's Roll Another One", incluindo na letra a frase "I'm high, don't try to spoil my fun" ("Estou chapado, não tente estragar minha diversão"). Seria muito arriscado colocar aquilo em uma fita que seria recebida pela ainda muito conservadora indústria fonográfica, então uma nova letra teve que ser providenciada.

Por algum motivo, também fomos convencidos de que precisávamos de um clipe promocional para "Arnold Layne". Embora programas de TV como o *Top of the Pops* raramente passassem videoclipes, a menos que fosse para alguma banda americana que não pudesse ir à Inglaterra, já nos víamos como uma banda multimídia. Derek Nice – conhecido de June Child e o único diretor de cinema que conhecíamos – foi contratado para fazer o clipe, e nós partimos para a costa de Sussex para começar a trabalhar.

Acho que escolhemos Sussex porque meus pais moravam perto e, convenientemente, não estariam em casa. Isso resolveu o problema da acomodação e nos proporcionou o cenário adequadamente estranho da costa inglesa no meio do inverno. Por mais que seja rudimentar para os padrões de hoje, e pegue emprestado o clima de *Os reis do iê iê iê*, o filme em preto e branco é surpreendentemente atemporal e relativamente cômico, estrelando nós quatro na praia com um quinto membro da banda que acaba se revelando um manequim de loja. Filmamos tudo em um único e breve dia cinzento e estávamos saindo do estacionamento de East Wittering quando uma viatura de polícia chegou para acabar com a diversão. Dada a notoriedade de outro residente local, um tal de Keith Richards, e seus amigos, acho que a polícia esperava fazer uma grande apreensão. Com nossos rostos inocentes de rapazes de classe média, afirmamos que não tínhamos visto nada de natureza suspeita, mas, é claro, informaríamos imediatamente se notássemos algo remotamente estranho. Foi muita sorte eles não terem revistado o carro. Nele, estava o manequim. Nu, exceto por um capacete de policial.

Tudo parecia certo. Tínhamos uma oferta da Polydor, um produtor, algumas gravações, e até um clipe promocional. No entanto, como acontece com frequência no mundo da música, alguém teve que ser ejetado do bote salva-vidas. E, nesse caso específico, foi Joe Boyd quem perdeu. O motivo foi que Bryan Morrison interveio. Bryan, que tinha sua própria agência de contratações, havia nos contratado – embora nunca tivesse ouvido falar de nós ou nos visto tocar – para um show grande na Architectural Association, após notar a cobertura e as reações positivas que estávamos recebendo. Ele queria ver com os próprios olhos aquela nova banda de que todos estavam falando e apareceu em um de nossos ensaios de "Arnold Layne". Joe se lembra de ter sentido um aperto no coração, porque Bryan começou a perguntar sobre o acordo com a Polydor e a dizer que podíamos ter conseguido coisa melhor. Bryan, que tinha bons contatos com a EMI, financiou a gravação no Sound Techniques, pegou uma cópia da fita demo e falou de nós para os executivos da EMI, que não sabiam muito sobre a banda além do fato de sermos o nome do momento, segundo os burburinhos. Mas Bryan era bom de papo. Eles decidiram que queriam assinar conosco.

O problema intransponível – certamente para Joe – era que a EMI não gostava de usar estúdios ou produtores externos. Afinal, eram donos do estúdio na Abbey Road. Eles queriam que seu próprio profissional, Norman Smith – engenheiro de som dos Beatles, que recentemente havia sido promovido – fosse nosso produtor. Essa foi a oferta, e nós concordamos – em parte porque o acordo era melhor do que o da Polydor, e também porque a EMI era *o* grande selo, cortesia dos Beatles. Não havia dúvidas de que devíamos assinar com a EMI. Era a gravadora dominante no Reino Unido na época, junto com a Decca – a Polygram ainda não estava no páreo. E Peter se deu bem com Beecher Stevens, da EMI, e seus colegas. Eles ofereciam um adiantamento de 5 mil libras, um bom negócio – ou, nas palavras de Andrew, "um negócio de merda, mas mil vezes melhor que o dos Beatles" – além dos custos de estúdio.

Peter Jenner recebeu a desagradável tarefa de dar a notícia a Joe Boyd. Peter declara sentir certa culpa até hoje por ter dispensado Joe e se comportado de uma maneira um tanto quanto insensível. Andrew diz: "A velocidade com que Peter e eu passamos por cima de Joe foi uma sem-vergonhice". Mas, naquela época, não se assinava com uma gravadora e em seguida levava seu produtor preferido. Então agora éramos artistas da EMI – e, ao contrário da maioria das bandas, chegamos com uma gravação já pronta.

Logo depois de assinar, fomos fazer um show no Queen's Hall, em Leeds, que antes havia sido garagem de bondes da cidade e tinha virado um local que comportava 5 mil fãs da região norte com calças boca de sino. Eles queriam ver a que se devia tanto alvoroço, em uma festa de dez horas encabeçada por Cream e Small Faces, e descrita pelo *Daily Express* como "a noite em que Carnaby Street se mudou para o norte".

Nosso próprio trajeto ao norte mostrou-se lento. Saímos de Londres no início da tarde, já que não sabíamos exatamente onde ficava Leeds, pois a M1 acabava em Coventry – o primeiro trecho de autoestrada da Grã-Bretanha só havia sido inaugurado em 1959 – e tínhamos o velho Renault de Andrew King como nosso pouco confiável meio de transporte. Quando voltamos, no início da manhã, não consegui ir à faculdade a tempo nem para assinar a lista de presença. (No Queen's Hall, decidi experimentar alguns nomes artísticos. Achei que Noke Mason seria uma variante bem divertida, e anunciei isso para o jornal local, que publicou aquele nome abaixo da nossa foto. Nunca mais repeti o truque.)

Depois daquele show em particular, eu sabia que não poderia continuar combinando meus estudos e a banda. Teoricamente, eu ainda estudava arquitetura, mas é claro que passava praticamente todo o meu tempo ensaiando, fazendo shows, ou na estrada. Mesmo com Jon Corpe fazendo todos os trabalhos de faculdade para mim, eu estava ficando para trás. Aparentemente, diplomas não eram entregues com base apenas na assinatura na lista de presença. Jon também recorda que eu passava a impressão de nunca estar particularmente interessado em arquitetura. Segundo ele, sempre considerei que seria melhor deixar aquele tipo de trabalho para arquitetos. Mas a ajuda estava próxima.

Meu tutor daquele ano, Joe Mayo, a quem devo eterna gratidão, sugeriu que seria uma boa ideia eu tirar um ano sabático da faculdade. Ele garantiu que me deixaria voltar no ano seguinte, se eu quisesse. Ele não chegou a dizer, mas acho que reconheceu que eu estava em rumos de me tornar um arquiteto bem medíocre. Tenho certeza de que sentiu que o tempo que eu passaria vivendo uma outra vida resultaria em uma carreira melhor, ou pelo menos me transformaria em um designer melhor. O diretor da escola não ajudou tanto, e me escreveu uma carta cheia de avisos sobre desistir de uma educação promissora, então nem me dei ao trabalho de mostrá-la para os meus pais. Saí da faculdade, esperando voltar um dia, mas até agora não consegui retornar.

Fui o último da banda a ver o que já era óbvio. Roger estava ansioso até demais para deixar seu emprego na Fitzroy Robinson & Partners projetando cofres para o Banco da Inglaterra. Acredito que ele teve que assinar a Lei do Sigilo e prometer não revelar as especificações relativas à quantidade de concreto necessária para proteger o dinheiro. Seria bom sentir que os projetos que ele fez estivessem até hoje protegendo nossos ganhos ilícitos. Rick já tinha decidido havia muito tempo se dedicar à música em tempo integral, e Syd parou de aparecer no Camberwell College of Art.

A EMI tinha uma preocupação específica com aquela banda que acabara de contratar, uma preocupação que ocuparia sua assessoria de imprensa durante o ano todo. Eles adquiriram uma banda com um "rótulo psicodélico" e, embora pudéssemos negar qualquer conhecimento de uma conexão com drogas, mesmo que de uma forma bastante evasiva, e afirmar que as luzes bonitas não passavam de entretenimento para toda a família, não havia dúvida de que todo o movimento que havia nos lançado não poderia ser forçado a jurar segredo. Na verdade, alguns deles tinham um entusiasmo evangelizador, dispostos a convencer o mundo. Foi uma época em que a ideia de algum hippie louco colocar LSD nos reservatórios de água era um pesadelo popular – ou sonho, dependendo do ponto de vista.

Demos várias entrevistas evasivas negando até mesmo que entendíamos o significado da palavra "psicodélico". Nitidamente, havia muita confusão nas altas esferas, porque em uma entrevista sentimos a necessidade de explicar que um "*freak out*" deveria ser algo relaxado e espontâneo, e não "uma multidão de esquisitões jogando garrafas", nas palavras de Roger. Uma resposta típica minha em uma entrevista para a *Melody Maker* foi: "É preciso ter cuidado quando se começa com essa coisa de psicodelia. Não nos consideramos uma banda psicodélica ou dizemos que tocamos música pop psicodélica. É que as pessoas nos associam a isso e somos contratados o tempo todo para tocar em vários *freak outs* e *happenings* de Londres". Ao que Roger acrescentou: "Às vezes eu acho que é só porque temos muitos equipamentos e luzes, e com isso os produtores economizam na iluminação do show".

Também tivemos que cumprir mais uma obrigação da EMI, fazendo um "teste de artista", ou audição, de trinta minutos. Era algo que todo novo artista tinha que fazer, mas, em nosso caso, foi um exercício despropositado, uma vez que já tínhamos assinado contrato. Nossa tarefa seguinte era fornecer à empresa um single, e, é claro, já tínhamos um preparado de antemão. Em 11 de março foi lançada "Arnold Layne" (com "Candy and a Currant Bun" no lado B), das sessões pré-EMI no estúdio Sound Techniques, produzidas por Joe Boyd (uma tentativa de regravar não superou o original). Apenas seis meses depois de nossas férias de verão e do início de nosso envolvimento com Peter Jenner e Andrew King, éramos artistas profissionais de uma gravadora.

Alguns meses depois de assinarmos com a EMI, fomos convidados para uma grande festa com a presença de muitos figurões da gravadora, incluindo Beecher Stevens, que foi quem realmente nos contratou (e que pouco depois saiu da EMI – mas certamente não houve relação entre as duas coisas). Um palco foi montado na sede da empresa na Manchester Square, nosso show de luzes foi levado, e nós dublamos "Arnold Layne". Havia canapés e champanhe à disposição para todos, e alguns dos convidados desfrutavam de pequenas porções de substâncias químicas.

Lembro claramente de entrar no elevador com Sir Joseph Lockwood, o presidente da gravadora que estava apenas na casa dos sessenta, mas aparentava ser um nonagenário aos nossos olhos. Parecia inabalável diante de mais uma peculiaridade da indústria musical. Ele alarmou bastante Derek Nice, o diretor do clipe de "Arnold Layne", quando sugeriu que fosse instalado um painel com a Torre de Londres ao fundo, e então todas as bandas simplesmente chegariam e dublariam seus sucessos para uma câmera e mandariam a gravação para o mundo todo. Sir Joseph estava anos à frente de seu tempo.

A obrigatória cerimônia de assinatura tinha sido conduzida com provas fotográficas, aparentemente uma exigência do desconfiado departamento jurídico, para o caso de algum músico estranho alegar mais tarde que as assinaturas eram falsas. Estávamos verdadeiramente animados e com a autoestima elevada. Tínhamos sido impulsionados a uma posição que alguns meses antes não passava de uma fantasia. Então, quando nos pediram para posar para as fotografias, nosso sentimento de euforia nos fez saltitar alegremente da maneira mais vergonhosa.

SYD NEM SEMPRE FOI SYD – ELE FOI BATIZADO ROGER KEITH, MAS NO RIVERSIDE JAZZ CLUB QUE FREQUENTAVA EM UM PUB LOCAL DE CAMBRIDGE, UM DOS FREQUENTADORES ASSÍDUOS ERA UM BATERISTA CHAMADO SID BARRETT. OS CLIENTES HABITUAIS DO CLUBE IMEDIATAMENTE APELIDARAM O BARRETT RECÉM-CHEGADO DE "SYD", MAS COM Y, PARA EVITAR UMA CONFUSÃO COMPLETA. E FOI ASSIM QUE O CONHECEMOS DESDE SEMPRE.

3.
FREAK OUT SCHMEAK OUT

DEPOIS DAS EXUBERANTES CELEBRAÇÕES QUE seguiram nossa assinatura com a EMI, era hora de começar a trabalhar a sério. Diferentemente de muitas outras bandas, não havíamos feito os sacrifícios da carreira musical. Na verdade, mal havíamos chegado perto. Não havíamos investido muito tempo na estrada, nem passado um ano tocando nas casas noturnas da Reeperbahn. Nossas apresentações no outono de 1966 tinham acontecido em alguns de nossos locais preferidos e dentro do confortável casulo de um público majoritariamente simpatizante. Ainda precisávamos encarar as civilizações desconhecidas que se escondiam além dos limites da aldeia psicodélica.

O transporte era – e provavelmente ainda é – um grande problema para bandas novas. Pegar emprestado o veículo dos pais era uma opção com escopo limitado, principalmente devido ao dano quase imediato causado por enchê-lo com uma bateria e membros da banda. Adquirir uma van representou, de longe, o maior gasto de capital – ainda assim, não tinha o glamour de gastar todo o dinheiro da bolsa de estudo em uma guitarra ou bumbo novos. Mas embora fosse possível fazer um show com equipamentos não muito bons ou emprestados, a banda – e a pilha cada vez maior de equipamentos – ainda precisava chegar ao local e voltar para casa em segurança depois.

Antes de fecharmos contrato com a gravadora, viajar para fora de Londres costumava ser algo que dependia das limitações de nossa van

Bedford. Tínhamos nos tornado os orgulhosos proprietários daquele veículo na época do Tea Set, quando o compramos por vinte libras no pátio de uma concessionária em uma noite de sábado. O vendedor não conseguia acreditar na própria sorte – a van provavelmente estava esperando para ser levada para o ferro-velho. Em um acesso de generosidade, ele anunciou que nos venderia a van "com botas novas e sangue", gíria do mundo dos carros usados na época para "novo jogo de pneus e imposto de circulação pago". A Bedford era incrivelmente lenta (meu velho Austin "Chummy" a ultrapassaria); sua pouca velocidade era superada apenas por não ser confiável.

Encontramos um obstáculo adicional quando nosso equipamento desapareceu. Rick costumava ganhar cinco dólares extras descarregando nosso equipamento na sede da Blackhill após os shows, mas, em uma ocasião, ele se esquivou de suas obrigações depois de uma noite em que chegamos bem tarde, simplesmente deixando a van durante a noite toda no Regent's Park. Pela manhã, todos os equipamentos caros e portáteis, como o amplificador de potência (aquele que foi comprado por Andrew King) e as guitarras, tinham sido levados. A administração não tinha mais fundos e nenhuma instituição beneficente se apresentou para nos resgatar, então deve ser registrado para a posteridade que minha mãe, que merece gratidão eterna, emprestou as duzentas libras de que necessitávamos para substituir os itens mais importantes. Rick de vez em quando sentia uma ponta de culpa momentânea pelo incidente, embora nunca tenha se oferecido de fato para fazer qualquer reparação.

Pouco depois do acordo com a EMI, adquirimos uma Ford Transit, que era vista como um grande símbolo de status, o Rolls-Royce do transporte de bandas. Quando a Transit foi lançada pela Ford, em outubro de 1965, era tão procurada que não era raro que ladrões descarregassem o equipamento de uma banda e roubassem a van. As especificações da Transit incluíam um motor de três litros, rodas traseiras duplas e uma cabine modificada para acomodar todo o equipamento no compartimento traseiro enquanto *roadie*, iluminador e quatro membros da banda viajavam com considerável desconforto na primeira classe. A essa altura, dirigir uma van decente era fundamental – porque, finalmente, estávamos conseguindo uma quantidade significava de trabalho por meio de nosso agente Bryan Morrison, que havia sido tão influente no estabelecimento do acordo com a EMI. Nosso primeiro encontro com Bryan tinha acontecido durante um ensaio de "Arnold Layne" no Studio Techniques. Peter e Andrew tinham nos avisado para esperar a visita de um peso-pesado da indústria musical, e aguardamos sua chegada com certa apreensão. A porta do estúdio se abriu, revelando Bryan e seus dois capangas. Esses três personagens claramente faziam parte do submundo de Londres, e não do *underground*. Nada de calças boca de sino e túnicas aqui, mas ternos italianos e casacos na cor camelo com golas de veludo. Com as mãos nos bolsos, o trio nos encarou com um olhar impassível – eles não pareciam nada impressionados com o que viam.

Andrew e Peter haviam conversado com várias agências antes de decidir com qual ficar, incluindo a bem estabelecida Noel Gay Agency, na Denmark Street, onde todos os agentes usavam fraques. Porém, eles estavam pedindo 15% para nos representar, ao passo que Bryan só queria 10%. Bryan conseguiu o trabalho.

Embora a aparência elegante de Bryan o fizesse parecer um aprendiz de vendedor de automóveis, ele havia, de fato, frequentado a Central School of Art. Começou como empresário do Pretty Things – que tinha entre seus membros Dick Taylor (que fizera parte da formação embrionária dos Rolling Stones) e Phil May, ambos também estudantes de arte – e depois expandiu, incluindo serviços de distribuição e agenciamento. Na época em que entramos, ele tinha uma lista significativa de artistas, entre eles Aynsley Dunbar Retaliation e Herbie Goins and the Night-timers, e mais tarde adicionou todos os artistas da Blackhill, incluindo Fairport Convention, Incredible String Band, Edgar Broughton Band, Tyrannosaurus Rex e Keith West and Tomorrow, banda da qual fazia parte Steve Howe, mais tarde do Yes.

Bryan tinha um escritório decente no número 142 da Charing Cross Road, no distrito de Tin Pan Alley. Situado acima de um bar que vendia bebidas o dia todo (um modo de burlar as então draconianas leis inglesas de venda e consumo de álcool), acho que lhe custava oito libras por semana. As paredes externas eram cobertas por grafites professando amor eterno por um ou todos os membros do Pretty Things e o lado de dentro era um pandemônio constante. Bryan havia abolido a comunicação por meio de interfone e simplesmente gritava coisas para a secretária atrás das divisórias de seu santuário. Na verdade, todos gritavam, ou no telefone ou uns com os outros. Era bem diferente do mundo gentil e educado da Blackhill, que era enfeitada com tecidos e aromatizada com óleo de patchuli.

Além do trabalho como empresário, Bryan era o único agente de algumas das principais casas de eventos de Londres. Ao gerenciar o Pretty Things, ele percebeu a vantagem adicional de não apenas gerenciar a banda, mas também controlar suas aparições. Mas às vezes até Bryan, com toda sua experiência, podia se sentir intimidado. Em uma ocasião, ele havia feito um favor a um amigo e concordado em representar outra agência, dividindo a comissão. Em uma casa noturna, encontrou-se com dois irmãos que eram os dirigentes da outra agência. Durante a reunião, um dos irmãos pediu licença e saiu para "resolver a exclusividade da agência" no andar de cima, com o gerente da casa. Em seguida, Bryan ouviu o som de um corpo rolando escadaria abaixo. O outro irmão também pediu licença e foi dar uns chutes no corpo prostrado do infeliz gerente. Bryan, que preferia convencer os clientes com uma garrafa de um bom *bordeaux*, saiu de fininho. Só mais tarde ele ficou sabendo que o sobrenome dos irmãos era Kray.

Andrew King também se deparou com o lado mais agressivo do negócio, porém nada que se comparasse aos irmãos Kray. Supostamente, uma agência havia pendurado o promotor (e mais tarde chefe da gravadora Polydor) Robert Stigwood para fora da janela para ajudar a resolver uma controvérsia, e que tinha um parceiro apelidado de Mindinho que, diz-se, cortava os dedos de guitarristas que davam para trás na hora de assinar contratos. O mais próximo que Andrew chegou daquele mundo foi receber o pagamento de um show no Royal College of Art em uma agência no Soho. Andrew chegou, a porta se abriu e ele viu uma festa de Natal em pleno curso, cheia de gângsters e suas namoradas de cabelos armados, uma festa obviamente financiada pelo dinheiro do nosso show. Ele disse que estava lá para cobrar o pagamento do Pink Floyd. "Ei, tem um garoto aqui que quer um pouco do nosso dinheiro..." Todos se viraram para Andrew. Houve uma breve pausa, então todos caíram na gargalhada, e o cara que estava na porta tirou o dinheiro de um enorme maço de notas que guardava no bolso de trás. Quando Andrew saiu, a festa recomeçou.

Os dois capangas que haviam acompanhado Bryan em sua visita ao Sound Techniques para nos avaliar eram seus assistentes Tony Howard e Steve O'Rourke. Tony, um rapaz de Hackney, havia começado a vida profissional como office boy da revista *New Musical Express*, já que sua intenção original era trabalhar como jornalista da área musical. Ele trabalhou brevemente como crupiê em uma casa noturna e cantando os números em um bingo até que conheceu Phil May, do Pretty Things, que o colocou em contato com Bryan. Tony foi convencido a ir trabalhar na agência de Bryan.

Steve O'Rourke, depois de estudar contabilidade, havia trabalhado como vendedor em uma empresa de alimentos para animais de estimação. Ele acabou sendo demitido quando seus empregadores descobriram que ele estava correndo com o carro da empresa no Circuito de Brands Hatch aos fins de semana e delegando seus turnos a outros vendedores para poder passar seu tempo gerenciando uma casa noturna chamada El Toro, na Edgware Road. Um período subsequente de três meses que passou em outra agência de contratação lhe forneceu experiência mais do que suficiente para Bryan considerá-lo totalmente qualificado.

Com Bryan como nosso agente, finalmente estávamos fazendo a quantidade de shows que sempre desejamos. Isso foi, no entanto, uma faca de dois gumes, pois as contratações representavam uma incompatibilidade total entre músicos e público. Isso foi particularmente verdadeiro nos shows apresentados na cadeia de casas Top Rank, nas quais o público só queria dançar ao som de soul ou se deslumbrar com estrelas que haviam visto no *Top of the Pops*. Além de não correspondermos a nenhum dos casos, a Top Rank também tinha um código de vestimenta – para impedir o acesso de pessoas indesejáveis – que exigia terno e gravata, proibia cabelos compridos e *até* jeans. Isso significava não apenas que não podíamos ir ao bar pegar uma bebida ou socializar com as pessoas, como também que nosso pequeno grupo de fãs nunca passaria da entrada.

Para o público da Top Rank, assistir ao show do Pink Floyd deve ter sido uma experiência confusa. Sem exposição na TV até "See Emily Play" ser lançada, éramos totalmente desconhecidos para quase todos que estavam ali. O único *hit* nosso no Top 20, "Arnold Layne", não era nem um pouco representativo do restante de nosso repertório, e de qualquer forma havia tocado pouco no rádio e não tinha passado na TV. Um promotor nos abordou depois do show e disse: "Que pena, rapazes, se ao menos tivessem algumas músicas decentes...".

Diante de uma hora de música estranha e assustadora, e de uma banda meio invisível e não merecedora de gritos, as reações variaram de desinteressadas a violentas. Foi nossa primeira exposição a um público que, a princípio, não era fã da banda, e se nosso agente não insistisse em cobrar antecipadamente, é provável que nem tivéssemos sido pagos. Por sorte, havia novos locais suficientes para nos manter trabalhando. O conceito de remarcar shows era desconhecido, então continuávamos avançando um passo à frente da incompreensão que deixávamos em nosso rastro. Em 1967, não podíamos nem contar com um público de estudantes solidários. Na época, não existia circuito universitário propriamente dito, em parte porque havia menos universidades nas províncias e, em parte porque a organização de shows aparentemente não era considerada uma atividade recreativa adequada aos estudantes. Consequentemente, estávamos condenados a trabalhar nos circuitos de casas noturnas e salões de baile.

Uma olhada na lista de shows que fizemos em 1967 revela um aumento repentino de vinte shows feitos no final de 1966 e bem mais de duzentos no ano seguinte. Isso não inclui nossa primeira turnê pelos Estados Unidos, viagens à Europa para divulgação na TV, nem o tempo necessário para gravar três singles e um álbum. Não é de se surpreender que todos esses shows tendam a se fundir em um amálgama inexpressivo de camarins pouco iluminados e estradas que nos levavam para casa direto pela M1 de Birmingham até Londres. O Blue Boar na parada de Watford Gap, era onde todas as bandas paravam, e havia mais calças de veludo molhado do que macacões de caminhoneiro.

Alguns dos shows, no entanto, foram *memoráveis*. Nossa turnê escocesa de 1967 foi bastante típica. Consistia em apenas cinco shows, sendo os dois primeiros em Elgin e Nairn, no norte da Escócia, onde nossa invasão *sassenach* foi rapidamente repelida. No *Moray, Nairn and Banff Courant*, conseguimos o mesmo espaço que um concurso local de bolos de frutas, e uma crítica típica ao nosso trabalho por parte do público era: “sabia que eu poderia cantar melhor em meu banheiro?”.

Perto de casa, a recepção era um pouco melhor. No California Ballroom, em Dunstable, as galerias que ficavam sobre o palco eram o lugar ideal para o público expressar sua reprovação derramando bebidas diretamente sobre a cabeça dos membros da banda. Como Roger observou filosoficamente depois: “Eles não devem ter detestado tanto assim, pelo menos não jogaram os copos”. No entanto, no pub Feathers, em Ealing, Roger foi acertado na testa por uma moeda antiga, um projétil considerável. Lembro-me particularmente desse acontecimento porque Roger passou o resto do show procurando o cara que a jogou. Por sorte, não conseguiu encontrá-lo, já que sem dúvida o culpado teria amigos maiores, e em maior número, que nós. Assim sendo, provavelmente teríamos sofrido muito mais se não fosse um fã realmente dedicado que anunciava de forma insensata e audível seu apreço a nosso talento. Isso deu à multidão um alvo mais fácil, que foi então bater nele.

Houve também uma performance inesquecível na Ilha de Man durante a Scots Fortnight, as duas semanas em julho que levam esse nome em homenagem aos habitantes de Glasgow que iam lá para se divertir durante as férias. O palco desse local em particular era elevado o suficiente para evitar que até mesmo o celta mais alto conseguisse agarrar um músico pela perna e arrastá-lo para o meio de uma briga. O promotor sugeriu com tristeza que, em sua experiência, era melhor continuar tocando independentemente do que acontecesse na pista, manter as luzes da casa totalmente acesas e deixar de lado nosso show de luzes. Devíamos ter seguido seu conselho. Seus avisos não foram nada em comparação aos presságios revelados quando eu me sentei atrás da bateria. Não pude deixar de notar a poça de sangue onde o baterista da banda anterior estava sentado poucos minutos antes. Certamente não o acharam bom o bastante e ele foi atingido em cheio.

Quando começamos a tocar e escurecemos as luzes, o público ficou em silêncio, espantado. Inicialmente, pensamos que nossa música e nosso show de luzes haviam capturado a atenção deles, mas um ruído assustador logo indicou outra coisa. Na verdade, a escuridão havia fornecido a oportunidade de se jogarem uns contra os outros com uma fúria descontrolada. Seguindo tardiamente o conselho do promotor, cumprimos nosso contrato fornecendo um acompanhamento musical psicodélico ao som dos escoceses de férias se batendo sem parar. Como nosso bom amigo Ron Geesin gostava de anunciar: “A próxima dança será uma luta”.

Estranhamente, essas experiências não enfraqueceram nosso entusiasmo. Como um pelotão sob fogo, nosso espírito de grupo se fortaleceu pelo simples pavor em alguns dos shows e pelo bombardeio de insultos. Como parte de uma estranha terapia catártica, até conseguíamos rir daquilo no caminho para casa, convencendo-nos de que o próximo show seria melhor.

Muitas vezes encontrávamos um problema técnico específico nesses salões de baile, que, sob a influência do *Saturday Night at the Palladium*, haviam resolvido que palcos giratórios eram uma forma sofisticada de trocar as bandas no decorrer da noite. Mas, conforme nossos equipamentos de som e plataforma de luz aumentavam em quantidade, a hora que o palco começava a girar era um completo caos. Enquanto os cabos dos alto-falantes eram esticados até quase se romperem, as torres de equipamentos balançavam e despencavam no chão. Em meio a esse *remake* de *Os últimos dias de Pompeia*, conforme os alto-falantes caíam à nossa volta, os técnicos trabalhavam freneticamente para reconectar tudo que era elétrico. O último balanço brusco, quando o palco estremecia até parar de vez, fazia com que a banda, que permanecia corajosamente em posição o tempo todo, parecesse a tripulação de *Star Trek* sendo atacada diretamente por uma nave Klingon.

A essa altura já tínhamos algo que parecia uma equipe de técnicos, embora costumássemos aproveitar os *roadies* dispensados por outras bandas para carregar e descarregar nosso equipamento. Em uma ocasião, fomos ingênuos o bastante a ponto de achar que qualquer um que tivesse sido *roadie* do Cream devia ser incrível. Só que não pedimos nenhum tipo de referência. O motivo de aquele *roadie* ter sido dispensado pelo Cream tinha sido a total incapacidade de montar o equipamento para um show devido a uma ressaca. Ele e seu cúmplice simplesmente foram até a casa do empresário, deixaram as chaves da van na caixa de correio e foram curtir a noite. Em nosso caso, ele conseguiu chegar aos shows, mas algumas discrepâncias extraordinárias entre a leitura do hodômetro e as faturas de combustível que ele estava apresentando – indicando nitidamente um desvio entre Londres e Brighton, envolvendo uma viagem aos Balcãs – significaram que sua estadia conosco havia chegado a um fim abrupto.

Um *roadie* que veio em seguida foi pouca coisa melhor. Acabamos tendo que dispensá-lo quando descobrimos por que estávamos tendo problemas intermináveis com nossos alto-falantes da WEM. Havíamos fechado um esquema de patrocínio com a Watkins Electronic Music, mas nem nós e nem Charlie Watkins conseguíamos entender por que os danos a nossos alto-falantes eram tão grandes e tão frequentes. Descobrimos que nosso prestador de serviços nada leal estava cuidadosamente substituindo os novos cones pelos velhos e estourados, e depois indo ao West End para vender os alto-falantes novos às lojas de materiais elétricos da Lisle Street. Não é de se admirar que nosso som fosse único.

Devido à qualidade imprevisível da equipe, exigia-se que todos os envolvidos com a Blackhill – banda, gerenciamento e equipe de apoio – trabalhassem muitas horas. A equipe, embora improvisada, podia ter que montar o palco para dois shows seguidos no início da noite em Norfolk, e depois carregar tudo para Londres para uma aparição no UFO às duas da manhã. Com o tempo, a equipe tornou-se mais organizada, principalmente depois da chegada de Peter Wynne-Willsom.

Peter era um iluminador de teatro experiente. Ele havia sido expulso da escola Oundle por participar de uma das marchas de Aldermaston e passou a trabalhar em teatros locais, depois regionais, e finalmente foi trabalhar no West End. Ele tinha um apartamento na Earlham Street, em Covent Garden, que dividia com sua namorada Susie Gawler-Wright (conhecida como “a debutante psicodélica”), onde Syd acabou indo morar – Susie tinha passado um tempo em Cambridge e conhecia muitos amigos do mesmo círculo.

Na época de nossos shows na All Saints Church, Peter tinha ido nos ver algumas vezes. Joe Gannon cuidava de nossa iluminação na ocasião, então quando Peter entrou para a equipe, assumiu as responsabilidades de gerente de viagens. No entanto, havia uma certa limitação para ele exercer a função: ele não tinha carteira de habilitação. Então, Rick dirigia a van enquanto Peter manejava o equipamento. Peter depois assumiu o controle do som (o que não era, conforme ele próprio admitia, um de seus pontos fortes), antes de – após a partida de Joe – cuidar da iluminação, auxiliado por Susie.

Peter herdou o equipamento de iluminação remendado de Andrew King e Peter Jenner, que, embora para a mente profissional de Peter fosse "extremamente duvidoso", funcionou surpreendentemente bem até um show em uma faculdade de arte, onde a estranha fiação conectou duas fases, enviando uma onda repentina de 440 volts que percorreu todo o sistema de iluminação e o destruiu de maneira espetacular. Peter se concentrou em construir um sistema mais avançado, baseado em três projetores Rank Aldis de 1000 watts e começou a experimentar com diferentes formas de tratamento da luz, passando-a por polarizadores e membranas de látex esticadas. As cores criadas eram "incríveis, mas muito turvas". Peter descobriu que os melhores padrões polarizados eram produzidos com a utilização de preservativos. Isso levou a uma noite em que a polícia parou a van e nossa equipe de estrada. Os policiais ficaram intrigados ao verem um membro da equipe, John Marsh, cortando uma pilha de preservativos no banco dianteiro da van. "Não ligue pra ele", Peter disse calmamente. "É o nosso *roadie* – ele é louco".

Outra forma de tratar a luz era posicionar um espelho em um ângulo de 45° diante da extremidade de uma lente longa. Fazia-se, então, o espelho vibrar para produzir padrões como as curvas de Lissajous. Inserir hélices e rodas de cor no *gate* do projetor e brincar com a velocidade das rodas criava o que ele descreve como "minhocas de cor".

Uma das outras criações de Peter usava um refletor de filmagem além dos limites recomendados para atingir o brilho máximo. Diante dela, era montada uma roda de vidro colorida, girada em altíssima velocidade por um motor. Esse aparato ficava montado sobre uma caixa de 60 cm por 90 cm e inclinado acima da banda sobre um grande suporte de borracha que Peter havia adquirido. Como não havia fornecedores especializados, Peter fez uma incursão pelas lojas de excedentes do governo em Edgware Road e Tottenham Court Road em busca de equipamentos, cabos e conectores de qualidade militar – que eram particularmente robustos e podiam ser transportados pelo Reino Unido em uma época anterior às caixas especiais de transporte.

O efeito do aparato de Peter era espetacular. Com duas rodas, as possibilidades não apenas duplicavam, mas quadruplicavam. Ajustando-se a velocidade de ambas as rodas, eram produzidas cores que só podiam ser sentidas – "cores metálicas, roxos prateados. O braço de Nick traçava arco-íris na tela de projeção traseira de uma forma encantadora". Mas as temperaturas irregulares, o balanço, as batidas e chacoalhadas e as rodas de cor que giravam como loucas resultavam em uma tendência alarmante de que os discos saíssem do controle e se quebrassem ruidosamente, lançando estilhaços de vidro violentos muito perto da banda. Tínhamos que transportar muito vidro extra – e o ideal era que tivéssemos também um kit de primeiros socorros. Roger e eu apelidamos aquelas máquinas de "Daleks"[2] em homenagem à sua natureza robótica e nítida hostilidade aos humanoides. As luzes eram agora parte integral de nosso show, e em uma entrevista para a *Melody Maker* na época, eu disse de maneira solene: "o iluminador literalmente tem que fazer parte do grupo", embora claramente pretendêssemos chegar ao ponto de dividir os *royalties* com ele.

2. Vilões alienígenas da série Doctor Who que usam uma carapaça de aparência robótica. (N. da E.)

Na estrada, economizávamos sempre que possível. Comprávamos bebidas alcoólicas em lojas de beira de estrada para evitar os preços inflados dos bares. Trocávamos hotéis por uma longa viagem para casa, o que impossibilitava a vida desvairada de que aparentemente todas as outras bandas desfrutavam. Graças ao dom que a Bryan Morrison Agency tinha para agendar shows que exigiam uma constante travessia pelo país, parecia que estávamos sempre na van. Para aumentar a empolgação, vivíamos com um constante medo de ficar sem gasolina, já que os *roadies* só paravam em postos que ofereciam um mínimo de quatro selos Green Shield – o sistema original de fidelização do cliente.

O dinheiro normalmente era curto: apesar de o trabalho ter aumentado, ainda tínhamos uma montanha de dívidas, já que estávamos constantemente atualizando nossos equipamentos. Em teoria, estávamos pagando a nós mesmos um salário 30 libras por semana, mas conseguindo ficar apenas com 7 libras e 10 xelins. Consequentemente, para suplementar a renda, os esquemas para ganhar dinheiro eram sempre populares. Muito posteriormente, em uma travessia de *ferry* ao continente, John Marsh disse que rastejaria de uma ponta a outra do barco latindo como um cachorro se Roger lhe desse 20 libras, um acordo que Roger considerou irresistível e os outros passageiros acharam perturbador. John cumpriu sua parte do acordo e, entusiasmado com o sucesso daquele esquema lucrativo, ofereceu-se para pular da lateral do *ferry* no meio do canal e voltar nadando para a Inglaterra em troca da casa de Roger. Roger, um homem que gosta de apostar, ficou seriamente tentado. Ele sabia que era mais provável que John não sobreviveria. Mas como aquilo também significaria que não teríamos show de luzes pelo restante da viagem, o bom senso por fim venceu.

Entre as intermináveis viagens, de vez em quando tínhamos uma apresentação em casa, no UFO, embora isso acontecesse apenas cerca de uma vez por mês depois de janeiro de 1967. No entanto, duas grandes datas importantes na primavera nos ajudaram a manter contato com nosso público original. O "14-Hour Technicolour Dream", em 29 de abril, foi um evento que durou a noite toda no Alexandra Palace, com apresentações que incluíam Alex Harvey, Soft Machine e Arthur Brown, totalmente organizado por Hoppy e o pessoal do *IT* para levantar fundos para o periódico após uma batida policial. "Foi um caos, mas funcionou", lembra Andrew King. Para muitas pessoas isso ficou na memória como um evento psicodélico fundamental, o auge de toda aquela fase, com bandas e artistas tocando até o amanhecer. Peter Jenner, por exemplo, diz: "O 'Technicolour Dream' simbolizou tudo. Foi o auge da psicodelia amadora pura, a cerimônia de coroação, o último grande evento da turma. Quando o Pink Floyd apareceu naquele salão um tanto quanto dilapidado, já estava amanhecendo, a luz estava entrando por todas as velhas janelas com vitrais, e as pessoas escalavam o andaime que havia ao redor do órgão Ally Pally. Praticamente todo mundo estava alucinando, exceto a banda – embora Syd talvez estivesse. Foi um grande show… mas só Deus sabe como estava realmente o som".

Mas outros acharam tudo comercial demais, o fim musical do movimento *underground* dominante, porque foi o elemento mais lucrativo – o "Technicolour Dream", na realidade, foi apenas um grande show de rock. Miles lembra da banda Flies, que anteriormente havia urinado no público para estabelecer suas credenciais protopunk, ao lado do palco enquanto tocávamos, berrando xingamentos e gritando "Vendidos!". Eu não me lembro, mas se eles realmente gritaram isso, até que estavam certos: o evento foi feito para vender. E nosso público fiel do UFO, acostumado a desfrutar de experiências compartilhadas, deparou-se com avisos de segurança, um palco de três metros de altura, e o papel de criaturas estranhas em exposição.

Do nosso ponto de vista, o "Technicolour Dream" estava mais para um pesadelo logístico. Naquele dia, estávamos fazendo um show na Holanda no início da noite, terminamos a apresentação, pegamos nossas coisas, fomos levados de carro em alta velocidade, por holandeses superanimados, para pegar o último voo, e corremos loucamente até o norte de Londres para fazer nossa aparição. Devido ao itinerário, as chances de desfrutar de quaisquer benefícios da confraternização psicodélica eram remotas. Syd estava completamente distante de tudo o que estava acontecendo, fosse simplesmente por estar alucinando ou sofrendo de um transtorno neural mais orgânico, eu ainda não faço ideia.

Em comparação, acho que o "Games for May", uma quinzena depois, foi um dos shows mais significativos que já fizemos, uma vez que continha elementos que se tornaram parte de nossas apresentações durantes os trinta anos seguintes. Peter e Andrew haviam organizado o evento no Queen Elizabeth Hall, no complexo de artes do London's South Bank por meio de Christopher Hunt, o promotor que tinha conseguido que tocássemos no Commonwealth Institute. Mais uma vez, as credenciais de música clássica de Christopher provaram-se inestimáveis, pois ele era uma das poucas pessoas capazes de promover uma entrada neste local de prestígio.

Embora tivéssemos pouco tempo para preparação ou ensaio para preencher duas horas de show, conseguimos conceber a noite como um evento multimídia do Pink Floyd. Diferentemente de nossos shows regulares, não havia bandas de abertura, então pudemos controlar o ambiente e criar um clima particular. O público do Queen Elizabeth Hall estava sentado, então a intenção claramente era que, de maneira excepcional para um show de rock, eles escutassem e assistissem, sem dançar. Grande parte do show foi improvisada. Tínhamos nosso repertório de músicas de sempre, e apresentamos pela primeira vez "See Emily Play" ("You'll lose your mind and play free games for May..."), mas muitas foram escolhidas como veículos, como "Interstellar Overdrive", servindo de suporte para mostrar ideias em constante mudança. Todos se lembram de Syd por suas composições, mas ele provavelmente merece o mesmo crédito por seu conceito radical de rock improvisado.

Tínhamos algumas luzes extras e uma máquina de bolhas de sabão, assim como projetores de slide domésticos, que tiveram que ser instalados bem no meio da área dos assentos para que a projeção de luz acontecesse. Isso exigiu certo improviso técnico e legal, uma vez que na época a iluminação e a mixagem de som eram controlados na lateral do palco. Alguns anos depois, tornou-se padrão ter as mesas de som e iluminação no meio do auditório.

O IT relatou que o evento foi "muito bem pensado... um verdadeiro concerto de música de câmara do século XX. A pureza da apresentação da própria sala foi perfeita para a utilização da técnica bem solta de mistura midiática". Foi uma pena não termos podido capitalizar em cima desse sucesso e evitar o ano seguinte de labuta penosa, cumprindo intermináveis shows de rotina.

O Coordenador Azimuth, que foi usado pela primeira vez no "Games for May", era um dispositivo, operado por Rick, que havíamos encomendado de Bernard Speight, um engenheiro técnico do Abbey Road. Havia dois canais, cada um com um *joystick*, um para o órgão Farfisa, o outro para efeitos de som. Se ele estivesse na posição vertical, o som estava centralizado, mas movimentá-lo diagonalmente enviava o som para o alto-falante posicionado no canto equivalente da sala. Rick podia fazer os sons de seu teclado girarem pelo auditório, ou produzir sons de passos – fornecidos por um gravador de fita Revox – aparentemente marchando de um lado para o outro. Ninguém se lembra quem inventou o nome do aparelho, mas a definição do dicionário para "azimute" é algo como "o arco do céu que se estende do zênite ao horizonte, formando ângulos retos". Pareceu uma ótima descrição, pensei.

Também fomos proibidos de nos apresentar novamente no Queen Elizabeth Hall, não porque os fãs empolgados demais arrancaram os assentos, mas porque um dos membros da equipe, vestido de almirante, jogou pétalas de flores nos corredores entre as cadeiras. As autoridades do lugar consideraram aquilo um risco em potencial para os que não tinham muita firmeza nos pés...

Esse é um exemplo típico da falta de respeito, e muitas vezes pura hostilidade, que existia entre bandas de rock e a administração das casas. Em questões de segurança e iluminação, eram impostas inúmeras regras mesquinhas, algumas justificadas, mas muitas apenas para deixar clara sua desaprovação. Uma regra que nos irritava demais era quando as casas de shows exigiam um nível maior de iluminação do auditório para bandas de rock do que para outras formas de entretenimento, o que era especialmente prejudicial para nós, uma vez que o impacto de nosso show de luzes era gravemente comprometido. Uma arma de pressão chegou a ser utilizada para garantir que a iluminação da casa fosse modificada de acordo com nossa preferência. Na verdade, já era esperado que as bandas fossem banidas de todas as principais casas de shows e, como diz Andrew King, um grupo sempre espalhava a todos que havia sido banido, mesmo se não fosse verdade. Acho que, praticamente como todos os outros grupos, nós fomos banidos do Albert Hall "para sempre" por um curto período...

"Arnold Layne" também tinha sido banida das rádios piratas Radio London e Radio Caroline, assim como da BBC, o que de fato dificultou a promoção, já que havia apenas um punhado de rádios na época. A música foi proibida devido a vagas referências na letra que podiam ser interpretadas, se alguém tentasse com muito afinco, como uma celebração à "perversão sexual". É claro que, não muito tempo depois, a BBC – com uma ingenuidade encantadora – simplesmente não notou nada de sexual na letra de "Walk on the Wild Side", de Lou Reed. Parece absurdo hoje – e extremamente antiquado, dada a natureza ultraexplícita das letras de música no século XXI –, mas na época ainda havia grande sensibilidade à censura. Lorde Chamberlain exerceu controle sobre os teatros de Londres até 1967, e mesmo em 1974 ainda precisávamos de autorizações do Conselho britânico de censura a filmes para exibir as películas que acompanhavam nossos shows ao vivo (incluindo, curiosamente, obter uma dispensa especial para não ter que mostrar a licença do censor na tela antes das apresentações, o que estragaria bastante seu efeito).

De qualquer modo, ser tocado no rádio era difícil, pois o tempo de transmissão disponível ainda era muito limitado. O sindicato dos músicos havia negociado um acordo com a BBC que restringia a quantidade de discos que podiam ser transmitidos no rádio a quarenta horas semanais. As horas restantes deviam ser ocupadas pelos músicos que faziam parte das orquestras das rádios. Era bom quando as músicas eram um solo de trompete e um pouco de voz, mas quando eles tentavam recriar "Purple Haze", era o equivalente auditivo a um malabarista de um braço só.

Diante desses obstáculos, uma opção que nós tínhamos – assim como qualquer outra banda que esperasse fazer sucesso no Top 20 – era exagerar na divulgação. Em uma época anterior aos dados de ponto de venda eletrônico, o sistema era bastante simples: sabia-se bem quais lojas informavam seus lucros, o que dava um indicativo da venda de discos, e várias pessoas eram mandadas ao ponto de venda relevante para comprar o single escolhido incessantemente. Ao que parecia, era preciso ter muito cuidado no escritório de uma pessoa que organizava esse tipo de esquema. Se um desavisado abrisse um armário, poderia acabar com ferimentos graves por uma cascata de discos não tocados. Um especialista em particular, por cem libras, enchia seu carro esportivo com flores e chocolates e saía pelas lojas de discos convencendo as garotas detrás dos balcões a ajustar os números de vendas, o que elas faziam com prazer.

"Arnold Layne", lançada em março de 1967, havia chegado ao número vinte nas paradas do Reino Unido. "See Emily Play" foi escolhida como single seguinte, e tentamos gravá-la no Abbey Road. No entanto, simplesmente não conseguimos reproduzir o som de "Arnold Layne", então acabamos voltando ao Sound Techniques para recriar a fórmula mágica, o que deu um certo prazer amargo a Joe Boyd.

Quando "Emily" foi lançada, havíamos recebido alguns benefícios adicionais com a proibição de "Arnold Layne". Acredito que as emissoras ficaram um pouco envergonhadas, e parecia que sua reputação com o povo poderia piorar se não fossem vistas se adequando às novidades. Todas as estações de rádio tocaram a música e chegamos ao número dezessete em duas semanas. Essa posição no Top 20 nos rendeu uma aparição no *Top of the Pops*. Foi um marco importante na escalada ascendente e nos proporcionou muita exposição. Termos sido vistos pelo público de televisão nacional afetaria diretamente nossa capacidade de atrair público e, assim, nosso potencial de ganhos como banda que toca ao vivo. "COMO VISTO NA TV!" valia pelo menos cem libras a mais por noite.

Passamos a maior parte do dia fazendo ensaios, maquiagem, passando roupas extravagantes, lavando e aparando o cabelo, tudo nas instalações bem equipadas da BBC, em Lime Grove. Nossa equipe de estrada descobriu rapidamente que, como os departamentos de cabelo e maquiagem não sabiam quem eram os membros das bandas novas, eles também podiam entrar, conversar com as meninas, e ter seus cabelos lavados, aparados e escovados. Raramente vi técnicos tão radiantes quanto os que vagavam pelos corredores da BBC aquela noite.

Porém, senti que a apresentação propriamente dita foi uma espécie de anticlímax. Dublar, no melhor dos casos, é muito idiota. E aquele nem era o melhor dos casos. Tocar com *playback* era sempre um fardo, principalmente para um baterista. Para manter o nível de som baixo, era preciso evitar completamente bater no instrumento, ou apenas usar suas laterais. Os dois métodos eram muito desajeitados. Anos depois, esse terrível exercício incluía usar pratos de plástico e abafadores. Além disso, havia toda a adrenalina de se apresentar sem a atividade física ou a reação de um público real para absorvê-la. Em comparação ao show, a total falta de empolgação depois foi um destruidor de almas. Acho que eu esperava que o mundo mudasse depois de aparecermos na televisão. Será que agora éramos verdadeiros *pop stars*? Parecia que não. O mundo continuou igual, e lá fomos nós para outra casa de shows terrível onde o público ainda nos odiava, mas imagino que pelo menos nos odiassem "COMO VISTO NA TV!".

Na semana seguinte, a música estava em quinto lugar, então fizemos tudo de novo. Uma terceira aparição foi planejada, mas Syd cortou nosso barato, recusando-se a fazer o show, e dando uma indicação dos problemas que estavam por vir. Ele justificou o motivo assim: "Se John Lennon não precisa participar do *Top of the Pops*, por que eu deveria?".

Qualquer chance de sermos Número Um da parada estava fora de questão. Procol Harum lançou "A Whiter Shade of Pale" exatamente na mesma época, e ela não saía do primeiro lugar. A cada semana, olhávamos desesperadamente a lista, certos de que todos já tinham comprado uma cópia de "Whiter Shade" àquela altura – mas, se fosse esse o caso, todos estavam sofrendo com problemas de memória ou queriam ter duas cópias. (Gary Brooker, do Procol Harum, escrevia críticas de singles para a *Melody Maker*: ele notou "Emily" logo de cara. "O Pink Floyd. Posso dizer, pelo terrível som de órgão, que...")

O sucesso comercial era atraente para todos nós, exceto para Syd. Norman Smith – que era então nosso produtor oficial na EMI – lembra que quando se falou em escolher a música sucessora de "Arnold Layne", e que talvez "See Emily Play" devesse ser esse single, Syd reagiu como se a palavra *single* fosse um conceito desagradável. Embora ele ficasse feliz em contribuir com ideias musicais cativantes, odiava a ideia de qualquer coisa que fosse "comercial".

Norman Smith tinha sido enviado pela EMI para supervisionar a gravação de "See Emily Play" no Sound Techniques e para produzir as sessões de gravação do nosso primeiro álbum, *The Piper at the Gates of Dawn*, que foram realizadas no Abbey Road a partir de março de 1967. Depois de tentar, em suas próprias palavras, "tornar-se um famoso músico de jazz", Norman havia se candidatado a um emprego na EMI após ver um anúncio no *Times* em busca de aprendizes de engenheiros de som. A idade máxima era vinte e oito anos, e Norman estava com trinta e poucos, então ele tirou seis anos de sua idade e, para sua surpresa, foi chamado para uma entrevista, juntamente com mais de cem outros candidatos. Quando um dos entrevistadores perguntou o que ele achava de Cliff Richard, que estava apenas começando a se destacar na época, Norman não foi nada elogioso. Os entrevistadores, novamente para sua surpresa, concordaram com ele. E Norman foi escolhido como um dos três novos aprendizes.

Dali em diante, foi colocado para varrer o chão, sair para comprar cigarros e fazer chá, e de vez em quando apertar uns botões sob ordens de um engenheiro. Então, um dia, "quatro rapazes com cortes de cabelo engraçados apareceram". Os Beatles tinham chegado ao Abbey Road e, por mero acaso, Norman foi designado para gravar o teste deles. Depois disso, pensou consigo mesmo: "Essa é a última vez que vamos ver vocês, garotos. Porque eles não eram incrivelmente bons, para ser gentil". Os Beatles tinham outras ideias, e Norman os gravou até o fim de *Rubber Soul*.

Norman sempre teve aspirações de se tornar produtor, e depois que George Martin saiu da EMI para montar os estúdios AIR, ele foi convidado para assumir o selo Parlophone. Em resposta à sua enxurrada inicial de cartas de apresentação, ele tinha recebido uma ligação de Bryan Morrison, pedindo-lhe para dar uma olhada em uma banda chamada Pink Floyd. Norman e Beecher Stevens – que tinha acabado de entrar na EMI como chefe de A&R [Artistas & Repertório] – tinham opiniões diferentes, e ambos estavam tentando abrir seu próprio caminho. O fato de os dois quererem que assinássemos com a EMI provavelmente atuou a nosso favor, uma vez que lutaram de maneira independente para que nos juntássemos à gravadora. Norman se lembra de que a alta hierarquia levou um tempo para ser convencida a respeito daquele grupo desconhecido, e o adiantamento de 5 mil libras foi uma quantia exorbitante na época. Quando eles finalmente concordaram, disseram a Norman – possivelmente em tom de brincadeira – que ele podia nos contratar, mas seu emprego estava em jogo.

Acho que Norman nos viu como sua oportunidade de dar uma de George Martin. Ele estava interessado, como nós, em aproveitar ao máximo as instalações do estúdio, e era muito afável e um músico competente. O mais importante de tudo para nós é que ele ficava feliz em nos ensinar, em vez de proteger seu cargo criando uma aura de mistério sobre o processo de produção.

Para nossas gravações, Norman foi auxiliado por Peter Bown, engenheiro experiente da EMI e mais um homem que trabalhava em estúdios havia anos, já tinha visto de tudo e feito quase tudo. Em uma das primeiras sessões, a pedido de Peter e Andrew, percorremos nosso repertório para selecionar uma música para começar a gravar e impressionar nossos novos camaradas. Lamentavelmente, eles tinham participado de sessões até tarde no dia anterior. Depois de trinta minutos, Peter Bown pegou no sono do outro lado do console e Norman se lembra de ter feito o mesmo pouco depois.

Dada nossa falta de experiência em estúdio, tivemos muita sorte de trabalhar com alguém como Norman. Ainda era raro que os músicos pudessem chegar perto da mesa de mixagem, e não era raro que músicos de sessão fossem chamados para economizar tempo de estúdio: os Beatles tinham começado a mudar isso, já que seu sucesso convenceu as gravadoras a interferirem cada vez menos. Praticamente todas as bandas que vieram depois têm uma dívida gigantesca de gratidão com os Beatles por criarem um cenário em que a música popular era feita pelos artistas, e não construída para eles.

Desde o primeiro dia, Norman estimulou nosso envolvimento em todo o processo de produção. E estava ciente de nosso interesse na ciência e tecnologia da gravação, ao passo que, em suas palavras, “a maioria das bandas da época estava apenas tentando fazer parte da onda do Mersey Sound”.

Na época, o Abbey Road Studios (que era oficialmente EMI Studios) tinha uma mistura estranha de conservadorismo e radicalismo. A empresa também tinha um enorme departamento de engenharia, onde construíam muitos de seus próprios aparelhos de gravação, mesas de mixagem e equipamentos externos. A gravação ocorria em máquinas de quatro faixas, que depois eram mixadas em fita de ¼ de polegada mono ou estéreo. Toda a edição era feita por estagiários que usavam pequenas tesouras de latão para evitar que o magnetismo afetasse o som. Todo o edifício era pintado em um tom de verde que eu imaginava ter sido inspirado na sede da KGB na Praça Lubianca.

Da mesma forma que a BBC, esse tipo de organização produzia uma grande quantidade de bons engenheiros. Eles haviam se tornado versados nas técnicas necessárias para gravar cada tipo de instrumento e conjunto musical, e não se importavam de gravar rock em um dia e Herbert von Karajan com uma orquestra de oitenta músicos no dia seguinte. No entanto, havia uma divisão distinta entre o clássico e o pop nos escalões superiores; embora os lançamentos pop subsidiassem as gravações clássicas, a equipe que os criava era tratada pelo alto escalão como uma classe diferente. O presidente, Sir Joseph Lockwood, deve receber muito crédito por derrubar essa hierarquia antiquada. Para contextualizar as coisas, dois anos antes de ele entrar na EMI, o conselho havia decidido que "não havia futuro" nos LPs.

Uma das características de um estúdio tão equipado quanto o Abbey Road era que, como as máquinas de efeitos eletrônicos ainda não tinham sido inventadas, o império tinha uma enorme quantidade de instrumentos espalhados pelos estúdios. Havia pianos Bell, órgãos Hammond, clavinetes, tímpanos, gongos, triângulos, blocos sonoros, sinos e máquinas de vento à disposição (e eles podem ser ouvidos em *Piper* e *A Saucerful of Secrets*, assim como, creio eu, em diversas gravações dos Beatles). Um extenso acervo de efeitos sonoros também estava disponível, além de câmaras de eco azulejadas que favoreciam, em especial, a gravação de passos.

Embora minha lembrança seja de que a gravação de *Piper* correu tranquilamente, de que todos estavam entusiasmados, de que Syd parecia estar mais relaxado e de que o ambiente fosse de alta concentração, Norman Smith discorda. "Para mim, não foi nada fácil. Eu sentia o tempo todo que estava pisando em ovos, e tinha que prestar muita atenção no que dizia ao Syd. Ele sempre foi extremamente frágil. Se ele tivesse gravado um vocal, por exemplo, e eu dizia para ele: 'Certo, Syd, o que você fez foi bom, mas e se blá, blá, blá?', ele nunca respondia. Só dizia: 'Hã, hã'. Passávamos a fita de novo e ele cantava exatamente do mesmo jeito. Podíamos fazer cem gravações da faixa vocal e todas seriam iguais. Havia certa teimosia na personalidade do cara".

Acabaríamos de gravar as músicas em um ou dois dias de estúdio, onde as sessões eram organizadas com firmeza – blocos de três horas: de manhã, à tarde e à noite; com intervalos para almoço e jantar respeitados com rigor – e partiríamos para fazer alguns shows no restante da semana. A facilidade da gravação foi, em parte, devido ao fato de estarmos efetivamente gravando o repertório que tocávamos ao vivo, e ouvir *Piper* agora me dá uma indicação aproximada do que estávamos tocando no UFO e na Roundhouse, embora as versões de estúdio, para se encaixar às exigências de faixas de três minutos, fossem inevitavelmente mais curtas, com solos mais concisos.

No entanto, algumas das canções mais estranhas do álbum podiam ser deliberadamente retiradas do *set* quando enfrentávamos as multidões ameaçadoras de casas como o California Ballroom: só Deus sabe o que eles teriam pensado do gnomo chamado Grimble Gromble. Mas encontrar canções substitutas não era um problema. Andrew recorda: "Syd estava compondo a todo vapor. As músicas derramavam-se dele, como muitas vezes acontece; chega um momento em que a escrita irrompe de repente. Algumas pessoas conseguem sustentar isso, outras não".

"Interstellar Overdrive" é um exemplo de música que em vinil era uma versão recortada em comparação à maneira como era tocada nos shows. "Interstellar" havia se tornado a base central de nossos shows ao vivo desde a época de Powis Gardens. Baseada em torno do *riff* de Syd, a música geralmente era tocada com diferentes elementos estruturados na mesma ordem toda vez. No disco, ela dura menos de dez minutos; ao vivo, podia durar até vinte. O truque era reconstruir essas canções para que funcionassem dentro das limitações do que era, naquele período, a duração tradicional de uma música. Um problema adicional era que dentro de uma performance ao vivo inevitavelmente haveria momentos bons e ruins cada vez que a música era tocada, particularmente com as sessões de improvisação. Uma gravação, por outro lado, tem que poder ser ouvida repetidas vezes. As duas versões são, necessariamente, coisas bem diferentes.

Nas outras músicas, mais estruturadas, Norman conseguia empregar suas habilidades como produtor, acrescentando arranjos e harmonias e fazendo uso de efeitos que podiam ser criados com a mesa de mixagem e equipamentos externos. Ele também nos ajudou a revelar todas as possibilidades contidas na coleção de instrumentos e efeitos sonoros do Abbey Road. Assim que percebemos seu potencial, rapidamente começamos a introduzir todo tipo de elementos extrínsecos, desde a voz radiofônica de "Astronomy Domine" até os relógios no final de "Bike". Esse flerte com a *musique concrète* não era nada original – George "Shadow" Morton já tinha usado uma motocicleta em "The Leader of the Pack", das Shangri-Las –, mas era praticamente uma novidade na época, e dali em diante tornou-se um elemento regular em nosso processo criativo.

Como Norman havia trabalhado com os Beatles, era previsível que, em algum estágio da gravação, tivéssemos uma audiência com suas eminências. Independentemente de qualquer coisa, nossas duas bandas estavam utilizando quantidades sem precedentes de recursos do Abbey Road Studios e, como consequência, o lugar tinha virado praticamente uma residência para ambos os grupos. Quando nos demos contas de que queríamos passar mais tempo no estúdio, renegociamos nosso contrato com a EMI, diminuindo nossa porcentagem de oito para cinco por cento em troca de tempo de estúdio ilimitado.

Fomos levados para o Estúdio 2, onde os Fab Four estavam ocupados gravando "Lovely Rita". A música soava maravilhosa e incrivelmente profissional, mas, da mesma forma que sobrevivemos aos nossos piores shows, ficamos entusiasmados em vez de completamente destruídos pela experiência. É difícil explicar o quanto conseguimos permanecer confiantes, considerando nossa inexperiência e falta de proficiência técnica. Foram poucas, se é que existiram, as brincadeiras com os Beatles. Sentamos humildemente, e respeitosos, nos fundos da sala de controle enquanto eles trabalhavam na mixagem e, depois de passado um período adequado (e constrangedor), fomos convidados a sair novamente. Sempre que os Beatles estavam no Abbey Road, havia uma aura de importância, enquanto sua comitiva os encasulava em um exótico microambiente nos confins do estúdio.

Piper foi lançado em agosto de 1967. Peter Jenner ficou impressionado com a contribuição de Norman Smith: "Norman foi ótimo. Ele conseguiu fazer um disco fantástico, muito comercial, condensando em três minutos o que o Pink Floyd vinha fazendo sem destruir a musicalidade estranha ou a natureza peculiar da composição de Syd". No entanto, Peter ainda não sabe quanto o disco vendeu. "Eu só estava interessado nos singles, não fazia ideia de como estava indo o disco – sinal de minha ingenuidade". Quando o disco saiu, todavia, o movimento *underground*, que havia nos ajudado pelo caminho, estava começando a vacilar diante do ataque violento das pressões comerciais.

A comunidade empresarial havia se agarrado à nova loucura pela psicodelia, e todo show de música pop, baile e cantoria era anunciado como um *freak out*. As ortografias alternativas eram um show à parte. Em meados de abril, Peter, Andrew e nós mesmos nos sentimos obrigados a veicular um anúncio falso chamado *Freak Out Schmeak Out* ["Freak Out uma ova"] para zombar deles, mas ainda assim promotores que estavam entrando na onda, ou que eram apenas idiotas, não conseguiram entender a brincadeira, e seus anúncios ainda usavam alegremente a frase "Turn up, shell out, get lost" ["compareça, pague, caia fora"] – uma variação da frase do guru do LSD Timothy Leary, "Turn on, tune in, drop out" ["Ligue-se, sintonize, vá longe"]. O conceito original de cada um fazer seu próprio entretenimento já tinha ido para o buraco em favor de uma mercadoria que pudesse ser vendida.

Os instigadores do *underground* também estavam sob ataque. Em uma demonstração pesada de força pelo *establishment*, o *IT* tinha sido processado por obscenidade. Hoppy foi preso por posse de maconha e mandado para Wormwood Scrubs por seis meses. A gravidade de sua sentença causou um ruído considerável. Os frequentadores do UFO tinham mudado: embora Joe Boyd – um promotor sempre atento – tivesse o Move e o Pink Floyd atraindo grandes multidões em fins de semana consecutivos de junho, o público que os shows estavam atraindo agora aparecia para observar o fenômeno, e não para participar dele.

Um acontecimento inesperado foi que os tabloides captaram a noção de uma contracultura perigosa e exageraram a situação. Mais para o início do ano, uma matéria publicada no *News of the World* a respeito dos acontecimentos sórdidos no UFO – que resultou na casa passando por dificuldades consideráveis – mencionava aqueles subversivos perigosos do Pink Floyd. De repente, tudo havia virado sexo, drogas e rock and roll. O que tornava aquilo especialmente irritante é que eu não tinha vivenciado nenhuma daquelas coisas de que eles estavam falando. Na verdade, o artigo não conseguiu revelar nada importante e relatou erroneamente que tínhamos nos referido a nós mesmos como "*social deviants*" ["depravados sociais"]. A palavra "depravado" sempre foi um gatilho para os sensacionalistas. Naquele caso em particular, o repórter tinha se empolgado demais ao ver a frase em um de nossos cartazes. O que não tinha percebido é que aquela não era uma descrição. The Social Deviants era o nome da banda que abriria para nós, liderada por Mick Farren. Os advogados foram instruídos, e em algum momento aconteceu uma reunião. Fomos submetidos à encenação clássica entre o Sr. Simpático e o Sr. Desagradável e concordamos docilmente com um pedido de desculpas padrão em letras minúsculas na última página.

A imprensa tinha deixado passar a verdadeira história: que nosso vocalista, guitarrista e compositor estava começando a sair seriamente dos eixos. Não estávamos alheios ao fato, mas, de nosso ponto de vista, Syd tinha dias bons e ruins, e os ruins pareciam estar aumentando. Com a visão ofuscada pelo desejo de nos tornarmos uma banda de sucesso, estávamos determinados a nos convencer de que ele superaria aquela fase. Outras pessoas à nossa volta tinham uma visão mais nítida. June Child foi bem direta: "Syd tomava muito ácido. Muitas pessoas podem tomar um pouco de ácido e lidar bem com isso, mas quando se toma três ou quatro vezes ao dia, e faz isso todo dia...".

Syd estava morando em um apartamento na Cromwell Road, que Peter Jenner recorda ser um "apartamento catastrófico onde Syd usava ácido". Nós nunca arriscamos entrar – só pegávamos Syd para os ensaios ou shows, sem ter contato com os outros moradores. Havia rumores de que nunca se devia aceitar uma bebida ali, nem mesmo um copo d'água, a menos que a pessoa mesmo se servisse, porque tudo estava batizado. Não era um mundo que o restante de nós frequentávamos. Àquela altura, Roger, Rick e eu ainda éramos leais à cultura estudantil da cerveja, com um destilado de vez em quando. Ficávamos muito mais cientes dos efeitos do estilo de vida que Syd estava levando durante nossas apresentações.

No "14-Hour Technicolour Dream", Syd estava tão cansado quanto nós, mas seus sintomas eram muito mais severos. June Child tinha cuidado dele: "Primeiro, não conseguíamos encontrar Syd. Depois, eu o encontrei no camarim e ele estava tão... ausente. Roger Waters e eu o levantamos e o levamos até o palco. Ele tinha uma guitarra branca, e nós a penduramos em seu pescoço; ele subiu ao palco e, é claro, o público enlouqueceu porque todos o amavam. A banda começou a tocar e Syd simplesmente ficou lá parado. Ele estava com a guitarra no pescoço e os braços abaixados".

Logo depois, iríamos nos apresentar no Windsor Jazz Festival. Fomos obrigados a cancelar. Syd estava sofrendo de "exaustão nervosa", foi o que dissemos à imprensa musical. Quando tivemos que cancelar, mandaram o coitado do Paul Jones no lugar. Paul tinha acabado de sair do Manfred Mann e estava desfrutando de uma carreira solo bem-sucedida cantando R&B. Ele subiu no palco e perguntou "Vocês gostam de soul?" Um grito de "NÃO!!!" foi a resposta dos hippies, junto com uma chuva de miçangas e latas de cerveja. Nesse meio--tempo, o restante de nós reagia aos cancelamentos com constrangimento e raiva, enquanto os empresários tentavam formular um plano.

Depois de muita conversa e pouca ação, principalmente porque não havia muita informação disponível sobre como lidar com problemas com drogas, Peter marcou para Syd uma consulta com o famoso psiquiatra R. D. Laing. Acho que Roger levou Syd de carro até a zona norte de Londres para a consulta, mas Syd se recusou a entrar, de modo que Laing não teve muito o que avaliar. Mas ele fez um comentário instigante: sim, Syd podia estar perturbado, ou até louco. Mas talvez fôssemos nós que estivéssemos causando o problema ao perseguir nosso desejo de fazer sucesso e obrigar Syd a acompanhar nossas ambições. Talvez, na verdade, Syd que estivesse cercado por loucos.

Roger também ligou para o irmão de Syd, dizendo que estávamos extremamente preocupados com ele. O irmão foi a Londres para visitá-lo e saiu dizendo acreditar que ficaria tudo bem. Essa era uma reação recorrente. Falava-se muito sobre a condição de Syd, mas então ele passava por um período bom e focado e nós pensávamos: "ótimo, ele voltou ao normal".

Por fim, decidiu-se que ele seria mandado a Formentera, uma pequena ilha perto de Ibiza, junto com o recém-qualificado Dr. Sam

Hutt, que estava ali de férias para pensar no próprio futuro. Sam era como se fosse o médico oficial do *underground*, solidário com usuários de drogas e músicos: como Boeing Duveen and The Beautiful Soup e, mais tarde, Hank Wangford, Sam era capaz de introduzir uma perspectiva de artista. “Eu era um médico muito descolado. No verão do amor, em vez de usar jaleco branco no hospital, eu usava um colete comprido de seda indiana cor-de-rosa, com uma estampa que parecia um monte de espermatozoides roxos, e forro de seda moiré dourado. E calça boca de sino florida.”

Cancelamos às pressas os shows agendados para agosto e os empurramos para um mês depois. Syd partiu para Formentera acompanhado de sua namorada, Lindsay Corner, além de Rick, Juliette, Sam Hutt, sua esposa e seu bebê recém-nascido. Roger e Judy ficaram em Ibiza, a uma rápida viagem de *ferry* de distância. Não foi um sucesso: Syd não mostrou sinais de melhora, e teve estranhos episódios de violência. Uma noite em que houve uma forte tempestade elétrica, a turbulência do lado de fora refletia o tormento interior de Syd – Juliette tem lembranças de Syd literalmente tentando subir pelas paredes.

Enquanto isso, de volta à Inglaterra, ainda estávamos planejando um futuro para a banda. Roger declarou à *Melody Maker*: “No momento, estamos frustrados com o fato de que, para continuarmos vivos, temos que tocar em muitos e muitos lugares e casas de show que não são realmente apropriados. Nós gostamos de nossa música. É a única força que nos move. Não podemos continuar tocando em casas noturnas e salões de baile. Queremos um ambiente totalmente novo, e chegamos a pensar em montar nossa própria tenda de circo”. Havia a visão de um caminho adiante, mas parecia não existir modo de alcançá-lo.

Quando Syd retornou de sua estadia em Formentera, nem um pouco melhor do que antes, mergulhamos cegamente no trabalho novamente. Conseguimos – com certa dificuldade – algumas datas em setembro no Reino Unido e na Holanda, e fomos ao De Lane Lea Studios para gravar as mais novas, e levemente atordoadas, músicas de Syd. Além de tudo isso, nós nos preparamos às pressas para nossa primeira turnê pelos Estados Unidos. A estreia estava marcada na Fillmore, de Bill Graham, em São Francisco, em 26 de outubro, mas a viagem não correu bem. De antemão, Andrew King disse que estava preocupado com tudo relacionado àquela turnê. Sua apreensão tinha fundamento.

Andrew viajou antes para se encontrar com o agente em Nova York e assinar os contratos para a turnê. Casualmente, o agente tirou uma arma da gaveta e a entregou a Andrew para uso pessoal durante a turnê. Andrew, não acostumado com armas de fogo, perguntou se era realmente necessário. "Não é obrigatório, rapaz. Se não quiser usá-la, posso guardar de volta na gaveta". Mesmo a pior parte da turnê de divulgação na Inglaterra nunca chegou a esse ponto.

Andrew depois foi para a Costa Oeste. Nossos vistos de trabalho não tinham chegado, o que significava que perderíamos os primeiros shows. Andrew se lembra de estar no escritório do empresário Bill Graham, lendário por seu pavio curto, ouvindo-o censurar um pobre executivo de uma gravadora em nome do Jefferson Airplane, que ele estava empresariando. Ao desligar o telefone, ele voltou sua atenção àquele britânico inexperiente, cuja banda não conseguiria se apresentar. "Todas a bandas se apresentam para Bill Graham", ele vociferou.

Em Londres, só podíamos esperar dia após dia até os documentos ficarem prontos para podermos pegar o voo na mesma noite. Passamos horas intermináveis aguardando a saída dos vistos na embaixada dos Estados Unidos em Londres. Nas turnês atuais, é necessária uma quantidade gigantesca de documentos, mas, mesmo naquela época, havia a mesma burocracia, porém combinada com comunicações mais lentas e mais difíceis. Além dos problemas com a documentação, havia também problemas com o acordo de intercâmbio com o grupo norte-americano Sam the Sham & the Pharaohs – as regras do sindicato exigiam um intercâmbio igualitário entre artistas britânicos e americanos.

A solução de Bill Graham foi ligar para o embaixador dos Estados Unidos em Londres no meio da noite, e ele conseguiu agilizar a papelada. Para nos substituir, contratou Ike e Tina Turner, que estavam tocando na área da baía de São Francisco, tornando-se os primeiros artistas negros a se apresentarem no Fillmore. Os vistos finalmente saíram e chegamos a tempo de cumprir as datas de shows na outra casa de Bill em São Francisco, a Winterland. Os presságios não eram bons. Uma aeromoça ansiosa pediu para Syd apagar o cigarro antes da decolagem, e diante do olhar horrorizado dela, ele o apagou negligentemente no carpete do avião, e não no cinzeiro. Não é de se estranhar que o serviço da PanAm naquele voo em particular tivesse deixado a desejar. Chegamos a São Francisco tarde da noite, totalmente exaustos, e não fomos recebidos pelo nosso fã-clube americano, mas por Bill Graham, ainda furioso por ter sido deixado na mão.

Também nos reunimos com Andrew King, que ainda estava preocupado. Ele tinha visitado a Winterland, uma casa com capacidade para 5 mil a 6 mil pessoas sentadas, visto o tamanho do lugar, seu enorme palco, e examinado os poderosos projetores de 35 mm, que nem podiam ser comparados a nosso básico equipamento Aldis de 1 quilowatt. Os shows de luzes regulares da casa eram controlados por unidades independentes, ambos em uma escala completamente diferente do nosso, de tamanho apropriado para o auditório. Andrew generosa e sabiamente disse que "combinaríamos recursos", dando-se conta de que tínhamos dado um passo maior que a perna. Na verdade, tínhamos dado um passo maior que o corpo todo.

Passamos o dia seguinte tentando desesperadamente arrumar algum equipamento. Tínhamos levado apenas as guitarras, nada mais. Eu tinha presumido que haveria uma bateria lá. Todas as promessas de apoio tinham evaporado misteriosamente. A gravadora não forneceu auxílio nenhum. Encontramos um teclado para Rick e uma bateria foi montada. A empresa Premier era britânica e trabalhava com uma rede de agentes afiliados nos Estados Unidos. O distribuidor local deve ter ficado desesperado quando lhe pediram para liberar seus equipamentos para uma banda praticamente desconhecida que representaria a Premier, cujo representante mais conhecido era Keith Moon, famoso pela sede de destruição quando se tratava de baterias. Consequentemente, suspeito que ele tenha me dado todas as peças de bateria, pratos e acessórios desparelhados que tinha nos fundos do depósito – cada elemento do conjunto era de uma cor diferente.

Finalmente, chegamos à Winterland e tivemos a primeira surpresa agradável da turnê. A organização da casa era muito profissional e os outros músicos que se apresentariam receberam com muito entusiasmo o que pretendíamos tocar, sem o clima competitivo de "eliminar qualquer outra pessoa que subisse no palco" com o qual estávamos acostumados no Reino Unido. No entanto, embora fôssemos anunciados como "Os reis das luzes da Inglaterra", o show de luzes era, nas palavras de Andrew: "risível. Eu me senti um otário, para ser sincero".

Nós abriríamos para a Big Brother & The Holding Company (primeira, e excelente, banda de Janis Joplin) e Richie Havens em um fim de semana, e para H. P. Lovecraft no fim de semana seguinte. Janis usava o lendário casaco de pele presenteado pela Southern Comfort em reconhecimento pelos serviços prestados. Não sei ao certo se foi pelo quanto ela consumia pessoalmente a bebida ou por levar uma garrafa de Southern Comfort para o palco, em um dos primeiros exemplos de endosso de produto. Roger tinha levado sua própria garrafa e ofereceu um gole a Janis. No fim do show, ela a devolveu vazia.

O público era mais próximo de nossos seguidores do UFO do que dos frequentadores da Top Rank. A Califórnia, e São Francisco em especial, era o centro do ideal hippie. Infelizmente, não pudemos ficar tão relaxados; sofrendo os efeitos do *jet lag* desde nossa chegada, fomos engolidos por uma série caótica de compromissos e estávamos com pouco dinheiro, poucos equipamentos e sobrecarregados. E, para completar, a abordagem de Syd àquele show importante foi desafinar sua guitarra durante "Interstellar Overdrive'" até as cordas caírem.

No entanto, nem tudo foi perdido, e várias das apresentações, como a do Cheetah Club, em Venice, Los Angeles, foram mais bem-sucedidas. Ao passo que nos auditórios maiores não éramos a banda principal – e os outros artistas estavam sempre prontos, bem ensaiados, e usavam seu próprio equipamento – em uma casa noturna, e como atração principal, nossas luzes tinham um impacto real e podíamos controlar o clima e o ambiente como um todo, exatamente como fazíamos no UFO.

O show no Cheetah Club foi a ocasião em que Syd decidiu que seus cabelos com permanente estavam cacheados demais e precisavam ser alisados antes de entrarmos. Ele pediu para alguém comprar um tubo de gel, que aplicou em quantidades absurdas para corrigir o problema. Calçando um extraordinário par de botas verdes amarradas com elásticos, ele subiu no palco e mais uma vez desafinou a guitarra durante a primeira música. Em uma onda de fúria, Roger cortou a mão ao bater com força no baixo. Haviam lhe emprestado um baixo Vox em forma de pera que estava sem a proteção das cordas, então ele ficava machucando a mão nas pontas descobertas. No fim do show, ele destruiu o instrumento. Seu dono, aparentemente muito feliz, recolheu calmamente os pedaços em uma sacola. Apesar disso, foi um ótimo show. O público nos adorou, assim como a atípica banda de abertura, Lothar and the Hand People. Aparentemente, não havia ninguém chamado Lothar – esse era, na verdade, o nome do teremim do grupo, uma incrível invenção russa que produzia sons parecidos com os da série *Doctor Who* quando se passava a mão na frente de sua antena, e tinha sido usado por Brian Wilson em "Good Vibrations". Além disso, o grupo também era composto de várias jovens atraentes. Lembro que não tinham instrumentos, apenas se contorciam ao som da música de acordo com o clima, de maneira um tanto quanto vanguardista.

Parte da divulgação da banda girava em torno da televisão. Anos antes da MTV, o procedimento era que uma banda aparecesse em um dos programas de celebridades comuns na época. O apresentador, normalmente um cantor popular já de certa idade, ansioso por estender sua carreira, cantava algumas músicas e depois levava convidados para conversar, com interlúdios musicais como nós. Com Syd aproximando-se de um estado catatônico, era de se imaginar que aquela não seria uma fórmula para o sucesso. E com razão. Syd estava sendo difícil, ou mesmo beligerante. Depois de dublar perfeitamente a música durante a passagem de som, ele ficou ali parado, indiferente, na hora da gravação, enquanto o diretor dizia em vão: "Muito bem, estamos gravando". Enquanto Roger e Rick eram forçados a assumir os vocais, Syd ficava olhando melancolicamente para o vazio. Depois de fazer o *playback* de "Emily", quase mortos de constrangimento, fomos conversar um pouco com o apresentador. Se outros convidados tinham acesso ao microfone, aproveitavam brutalmente a oportunidade valiosa de aparecer diante da câmera, intrometendo-se para conter histórias, fazer piadas ou comentários sem importância.

Em outro programa, apresentado por Pat Boone, ele gentilmente controlou os outros convidados para ter uma conversa casual conosco. Apesar de alguns gestos desesperados e hábeis do restante de nós, ele escolheu o então muito instável Syd para conversar. Todos prendemos a respiração quando ele perguntou a Syd do que ele gostava. Estremecemos de expectativa, enquanto nossas mentes se enchiam de inúmeras respostas inadequadas. "Dos Estados Unidos", Syd respondeu com brilhantismo. Pat sorriu, o público vibrou e nós respiramos aliviados enquanto o tirávamos dali.

Longe dos estúdios de TV, Syd ficava um pouco melhor. Saindo de uma reunião na Capitol Records, paramos na esquina da Hollywood Boulevard com a Vine Street. "Las Vegas é agradável", observou Syd. Mais tarde, no Hollywood Hawaiian, um típico hotelzinho de LA, com cactos iluminados e decoração espalhafatosa, Roger encontrou Syd adormecido em uma cadeira, com um cigarro queimando seus dedos.

Aquele foi o limite. Andrew telefonou para Peter em Londres e disse: “Tire a gente daqui”. Cumprimos os compromissos da Costa Oeste, mas cancelamos os da Costa Leste, voando diretamente para um show na Holanda. Se fosse necessário provar que estávamos em negação no que se referia ao estado mental de Syd, era essa a prova. É difícil explicar por que achamos que um voo transatlântico, seguido imediatamente de mais shows, poderia ajudá-lo.

De volta à Inglaterra, Bryan Morrison tinha negociado para nós uma vaga na turnê de Jimi Hendrix. Era uma grande oportunidade de ver Jimi Hendrix tocar e passar algum tempo com alguns músicos que admirávamos. Por fim, descobrimos que tínhamos coisas em comum com outras bandas, particularmente o Nice, que parecia ter inclinações musicais similares, mas uma proficiência técnica surpreendente e, no caso de seu tecladista Keith Emerson, que depois virou o “E” do ELP, um verdadeiro virtuose.

Essa turnê conjunta tinha uma programação bem apertada e o principal objetivo, segundo o promotor, era garantir que o show tivesse um ótimo custo-benefício para os fãs de Jimi e que, independentemente do que acontecesse, a apresentação dele sempre acontecesse na hora prevista. Para garantir que não ultrapassássemos nossos oito minutos, havia alguém segurando um cronômetro nos bastidores. Andrew recorda que havia uma advertência severa se passássemos até mesmo trinta segundos e que, se acontecesse mais de uma vez, estaríamos fora da turnê. Então, nossas canções mais longas como “Interstellar Overdrive” tinham que ser radicalmente cortadas. Peter Wynne-Willson lembra que, durante a turnê conjunta, quando as luzes do recinto estavam acesas, nossas luzes eram praticamente redundantes. Ele tentou convencer os organizadores a insistirem que houvesse uma cláusula no contrato exigindo que as luzes deveriam estar apagadas, e que fosse fornecida uma tela de projeção, mas isso só aconteceria depois de alguns anos.

Syd ainda era uma pessoa imprevisível (e alucinante). Em uma ocasião, não conseguiu nem chegar ao local. Percebemos logo que ele não apareceria e conseguimos convencer Dave O'List, do Nice, a tocar. Iluminamos muito pouco Dave e tocamos "Interstellar Overdrive". Sei que pareceu uma performance perfeitamente aceitável, e acho que poucas pessoas notaram a substituição.

A turnê foi nossa primeira exposição ao mundo do rock and roll da forma como sempre havíamos imaginado. *Pop stars* com calças justas e moral duvidosa, acompanhados por garotas de vestidos justos e moral ainda mais duvidosa. Foi uma das raras vezes em que fomos perseguidos na rua por garotas descontroladas. Desde então, sinto muita empatia pela situação das raposas, pois o estrondo dos cascos (no caso, os sapatos das jovens) desenfreados atrás de si é extremamente assustador. Nesse esporte em particular – talvez mais equilibrado que o normal – o papel de caçador e caça nem sempre estava claro, já que os variados músicos e seus acompanhantes na turnê conjunta também pareciam estar sempre prontos para o acasalamento... As garotas provavelmente tinham acabado de sair da escola, mas podiam ser vistas nos saguões dos hotéis, parecendo estar numa boa enquanto escolhiam quem atacariam em seguida.

Havia um ônibus de turnê em que todos viajavam, como uma excursão escolar maluca com todos os músicos, exceto os principais. Nossos meios de transporte tinham se tornado imprevisíveis. Alguns meses antes, havíamos achado por bem comprar um Bentley com a ideia equivocada de que seria prático para nos locomovermos e bom para nossa imagem. Mais um vendedor de carros havia triunfado, e passamos por alguns momentos empolgantes, já que nenhuma oficina mecânica jamais conseguiu fazer os freios funcionarem devidamente. Roger ainda sonha com aquele carro, e lembra-se nitidamente de sair de um show e ser obrigado a passar por cima de uma rotatória. Também chegamos a alugar um carro da Godfrey Davis em nome de Andrew King, já que eles não alugavam carros para músicos. Semanas depois, quando, de maneira vergonhosa, devolvemos o carro com quase trinta mil quilômetros rodados e lixo empilhado até o teto, a empresa de aluguel de veículos aparentemente mudou as regras, de modo que nem a assinatura de um diretor de uma empresa fosse suficiente, se a empresa em questão tivesse qualquer relação com música.

Coincidindo com a turnê de Hendrix, lançamos um single chamado "Apples and Oranges", outra tentativa de emplacar um sucesso. Era mais uma das composições peculiares de Syd, e teria rendido uma bela faixa de disco, mas provavelmente não foi uma boa escolha como single. No entanto, sob pressão, tentamos transformá-la em um *hit* com a ajuda de Norman Smith, acrescentando vocais e ecos sobrepostos. Não me lembro de tocá-la muito ao vivo, se é que chegamos a tocá-la. É possível que houvesse uma certa pressão americana para lançarmos o single como parte da divulgação da turnê, mas não tivemos tempo de promovê-la por lá. Foi um caso típico de termos confiado em um conselho que havíamos recebido e aprendido que, às vezes, senão sempre, era melhor confiarmos em nossos próprios instintos e tomarmos nossas próprias decisões.

A turnê terminou e tocamos no Olympia em dezembro de 1967, em um evento chamado "Christmas on Earth Continued". Syd estava completamente fora de si novamente, e o restante do grupo estava finalmente chegando ao limite. Era hora de parar de negar. Tínhamos tentado ignorar os problemas e desejar que simplesmente desaparecessem, mas nem mesmo nossa vontade de fazer sucesso era capaz de ofuscar o fato de que não podíamos continuar com Syd naquele estado, além de a diversão estar acabando. Sem dúvida, não era nada divertido para Syd também. Não queríamos perdê-lo. Ele era nosso compositor, cantor, guitarrista e – embora possa não parecer, pela forma pouco empática com que o tratávamos – era nosso amigo.

Nossa ideia inicial era fazer como os Beach Boys. Foi uma solução sugerida pelas histórias que tínhamos lido sobre Brian Wilson: aparentemente incapaz de se apresentar ao vivo, ele era um compositor que trabalhava em casa. Achamos que podíamos ampliar a banda com um guitarrista extra para tirar a pressão de Syd. O nome de Jeff Beck foi mencionado, o que teria sido um experimento interessante (e espetacular). Acho que nenhum de nós teria tido coragem de ligar para ele na época. Roger finalmente conseguiu, vinte e cinco anos depois.

Mas conhecíamos alguém para quem podíamos ligar: o velho amigo de Cambridge de Roger e Syd, David Gilmour.

4. A SOMA DAS PARTES

NOSSA PRIMEIRA SONDAGEM DISCRETA A DAVID Gilmour aconteceu quando eu o avistei no meio do público do show no Royal College of Art, no fim de 1967. Tocar no RCA, perto do Albert Hall, era, na época, a coisa mais próxima que tínhamos de tocar em casa após o fim do UFO. Tínhamos amigos em vários departamentos da faculdade, o que levava a uma certa polinização cruzada entre design de cartazes, capas de discos, fotografia e música, assim como o uso contínuo das dependências do RCA para atividades extras.

Como David não era aluno, imaginei que ele estivesse lá para nos ver. Durante um intervalo, eu me aproximei de David e disse algo sobre a possibilidade de ele se juntar a nós como guitarrista adicional. Não foi um recrutamento unilateral de minha parte, apenas a primeira chance que um de nós teve de tocar no assunto. David certamente ficou interessado, principalmente, imagino, porque embora ele nos considerasse – com razão – menos experientes que sua banda anterior, o Jokers Wild, nós tínhamos obtido tudo o que eles não tinham conseguido: um agente, contrato com uma gravadora e alguns sucessos.

O Jokers Wild tinha sido um dos grupos mais bem cotados da região de Cambridge. Todos os seus membros eram vistos como músicos talentosos. Willie Wilson, que substituiu o baterista original, Clive Welham, reapareceu com Tim Renwick nas bandas Sutherland

Brothers e Quiver e mais tarde fez parte de uma banda auxiliar que usávamos nos shows ao vivo de *The Wall*.

Não me lembro quando conheci David. Decerto havíamos tocado nos mesmos lugares, incluindo a festa de Libby January e sua irmã, e já tínhamos nos encontrado em algumas outras ocasiões sociais, já que fui capaz de distingui-lo no meio da multidão no RCA.

Nascido em Cambridge – seus primeiros encontros com Syd haviam sido na Cambridge Tech – David tinha conseguido bastante trabalho para o Jokers Wild, tanto localmente, tocando para pilotos norte-americanos que aguardavam a Terceira Guerra Mundial, como em incursões ocasionais a Londres. No entanto, David havia arriscado ir mais longe depois de passar as férias no sul da França com Syd e alguns amigos tocando na rua em agosto de 1965. Ele decidiu voltar ao continente com o Jokers Wild, e eles perseveraram por mais ou menos um ano, incluindo o "Verão do Amor", pragmaticamente rebatizando a banda como The Flowers. Por fim, a banda havia acabado, e quando eu o vi no Royal College of Art, David estava um pouco perdido, dirigindo uma van para os designers Ossie Clarke e Alice Pollock, que administravam a loja Quorum, em Chelsea.

Nós o abordamos formalmente pouco antes do Natal de 1967, quando propusemos que ele se juntasse ao Pink Floyd como seu quinto membro. Syd havia sido convencido a concordar que a entrada de David seria uma boa ideia. Passamos pelas formalidades de uma reunião de banda extremamente sensata, mas tivemos que deixar claro a Syd que a discordância não era uma opção. David aceitou nossa oferta, e lhe prometemos um salário de trinta libras por semana, omitindo que o pagamento líquido era, na verdade, um quarto disso. Steve O'Rourke, que àquela altura havia se tornado nosso principal contato dentro da Bryan Morrison Agency, disponibilizou um cômodo de sua casa, equipado com um gravador Revox e alguns sanduíches gratuitos, no qual David dominou todo nosso repertório em questão de dias.

Um problema muito mais difícil para David foi estabelecer seu lugar na banda. Oficialmente, ele era o segundo guitarrista e vocalista adicional. Mas Syd via David como um intruso, ao passo que o restante da banda o via como um possível substituto de Syd. No entanto, evitamos mais uma vez dizer aquilo a David, felizes por esconder a dura verdade. Com tantos sinais incertos, David teve que tirar o melhor de uma situação difícil.

Dali em diante, os acontecimentos se desenrolaram com rapidez. Fizemos alguns shows no início de 1968, tentando tocar como um quinteto. Só podemos imaginar pelo que Syd estava passando durante aqueles shows. Provavelmente estava muito confuso, e zangado, por sua influência estar se desgastando gradualmente. No palco, demonstrava mínimo esforço nas apresentações, parecendo apenas seguir o fluxo. Essa falta de contribuição devia ser sua recusa em fazer parte daquela farsa. Quanto mais ele recuava, mais nos convencíamos de ter tomado a decisão certa.

O exemplo mais claro do comportamento de Syd foi um ensaio no salão de uma escola no oeste de Londres, onde ele passou algumas horas nos ensinando uma música nova cujo nome era "Have You Got It Yet?". Ele mudava constantemente o arranjo, de modo que cada vez que tocávamos a música, o refrão vocal "No, no, no" inevitavelmente saía errado... Foi a manifestação inspirada e definitiva de toda sua raiva e frustração.

As coisas chegaram a um ponto crítico em fevereiro, no dia em que tínhamos que fazer um show em Southampton. No carro, indo buscar Syd, alguém perguntou: "Devemos pegar o Syd?" e a resposta foi "Não, foda-se, deixa para lá". Relatar isso com tanta franqueza nos faz parecer duros e até cruéis – é verdade. A decisão foi, assim como o grupo, completamente insensível. Focando apenas no que estávamos fazendo, eu achava que Syd estava simplesmente sendo beligerante, e estava tão irritado com ele que só enxergava o impacto que estava tendo em nosso desejo de ser uma banda de sucesso.

Considerando que nunca tínhamos ensaiado juntos como um quarteto, a apresentação correu bem musicalmente, com David assumindo totalmente vocal e guitarra. Era uma indicação de como a contribuição de Syd tinha sido pequena nos últimos shows, mas, ainda assim, é surpreendente o tamanho da nossa confiança para dar esse passo. E, o mais importante, o público não pediu o dinheiro de volta: ficou claro que a ausência de Syd não seria um inconveniente crítico. Simplesmente não fomos mais buscá-lo.

Embora tivéssemos convenientemente esquecido de informar nossos empresários da formação modificada da banda e dos novos planos de viagem, Peter e Andrew – e Syd, naturalmente – logo perceberam o que estava acontecendo. A questão teria que ser resolvida. Como o que tínhamos na época era uma parceria de seis partes, Roger, Rick e eu nem éramos maioria para reivindicar o nome da banda, e com a importância adicional de Syd como compositor principal, a reivindicação dele provavelmente seria mais poderosa.

De maneira surpreendente, isso nunca foi uma questão. Da mesma forma que a parceria havia sido construída como um acordo fundamentalmente equitativo, seu desmonte aconteceu de forma civilizada. Foi feita uma reunião com a presença de todos, inclusive Syd, na casa de Peter no início de março. Peter lembra: "Lutamos para manter Syd na banda. Eu não conhecia David muito bem, embora soubesse que era um guitarrista talentoso, que sabia imitar muito bem. Ele podia tocar as partes de Syd na guitarra melhor que o próprio Syd". No entanto, Peter e Andrew acabaram cedendo e, após um breve ataque de recriminações, a parceria foi encerrada. A sugestão de Syd para resolver qualquer problema, aliás, era incluir duas garotas saxofonistas no grupo.

Concordamos que a Blackhill teria a perpetuidade de direitos no que se referia a todas as nossas atividades do passado. Nós três continuamos como Pink Floyd e Syd saiu do grupo. Peter e Andrew claramente sentiam que Syd era o centro criativo da banda, um ponto de vista sensato ao se pensar em nosso histórico até aquele momento. Consequentemente, decidiram representá-lo em vez de ficar conosco. "Peter e eu merecemos perder o Pink Floyd", diz Andrew. "Não tínhamos feito um bom trabalho, principalmente nos Estados Unidos. Não tínhamos sido agressivos o bastante com as gravadoras". Andrew acha que nenhum de nós – à exceção de David – saiu dessa fase com louvor. E ele aponta que a decisão de se separar do resto foi um choque para Syd, pois ele nunca havia nos considerado (como outros teriam considerado) sua banda de apoio. "Ele era dedicado à banda".

"Foi uma separação natural das partes", diz Peter. "Queríamos que a Blackhill se desenvolvesse, então não podíamos ter o Pink Floyd como sócios se fôssemos nos concentrar em outros artistas. O Pink Floyd questionou se poderíamos representá-los sem Syd. E Andrew e eu sempre remontávamos aos tempos de Syd". A visão dele era que, se Syd fosse afastado das pressões de estar na banda e tivesse mais espaço e mais tempo, ele ficaria mais estável. Peter diz: "Quem me dera eu soubesse o que estava acontecendo. Quem me dera não ter deixado que acontecesse. Todos queríamos ajudar, todos tentamos, e não conseguimos encontrar a solução. Se Syd ficou infeliz com a situação, me sinto mal pela parte de culpa que tive. Se Syd não ficou infeliz, então ele alcançou um estado de paz reclusa e de tranquilidade. Gostaria de saber a resposta".

Após a ruptura de nossa parceria com a Blackhill e sem um empresário, que era obrigatório, pareceu lógico pedirmos para Bryan Morrison nos representar. Fomos falar com ele, que concordou em fornecer os serviços de Steve O'Rourke para nos gerenciar. Bryan continuaria desenvolvendo seu império fonográfico, enquanto Tony Howard cuidaria dos agendamentos de shows. Steve foi nosso empresário até o fim de sua vida.

Tanto Andrew como Peter acham que Bryan e Steve foram capazes de enxergar as possibilidades de explorar a situação que havíamos criado juntos. Bryan recorda ter dado um sermão em

Steve sobre os benefícios de ficarem conosco em vez de tentar descobrir novos talentos. Andrew lembra de ter estado com Steve no Speakeasy Club (influente casa da indústria da música na Upper Regent Street) bem antes da separação, e de Steve dizer a ele "Você tem noção do quanto o Pink Floyd vai ser importante e influente para milhões de jovens?", e também observa que Steve sempre levou muito a sério o trabalho de nos representar. Ele nunca foi leviano, como Bryan às vezes podia ser.

Steve vinha de origens muito diferentes das da banda. Seu pai, Tommy, era pescador nas Ilhas de Aran, próximo à costa oeste da Irlanda. Quando o grande documentarista americano Robert Flaherty fez o filme *Man of Aran*, sobre a vida nas ilhas na década de 1930, o pai de Steve foi um dos personagens. Tommy foi, então, convencido a ir para a Inglaterra para tentar a sorte no cinema e, embora o início da guerra e o serviço militar obrigatório tenham acabado com suas chances de brilhar nas telas, ele se estabeleceu em Londres, onde Steve nasceu.

Com experiência anterior em vendas, e técnicas aprimoradas na escola Bryan Morrison de bons modos, Steve levou um lado mais afiado a nossa gestão. Ele exalava confiança, era um negociador sério e, vestido em seu terno azul-escuro, parecia sempre pronto para um bom acordo. Esse continuou sendo seu estilo preferido de gerenciamento, a única mudança foi o aumento da quantidade de ternos. Soubemos que quando era vendedor de alimentos para animais de estimação, ele chegou a abrir uma lata do produto, pegar uma colherada e comê-lo. Achávamos esse comprometimento com seus clientes ao mesmo tempo admirável e seriamente alarmante, e Steve deve ter se arrependido de ter dado tantos detalhes a respeito de suas técnicas de venda, pois Roger tendia a desenterrar essas histórias em conversas nos anos seguintes.

Depois que os últimos pormenores foram decididos, um anúncio formal sobre a saída de Syd e a chegada de David foi feito no início de abril. Ainda me surpreende que qualquer trepidação que deveríamos ter sentido ao perder nossa principal fonte criativa tenha sido ofuscada por sentimentos de alívio.

Por sorte, tínhamos conseguido evitar que Syd se tornasse um líder dominante, apesar de sua presença de palco e aparência. Nossas fotos publicitárias oficiais sempre mostraram a banda toda, não apenas Syd, o que pode ter ajudado. Também pode ser que a força de um grupo sem um líder claro faça com que todos os seus membros participem mais – era uma época em que Fulano-de-Tal-e-Sei-Lá-Quem-Mais havia sido substituído por Os-Sei-Lá-Quem.

Pode ter sido uma época difícil para nós, já que éramos uma banda sem um single nas paradas havia quase um ano, já que as promessas de singles que sucederam "Arnold Layne" e "See Emily Play" não se concretizaram. O certo seria termos sido obrigados a recomeçar, mas, de certo modo, conseguimos nos manter dentro de nosso círculo particular dentro da indústria da música. Estávamos prestes a entrar em um período que recordo como especialmente feliz. Estávamos, mais uma vez, comprometidos com os mesmos objetivos e ideais musicais, e a tocar juntos de maneira mais estruturada. Havia novamente aquela sensação de sermos uma banda completa.

Sem dúvida, David tinha a tarefa mais difícil. Ele tinha a função nada invejável de continuar a ser Syd. Claramente, ele poderia interpretar à sua maneira em qualquer apresentação ao vivo, mas nossas gravações recentes incluíam uma enorme quantidade de canções de Syd, que levaríamos mais ou menos um ano para substituir. Além de tudo, David tinha que fazer playback com a voz de Syd em todos os tipos de programas de TV europeus. Lembrando de alguns daqueles primeiros programas, percebo que o que deve ter ajudado a tornar suportável para ele foi o fato de que mesmo que o restante de nós tivesse realmente tocado nas gravações das músicas, quando se tratava de lembrar das partes, David imitava muito melhor.

David trouxe novas forças à banda. Já era um guitarrista talentoso – embora nunca tenha sido, que eu saiba, "Um acordeonista apto"

– e cantava com uma voz forte e marcante. Estava tão interessado quanto nós em experimentar com novos sons e efeitos, mas com sua criatividade vinha também uma abordagem mais ponderada e estruturada, com a paciência de desenvolver uma ideia musical em seu potencial total. Ele também era bem-apessoado, e tinha conseguido pular a fase em que permanente no cabelo era considerado o ápice da moda capilar. Enquanto isso, Rick fornecia textura e melodia, e Roger, iniciativa, disciplina e conjectura musical. Como os bateristas vivem em seu próprio mundo, eu felizmente nunca tive que justificar minha existência de forma equivalente.

Embora inicialmente tivesse se sentido desconfortável com o quinteto, David nunca foi visto como "o garoto novo". Quem atua como guitarrista principal e vocalista raramente é tímido e retraído. Norman Smith lembra que quando conheceu David como parte da banda, pensou: "Esse cara vai dominar o grupo". (Norman obviamente não registrou o baixista um tanto quanto alto que estava ao fundo).

Se faltava algo a David, era uma herança para liquidar nossas dívidas, que na época acumulavam-se em 17 mil libras, uma quantia significativa. Um dos efeitos colaterais de nosso acordo com a Blackhill de adquirir os direitos do nome Pink Floyd era que teríamos que assumir a responsabilidade pelos empréstimos feitos para comprar a van, nosso equipamento de iluminação e sistema de som.

Antes da chegada de David, Syd era, na prática, nosso diretor musical, porque era o principal compositor. Norman Smith se lembra de ter ficado extremamente preocupado quando ficou sabendo da notícia sobre Syd, porque não sabia se algum de nós compunha. No entanto, Roger e Rick começaram a escrever material novo, e Roger, em especial – que havia composto "'Take Up Thy Stethoscope and Walk" em *Piper* – assumiu a tarefa com determinação, mas era um processo lento, e no futuro próximo estaríamos tocando essencialmente o mesmo repertório de quando Syd estava na banda.

Aos poucos, uma nova coleção de canções, inicialmente improvisadas, e depois mais estruturadas, estava se desenvolvendo. "Careful with that Axe, Eugene" é um bom exemplo. Em sua versão original, era instrumental, lado B de "Point me at the Sky", que tinha sido construída e executada em uma única sessão de três horas no Abbey Road, tendo a última faixa cerca de dois minutos e meio de duração. Com o tempo, foi se estendendo até ficar com quase dez minutos e uma forma dinâmica mais complexa. Essa complexidade pode ter sido apenas "baixo, alto, baixo, alto de novo", mas em uma época em que a maioria das bandas de rock tinha apenas duas configurações de volume – dolorosamente alto e muito, muito dolorosamente alto – aquilo foi inovador.

Ainda estávamos viajando bastante, mas havia diferenças importantes entre o tipo de shows que estávamos fazendo no ano anterior e os que fazíamos no momento. A cena *underground* original estava se fragmentando e havíamos esgotado o circuito da Top Rank. Sob a orientação de Tony Howard, caímos inesperadamente em um ambiente propício: o circuito universitário. Novas universidades estavam se multiplicando nas principais cidades do interior e os grêmios estudantis rapidamente descobriram que shows eram uma forma excelente de arrecadar dinheiro, e até mesmo ter lucro. A maioria desses lugares tinha fundos suficientes para atrair bandas de renome, um público cativo, espaços adequados e, com frequência, um secretário social com um desejo desenfreado de provar sua competência como homem de negócios – muitos vieram a se tornar promotores nos anos de 1970 em diante: Harvey Goldsmith é um exemplo clássico, e Richard Branson surgiu do mesmo tipo de ambiente.

Nós, no entanto, não abandonamos completamente a cena londrina, embora tivéssemos perdido parte de nossa credibilidade com "o *underground*" quando Syd saiu da banda (existia, e ainda existe, uma escola de pensamento que diz que a saída de Syd marcou o fim do "verdadeiro" Pink Floyd, um ponto de vista que sou capaz de entender, mesmo não concordando). De qualquer modo, as coisas estavam mudando, enquanto as novas casas noturnas se beneficiavam das intenções idealistas originais do UFO.

O Middle Earth, por exemplo, que tinha começado como um desdobramento do UFO em 1967, era uma casa de música mais comercial, e não um fórum para experiências artísticas multimídia; era uma espécie de Marquee Club psicodélico com bandas que poderiam ser vagamente descritas como *underground*. Vagamente, porque a maioria era de bandas de R&B que haviam trocado alegremente os ternos Cecil Gee por calças boca de sino, feito permanente nos cabelos e adotado um nome *flower power*, mas continuavam tocando os mesmos velhos *riffs* de Chuck Berry.

Tocar no Middle Earth nos permitiu manter nossa própria reputação como banda *underground*, pelo menos o suficiente para sermos convidados para tocar em festas como a que Vanessa Redgrave deu para comemorar o fim das gravações de seu filme, *Isadora*. Sem dúvidas, foi a entrada para um mundo que ficamos felizes em frequentar, mas era um tanto quanto raro na época. Ninguém da banda parece guardar nenhuma memória dessa noite boêmia, mas alguns guardaram várias elegantes almofadas de seda como lembrança.

Estávamos adotando um comportamento mais profissional, e agora tínhamos até uma equipe. Peter Watts foi nosso primeiro gerente de viagens experiente. Ele havia se juntado a nós depois de ser apresentado por Tony Howard, após trabalhar para o Pretty Things. Qualquer discórdia dentro daquele grupo em particular se resolvia exigindo-se que o carro parasse no acostamento. As portas então se abriam, os passageiros saíam do carro e uma briga acontecia antes que a viagem recomeçasse. Peter disse que ficava feliz em cuidar de nosso equipamento, mas depois de sua experiência com o Pretty Things, não queria ter nada a ver com a banda.

Peter depois reconsiderou aquela decisão. Ainda bem, pois só tínhamos um veículo. Começando com uma mesa de som WEM de quatro canais na lateral do palco, Peter supervisionou uma explosão de tecnologia durante as turnês. Em três anos, estávamos usando mesas de mixagem multicanais posicionadas no centro do auditório, o que exigia cabos multicondutores, conectores e uma proliferação de microfones no palco. Com a responsabilidade de cuidar do som, carregar todo o equipamento para dentro e para fora, fazer reparos em cima da hora e nos transportar para todos os lugares, o trabalho de gerente de viagens exigia uma combinação de habilidades: a de engenheiro elétrico, levantador de pesos e motorista de caminhão em longas distâncias.

De vez em quando, mesmo essas habilidades não eram suficientes. Peter partiu antes para uma visita a Dunoon, oeste de Glasgow, Escócia. Ele havia dirigido até lá com todo o equipamento, mas devido a atrasos em um voo, a banda teve que alugar um barco de pesca e atravessar um lago na total escuridão durante uma tempestade de categoria oito. Chegamos à praia e fomos cambaleando até o hotel, onde um público irrequieto estava considerando destruir o local e nosso equipamento. No fim do show, o agradável promotor anunciou que, como havíamos chegado tarde, ele sentia muito, mas não poderia nos pagar. Depois de uma breve discussão em que ficou claro que ele estava dentro de seu direito, exercido por seus mais de 1,80 m de altura e amigos ainda maiores, e sem voos até o dia seguinte, entramos na van para a viagem interminável para o sul.

E teria sido interminável se Peter, já exausto àquele altura, tivesse visto a placa que dizia "Obras na estrada" antes de se chocar com ela. A van ficou avariada e não poderia e não havia como consertá-la de imediato, então passamos o restante da noite nas celas da delegacia do vilarejo local, que foram gentilmente disponibilizadas para nós até podermos pegar um *ferry* na manhã seguinte. Nossos companheiros de viagem, um grupo de fazendeiros robustos, ficaram admirados com nossas botas exóticas de couro de cobra, casacos afegãos e colares de contas, parecíamos mais com pastores de cabras itinerantes do que os nativos. Por fim, conseguimos chegar ao aeroporto de Glasgow e à relativa segurança de Londres.

Aquilo não era fazer turnê, mas ir fazendo um show atrás do outro. Não havia nenhuma tentativa de construir ciclos de viagem racionais e que fizessem sentido logisticamente. Simplesmente aceitávamos qualquer trabalho remunerado. E se isso significasse fazer um show perto de Londres seguido de uma única performance do outro lado do país e depois voltar para uma apresentação, digamos, em Hull na noite seguinte, era assim que eram as coisas.

No devido tempo, Peter Watts contratou um assistente, Alan Styles, ex-instrutor de treinamento físico do exército, de cabelos bem longos e um guarda-roupa bastante exuberante, com calças muito justas – depois que ele aparecia no palco para verificar os microfones, nossa chegada era um certo anticlímax. Alan era mais um nativo de Cambridge, onde havia obtido certo reconhecimento como o cara que cuidava dos barcos de aluguel no rio Cam, e também por tocar saxofone à sua própria e inimitável maneira (ele viajava com uma flauta). Normalmente, não era um homem violento, mas quando era muito provocado por frases do tipo "É menino ou menina?", era capaz de reagir à altura. Um de meus incidentes preferidos foi quando Alan tentou passar por alguns valentões em uma escadaria, levando nos ombros algumas caixas acústicas. Depois de algumas provocações, Alan suspirou e, como em uma comédia-pastelão, girou com as caixas, mandando seus antagonistas pelos ares.

Tanto Peter como Alan nos acompanharam em um crescente número de viagens ao continente – agora sem dúvida estávamos trilhando o caminho árduo. A Europa mostrava-se surpreendentemente receptiva a nossa música. Pode ter sido porque não tínhamos prejudicado nossa reputação tocando no máximo da loucura, ou com Syd voando perto da camada de ozônio. Independentemente do motivo, essas turnês tiveram um efeito colateral importante: elas nos deram espaço longe do Reino Unido para nos desenvolvermos como banda, o que ajudava imensamente. A Europa não havia figurado fortemente em nossa agenda de 1967, mas, em 1968, passamos algum tempo na França, nos Países Baixos e na Bélgica – e adoramos.

As casas de shows holandesas e belgas eram destinos regulares na época. A França, um pouco menos, embora mais tarde tenha se tornado um de nossos mercados mais fortes. Havia muitas cidades próximas geograficamente, o que tornava a logística de tocar em quatro cidades em quatro dias muito mais fácil. E já existia uma cultura do rock que nos acolhia mais prontamente. Algumas casas conhecidas – como a Paradiso e a Fantasia, em Amsterdã – tinham como modelo o Fillmore: pequenos teatros decorados com adornos que agora eram dedicados totalmente à música, algo ainda um tanto quanto raro na Europa, na época. Por toda parte, havia aroma de óleo de patchuli e asinhas de frango indonésias.

Tocar mais para o sul da Europa era mais problemático. Um festival em maio no Palazzo dello Sport, em Roma, foi uma introdução memorável ao trabalho na Itália. No aeroporto Leonardo da Vinci, a alfândega italiana confiscou um machado que pertencia ao Move, que também ia se apresentar; era um objeto de cena essencial que eles usavam para destruir um aparelho de televisão. Os agentes alfandegários conseguiram identificar a machadinha como arma perigosa, mas talvez a barreira do idioma tenha impedido que avistassem o perigo contido em caixas marcadas como "Explosivo: fogos de artifício". O espetáculo passava rapidamente de arte a violência. Quando começou a pirotecnia, a polícia reagiu com a única contribuição possível: gás lacrimogêneo. No decorrer dos anos, as forças da lei e da ordem participaram com frequência, combatendo fora do estádio as pessoas que, por razões políticas ou financeiras, aparecessem buscando uma boa briga. Até hoje, os preparativos para a parte italiana de qualquer turnê incluem baldes de solução para lavagem dos olhos nas laterais, para aliviar os efeitos do gás que sobe para o palco.

Leuven, na Bélgica, foi uma das – felizmente – raras vezes em que fomos obrigados a sair do palco. Foi em uma universidade onde duas facções rivais de jovens acadêmicos – flamengos e valões – preferiam expressar sua aversão uma pela outra fisicamente. Os flamengos claramente haviam contratado a banda para tocar aquela noite, enquanto os valões tinham comprado a cerveja e queriam cantar músicas de bebedeira. Cerca de dez minutos após começarmos a tocar, vi o que parecia ser uma antiga tradição estudantil: a fonte de copos. Alguns segundos depois, percebi que não era bem isso. Eram os estudantes atirando copos uns nos outros, e nós parecíamos ser o próximo alvo natural. Com uma afobação indecente e medrosa, terminamos e saímos do palco, escapando para a van que nos aguardava com apenas danos superficiais nos equipamentos e algumas cicatrizes de batalha. Ficamos animados por saber que, como o pagamento havia sido adiantado, era de longe o máximo que jamais havíamos ganhado por minuto tocado.

Nosso promotor nos países baixos era Cyril van den Hemel. Suas turnês aconteciam com uma equipe mínima e, onde fosse possível, três shows por dia. “Temos o dinheiro, podemos ir agora”, era a frase que Cyril sussurrava na lateral do palco. Nós terminávamos a música que estávamos tocando, dizíamos boa noite e partíamos para o show seguinte. Um feriado, dissemos aos empresários que tiraríamos dois dias de folga, mas na verdade estendemos a turnê em dois dias e dividimos o dinheiro extra entre nós. Aquilo veio bem a calhar, porque cheques em nome da banda, na época, costumavam ser sem fundos. O dinheiro amenizou a falta de conforto na turnê. Algumas batatas fritas de um vendedor de beira de estrada e um beliche claustrofóbico no *ferry* ao sair de Dunquerque eram nossa degustação habitual da vida noturna do continente.

Em geral, as turnês no exterior correram sem problemas. A banda e a equipe se davam bem, não perdíamos os shows e nosso equipamento ainda era relativamente manejável e facilmente transportável: uma pilha de alto-falantes 4×4 para David, Roger e Rick, com uma mesa de mixagem de quatro canais na lateral do palco, alimentando alguns amplificadores de potência, mas sem microfones para a bateria. Rick tinha um órgão Hammond nessa época, e havíamos começado a carregar um gongo para Roger bater, mas havia poucos utensílios extras. O Coordenador Azimuth ficava em casa.

Nosso show de luzes continuava a contar com projetores de slides, sustentados por uma barra de holofotes, e os Daleks giratórios. Sob seu brilho, e pelo fato de a maioria das casas de show serem pequenas, sentíamos muito calor e suávamos, mas nossa performance no palco era mais sincera que espalhafatosa. Após experimentar brevemente com o estilo explosão de energia à la Keith Moon, eu havia adotado um estilo menos chamativo. Rick nunca fez parte da escola de artes performáticas de Little Richard, preferindo o tradicional uso das mãos em vez dos pés. David geralmente se concentrava no que estava tocando.

Roger, no entanto, era propenso a perambular pelo palco de vez em quando, e às vezes atacava o gongo com gosto. Ainda tenho uma forte memória visual dele inclinando-se para trás, dentes à mostra, cabeça jogada para trás e o braço do baixo na vertical, extraindo o máximo de um movimento longo e descendente. Com frequência, ele passava a impressão de que estava tentando espremer o braço do baixo. Tanto ele como Rick fumavam no palco, e enquanto o cigarro de Rick fazia buracos na ponta de seu Farfisa, a ponta incandescente do cigarro de Roger, apertado sobre as cordas, era um ponto de referência útil quando as luzes estavam apagadas.

Enquanto isso, quando não estávamos na estrada, trabalhávamos nos estúdios em um novo disco, mais uma vez encaixando as sessões de gravação em nossa agenda de shows. A EMI obviamente havia sido pega de surpresa quando anunciamos que Syd sairia da banda: não quisemos incomodá-los comunicando-lhes aquilo com uma afobação exagerada. Eles devem ter considerado que, como

Syd havia assinado um contrato com eles, não haveria problema. Em um gesto louvável, tiveram a educação de não interferir... e, na verdade, apenas escreveram formalmente uma carta para confirmar a saída dele quatro anos depois.

A maior parte do disco que sucedeu *Piper*, *A Saucerful of Secrets*, foi gravado no Abbey Road, e o álbum representa a maioria das forças em ação durante aquele período. Contém a última chama das contribuições de Syd: até a letra de "Jugband Blues" parece um réquiem ("I'm most obliged to you for making it clear I'm not here" [Agradeço-lhe profundamente por deixar claro que não estou aqui]). Para a gravação dessa canção – que tínhamos feito em dezembro do ano anterior – Syd havia sugerido um banda de metais em *overdub*. Norman perguntou se ele tinha alguma ideia para figuras ou contracantos: "Syd apenas respondeu: 'Não, vamos usar o Exército de Salvação'. Consegui uma dezena de rapazes do Exército de Salvação e, é claro, não tinha nenhuma partitura escrita. Estávamos todos lá, exceto Syd. Conversei com os músicos e disse: 'Vejam, amigos, Syd Barret tem um certo talento – disso não há dúvidas –, mas é possível que o achem meio estranho, então não se surpreendam quando ele chegar'. Esperamos mais ou menos meia hora e Syd finalmente apareceu. Perguntei o que eles deviam fazer, e ele disse: 'Eles podem fazer o que quiserem, qualquer coisa'. Observei que não podíamos fazer aquilo porque ninguém saberia por onde começar, mas era como tinha que ser."

Tínhamos mais algumas músicas de Syd de reserva, incluindo "Old woman with a Casket" e "Vegetable Man". Inicialmente, a intenção era que fossem possíveis singles, mas elas nunca foram finalizadas de forma satisfatória. Ambas tinham vocais meus, o que pode ter tido algum peso na questão. Nenhuma das duas foi lançada oficialmente, mas chegaram ao mercado, graças a Peter Jenner.

Peter se lembra que Syd escreveu "Vegetable Man" de uma só vez, em poucos minutos, em sua casa: "Era apenas uma descrição dele mesmo na época. 'Sou um homem vegetal'. Era apavorante ler a letra. Deixei aquelas músicas irem a público. Sentia que, se alguém quisesse compreender Syd, elas eram canções importantes e fantásticas, apesar de terrivelmente perturbadoras. As pessoas precisavam ouvi-las".

Voltamos ao Abbey Road para trabalhar no novo álbum, com David a bordo. Rick contribuiu com "Remember a Day" e "See-Saw". A primeira tinha uma pegada diferente na bateria, distinta de nosso estilo, e eu acabei deixando Norman tocar. Não gostava nem um pouco de ceder meu posto na bateria – e nunca gostei –, mas naquela ocasião em particular eu teria dificuldades em estabelecer o clima apropriado. Voltando a escutar essa canção, ela parece mais uma música de Norman Smith do que de qualquer outra pessoa. Além do arranjo muito pouco "floydiano", a voz de Norman também é algo que se sobressai no vocal de apoio.

Roger forneceu três músicas: "Corporal Clegg", "Let There Be More Light" e "Set the Controls for the Heart of the Sun". Em questão de meses, Roger havia passado da estranheza de "Take Up Thy Stethoscope and Walk" a um estilo lírico muito mais fluido. "Light" e "Clegg" tiveram uma considerável contribuição de Norman na produção, e a segunda teve uma contribuição verbal também. "Corporal Clegg" tem Norman murmurando "Git yore hair cut" ("Corte seu cabelo") no *fade-out*, uma piada interna, e, liricamente, o tema pode ser visto como um precursor cômico de "The Gunner's Dream". "Let There Be More Light" nasceu de referências a Pip Carter, um dos personagens mais peculiares da máfia de Cambridge, já falecido. Originário de região de Fens, e com algum sangue cigano, Pip trabalhou para nós em algumas ocasiões como um dos *roadies* mais espetacularmente ineptos – um título bem concorrido – e tinha uma tendência perturbadora de tirar os sapatos dentro da van.

"Set the Controls" talvez seja a música mais interessante em relação ao que estávamos fazendo na época, uma vez que tinha sido construída para aproveitar ao máximo o que havíamos aprendido.

A canção – com um *riff* ótimo e cativante – foi feita para se acomodar ao alcance vocal de Roger. O estilo da letra era bem anos 1960 (baseado, segundo Roger, em poesias do último período da dinastia Tang) e, ritmicamente, me deu a oportunidade de emular uma de minhas canções preferidas, "Blue Sands", do baterista de jazz Chico Hamilton no filme "Jazz on a Summer's Day". "Set the Controls" é uma música que resistiu muito bem. Era divertida de tocar ao vivo – e a havíamos tocado durante muitos meses, permitindo que evoluísse e consertando quaisquer imperfeições –, mas no estúdio pudemos aprimorá-la com eco e reverberação, acrescentando uma qualidade sussurrante aos vocais.

E a canção título, "A Saucerful of Secrets" é, em minha visão, uma das peças mais coerentes que já produzimos. Em vez da estrutura padrão composta por versos, refrões, *middle eight* e ponte, e diferente da evolução de músicas mais improvisadas, ela foi cuidadosamente construída. Roger e eu a mapeamos antecipadamente, seguindo a convenção de três movimentos da música clássica. Não era algo exclusivo nosso, mas era incomum. Sem saber escrever partituras, projetamos a coisa toda em uma folha de papel, inventando nossos próprios hieróglifos.

Um ponto de partida foi um som que Roger havia descoberto posicionando o microfone perto da beirada de um prato da bateria e capturando todos os tons que normalmente são perdidos quando se bate forte. Isso nos deu uma primeira seção para começar a trabalhar, e com quatro indivíduos contribuindo livremente, a música se desenvolveu com rapidez. A seção intermediária – ou "Ratos no piano", como às vezes era chamada pela banda – foi um desenvolvimento de sons que usamos em sequências improvisadas em shows anteriores, provavelmente tiradas de uma composição de John Cage, enquanto o ritmo era dado por um *loop* de bateria duplicado.

A sequência final era um hino que ia crescendo, e em apresentações nos dava a oportunidade de utilizar órgãos cada vez maiores, culminando no do Albert Hall – um instrumento com tanta potência que havia rumores que certos registros nunca deveriam ser usados, pois poderiam danificar as fundações do prédio ou causar um ataque de náuseas em massa entre as pessoas do público.

Também usamos um Mellotron, com suas estranhas fitas com *loops* fluidos de sons de corda, que havia deixado o sindicato dos músicos na defensiva, pois pensavam que marcaria o fim das apresentações ao vivo dos instrumentistas de cordas. Hoje, o instrumento parece tão pitoresco que poderia estar em um museu, junto com o serpentão e o cromorno, mas seu som é tão distinto que atualmente é recriado digitalmente em módulos sintetizadores com todas as suas imperfeições, como parte de seu charme perpétuo.

Lembro que o clima geral do estúdio quando estávamos trabalhando em *A Saucerful of Secrets* era diligente e construtivo. Todos queríamos estar envolvidos o tempo todo, então, para criar um som de percussão tínhamos Roger segurando o prato, David aproximando o microfone, Rick ajustando a altura e eu dando o golpe de misericórdia.

Estávamos aprendendo a tecnologia e um pouco de técnica de estúdio, e o trabalho estava sendo feito, mesmo não sendo totalmente do gosto de Norman. Talvez Norman tivesse achado que, com a saída de Syd, nós voltaríamos a fazer músicas mais conservadoras. Alguém ouviu ele dizer durante a gravação de *Saucer* que os rapazes teriam que sossegar e fazer algum trabalho sério depois que terminassem aquela música.

Depois de um tempo, encerramos a parceria com Norman, embora ele continuasse com o crédito de produtor executivo nos dois discos seguintes. No início da década de 1970, ele emplacou alguns sucessos próprios com o nome “Hurricane” Smith (“Don’t Let it Die” e “Oh Babe, What Would You Say?”) e, para a alegria do público e dele próprio, foi literalmente conduzido ao palco sobre um púlpito com rodinhas para conduzir a orquestra em “A Saucerful of Secrets”, quando tocamos ao vivo no Royal Albert Hall, em junho de 1969.

A notável contribuição de Steve O'Rourke às sessões de gravação de *Saucer* foi a continuação, no Estúdio 3, de seu casamento em 1º de abril de 1968. Steve chegou com sua recém-esposa Linda, e alguns de seus convidados cansados e emotivos resolveram explorar o complexo de estúdios e experimentar alguns dos instrumentos musicais incomuns e intrigantes que encontraram. Roger disse que depois encontraram a noiva dormindo profundamente sobre o piano de cauda. Pouco depois, Sir Joseph Lockwood emitiu uma ordem proibindo o consumo de álcool nos estúdios.

O design da capa de *Saucer* marcou a chegada de Storm Thorgerson e Aubrey Powell (conhecido como Po muito antes de os Teletubbies serem sequer concebidos) como colaboradores, e não apenas observadores. A capa continha todos os ingredientes politicamente corretos do período, e é um testemunho não só do curso de ideias que fluía de sua empresa, a Hipgnosis – e que ainda flui de Storm para nosso benefício, bem mais de três décadas depois –, mas também das dependências do Royal College of Art, onde ambos haviam frequentado a faculdade de cinema. Como muitos de seus amigos eram atuais ou ex-estudantes, eles contavam com o apoio técnico do RCA, uma vez que não havia orçamento para laboratórios profissionais.

No dia do lançamento do disco – 29 de junho de 1968 – tocamos no primeiro show gratuito no Hyde Park, junto com Roy Harper e Jethro Tull. Foi um evento maravilhoso: o tempo estava bom, a atmosfera agradável e relaxada. Talvez o mais impressionante tenha sido que não ocorreu a ninguém montar uma área VIP, e todos pareciam estar com o mesmo bom humor. Além disso, tivemos a chance de nos reconectarmos com nossa base original de fãs, embora diante de um público muito mais amplo, e com a Blackhill, responsável por todo o evento. Foi nossa primeira oportunidade de trabalhar com Peter e Andrew depois da separação, e o fato de que parecia não haver ressentimentos foi um bônus. Peter Jenner diz: "O show no Hyde

Park foi um grande prazer. O fato de o Pink Floyd tocar lá prova que não havia nenhuma hostilidade remanescente. Ambas as partes se comportaram com muito cavalheirismo. Havia respeito mútuo".

Acho que todos que estavam lá têm lembranças felizes do show, principalmente aqueles que foram espertos o bastante para alugar barcos no lago Serpentine. Eles não viram muito do show, mas foi durante o dia, então os efeitos de luz eram inexistentes. Outros fãs estavam obviamente menos sintonizados, no entanto, já que a *Melody Maker* relatou ter recebido inúmeras ligações de fãs ansiosos que queriam saber exatamente quanto custaria para entrar no show gratuito.

Em agosto, voltamos aos Estados Unidos, dez meses depois de nossa primeira e desastrosa visita. Antes de partirmos, Bryan nos explicou que, como formalidade, teríamos que assinar outro contrato da agência para facilitar o caminho da turnê. Roger desconfiou de que havia algo errado, e só assinou com a condição de que fosse um contrato de seis semanas. Ele estava certo em suspeitar. Dois dias depois, ficamos sabendo pela imprensa que a parte de agenciamento e gestão da empresa de Bryan tinha sido vendida por 40 mil libras para a NEMS Enterprises, antiga empresa musical de Brian Epstein, que agora pertencia a Vic Lewis e era dirigida por ele.

Vic era da velha guarda da indústria musical – com bigodinho fino e brilhantina no cabelo – e fomos levados para conhecer o grande homem em seus imponentes escritórios em Mayfair. Horrorizados, escutamos ele nos contar com orgulho do álbum com canções dos Beatles que havia gravado com seus arranjos de cordas. Ele sugeriu que o Pink Floyd recebesse o mesmo tratamento. Seria uma ameaça, uma promessa ou uma piada? Incapazes de identificar, olhamos uns para os outros com nervosismo.

Embora tivéssemos assinado o contrato da agência, Bryan havia ignorado a parte da gestão da banda e não nos fez assinar o contrato correspondente. Isso nos deu uma vantagem boa o suficiente para tirar algum dinheiro da NEMS – o que aliviou um pouco a dor artística, em minha opinião – e para insistir que Steve, que deveria se juntar à NEMS, fosse liberado para se tornar nosso empresário pessoal.

Bryan atualmente alega que uma das principais razões de ter vendido a agência para a NEMS foi seu médico ter lhe dito para deixar aquele estilo de vida e trabalhar menos, pois ele estava sofrendo de úlceras. Mas é preciso admitir que Bryan entendia a importância de voltarmos aos Estados Unidos para uma segunda turnê e foi fundamental para que isso acontecesse.

Era, e provavelmente ainda é, extremamente importante fazer sucesso nos Estados Unidos, tanto em termos de venda de discos para um mercado tão enorme, como em termos de performances ao vivo… Porém, uma greve dos controladores de tráfego aéreo americanos em 1968 garantiu que uma turnê relativamente pequena se transformasse em um drama gigantesco. Como nossos vistos de trabalho haviam atrasado mais uma vez, fomos obrigados a entrar como turistas, e então fazer uma rápida parada no Canadá (teríamos que ir e voltar no mesmo dia, pois não podíamos pagar o hotel) para receber os documentos corretos durante os dias em que estaríamos tocando no Scene Club, de Steve Paul, em Nova York. Essa casa, situada em um porão na esquina da Rua 43 com a Sexta Avenida era uma vitrine consagrada em Nova York e, embora pequena, era uma plataforma de lançamento ideal para nós. Como um atrativo extra, o Fleetwood Mac foi contratado como banda de abertura por algumas noites, embora eu não me lembre de como lidamos com as trocas de equipamentos entre os atos. O bar liberado para os músicos compensava o pagamento baixo. Com as temperaturas do verão de Nova York e um pé-direito baixo, a atmosfera era intensa. Levado por uma onda de criatividade percussiva, e talvez também devido ao acordo com o bar, Roger fez alguns cortes feios nas mãos jogando copos no gongo durante “Set the Controls”. Depois de sua altercação com o baixo Vox no Cheetah Club em nossa primeira turnê, ele parecia estar transformando em hábito derramar sangue nos Estados Unidos.

O público não era o pessoal tranquilo do UFO, mas um grupo muito mais agitado de Nova York. No meio da multidão havia outros músicos e artistas dos espetáculos locais da Broadway. Lembro de, depois de um show, voltar cambaleando para o hotel com uma das garotas que atuava em *Hair*, recém-inaugurado na Broadway. Extremamente orgulhoso de minha conquista, só muitos anos mais tarde fui descobrir que sua reputação como cantora era um tanto quanto ofuscada por seu status de supergroupie…

Em Nova York, ficamos um tempo no Chelsea Hotel. Para um hotel tão lendário, estava bem deteriorado. Famoso por aparecer em músicas de hóspedes como Bob Dylan e Leonard Cohen, além de seus frequentadores boêmios e do rock and roll, tinha uma coleção de residentes permanentes, um controle de crédito compreensivo, que permitia que um artista pagasse o aluguel em pintura, e uma *ménagerie* no último andar, com uma seleção de animais selvagens. Tínhamos dois quartos para toda a banda, equipe e quaisquer visitantes ou amigos que pudéssemos fazer pelo caminho. Tamanha imundície não era vista desde nosso apartamento em Stanhope Gardens. Nessa turnê em particular, Roger viajou apenas com uma mala de mão. A roupa suja ia para o compartimento inferior e então era recolocada na parte de cima quando essa ficava vazia. O sistema provou-se bastante higiênico, já que uma garrafa de uísque quebrou dentro da mala na decolagem.

Casas como o Scene Club formavam uma sólida espinha dorsal para a turnê, mas tudo ainda estava sendo feito com muito pouco orçamento. A certa altura, estávamos presos no Camlin Hotel, em Seattle, vivendo de serviço de quarto até chegar algum dinheiro de nossa agência americana para podermos acertar a conta e seguir em frente.

Foi nossa primeira grande turnê, e foi animada por passarmos tempo com duas outras bandas britânicas que estavam na estrada conosco durante o mesmo período, o Soft Machine e o Who. O Soft Machine era um grupo com o qual sempre sentimos uma afinidade considerável. No início, eles haviam tido problemas para conquistar a aceitação do público devido à sua música mais esotérica, inspirada em jazz. O Who incorporava a maioria das qualidades a que aspirávamos como banda profissional – encabeçavam o *line-up,* tocavam em casas de shows para 5 mil pessoas e demonstravam uma atitude convincentemente profissional. Tocamos com eles em um espetáculo denominado "The English Invasion", na Filadélfia (também estavam presentes os Troggs e os Herman's Hermits) e demos sorte quando uma tempestade caiu repentinamente durante nossa apresentação. Isso significava que o Who não poderia se apresentar em seguida e ofuscar nossa performance. Ganhamos pontos por aparecer, tecnicamente encabeçamos o *line-up,* e depois saímos com Keith Moon e vários bajuladores para participar de um programa de rádio.

Isso aconteceu nos dias em que as emissoras de rádio FM nos Estados Unidos tinham muita liberdade, mas aquela noite as coisas ficaram mais livres do que nunca. Todos ainda estávamos cheios de adrenalina fluindo pelo organismo, e o apresentador e a maioria de seus convidados estavam quimicamente relaxados. Rick, que não costumava fazer loucuras, levantou a agulha enquanto um disco tocava no ar, anunciou que não gostava da música e exigiu que tocassem outra coisa. Keith Moon fez um turbilhão de comentários durante toda a transmissão para animar ainda mais a situação. Agora, mais de vinte e cinco anos depois, quando voltamos à Filadélfia, as pessoas ainda cochicham sobre aquele programa de rádio.

Em um bar das proximidades, mais tarde, na mesma noite, Pete Townshend me impressionou com a forma firme com que lidou com um bêbado que nos abordou para discutir a música alta e as roupas afeminadas. Quando ele começou a ser agressivo, Pete, em vez de continuar a discussão, pediu calmamente que o barman o colocasse para fora. Aquilo, Pete observou, provou duas questões. Primeiro, o poder do dinheiro (estávamos gastando mais e, portanto, controlávamos o bar) e, depois, que bêbados, principalmente nos Estados Unidos, gostam de discutir por um curto período de tempo, mas assim que começam a perder a discussão, tendem a recorrer à violência física ou sacar uma arma – outra regra útil do livro de conselhos e dicas para turnês.

Como na primeira turnê, quase não tínhamos nenhum equipamento, mais uma vez vítimas de promessas vazias de agentes e gravadoras. Foi Jimi Hendrix quem nos salvou. Sabendo de nossos problemas (seus empresários também trabalhavam com o Soft Machine), ele nos mandou ao Electric Lady, seu estúdio de gravação e depósito na West 8th Street, e nos disse para pegarmos o que precisássemos. Existem alguns verdadeiros heróis do rock and roll.

O contato com a gravadora local era errático, e às vezes beirava ao impossível. Steve O'Rourke, desesperado para marcar uma reunião com um executivo de marketing que não retornava suas ligações, rastreou a banca de engraxate preferida daquele indivíduo e ficou esperando pacientemente – seus sapatos estavam tão brilhantes que um sargento-mor ficaria impressionado – até o esquivo cavalheiro aparecer.

Naquela época, a alfândega britânica fazia objeção a bandas que estivessem em turnê pelos EUA e regressassem com grandes quantidades de instrumentos musicais muito baratos. Estavam particularmente preocupados com baterias e guitarras elétricas clássicas que podiam ser compradas novas no Manny's, em Nova York, por menos da metade do preço da Inglaterra, ou em casas de penhores por uma merreca. Por fim, foi feita uma operação gigantesca e, ao que pareceu, todas as bandas profissionais foram visitadas. Pagaram-se multas e houve uma advertência geral, sem nenhuma execução, mas durantes meses um tal Sr. Snuggs, da alfândega britânica, ficou ligando para guitarristas pra dizer que os havia visto no *Top of the Pops* e pedindo para explicarem exatamente como haviam conseguido aquela Gibson Les Paul de 1953 em tom sunburst.

Quando voltamos ao Reino Unido, retomamos a rotina de sair em turnê, trabalhando extensivamente no circuito universitário e na

Europa, incluindo um show ao ar livre na Alemanha no qual alguns estudantes, inspirados por um ano que havia visto os *événements* de Paris e atividade radical em toda a Europa e nos Estados Unidos, decidiram que a entrada deveria ser gratuita a todos e que seria apropriado invadir o evento. Utilizando kombis, eles substituíram os valores californianos do surfe por aríetes amarrados ao teto.

Pouco antes do Natal de 1968, fizemos uma última tentativa no mercado de singles: "Point me at the Sky" foi nossa terceira tentativa desde "Emily", e o terceiro fracasso consecutivo. Ficou bem claro que aquilo não era para nós, decidimos desistir do público que consumia singles e nos decretamos uma banda "só de álbuns" pelos onze anos seguintes.

Nosso disco seguinte foi a trilha sonora do filme *More*, dirigido por Barbet Schroeder. Em 1967, tínhamos aparecido em *Tonite! Let's All Make Love in London*, documentário de Peter Whitehead, e em 1968 tínhamos feito a trilha sonora de um filme chamado *O comitê*, de Peter Sykes com Paul Jones no papel principal, embora nossa contribuição tivesse sido mais uma coleção de efeitos sonoros do que música.

O filme *More*, no entanto, prometia ser um projeto mais sério.

Barbet Schroeder, pupilo de Jean-Luc Godard, abordou-nos com o filme praticamente pronto e editado. Apesar dessas restrições e de um prazo bastante desesperador, era fácil trabalhar com Barbet – recebemos 600 libras cada um, quantia significativa em 1968, por oito dias de trabalho perto do Natal – e praticamente não havia pressão para fazer uma trilha sonora ganhadora de Oscar ou ao estilo de Hollywood. Na verdade, complementando as sequências de tons variados, Roger criou diversas canções para o filme que se tornaram parte de nossos shows ao vivo durante algum tempo depois.

Grande parte do clima do filme – uma história moralista, lenta e muito sincera sobre um estudante alemão que viaja a Ibiza e acaba se vendo em um mergulho fatal em drogas pesadas – encaixava-se perfeitamente em alguns dos ruídos, grunhidos e texturas de sons que produzíamos regularmente todas as noites. Não havia orçamento para um estúdio de sincronização com instalações para contagens de *frames*, então sentamos em uma sala de cinema, marcamos o tempo das sequências cuidadosamente (é incrível como um cronômetro pode ser preciso) e depois fomos ao Pye Studios, em Marble Arch, onde trabalhamos com o experiente engenheiro de som Brian Humphries.

Uma turnê importante pelo Reino Unido, na primavera de 1969, terminou no Royal Festival Hall em julho, em um evento chamado "More Furious Madness from the Massed Gadgets of Auximenes". Foi outro show marcante – e um dos meus preferidos, assim como o "Games for May". David provavelmente não acha o mesmo, pois, possivelmente devido a um aterramento malfeito, recebeu uma descarga elétrica suficiente para lançá-lo do outro lado do palco e deixá-lo vibrando de leve durante o restante do show. Decidimos aprimorar o evento com uma performance artística de um velho amigo do Hornsey College of Art e morador de Stanhope Gardens chamado Peter Dockley. Ele tinha criado uma fantasia de monstro que envolvia máscara de gás e uma genitália enorme equipada com um reservatório que lhe permitia urinar na primeira fileira do público. Isso se provou muito eficaz, pois durante "The Labyrinth", uma canção soturna, até mesmo lúgubre, Peter se movimentava no meio do público enquanto nós usávamos efeitos de sons de gotas caindo no sistema quadrifônico. Uma garota azarada, possivelmente sob a influência de substâncias químicas, virou-se e encontrou aquela criatura terrível sentada ao seu lado. Ela gritou e correu do auditório e nunca mais se soube dela, nem mesmo por meio de seu advogado.

Parte do show também envolvia uma canção chamada "Work", que usava barulhos percussivos produzidos enquanto construíamos uma mesa. Criamos essa mobília no palco, usando madeira, uma serra, martelo e pregos, com o tempo marcado para que se fundisse com a seção seguinte pelo som de uma chaleira apitando sobre o fogão portátil (era estritamente proibido fumar no palco, mas um fogão parecia algo perfeitamente aceitável). Muito disso foi usado subsequentemente em estúdio, fosse em "Alan's Psychedelic Breakfast", fosse no disco *Household Objects*, que acabou sendo abandonado. Havia um plano de criar uma conexão com o programa de rádio de John Peels enquanto relaxávamos tomando chá, mas não me lembro se chegou a dar certo. A ideia ressurgiu mais tarde em *Wish You Were Here*, no qual o som de um rádio tocando uma música entrecruza-se com a música gravada. Talvez isso enfatize o fato de que tenacidade sempre foi uma qualidade do grupo – se gostamos de uma ideia, raramente desistimos dela, e quando isso acontece é porque ela já foi declarada clinicamente morta.

Durante o verão, trabalhamos em *Ummagumma*, um álbum duplo. Os primeiros dois lados capturavam nosso som ao vivo na época, com um repertório – "Astronomy", "Careful with that Axe", "Set the Controls" e "Saucer" – gravado em junho no Mothers Club, em Birmingham (uma espécie de versão do Middle Earth Club nas Midlands, e uma casa de que gostávamos muito) e no Manchester College of Commerce. Em nossos discos ao vivo posteriores, chegamos a gravar cerca de vinte noites distintas. Para *Ummagumma*, a escolha se limitava à melhor de duas versões, e houve poucos reparos ou trabalho de *overdub*. O segundo disco em *Ummagumma* era composto de meio lado dedicado a cada um de nós. Em seu lançamento, em outubro de 1969, o disco recebeu, no geral, críticas entusiasmadas, embora eu não ache que tenhamos ficado tão empolgados com ele. Foi divertido fazer, e um exercício válido. As seções individuais provaram, a meu ver, que as partes não eram tão grandiosas quanto o todo.

Para criar minha seção, "The Grand Vizier's Garden Party", recorri aos recursos disponíveis, recrutando minha esposa, Lindy, uma flautista habilidosa, para acrescentar um instrumento de sopro. De minha parte, tentei fazer uma variação do solo de bateria obrigatório – eu nunca havia sido fã de exercícios de ginástica na bateria, sozinho ou com qualquer um. Norman Smith foi particularmente prestimoso nos arranjos de flauta, mas o diretor do estúdio não foi muito, e me repreendeu por eu ter editado minhas próprias fitas.

Rick talvez tenha sido o maior entusiasta daquele formato de gravação, abraçando o conceito de uma abordagem mais clássica para sua parte, enquanto as seções de David e Roger incluíam músicas que acabaram entrando para o repertório da banda. Acho que tanto "The Narrow Way" como "Grantchester Meadows" foram tocadas no show "Massed Gadgets", enquanto "Several Species...", de Roger, indicava a influência de sua amizade florescente com Ron Geesin, cujas habilidades nos arranjos foram depois requisitadas na finalização de "Atom Heart Mother".

Roger e David também estavam trabalhando com Syd, ajudando-o a gravar seu primeiro álbum solo, *The Madcap Laughs*, com a colaboração de Robert Wyatt e outros membros do Soft Machine. Ainda havia uma crença de que o fluxo criativo de Syd poderia voltar a ser estimulado, mas acabou sendo extremamente difícil organizar suas canções em qualquer tipo de ordem, ou materializar seu potencial. Syd lançou um segundo disco solo, *Barrett*, posteriormente no mesmo ano. Acabou sendo sua última gravação, apesar de tentativas futuras de estimulá-lo a voltar ao estúdio. Dali em diante, Syd tornou-se cada vez mais recluso, e depois voltou a Cambridge e raramente saía de lá. Há algo extremamente triste em um compositor tão talentoso produzir tantas obras boas e depois não conseguir, ou não desejar, continuar.

Terminamos 1969 com uma experiência estranha em dezembro, trabalhando para o diretor italiano Michelangelo Antonioni em seu filme *Zabriskie Point*. Depois de nosso feliz encontro com Barbet Schroeder, gostamos da ideia de trabalhar com cinema – correspondia a nosso desejo de trabalhar fora do circuito normal de gravações e shows. O projeto de Antonioni – um filme misturando estudantes radicais, a psicodelia da Costa Oeste e a destruição da sociedade como a conhecíamos na época – era parte dos últimos suspiros dos estúdios MGM, que, em uma tentativa final de sobreviver, havia oferecido a Antonioni um orçamento substancial, na esperança de que o sucesso de seu filme, *Blow Up – Depois daquele beijo*, proclamasse uma nova era do cinema europeu.

De repente, estávamos em Roma, hospedados no pomposo Hotel Massimo D'Azeglio. Demoramos um pouco para nos acostumarmos com o fato de que o estúdio estava pagando uma diária fixa para acomodação e alimentação. Se o dinheiro não fosse utilizado, era perdido. Devido ao prazo curto do projeto e do cronograma de trabalho de Michelangelo, só conseguimos horário no estúdio entre meia-noite e nove da manhã. Isso significava uma rotina que envolvia tentar dormir durante o dia, coquetéis das sete às nove, e jantar até às onze – contando com a ajuda do *sommelier* para usar os quarenta dólares por cabeça a que tínhamos direito – antes de descermos a Via Cavour, trocando gracejos com as prostitutas nas esquinas, até o estúdio onde batalhávamos com o diretor e seu filme.

O problema era que Michelangelo queria total controle, e como ele mesmo não podia fazer a música, exercia controle por seleção. Consequentemente, cada música tinha que ser entregue finalizada, não apenas esquematizada, e então refeita, rejeitada e reapresentada – Roger ia ao Cinecittà para tocar as fitas para ele à tarde. Antonioni nunca gostava dos primeiros resultados, e com frequência reclamava que a música era forte demais e sobrepujava a mensagem visual. Um mecanismo que experimentamos foi a gravação personalizável. Submixamos várias versões e *overdubs* de tal modo que ele poderia sentar diante da mesa de mixagem e literalmente acrescentar um clima mais lírico, romântico ou desesperador arrastando o botão para cima ou para baixo. Nem assim funcionou. Antonioni acabou usando canções variadas de outros músicos como Jerry Garcia e John Fahey e, apesar de um final dramático e explosivo, o filme foi um fracasso comercial e de crítica.

Continuando com nossa política de reciclar qualquer coisa remotamente útil, reunimos em silêncio todas aquelas gravações rejeitadas. Certamente haveria alguma oportunidade de usá-las no futuro.

EMBORA DAVID NOS CONSIDERASSE – COM RAZÃO – MENOS EXPERIENTES QUE SUA BANDA ANTERIOR, O JOKERS WILD, NÓS TÍNHAMOS OBTIDO TUDO O QUE ELES NÃO TINHAM CONSEGUIDO: UM AGENTE, CONTRATO COM UMA GRAVADORA E ALGUNS SUCESSOS.

5. MUDANÇA DE RITMO

O BATH & WEST SHOWGROUND, EM SHEPTON Mallet, uma cidadezinha em Somerset, foi onde aconteceu o Festival de Blues & Música Progressiva de Bath, em junho de 1970. Havíamos escolhido esse evento, nos confins da zona rural inglesa, como uma oportunidade para tocar "Atom Heart Mother", uma música ambiciosa que havíamos gravado recentemente com trompa, tuba, trompetes, trombones, um único violoncelo e um coral de vinte pessoas – tudo que podíamos colocar em uma sessão e mais um pouco.

O festival, uma *extravaganza* de dois dias, em uma tentativa de emular a escala de Woodstock, no ano anterior, tinha importado uma série de grupos dos dois lados do Atlântico. Havia uma boa cota de artistas grandes dos Estados Unidos, incluindo Jefferson Airplane, Santana, os Byrds e Steppenwolf, e bandas britânicas: além de nós, estavam anunciados Fairport Convention e Led Zeppelin. Para não ficarmos para trás, pareceu totalmente apropriado fazermos o gesto grandioso, porém logisticamente desafiador, de reunir todos os músicos de apoio no West Country inglês.

Por natureza, festivais de rock tendem a começar com boas intenções e depois escorregar levemente para o caos quando as multidões aumentam e os problemas técnicos se multiplicam, particularmente se a Mãe Natureza interferir – embora naquela ocasião o clima estivesse idílico. Essa volatilidade parece ter se tornado uma das coisas que as pessoas mais esperam: grande parte da expectativa para o Glastonbury parece vir da possibilidade de dar continuidade à grande tradição de Woodstock e tomar um belo banho de lama.

A polícia fora preparada para esperar um público de cerca da metade do número real, já que se soubessem o verdadeiro total com antecedência, todos os eventos teriam que ser proibidos por não atenderem a nenhuma especificação concebível de saúde e segurança. Naquele festival em particular, acho que Freddy Bannister, o promotor, finalmente teve o esperado colapso nervoso quando a totalidade do horror do que ele havia assumido se revelou.

Para poder escapar do trânsito que engarrafava todas as vias principais e secundárias pelo caminho, tomamos a decisão desesperada de dirigir na contramão. O ônibus que levava nossos músicos de apoio tinha um motorista com uma abordagem um pouco menos arrojada. Ele optou pelo caminho mais seguro e mais certo, mas que demoraria oito horas e meia. Até mesmo os instrumentistas de metais, famosos por sua resiliência, estavam mostrando sinais de desgaste quando finalmente chegaram. Depois de todas as atribulações, eles descobriram que, na verdade, tinham chegado adiantados, já que o festival estava bem atrasado. O aviso na programação "Todos os horários estão sujeitos a mudanças" costumava ser um eufemismo para "Tudo vai acontecer com cerca de meio dia de atraso".

Sentindo como as coisas estavam indo, tentamos tocar antes, negociando uma troca com um grande guitarrista com olhos desvairados. Ele queria ajudar, mas não podia, e se desculpou explicando que havia acabado de tomar os fármacos que julgava necessários para fazer sua melhor performance e lhe faltavam suprimentos suficientes para alcançar aquele estado novamente, então seria obrigado a manter a ordem atual.

Nossa apresentação estava programada para as 22h15min. Quando finalmente conseguimos colocar nossa alegre banda de músicos no palco – a maioria dos quais nunca havia visto nada tão caoticamente magnífico em suas longas e variadas carreiras – já estava amanhecendo. Como resultado, os eventos conspiraram a nosso favor e nos proporcionaram um fundo dramático que realmente aumentou o impacto de nossa chegada ao palco. O maestro, John Aldiss, fez um trabalho incrível de condução do coral e da orquestra, e conseguimos estontear o público, mesmo depois de o músico que tocava tuba ter descoberto que algum bêbado bucólico havia jogado cerveja dentro de seu instrumento.

Seria de se pensar que, depois de um evento como esse, teríamos algum descanso. No entanto, era temporada de festivais, então nos vimos saindo do palco e pegando a estrada naquela manhã enevoada para voltar a Londres e pegar um avião para tocar em um festival – menos extravagante – na Holanda, na noite seguinte. Sem tempo para nos recuperarmos, mergulhamos de novo exatamente no mesmo tipo de situação, mas pelo menos dessa vez não estávamos com a orquestra, um grande alívio para ambas as partes.

"Atom Heart Mother" havia sido montada durante vários ensaios depois que voltamos de nossa estadia em Roma, cortesia de Michelangelo Antonioni. Assim que estabelecemos seu núcleo (um tema que acredito ter sido ideia de David), todos contribuíram, não apenas musicalmente, mas também no desenvolvimento da dinâmica como um todo. Não me lembro agora se decidimos criar uma música mais longa ou se foi uma consequência, mas era um modo de operar com o qual estávamos começando a nos sentir confortáveis.

Depois de algumas prolongadas sessões no início de 1970, havíamos criado uma música bastante longa e um tanto quanto sublime, mas um pouco dispersa e ainda inacabada. Uma forma de desenvolvê-la era tocando-a ao vivo, então tocamos versões encurtadas, às vezes apelidando-a de "The Amazing Pudding" em inúmeros shows. Gradualmente, fomos adicionando, subtraindo e multiplicando os elementos, mas ainda parecia faltar algo essencial. Acho que sempre tivemos a intenção de gravar a faixa, mas os compositores sentiam que estavam com um bloqueio, então no início do verão resolvemos entregar a música como estava para Ron Geesin e perguntar se ele poderia acrescentar um certo colorido de orquestra e trechos de coral.

Eu havia sido apresentado a Ron por Sam Jonas Cutler. Sam tinha desistido da carreira como professor de crianças com deficiência para se tonar nosso gerente de turnê. Suas habilidades anteriores sem dúvida o ajudaram muito no envolvimento com o mundo do rock'n'roll: ele tinha trabalhado com os Rolling Stones em sua turnê pelos Estados Unidos em 1969, incluindo o malfadado show gratuito em Altamont, e depois com o Grateful Dead.

Ron Geesin é um músico e arranjador talentoso, bem como um instrumentista virtuoso de banjo e harmônio, cujo estilo pode ser melhor descrito como poesia *ragtime* acelerada. Ele também construiu para si mesmo o que foi, de fato, um dos primeiros estúdios eletrônicos caseiros. Ron, que não era muito mais velho que nós, mas parecia um tanto quanto mais sábio, com seus modos de professor de barba desgrenhada, tinha um porão em Elgin Crescent, Notting Hill, onde fazia sua arte, cercado de uma coleção de gravadores, rolos, quilômetros de fita, e inúmeros dispositivos musicais feitos por encomenda e patenteados.

Embora possa parecer caótico, um dos grandes pontos fortes de Ron era ser organizado. Trabalhar com música gravada em fita gera um grande e inerente problema: todas as fitas têm exatamente a mesma aparência, o que as transforma em um pesadelo logístico. A menos que se controle minuciosamente que pedaço de fita foi transferido de um rolo a outro e se registre imediatamente a transferência, pode-se perder dias para encontrá-lo novamente. Graças às suas meticulosas habilidades de organização, Ron nunca pareceu ter problemas para encontrar o fragmento correto.

Ron trabalhava sozinho havia um bom tempo, então suas técnicas e *modus operandi* característicos eram bem particulares. Ele despertou em Roger e em mim o interesse pela produção caseira e sua influência pode claramente ser detectada em um elemento da contribuição de Roger para *Ummagumma* chamado "Several Species". Roger e Ron também trabalharam juntos na música para um documentário médico atípico chamado *The Body* – baseado no livro de Anthony Smith – que foi lançado em 1970 e incluía em sua trilha sonora a música "Give Birth to a Smile" – na qual Rick, David e eu também tocamos.

Ron nos ensinou uma série de truques com gravadores Revox conectados uns aos outros que iam bem além dos limites de seu uso padrão como recomendado no manual do fabricante. Ele fez todo o cabeamento e me instruiu nos rudimentos da solda. Com uma parcimônia tipicamente escocesa, ele recolhia fitas descartadas por estúdios profissionais. Depois de apagar a fita para o reúso, ele juntava rolos que estivessem pela metade para formar um inteiro, ou refazia meticulosamente as edições de estúdio que não correspondiam a seus altíssimos padrões de qualidade. Além de outras coisas, Ron me ensinou a juntar fitas de maneira excepcional.

Um agradável desdobramento dessa relação foi que Ron escreveu a música para a trilha sonora de um dos documentários do meu pai – *The History of Motoring* – e gosto de pensar que ambos gostaram da experiência. Meu pai, em particular, ficava maravilhado com o fato de Ron sempre chegar não apenas com a música, mas também com algum novo dispositivo caseiro ou cabo construídos com o propósito de simplificar a transferência da música da máquina de Ron para o filme.

Ron parecia uma escolha ideal para criar os arranjos de "Atom Heart Mother". Ele entendia as minúcias técnicas de composição e arranjo, e suas ideias eram radicais o bastante para nos manter longe dos cada vez mais em voga, mas extremamente tediosos, trabalhos de rock sinfônico da época. Naquele período, arranjos para trabalhos assim tendiam a envolver um pensamento bem conservador; os formados em música clássica tinham sido doutrinados com uma falta de consideração pelo rock, e "misturar as coisas" ainda era visto como uma certa forma de traição a seus anos de disciplina e treinamento. A boa notícia era que com Ron na jogada, era improvável que acabássemos com algo como "A Orquestra Sinfônica de Londres toca Pink Floyd".

Ron começou a trabalhar em nossa peça e, com poucas contribuições adicionais nossas, ele chegou ao estúdio Abbey Road munido com uma pilha de partituras e pronto para gravar. Ele imediatamente encontrou um grande obstáculo. Os músicos de sessão hesitaram a serem dirigidos por Ron, que viam como alguém pertencente ao mundo do rock. A vingança parecia estar a ponto de ser colocada em prática nos limites do estúdio, e só Deus sabe o tanto de sangue que poderia correr! No caso de Ron, um verdadeiro sacrifício humano estava sendo oferecido em pleno estúdio.

Quando Ron movimentava a batuta com otimismo, eles criavam o máximo de problemas que podiam. Ron não apenas havia escrito algumas partes tecnicamente exigentes, mas o fraseio que queria também era atípico. Os músicos detestaram aquilo ainda mais. Com os microfones abertos, eles sabiam que todos os comentários seriam notados e suas risadas discretas, olhadas para o relógio e constantes interrupções dizendo "Por favor, senhor, o que isso significa?" significavam que a gravação ficaria paralisada, ao passo que as chances de Ron ser acusado de homicídio aumentavam em escala logarítmica a cada segundo.

Esse não era seu único problema. Na época em que a música foi gravada, a EMI tinha acabado de receber o que havia de mais moderno em tecnologia de gravação: os novos gravadores Studer de oito faixas. Eles funcionavam com fitas de uma polegada, e com uma cautela admirável, a EMI lançou uma diretriz proibindo a realização de edições neles, pois estavam preocupados com a qualidade das montagens.

Infelizmente, "Atom Heart Mother" tem vinte e quatro minutos de duração. Roger e eu embarcamos no que só pode ser descrito como uma Odisseia para gravar a base. Para manter as faixas livres para os *overdubs*, gravamos baixo e bateria em duas faixas, e toda a gravação teve que ser feita em uma só passagem. Tocar a música sem nenhum dos outros instrumentos significava que fazê-la sem nenhum erro demandaria toda a nossa limitada capacidade como músicos; questões como ritmo tinham que ser deixadas em suspenso. As alegrias da quantificação – usar computadores para ajustar digitalmente o ritmo sem afetar o tom – surgiriam vinte anos no futuro.

É claro que a canção acabada não tinha a marcação uniforme, que teria tornado a vida de todo mundo mais fácil. Em vez disso, a base rítmica acelerava e de repente voltava ao andamento correto, de uma forma volátil que Ron agora teria que levar em conta. O dia foi salvo por John Aldiss, o maestro de coral. John era um ex-corista do King's College de Cambridge que havia montado o John Aldiss Choir, conhecido por apresentar obras de compositores clássicos contemporâneos. Na época, também era professor do coral na Guildhall School of Music, em Londres. Seu coral clássico disciplinado tinha (deve-se dizer) uma postura bem mais positiva e bastante experiência em lidar com orquestras. Com a ajuda centrada deles, a gravação foi concluída. Entretanto, havia outro problema de que não sabíamos naquele momento. Tínhamos sido forçados a disponibilizar a faixa de apoio à orquestra em um volume relativamente alto pelos monitores de áudio, e um pouco desse som havia sido captado pelos microfones. Esse vazamento impossível de apagar garantiu que "Atom Heart Mother" nunca tivesse a clareza de som que nos empenhamos continuamente em obter.

Minha anotação no boletim escolar para a faixa "Atom Heart Mother" seria: "boa ideia, faltou esforço". "Alan's Psychedelic Breakfast", no lado B, é um exemplo similar. Ela era um retrato sonoro de um café da manhã inglês, começando com o som de uma boca de fogão sendo acesa com um fósforo, seguido pelo barulho do bacon fritando, acompanhado por torneiras pingando e outros velhos favoritos do acervo sonoro. O porquê de termos usado Alan

Styles, membro da nossa equipe, como protagonista, não faço ideia. Roger, Rick e David conseguiram produzir uma música cada um para completar o lado B – incluindo uma das minhas preferidas, "Fat Old Sun", de David. Parece que a ameaça de encarceramento pelo resto da vida no Abbey Road, sem chance de condicional, foi o suficiente para estimular resultados até nos compositores mais reticentes.

O título de *Atom Heart Mother* foi coisa de último minuto. Sob pressão para arranjar um nome, buscamos nos jornais vespertinos por uma ideia, e vimos um artigo sobre uma mulher que havia dado à luz depois de receber um marca-passo. A manchete forneceu o título. A capa com a vaca foi um trabalho inspirado, concebido por Storm e por John Blake, que ligamos ao álbum ao dar a seções individuais da faixa "Atom Heart Mother" nomes como "Funky Dung" e "Breast Milky". Storm se recorda que, ao mostrar a capa para a EMI, um dos executivos gritou com ele: "Está louco? Quer destruir essa empresa?".

Tendo registrado "Atom Heart" no vinil, e depois das aventuras idílicas em Shepton Mallet, a próxima versão orquestrada da canção seria no segundo show gratuito no Blackhill, em Londres. O "Lose Your Head at Hyde Park", em 18 de julho de 1970, prometia apresentações nossas e de Edgar Broughton, Kevin Ayers and the Whole World, Third Ear Band além de "gente bonita aos milhares". Esse evento tinha um clima muito menos espontâneo do que o do show gratuito original: mais restrições, uma área maior de bastidores e uma seção VIP, tão hierarquizada quanto qualquer coisa que tenha sido organizada pela corte do Rei Sol. A experiência havia perdido certa parte de seu charme, ou talvez fôssemos nós que tínhamos ficado mais pessimistas.

Também levamos o show à Europa naquele mês. Àquela altura, já ficávamos mais hábeis em trabalhar com uma orquestra. Apesar disso, ainda havia um monte de oportunidades para crises – houve uma apresentação em Aachen em que chegamos, montamos tudo e então descobrimos que todas as partituras tinham sido esquecidas. Ligamos para Tony Howard em Londres e demos a missão de enviá-las no próximo voo disponível. Determinados a não ter que encarar a humilhação de admitir nosso erro, ganhamos tempo fazendo uma passagem de som interminável. Na pior das hipóteses, talvez tenhamos impressionado os músicos da seção de metais com nosso comprometimento com a perfeição.

Interrompemos a demorada gravação de *Atom Heart Mother* para fazer uma breve turnê pela França, e aproveitamos a oportunidade para encontrar Roland Petit, diretor do Balé de Marselha. Algum tempo antes, Roland tinha entrado em contato com Steve para pedir que compuséssemos uma nova obra musical para sua companhia – e combinamos de fazer uma reunião com ele em Paris no verão de 1970, a caminho de uma mescla de férias com uma miniturnê que faríamos no sul da França. Ainda não havíamos aprendido que trabalho e prazer são uma combinação a ser evitada sempre que possível.

Com quatro E-Types de segunda mão e uma Lotus Elan – mais um revendedor de automóveis lidou com nossa chegada – pisamos fundo nas longas e retas estradas francesas, deixando sinistros rastros de fumaça azul pelo caminho. Tivemos uma experiência especialmente feliz com Roland, até porque em um feriado francês ele conseguiu, em prazo exíguo, encontrar um hotel incrível para mim, Roger e nossas esposas, além de um restaurante sensacional para o jantar.

Então aceleramos para a Côte d'Azur para nos encontrarmos com Rick e David, que não haviam passado muito tempo em Paris. A princípio, ficamos em um hotel na orla de Cannes. Foram férias genuínas: aprendemos esqui aquático sob a orientação de um francês absurdamente forte, capaz de segurar seus alunos enquanto aprendiam a esquiar. Sua enorme experiência com esquis só era prejudicada por seu fraco conhecimento da língua inglesa. Só mais tarde descobrimos que sua insistente ordem de "não empurrar" na verdade devia ser para "não puxar".

Estávamos na Riviera para um pacote de apresentações em festivais, nos quais tocaríamos em locais adoráveis cercados de pinheiros e com vista para o Mediterrâneo. Depois da apresentação no Festival de Jazz de Antibes, alugamos uma casa enorme perto de St. Tropez onde a equipe, a banda e a gerência, além de nossas famílias, podiam ficar enquanto fazíamos o resto dos shows em Fréjus e em outros locais ao longo da Côte d'Azur. Ainda eram dias de orçamento bem baixo, e a casa que alugamos não ficava em rochas que se projetavam na direção do oceano, mas no interior, no meio do mato.

A atmosfera não era sempre a de um ambiente doméstico, apesar da presença de esposas e diversas crianças. Em certa ocasião, encontrei uma dupla de mulheres estranhas agindo de forma suspeita na casa. Enquanto exigia que explicassem o que faziam, de repente reconheci serem Steve O'Rourke e Peter Watts se arrumando para uma noitada em uma boate de St. Tropez, ambos como *drags*. Por sorte eu sofria com uma combinação de intoxicação alimentar e insolação e não pude me juntar a eles. Como experimento de vida em comunidade, não foi um grande sucesso. Embora quando éramos apenas nós quatro viajando juntos em turnê as coisas já pudessem ocasionalmente ficar bem tensas, com tantas pessoas a mais havia infinitas oportunidades para atritos.

Minha relação com Roger, de qualquer forma, passava por uma fase árida. O problema havia surgido a partir de um incidente anterior, quando Roger, eu e nossas respectivas esposas tínhamos de alguma forma caído no assunto da infidelidade de Roger na estrada. Roger havia tido certa dificuldade em tolerar o fato de eu ter me juntado às garotas para condenar seu comportamento, principalmente porque eu não era nem um pouco melhor, só tinha deixado de fora a parte da confissão. Nessa ocasião, eu teria que admitir que as coisas estavam mais na área da falsidade do que da diplomacia, e Roger levou um tempo para perdoar esse episódio em particular.

Judy Waters se lembra da pontada de inveja que sentiu quando Lindy e eu inventamos uma desculpa para sair de St. Tropez antes dos demais. Acenando alegremente, colocamos mais alguns litros de óleo na Lotus cada vez mais fumacenta e partimos para a Iugoslávia...

A oportunidade para descanso e recuperação foi curta. A turnê americana que veio quase que imediatamente na sequência coincidiu com o lançamento de *Atom Heart Mother*, e nos sentimos obrigados a repetir a experiência com a orquestra. David e Steve voaram para Nova York para agendar os músicos, montando seções de metais e corais diferentes para os trechos da turnê nas Costas Leste e Oeste – essa última anunciada em Los Angeles por um outdoor de doze metros com a vaca de Storm na Sunset Strip. Os músicos de sessão americanos, sob a batuta de Peter Phillips, tinham tanto a habilidade como a tranquilidade para tocar tipos diferentes de música – e fico feliz ao relatar a total ausência de teimosia, de síndrome do pequeno poder e de tubas cheias de cerveja.

Naquela época, as turnês americanas já vinham se tornando mais rotineiras conforme a sensação de novidade passava: era nossa segunda turnê em 1970 – já havíamos tocado lá em maio, por várias semanas. Além disso, o medo em comum de voar geralmente nos levava a fazer viagens de oito horas de carro na crença equivocada de que acharíamos isso menos estressante. Na verdade, é claro, essas jornadas gigantescas simplesmente nos induziam ao tédio em estado terminal. No Hilton de Scottsdale, aproveitamos qualquer oportunidade para fazer apostas – lembro-me de David pilotando uma moto pelo restaurante do hotel em razão de uma delas. Os atendentes ou acharam aquilo normal, ou pensaram que ele estava armado, porque o ignoraram completamente.

Na primeira turnê de 1970, o show mais importante só podia ser o do Fillmore East, em Nova York. Bill Graham não tinha certeza se conseguiríamos lotar um teatro de 3 mil assentos, principalmente porque nossa última apresentação na cidade havia sido em uma casa com apenas 200 lugares, então, em vez de promover o show ele mesmo, alugou o teatro para nós por 3 mil dólares. Todos os ingressos foram vendidos. Era o máximo de dinheiro que já havíamos ganhado, e isso contribuiu para a contínua insatisfação com o selo Tower, que na época era o braço americano da EMI. Angariávamos um bom público, mas isso não se refletia nas vendas de nossos discos. Alguém ou alguma coisa era o culpado por isso e, confiantes como sempre de que não éramos nós, decidimos fazer algo a respeito assim que possível.

O Fillmore East também foi marcante por outros dois motivos. Expulsamos um bando de sujeitos de aparência desleixada de nosso camarim só para descobrir mais tarde que eram membros da Band, músicos de apoio de Bob Dylan – incluindo Robbie Robertson e Levon Helm – e, é claro, artistas com contrato de gravação por mérito próprio. Isso foi particularmente constrangedor para nós, pois *Music from Big Pink* era um dos álbuns favoritos de todos nós. E também conhecemos Arthur Max, técnico de iluminação que trabalhava para Bill no teatro. Arthur acrescentou sua própria iluminação em nosso show daquela noite, e suas habilidades inovadoras foram registradas e arquivadas para análise posterior.

Aquela turnê pelos EUA em maio de 1970 chegou a um fim abrupto quando todo nosso equipamento, guardado em um caminhão alugado estacionado na frente do Royal Orleans Hotel, no centro de Nova Orleans, foi roubado durante a noite. Por sorte, esse era, de longe, o hotel mais luxuoso da turnê. Então, se fosse para ficar ilhado, era melhor que fosse ali do que em qualquer outro lugar. Outra vantagem era que a piscina majestosa no terraço do primeiro andar tinha uma equipe de garotas atraentes que diluíram nossa tristeza com serviço de bar gratuito.

Por um lado mais prático, uma delas tinha um namorado no FBI, e ele apareceu para ver se poderia ajudar. Ele apontou, com a maior discrição possível, que seria possível que a polícia local ajudasse mais se oferecêssemos uma recompensa. Deixamos que Steve resolvesse o problema. Para nosso espanto, o equipamento reapareceu um dia depois (exceto umas duas guitarras). É óbvio que havia uma iniciativa criativa de policiamento comunitário em vigor em que os policiais podiam oferecer um serviço completo de remoção e recuperação de uma só vez... O único enigma agora era qual deveria ser a recompensa aos policiais que o devolveram. A sugestão deles para que "nossa consciência nos guiasse" não foi de muita ajuda, já que nossa consciência achava que não mereciam nada. Entretanto, por pragmatismo, concluímos que poderíamos querer voltar a Nova Orleans algum dia. Apesar de termos recuperado o equipamento, decidimos não remarcar as apresentações que havíamos cancelado, e voltamos para casa logo em seguida.

Depois da turnê de *Atom Heart* pelos EUA naquele outono, fizemos uma turnê inglesa que durou até o final do ano. Embora quiséssemos essa carga de trabalho, provavelmente não fazíamos ideia de como tudo aquilo seria exaustivo. Mas no início de 1971, voltamos nossa atenção e todas as energias que ainda tínhamos para o nosso próximo álbum, que iniciamos na EMI em janeiro.

Sem novas músicas, inventamos inúmeros exercícios para tentar acelerar o processo de criação de ideias musicais. Isso incluía tocar em faixas diferentes sem ter referência do que os outros estavam fazendo – podíamos combinar uma estrutura básica de acordes, mas o ritmo era aleatório. Simplesmente sugeríamos o clima, como "primeiros dois minutos românticos, os dois seguintes com ritmo acelerado". Essas notas sonoras eram chamadas de "Nothings 1-24" ("Nadas 1 a 24") e a escolha de nome era adequada. Depois de algumas semanas, nada de muito valor havia surgido e, com certeza, nenhuma canção completa. Havia poucas que sequer valiam a pena considerar como ideias de trabalho. Depois de "Nothings" produzimos "Son of Nothings" ("Filho de nadas"), seguida de "Return of the Son of Nothings" ("O retorno do filho de nadas"), que por fim se tornou o título provisório do novo álbum.

O trecho mais útil era simplesmente um som, uma única nota feita no piano e tocada em um alto-falante Leslie. Esse curioso dispositivo, que é normalmente usado com um órgão Hammond, emprega uma buzina rotativa que amplifica o som tocado. A buzina, girando em velocidade variável, cria um efeito Doppler, assim como um carro passando pelo ouvinte em velocidade constante parece mudar de nota conforme avança. Ao passar o piano pelo Leslie, essa nota prodigiosa do Rick tinha um elemento que lembrava o som de um sonar, o detector de submarinos. Nunca conseguimos recriar a sensação daquela nota em estúdio, principalmente a ressonância peculiar entre o piano e o Leslie, e então a versão demo foi usada no álbum, em um *cross-fade* com o resto da faixa.

Combinando com uma frase de guitarra melancólica de David, tivemos inspiração o bastante para delinear uma canção completa, que evoluiu para se tornar "Echoes"; sua forma final, levemente sinuosa, dava uma sensação um tanto agradável de andamento lento e construção alongada. Parecia um verdadeiro progresso das técnicas a que havíamos aludido em *A Saucerful of Secrets* e *Atom Heart Mother*. E certamente parecia muito mais controlado do que ter que fazer a merda toda em uma só tomada como aconteceu com "Atom Heart Mother", já que podíamos montar a canção usando *cross-fades* na mesa de mixagem.

O som de guitarra na seção central de "Echoes" foi criado acidentalmente quando David ligou um pedal de *wah-wah* ao contrário. Às vezes, ótimos efeitos são resultados desse puro acaso, e estávamos sempre prontos para ver se algo poderia funcionar em uma faixa. O conselho que havíamos recebido de Ron Geesin para sempre ir além do que está no manual tinha deixado sua marca.

Essa experimentação toda podia ser vista ou como radicalismo corajoso, ou como um enorme desperdício de tempo em um estúdio caro. Seja como for, ela nos permitia aprender sozinhos técnicas que, a princípio, pareciam totalmente ridículas, mas que no fim das contas levavam a algo utilizável. Um experimento daquela época que ainda não usamos era a exploração de vocais invertidos. Uma frase escrita ao contrário letra por letra e depois lida em voz alta não soará correta quando invertida, mas uma frase falada que é gravada e tocada ao contrário pode ser aprendida e recitada. Isso causa um efeito muito estranho quando, por sua vez, é tocada ao contrário. "Neegadelouff" é uma das que me lembro: deveria soar como "fooled again".

A versão final de "Echoes", com vinte e dois minutos, tomou um lado inteiro do álbum. Diferente da tecnologia dos CDs, o vinil impunha uma certa série de restrições, já que passagens com o som mais alto efetivamente ocupavam espaço maior da superfície, e, em todo caso, mesmo que se tocasse em *pianissimo* o tempo todo seria difícil gravar mais de meia hora em um lado só. Agora tínhamos que encontrar o resto do disco. Parece meio estranho, em retrospecto, termos colocado "Echoes" no lado B. Pode ser que ainda acreditássemos, talvez sob influência da gravadora, que tínhamos que abrir um álbum com algo adequado para se tocar no rádio.

"One of these Days" foi construída ao redor de um som de baixo que Roger criou ao conectá-lo a uma Binson Echorec. A Binson era um dos pilares do nosso som havia muitos anos, começando na era de Syd Barrett – especialmente em "Interstellar Overdrive", "Astronomy Domine" e "Pow R. Toc H." – e, na verdade, foi só a tecnologia digital que a suplantou. A Binson usava um tambor giratório de aço cercado de cabeças de gravação. Ao se selecionar cabeças diferentes, ela gerava uma gama de padrões de repetição para qualquer sinal que passasse por ela. A qualidade do som era terrivelmente deteriorada, mas se você chamar os sibilos de ruído branco o efeito fica mais palatável.

Havia várias outras unidades de eco disponíveis que tinham tecnologia similar, mas careciam da mesma qualidade de som. A italiana Binson, porém, era muito frágil e não era adequada aos rigores de uma vida na estrada. Como um atirador altamente treinado, Peter

Watts normalmente conseguia desmontá-las e remontá-las rapidamente durante uma apresentação para efetuar reparos, de forma que pelo menos uma voltasse para a linha de frente.

A linha de baixo de "One of these Days" era tocada em uníssono por Roger e David. Um dos baixos precisava de cordas novas, e mandamos um *roadie* ao West End para reabastecer nosso estoque. Ele desapareceu por três horas, durante as quais a gravação foi concluída usando as cordas antigas. Quando ele finalmente voltou, suspeitamos de que tinha visitado sua namorada, que trabalhava em uma loja. Suas alegações de inocência foram um tanto prejudicadas pelo novo par de calças elegantes que usava quando reapareceu. A canção incluía um solo de baixo, o que era incomum, bem como uma de minhas raras performances vocais, e um exemplo de um experimento que ganhou vida fora do laboratório. O vocal foi gravado em velocidade duplicada usando uma voz em falsete; a fita depois foi reproduzida em velocidade lenta. Há momentos em que realmente parece ser necessário fazer as coisas do jeito mais complicado possível.

Os títulos das outras canções desse lado tinham bastante relação com nossas vidas naquele período. "San Tropez", uma música que Roger trouxe completa e pronta para gravar, foi inspirada na excursão do Pink Floyd pelo sul da França no verão anterior e pela casa que alugamos lá. Roger, Judy, Lindy e eu costumávamos jogar *mahjong* e essa mania forneceu a inspiração para o título "A Pillow of Winds", o nome de uma das combinações que valem pontos.

"Fearless" era uma expressão usada em excesso – um equivalente futebolístico para "incrível" – que tinha vindo de Tony Gorvitch, empresário da Family e grande amigo de Steve e de Tony Howard. O tema do futebol continuava no *fade-out* com um coral da arquibancada do Liverpool cantando "You'll Never Walk Alone" – foi estranho que Roger estivesse tão disposto a fazer isso, considerando que era um torcedor convicto do Arsenal. Tony Gorvitch também nos forneceu as expressões "elbow" ("cotovelo") – como em "being given the elbow" ("levar um pé na bunda") – e "Who's Norman?". Essa última era uma frase de camarim que usávamos para indicar alguém que não conhecíamos e que talvez quiséssemos que fosse expulso – pode ser que tenha sido a técnica que usamos com a Band no Fillmore.

Por fim, havia "Seamus". De um jeito meio constrangido, só consigo descrever essa como uma canção experimental. Dave estava cuidando de um cachorro, o Seamus em questão, para Steve Marriott, do Small Faces. Steve havia treinado Seamus para uivar sempre que uma música era tocada. Era extraordinário, então arrumamos um par de guitarras e gravamos a música em uma tarde. Curiosamente, fizemos tudo isso de novo quando gravamos o filme *Live at Pompeii,* dessa vez usando uma cadela chamada Mademoiselle Nobs. Pelo lado positivo, mesmo sob pressão intensa, pelo menos resistimos à tentação de fazer um álbum inteiro com cães latindo e de realizar audições com um bando de cães de sessão desesperados para estourar no ramo da música.

No geral, foi imensamente satisfatório fazer o álbum todo. Como *Atom Heart Mother* havia sido meio que um desvio de rota, e *Umagumma* um disco ao vivo combinado a canções solo, *Meddle* foi o primeiro álbum em que tínhamos trabalhado juntos como uma banda no estúdio desde *A Saucerful of Secrets,* três anos antes. É relaxado e bem solto, e "Echoes", eu acho, envelheceu bem. Com certeza, se comparado a seu predecessor, *Atom Heart Mother, Meddle* parece objetivo de uma forma revigorante. David certamente nutre grande afeto por esse álbum, que para ele contém uma clara indicação de um caminho a seguir.

As gravações principais de *Meddle* foram divididas entre os estúdios EMI e AIR London, com uma pequena parcela executada no Morgan Studios em West Hampstead. Isso porque a EMI, em outra demonstração de seu conservadorismo típico, não confiava nas novas mesas de som de 16 canais. Em um ataque de ira, insistimos que precisávamos ter acesso a uma e rumamos para o AIR, onde fizemos a maior parte do trabalho.

O AIR era o estúdio de George Martin situado no alto da Oxford Street, no West End londrino. Depois de muitos anos, George havia saído da EMI e montado seu próprio estúdio dos sonhos, levando consigo Ken Townsend, gerente do Abbey Road, para garantir os padrões mais elevados. Seu estúdio, que era totalmente de última geração, tinha uma atmosfera muito diferente da do Abbey Road, que naquele momento precisava desesperadamente de reforma e modernização. Os estúdios comerciais eram projetados para bandas de rock e não mais como instalações de uso universal, já que era do rock que os novos clientes surgiam.

A gravação de *Meddle* se estendeu por um considerável período de tempo, não porque estávamos trancados no estúdio, mas porque, mais uma vez, passamos na estrada boa parte de 1971: quando olho para o calendário da época, vejo que estivemos na Alemanha em fevereiro, em vários países da Europa em março, no Reino Unido em maio, na Europa em junho e julho, no Extremo Oriente e na Austrália em agosto, na Europa em setembro, e nos EUA, mais uma vez, em outubro e novembro.

Para preencher o espaço enquanto trabalhávamos em *Meddle*, recorremos àquela velha solução da indústria musical: a compilação de *singles* e outras sobras de estúdio. *Relics* – "uma bizarra coleção de antiguidades e raridades" – trazia apenas uma canção original: "Biding my Time", composta por Roger e na qual Rick finalmente nos submeteu a ouvi-lo tocando trombone. *Relics* foi lançado em maio, pouco antes de tocarmos na Crystal Palace Garden Party. Esse foi nosso maior show em Londres por algum tempo e um dos eventos ao ar livre daqueles que os britânicos podem realizar muito bem – eventos de um dia só não têm o aspecto de maratona dos festivais de três dias, e dão mais a sensação da predileção nacional por coretos. Uma mistura curiosa de bandas estava para tocar naquele evento em particular, incluindo Leslie West e o Mountain, nós, The Faces e Quiver, essa última com Willie Wilson.

Era um concerto vespertino, e nosso show de luzes não aconteceria, mas com a ajuda de nosso camarada da escola de artes Peter Dockley e seus amigos, submergimos um enorme polvo inflável no lago à frente do palco. Como ponto alto do show, o polvo foi inflado e levantou-se do lago. O momento teria sido melhor se alguns fãs empolgados demais e em estado alterado não tivessem tirado a roupa e pulado na água; em cenas que lembraram *Vinte mil léguas submarinas*, aqueles lunáticos se enroscaram nos tubos de ar e ameaçaram estragar a apresentação se afogando de forma impensada. O evento foi promovido por Tony Smith, que depois seria empresário do Genesis. Tony se lembra de que depois do show ele e sua equipe passaram bastante tempo limpando não apenas o habitual lixo deixado em um festival, mas também uma profusão de peixes do lago que morreram de susto e/ou de medo.

De todas as turnês internacionais, nossa primeira visita ao Japão em agosto de 1971 foi um sucesso em especial. A gravadora organizou uma coletiva de imprensa (algo que geralmente odiamos) e nos premiou com nossos primeiros discos de ouro. Apesar de serem totalmente ilegítimos, já que não foram conquistados por meio das vendas de discos, apreciamos o gesto assim mesmo.

A verdadeira razão para o sucesso dessa turnê foi um show ao ar livre em Hakone. Não somente por ser um belo local situado no interior a algumas horas de Tóquio, mas porque o público em um festival a céu aberto no Japão era bem menos tímido do que em um show em local fechado. Por muitos anos, aquele público de locais fechados foi bastante contido para os padrões da indústria do rock. Conhecidos por serem econômicos com palmas, gritos e aplausos em pé, os shows no Japão em geral começavam às seis da tarde. O motivo disso, nos disseram, é que o transporte público fecha cedo, as pessoas moram fora da cidade e é muito difícil para elas fazerem duas viagens. Por melhores que fossem os motivos, isso dava às apresentações a atmosfera de um "chá-dançante" e a sugestão de que o rock não deve ocupar a mente de pessoas com mais de treze anos. Enquanto estávamos no Japão, fizemos uma viagem no trem-bala, visitamos templos e jardins de pedra e fomos apresentados ao sushi. Para nós, e para muitas outras bandas, o sushi se tornou a versão sofisticada de ovo, linguiça e batatas fritas nas turnês. Uma maneira popular de levantar o moral durante uma turnê era trazer o *sushiman* local, armado com suas facas, para fortalecer os espíritos debilitados (digo, preparando peixe cru, e não ameaçando os deprimidos).

Depois do Japão seguimos para a Austrália para uma turnê breve, e também foi nossa primeira visita, que começou de forma desafiadora com um show ao ar livre no Randwick Stadium, o autódromo de Sydney. Ainda desacostumados com a inversão de estações no hemisfério sul, ficamos surpresos ao chegar em agosto e nos depararmos com o meio do inverno australiano, tão frio que precisei de luvas para que as baquetas parassem de cair das minhas mãos dormentes. O público, em uma prova da verdadeira valentia australiana, não pareceu notar. Ficamos gratos pelo resto da turnê ser em locais fechados.

Um destaque dessa viagem foi que tivemos a oportunidade de encontrar o cineasta George Greenough. Ele nos mostrou algumas imagens de um filme que fazia chamado *Crystal Voyager*, um documentário celebrando o surfe. Usando uma câmera presa ao corpo de um surfista, ele conseguiu filmar dentro dos tubos formados pelas ondas quebrando, ainda mais realçados pelo nascer e pôr do sol. Era estonteante. Demos a George a permissão para usar nossa música em seu filme e, em troca, nos beneficiamos com um acordo recíproco que nos permitiu usar o filme – atualizado de tempos em tempos – em praticamente todos os nossos shows subsequentes. Para a turnê de *Division Bell* em 1994 ele forneceu algumas imagens de qualidade ainda maior para projetar durante "Great Gig in the Sky".

Em uma parada no aeroporto de Hong Kong, a caminho de casa, telefonamos para o estúdio Hipgnosis para combinar com Storm o design da capa de *Meddle*. O título havia sido concebido às pressas e, talvez inspirados por algumas imagens estilo *zen* de jardins aquáticos, dissemos a Storm que queríamos uma "orelha debaixo d'água". A diferença de fuso garantia que nenhum dos lados estivesse em sua melhor forma para discutir ao telefone, mas mesmo com os muitos quilômetros de distância pudemos ouvir o som de Storm revirando os olhos.

No voo de volta ao Reino Unido, uma tempestade realmente preocupante em algum lugar acima dos Himalaias apavorou até mesmo a tripulação. Quando o avião mergulhou em um bolsão de ar, ou Roger ou David foram acordados ao serem agarrados pela mão de uma aeromoça aterrorizada. Isso reduziu profundamente quaisquer chances de curarmos nosso medo de voar. Todos sofríamos com isso, graças a vários incidentes ao longo dos anos. Certa vez, Steve O'Rourke havia fretado um DC3 caquético para nos levar, com algumas outras bandas, a um festival na Europa. Enquanto estávamos sentados na pista, um carrinho de bagagem arrancou um pedaço da asa. "Não se preocupem", nos disseram, "consertamos isso rapidinho". Com uma carteirada, deixamos o avião imediatamente e embarcamos no BEA Trident seguinte, deixando as azaradas bandas de apoio para tomar o voo do terror na volta para casa. Algum tempo depois, nos envolvemos em um quase acidente com outro avião ao chegar no aeroporto de Bordeaux. Em ocasiões como essa, o fato de que nós quatro agarraríamos os braços do assento em uníssono, com gotas de suor se formando, provavelmente contribuiu para a criação de bons laços entre o grupo.

Jantares em grupo eram o ponto focal de todas as brigas da banda, decisões políticas e disputas por posição em geral. Eu hoje tenho muita pena de alguns dos infelizes produtores e pessoas da gravadora que saíam conosco. Frequentemente nos comportávamos de forma pavorosa. Nossos modos à mesa geralmente não eram um problema, mas nossa socialização deixava a desejar. Nós tomávamos o meio da mesa e baníamos qualquer um que não conhecíamos ou não nos importávamos em conhecer para as pontas distantes, para que conversassem entre eles. Cheios do vinho mais caro possível, nossa conversa esquentava, com frequência explodindo em uma discussão em larga escala. Para quem via de fora, devia parecer que estávamos a ponto de nos separarmos. O executivo da gravadora que organizava a refeição não só via seus esforços serem invalidados como tinha a perspectiva de ser o único responsabilizado pela separação da banda.

Os membros da banda inevitavelmente conhecem uns aos outros melhor do que qualquer outra pessoa e, portanto, sabem como provocar, magoar ou até mesmo animar os demais. Ainda lembramos com carinho, entre as histórias do grupo, da noite em que Steve O'Rourke se sentou para jantar conosco e anunciou que estava tão feliz que nada seria capaz de aborrecê-lo. Depois de sete minutos, saiu enfurecido para jantar sozinho em seu quarto. Roger, encorajado pelo resto de nós, teve muito pouca dificuldade em descobrir o gatilho que enfureceria e por fim levaria Steve à irritação, simplesmente sugerindo que deveríamos discutir uma redução na comissão dele. Em outra ocasião, em um café da manhã no City Squire, em Nova York, Roger anunciou que era possível identificar pessoas criativas de verdade porque as cabeças delas sempre pendiam levemente para a direita. Do mesmo modo, os que não eram criativos pendiam para a esquerda. Peter Barnes, que cuida da nossa edição musical, lembra de ter olhado ao redor da mesa. A cabeça de todos, percebeu, pendia para a direita. Todas – isto é, menos a de Steve.

HORRORIZADOS, ESCUTAMOS A VIC LEWIS NOS CONTAR COM ORGULHO DO ÁLBUM COM CANÇÕES DOS BEATLES QUE ELE HAVIA GRAVADO COM SEUS ARRANJOS DE CORDAS. ELE SUGERIU QUE O PINK FLOYD RECEBESSE O MESMO TRATAMENTO. SERIA UMA AMEAÇA, UMA PROMESSA OU UMA PIADA? INCAPAZES DE IDENTIFICAR, OLHAMOS UNS PARA OS OUTROS COM NERVOSISMO.

6. NÃO HÁ LADO ESCURO

NO FIM DE 1971, PARECIA QUE PARTE DA LETARGIA que eu vinha sentindo tinha desaparecido. Roger, em entrevista à *Melody Maker*, disse que ainda havia "uma sensação no grupo, e certamente uma forte sensação em minha cabeça, de que deixamos as coisas desmoronarem terrivelmente, e isso está me deixando louco". Ele considerava que a turnê pelo Reino Unido que teríamos em seguida era "mais pressão, porque não há tempo suficiente entre agora e 19 de janeiro para começar a aperfeiçoar nada. Criar uma hora de algo muito bom é muito difícil". Podia ser difícil, mas pelo menos ele começou com entusiasmo. Roger havia trabalhado no esboço de um novo álbum. Ele tinha algumas ideias, um punhado de canções em desenvolvimento – "Time" tinha verso e refrão, mas não tinha letra – e ele tinha criado um incomum *riff* de baixo em 7/8 que parecia bem radical.

As discussões que levaram ao desenvolvimento de *The Dark Side of the Moon* aconteceram em uma reunião da banda realizada ao redor da mesa na cozinha da minha casa na St. Augustine Road, Camden. Não era comum, já que nos encontrávamos todos os dias nos estúdios ou na estrada, mas devemos ter sentido a necessidade de mudar de ambiente para nos concentrarmos em levar adiante o projeto seguinte.

Além das músicas de Roger, tínhamos vários fragmentos de sessões de ensaios anteriores, e inúmeros outros itens mais finalizados. Mas ainda não havia um tema coerente para ajudar Roger a desenvolver seu trabalho inicial. Conforme conversávamos, a questão do estresse surgiu como um fio condutor, embora na época não estivéssemos passando por nenhuma angústia em especial. Foi, na verdade, um dos períodos mais estáveis de nossas vidas pessoais.

Roger agora morava em Islington, na New North Road. Nos fundos de seu jardim, ele havia montado um espaço de trabalho parecido com uma estufa de plantas. Na verdade, algo relacionado a plantas era feito ali, mas não era jardinagem: Judy criava peças de cerâmica em metade do espaço. Na outra metade, Roger tinha construído um estúdio caseiro, baseado na abordagem de Ron Geesin: três gravadores Revox, montados sobre uma bancada de trabalho para facilitar a rápida transferência de sons de um aparelho a outro. Rick estava instalado em Leinster Gardens, em Bayswater, com Juliette e seus filhos. Eu estava na St. Augustine Road com Lindy. Apenas David tinha se mudado para Royden, em Essex, depois de abandonar seu apartamento de solteiro em Chelsea.

Apesar de todas as turnês, eu definitivamente me sentia envolvido na vida em Camden. Lindy e eu tínhamos feito amizade com vários vizinhos e de vez em quando havia festas no bairro durante os principais eventos nacionais. Certamente me sentia parte da comunidade, da mesma forma que Roger com a sua vizinhança. Ele se tornou um torcedor ferrenho do Arsenal. Com Judy e Lindy, nós nos encontrávamos socialmente algumas vezes por semana e passávamos bastante tempo na casa um do outro. Tenho lembranças nítidas de estar na casa de Roger com Lindy quando ela estava no fim da gravidez de nossa primeira filha, Chloe.

No entanto, apesar dessa estabilidade, fizemos uma lista de dificuldades e pressões da vida moderna que nós, particularmente, reconhecíamos. Prazos, viagens, o estresse dos voos, a sedução do dinheiro, medo da morte, e os problemas de instabilidade mental que podiam se transformar em loucura… Armado com essa lista, Roger continuou trabalhando nas letras.

Comparada à abordagem um tanto quanto assistemática de nossos discos anteriores, que frequentemente haviam sido concebidos em um ar de desespero, e não de inspiração, aquela parecia uma forma muito mais construtiva de se trabalhar. As contínuas discussões com a banda sobre os objetivos e aspirações da gravação ajudaram a alimentar o processo. Utilizando as letras específicas que Roger havia desenvolvido, a música evoluiu no estúdio durante os ensaios – e subsequentemente nas sessões de gravação. Isso deu a Roger a oportunidade de enxergar qualquer lacuna musical ou lírica e criar fragmentos para preenchê-las.

Assim que Syd saiu da banda, em 1968, o ônus de escrever a maior parte de nossas letras recaiu sobre Roger. David e Rick ainda eram letristas apenas ocasionais – Rick uma vez disse que "se as palavras viessem como a música, e não tivéssemos mais nada para fazer, algumas delas seriam escritas". Em *The Dark Side of the Moon*, Roger assumiu a tarefa com um estilo considerável: suas palavras deram ao álbum nossas letras mais abertas e específicas até hoje – embora mais tarde ele de vez em quando as menosprezasse, chamando-as de "coisas de adolescente". Pela primeira vez, consideramos apropriado imprimi-las em sua totalidade no encarte do disco.

Uma primeira versão apresentável de *Dark Side* foi produzida em poucas semanas. A primeira apresentação inteira da peça, já chamada "Dark Side of the Moon, a Piece for Assorted Lunatics" (embora tivesse oscilado várias vezes entre esse título e "Eclipse"), aconteceu no Rainbow Theatre, no Norte de Londres, durante uma série de quatro noites em meados de fevereiro de 1972. O Rainbow, um antigo cinema, era a versão inglesa do Avalon ou do Fillmore de São Francisco, e seu auditório escurecido, que escondia uma decoração exuberante, porém desgastada, criava uma ambientação distinta e moderna que remetia aos velhos tempos de Roundhouse. Foi um alívio para Pete Watts e a equipe de *roadies* poder montar tudo uma só vez para os quatro shows: àquela altura, tínhamos nove toneladas de equipamento que eram transportados em três caminhões, sete alto-falantes de auditório, um novo amplificador de potência e um mesa de mixagem de vinte e oito canais com quatro saídas quadrifônicas. Foi gratificante saber que a casa estaria cheia para ouvir os resultados: alguns anúncios na *Melody Maker* foram suficientes para os ingressos dos quatro shows esgotarem.

No entanto, embora a versão ao vivo de *Dark Side* estivesse bem desenvolvida, a gravação em si espalhou-se por todo o ano de 1972, uma vez que era constantemente interrompida não apenas por nossos compromissos de turnê, mas por uma série de outros projetos: a trilha sonora do filme *Obscured by Clouds*, o lançamento de nosso próprio filme *Live at Pompeii*, e inúmeros concertos com o Balé de Marselha de Roland Petit. Felizmente, *Dark Side* provou-se resiliente o bastante para sobreviver a todas essas distrações. Não nos sentimos oprimidos por essa montanha de trabalho – pelo contrário, eram evidência de que éramos músicos profissionais e ativos. Depois da estagnação que havíamos sentido na época de *Atom Heart Mother*, estávamos com um senso de propósito revitalizado.

Obscured by Clouds foi a primeira das interrupções. Depois do sucesso de *More*, concordamos em fazer oura trilha sonora para Barbet Schroeder. Seu novo filme chamava-se *La Vallée*, e viajamos à França para gravar a trilha na última semana de fevereiro. O filme vinha logo no encalço do "Verão do amor"; misturava uma história sobre um grupo de hippies europeus viajando em Papua Nova Guiné com um pouco de reportagem etnográfica sobre a tribo local Mapuga (um crítico fez uma conexão entre o clima deste documentário e o filme de Robert Flaherty sobre o povo de Aran, com o pai de Steve O'Rourke).

Fizemos a gravação com o mesmo método que havíamos empregado para *More*, seguindo uma montagem provisória do filme, usando cronômetros para momentos específicos e criando climas musicais interligados que podiam, por meio de *cross-fade*, encaixar na versão final. A construção de uma canção de rock padrão era opcional: uma ideia poderia ser prolongada por uma seção inteira sem nos preocuparmos com a distinção entre refrões e pontes, e qualquer ideia em sua versão mais curta e crua poderia funcionar sem a necessidade de acrescentar solos e firulas. Pude testar uma das primeiras baterias eletrônicas que saíram – não tão avançada quanto as Syndrums mais recentes, eram mais como bongôs eletrônicos – na sequência de abertura.

Esse método de desenvolver e modificar temas favorecia nossas competências, mas não tínhamos muito espaço para autoindulgência, já que o tempo disponível para gravação era extremamente apertado. Só tínhamos duas semanas para gravar a trilha sonora com um curto tempo subsequente para transformá-la em um disco. O que me impressiona hoje é que o resultado final ficou bastante estruturado. Toda uma série de canções foram produzidas, mas minha percepção é que os títulos das músicas foram escolhidos às pressas, devido à pressão de cumprir o cronograma do filme.

A gravação aconteceu no Strawberry Studios, que ficava no Château d'Hérouville, no norte de Paris, conhecido pelos fãs de Elton John como Honky Château. Era um estúdio de gravação espaçoso e agradável na zona rural, mas só me lembro de conseguir desfrutar do ambiente no último dia. Nós nos trancamos lá dentro, abaixamos a cabeça e tocamos, encerramos a gravação da trilha sonora e fomos para casa. Mais tarde, tivemos uma discussão com a produtora de cinema e, assim, em vez de lançar a trilha sonora como *La Vallée*, usamos o título *Obscured by Clouds*. Para nossa gratidão, descobrimos, mais tarde, que o filme havia sido rebatizado como *La Vallée (Obscured by Clouds)* para ser associado ao nosso álbum.

Ainda tínhamos que remixar o material para o lançamento como disco, mas antes disso fizemos outra turnê pelo Japão. Dessa vez, fretamos um DC8 e, mesmo depois de carregar todo nosso equipamento, ainda sobraram muitos lugares vagos. Esposas e namoradas eram companheiras de viagem óbvias, mas o restante dos lugares foi preenchido com passageiros que tinham conexões muito tênues com a banda, mas o tipo de carreira que aparentemente lhes permitia largar tudo e se juntar a nós em cima da hora – o que não costumava ser um bom sinal.

Até aquele momento, normalmente ninguém nos acompanhava nas turnês, e ter nossas famílias e alguns seguidores na viagem mudava visivelmente o clima. Ao que me lembro, os shows pioraram como resultado, e o clima no camarim da banda era mais disperso. Isso foi exacerbado pela diferença no ritmo da turnê, sem a rotina intensiva de uma cidade atrás da outra dos Estados Unidos, mas talvez cinco compromissos em três semanas. Tudo isso fez a turnê parecer mais uma excursão de escola ou um passeio de férias do que uma viagem de trabalho. Fomos ao Japão pouco depois dos Jogos Olímpicos de Inverno de Sapporo, e nos dirigimos para lá para desfrutar de algum tempo nas pistas de esqui. Em Sapporo, tocava-se música alpina no teleférico por um sistema de alto-falantes Tannoy para nos deixar no clima, e em vez de vinho quente, comíamos arroz e tomávamos saquê. Tivemos dificuldades de encontrar botas de esqui grandes o suficiente, principalmente para Arthur Max, que calçava 46. Tínhamos levado Arthur junto para cuidar do nosso show de luzes depois de nos lembrarmos de como ele tinha sido criativo com a iluminação no Fillmore East, em 1970.

Em seguida, fizemos outra turnê pelos Estados Unidos – bem mais simples, em comparação. Era parte da vida de uma banda tentar construir uma base de fãs nos EUA. Já estávamos havia anos nesse processo, e embora não tivéssemos nenhum álbum de muito sucesso, fomos capazes de encher os maiores auditórios. Uma vez envolvidos formalmente no processo de "conquistar a América", é impossível parar.

Depois dos Estados Unidos e de algumas apresentações na Europa, finalmente tivemos a oportunidade de iniciar um trabalho sério de gravação de *Dark Side* – e pudemos passar todo o mês de junho no Abbey Road. Abordamos a tarefa com dedicação, reservando sessões de três dias, às vezes semanas inteiras, e comparecendo a todas as sessões, sempre ansiosos para nos envolver no que quer que estivesse acontecendo. Havia um ar de confiança no estúdio. Desde *Meddle,* éramos nosso próprios produtores, então estabelecíamos nosso próprio cronograma: naquele momento, tendíamos a trabalhar no álbum faixa por faixa até ficarmos satisfeitos com todas elas.

O clima parecia mais jovem do que em nossas visitas anteriores à EMI. Havia uma nova geração de engenheiros de som e operadores de fita – os aprendizes de engenheiros – que tinham crescido ouvindo rock. Como a nova geração de estúdios comerciais, eles se davam conta da importância de um bom relacionamento com os músicos. Já havia passado o tempo em que os gerentes de estúdio vagavam nas redondezas para assegurar que ninguém usasse suas tesouras de edição ou mexesse com o painel de controle.

No início das gravações de *Dark Side,* nos foi designado Alan Parsons, que tinha sido operador de fita assistente em *Atom Heart Mother*, como engenheiro da casa. Depois de trabalhar nas instalações de duplicação de fita da EMI, Alan havia decidido se tornar engenheiro de gravação, ganhando experiência com os discos *Abbey Road* e *Let it Be,* dos Beatles, antes de trabalhar como engenheiro em tempo integral com Paul McCartney e George Harrison em seus respectivos materiais solo, e com os Hollies em seus singles "He Ain't Heavy" e "The Air that I Breathe". Tendo passado pelo sistema de treinamento da EMI, Alan havia adquirido – como todos os aprendizes da EMI – um conhecimento extremamente profundo de todos os aspectos do trabalho em um estúdio de gravação. Era um engenheiro extremamente bom. Mas também tinha um ótimo ouvido e era ele próprio um músico competente. Tudo isso, combinado a suas habilidades diplomáticas naturais, ajudava enormemente e significava que ele poderia fazer uma contribuição ativa e positiva para o álbum.

Eu adorava o som em fita que ele conseguia capturar da minha bateria. Quando se trata de rock, acertar esse tipo de coisa é um dos maiores testes para um engenheiro. Como o uso original da bateria era animar as tropas que iam para a guerra, e não conquistar o coração de uma donzela, não é de se surpreender que muitas batalhas tenham sido combatidas sob o som da bateria.

A bateria – praticamente o único instrumento acústico remanescente em um contexto de rock padrão – consiste em inúmeras diferentes partes, que vibram e ressoam por meio de uma grande gama de sons e superfícies. O pior é que bater em um elemento gera uma vibração em cadeia nos outros. Nos tempos da gravação em quatro faixas, o engenheiro precisava capturar, mas manter separados, o impacto firme do bumbo e dos pratos para marcar o tempo, o som amplo da caixa, os tons afinados dos tom-tons e o chiado ou batida dos chimbais. Configurar os microfones para capturar isso é um dos segredos do negócio, e é uma ótima forma de detectar os melhores profissionais. A ampla gama de habilidades de Alan como engenheiro ficou evidente quando começamos a juntar as partes da gravação.

"Speak to Me" foi concebida como um prelúdio musical e era o que entendíamos que um prelúdio deveria ser – um aperitivo do que viria em seguida. Foi construída a partir de *cross-fades* de outras músicas do álbum, que juntei grosseiramente em casa e depois finalmente foram montados em estúdio. Inicialmente, tentamos criar o batimento cardíaco que abre a canção com gravações de pulsações reais em hospitais, mas todas pareciam estressantes demais. Retomamos as possibilidades dos instrumentos musicais, e usamos um batedor bem suave sobre um bumbo revestido, que estranhamente soava mais natural, embora a média normal de 72 batimentos por minuto fosse rápida demais e a tenhamos diminuído para um nível que deixaria qualquer cardiologista um pouco preocupado. Um acorde de piano sustentado por mais de um minuto com o pedal firmemente apertado foi então reproduzido de trás para a frente sob a música para estabelecer a ligação com a seção seguinte.

"Breathe" representava a primeira metade de um experimento de reutilização da mesma melodia para duas músicas, ou mais precisamente a inserção de duas seções completamente diferentes no meio de dois versos, de modo que a canção se repetisse depois de "On the Run" e "Time".

"On the Run" foi um retrabalho considerável de uma ponte instrumental da versão ao vivo e foi, na verdade, uma das últimas peças acrescentadas, pois apenas àquela altura tivemos acesso a um EMS SynthiA, o sucessor do VCS3. O VCS (sigla em inglês para Estúdio Controlador de Voltagem) era um sintetizador inglês desenvolvido por Peter Zinovieff e uma equipe da BBC Radiophonics Workshop, cujo tema de *Doctor Who* tinha ajudado a levar a música puramente eletrônica a um público mais amplo, e nós o havíamos utilizado em algumas das outras faixas de *Dark Side*. No entanto, ele não tinha um teclado. O SynthiA vinha com teclado embutido na tampa de seu estojo de transporte. Para "On the Run", significava que o som de borbulhas poderia ser tocado muito lentamente e depois acelerado eletronicamente. Para a faixa, também fizemos a festa no acervo de efeitos sonoros da EMI, e tivemos outra desculpa para voltar à câmara de eco atrás do estúdio 3 para gravar passos.

Aquele acervo de sons certamente cumpriu seu papel enquanto estávamos enfiados nos estúdios: havia sempre um elemento de procrastinação quando íamos explorar seu potencial, e havia inúmeros sons dos quais gostávamos muito, mas nunca conseguíamos usar. "O armário lotado" era um de nossos preferidos: o som de alguém abrindo um armário, do qual caía todo tipo de parafernália. E também gostávamos do "Gunga Din", no qual um irritante trompetista era atacado por um arsenal cada vez mais pesado de armas tentando exterminá-lo. Depois de cada tiro de fuzil, estouro de metralhadora ou bombardeio aéreo, ele continuava tocando, cada vez mais debilitado, porém persistente.

No entanto, para os relógios na introdução de "Time", usamos elementos da gravação de uma demonstração quadrifônica que Alan tinha feito um mês ou dois antes das gravações de *Dark Side*. Ele tinha ido a uma loja de relógios antigos e gravado o que seria o deleite de um horologista: badaladas, tique-taques e alarmes. A introdução principal dessa música foi desenvolvida porque, por acaso, havia um conjunto de rototons no estúdio, e nós a finalizamos em poucas tomadas. Os rototons consistiam em pele de bateria esticada em uma armação sobre um eixo de rosca. Ao girar a cabeça, ele poderia ser afinado como um tímpano, de modo que se podia utilizar uma série controlada de tons.

"Great gig" era uma canção de Rick cuja parte vocal sobressaía ao restante. Havia inúmeras sugestões sobre quem poderíamos usar: a minha foi a meio-soprano vanguardista Cathy Berberian (que eu estava ouvindo muito na época), mas poderia ser um pouco radical, até mesmo para nós. Clare Torry, que acabou gravando a faixa no final, estava buscando uma carreira como cantora solo – Alan tinha trabalhado com ela no passado e a recomendou. Estávamos procurando um som mais europeu que o das cantoras de soul que usamos para vozes de fundo de algumas outras faixas, e Clare, dirigida principalmente por David e Rick, ofereceu performances excelentes. Ela ficou constrangida por ter se soltado demais durante uma das tomadas e entrou na cabine de controle para se desculpar, mas viu que todos estavam encantados. Depois de nossa experiência em *Atom Heart Mother*, é surpreendente que tenhamos voltado a nos aventurar na esfera dos músicos adicionais, mas ficamos satisfeitos com todos eles: Clare, as outras cantoras – a falecida Doris Troy, Lesley Duncan, Liza Strike e Barry St. John – e Dick Parry, um conhecido de Cambridge de David, que acrescentou o timbre mais cru de seu sax tenor a "Us and Them" e "Money".

Roger e eu construímos o *loop* de fita para "Money" em nossos estúdios caseiros e o levamos para o Abbey Road. Eu tinha feito furos em umas moedas velhas e as amarrado em barbantes; no loop, elas produziam um som multiplicado por sete. Roger tinha gravado moedas girando em uma tigela que Judy usava para fazer suas peças de cerâmica, o efeito de papel rasgado foi criado de forma bem simples na frente de um microfone e o fiel acervo de sons nos forneceu as caixas registradoras. Cada som foi primeiro medido na fita com uma régua antes de ser cortado com o mesmo comprimento e então juntado com cuidado.

"Us and them" era uma canção lírica criada por Rick. Há um dito que afirma que a música é "o espaço entre as notas" e a música de Rick naquela faixa em particular confirma isso com certo estilo. "Any Colour" fornece um verdadeiro toque de alívio em um disco arranjado com tanta rigidez, contribuindo para o ritmo dinâmico, como uma pausa antes de "Brain Damage". Ainda que o trabalho vocal no restante do álbum tenha ficado a cargo de David, a voz nos versos de "Brain Damage" é de Roger, assim como em "Eclipse", e fica evidente como a voz de Roger se encaixava nas músicas que escreveu.

A última faixa, "Eclipse", foi uma música que se beneficiou enormemente das apresentações ao vivo antes da gravação. Suas versões originais não tinham qualquer dinâmica, mas com o desenvolvimento gradual no palco, ela adquiriu poder suficiente para compor um final adequado.

Os fragmentos de fala que pontuam o álbum foram uma adição tardia, gravados uma noite antes da montagem final do disco. Roger sugeriu a ideia de incorporar palavras faladas e em meia hora planejamos uma forma de gerá-las. Roger rascunhou uma série de perguntas sobre loucura, violência e mortalidade – e eu acho que as escrevi em alguns cartões. Eles foram colocados, virados para baixo, em um suporte de partitura no Estúdio 3. Convidamos, então, qualquer pessoa que encontrássemos pelo complexo do Abbey Road: nossa equipe, os engenheiros, outros músicos que estavam gravando por lá – qualquer um, exceto nós mesmos. Pedimos que sentassem em uma banqueta, lessem cada cartão para si mesmos e simplesmente falassem sua resposta no microfone.

Aquilo induzia naturalmente a uma certa paranoia, uma vez que o estúdio é um local solitário quando todos estão agrupados na sala de controle, olhando por um vidro à prova de som. No fim, alguns dos músicos profissionais soaram muito mais travados que os amadores, que pareciam felizes em conversar bastante. Paul e Linda McCartney, por exemplo, estavam gravando *Red Rose Speedway* com o Wings e aceitaram nosso convite. Foi muito corajoso da parte deles aceitar, e, pensando bem, injusto de nossa parte esperar que eles revelassem a profundidade de sua psique a um grupo de quase desconhecidos com um gravador. Eles foram cautelosos, bastante reservados, e nós não usamos nenhuma parte do material dessa sessão. Devíamos ter uma ideia bem clara do que queríamos, pois de outra forma seria impensável recusar duas vozes tão famosas. Em contraste, o guitarrista de Paul, Henry McCullough ("Sei lá, estava bêbado aquela hora") e sua esposa foram assustadoramente francos: contaram abertamente a história de uma discussão que haviam tido recentemente, e que continha certa violência física, como em um episódio particularmente agressivo do programa de Jerry Springer.

Entre outras vozes, havia a de Puddie, esposa de Peter Watts, e a de nosso gerente de viagens Chris Adamson, reconhecível pelo leve sotaque nortenho. Roger the Hat, um *roadie* itinerante das antigas que havia trabalhado para nós em inúmeras ocasiões, colaborou com uma sessão memorável. Seu segmento teria dado um álbum por si só. Uma história, que ele contou com a precisão impassível de um policial no banco das testemunhas, falava do dia em que outro motorista o cortou. "Discuti com ele", disse Roger the Hat. "Ele foi grosseiro. Muito grosseiro. Mas o troco estava por vir… eu bati nele".

Alguns participantes foram rejeitados por motivos sonoros: Robbie Williams, em sua segunda semana de trabalho como membro de nossa equipe, não pôde ser usado porque sua voz doce era muito grave e teatral. Outros infelizmente não puderam ser encaixados, por melhores que tivessem sido suas falas. Mas Gerry O'Driscoll, porteiro irlandês do Abbey Road, foi sem dúvidas a maior estrela. Ele colaborou com uma enxurrada de piadas e filosofia caseira, incrementadas com um toque de melancolia. Sua voz encerra o álbum no *fade-out* do fim de "Eclipse" e sua frase "Não há lado escuro na lua. Na verdade, ela é toda escura", ajudou a decidir o título final do álbum.

Depois da gravação, vieram os *cross-fades*, e eram muitos. Em uma era pré-digital, essas sequências, em que uma música vai desaparecendo enquanto outra vai aparecendo, ainda eram uma manobra um tanto quanto complicada. Gravadores de fita gigantescos eram trazidos de todas as partes do prédio e conectados à mesa de mixagem. Como os *cross-fades* costumavam envolver também *loops* de fita de dois metros ou dois metros e meio, uma floresta de pedestais de microfone era necessária para agir como eixos temporários para garantir que a fita não emaranhasse. Depois de um tempo, a sala toda começou a parecer um dispositivo desvairado de Heath Robinson.

Mesmo com a perícia técnica de Alan, ele não tinha mãos suficientes para executar todas as tarefas necessárias, então pontos de início eram marcados com cuidado na fita, e os membros da banda ficavam com os dedos pairando sobre vários botões. As máquinas eram paradas e reiniciadas enquanto várias pessoas com as mãos trêmulas manuseavam os controles. Um único erro significaria recomeçar todo o processo do zero. A importância de todo aquele trabalho em equipe sincronizado era conseguir os níveis corretos para o final de uma faixa, o início da outra, e todos os efeitos sonoros e diálogos surgindo e desaparecendo por baixo de tudo. Assim que a transição tivesse sido realizada com sucesso, era então juntada à fita principal.

Infelizmente, perdemos as habilidades de Alan quando o convidamos para ser engenheiro de som do álbum seguinte, oferecendo-lhe uma quantia pequena de dinheiro, mas apontando como ele era privilegiado. Para nossa surpresa, ele recusou. Balançamos a cabeça com pesar e depois o vimos conquistar um enorme sucesso com

Tales of Mystery and Imagination com o Alan Parsons Project e lançar sua própria carreira como artista.

Pretendíamos supervisionar nós mesmos todas as decisões da produção final, mas acabamos chamando um produtor de fora, bem no fim dos procedimentos, em fevereiro. Chris Thomas tinha experiência com música, mas não como engenheiro de som, e havia escrito para George Martin perguntando se poderia trabalhar como seu assistente – depois de algum tempo, George lhe deu uma oportunidade em sua empresa de produção. Chris tinha trabalhado no *White Album* dos Beatles, em uma ocasião em que George teve que se ausentar, deixando-o no comando por um período curto e alarmante, mas empolgante. Chris tinha muitas ligações com o Pink Floyd. Tinha nos visto tocar várias vezes – incluindo a violenta noite no pub Feathers, em Ealing; no UFO, e tocando *Dark Side* no Rainbow, em 1972. Ele conhecia Steve O'Rourke socialmente e tinha produzido o segundo álbum do Quiver, seguindo os passos de David.

Existe, é claro, mais de uma forma de mixar qualquer faixa. Não há definição de certo e errado. Alguns preferem uma mixagem que tenha um clima de conjunto, da forma como uma orquestra clássica pode produzir um som equilibrado no qual nenhum instrumento se destaca mais que o outro. Outras vezes, pode ser melhor para a canção ter um claro elemento solo – vocal ou instrumental – acima de todo o resto. Em *Dark Side*, esse tipo de discussão girava em torno de vocais, efeitos sonoros, guitarras e seção rítmica. Às vezes, três mixagens separadas eram feitas por diferentes indivíduos, um sistema que no passado costumava resolver a questão, pois normalmente chegava-se a um consenso em favor de uma das opções. Mas nem aquilo estava funcionando.

Esses foram os primeiros sinais de alerta de discordâncias fundamentais dentro da banda. Linhas estavam sendo traçadas na areia, de maneira indistinta e involuntária, mas ainda assim estavam ali. Correndo o risco de simplificar muito as coisas, David e Rick sentiam-se mais confortáveis com uma solução musical mais pura. Roger e eu preferíamos experimentar com o equilíbrio e explorar mais elementos não musicais. David sempre preferiu uma certa quantidade de eco, Roger preferia o som muito mais seco.

Chris, com poucas ideias preconcebidas, simplesmente fazia da forma que ele achava certo. No entanto, disse de que gostaria da colaboração de todos nós. O que ele lembra é que, em uma época em que datas de lançamento se aproximavam e as coisas podiam ter ficado um tanto quanto tensas, o clima era bom, eficiente e – para o padrão da indústria da música – extremamente disciplinado, permitindo que ele encerrasse o expediente às onze, antes de ir trabalhar em um disco do Procul Harum pelo resto da noite.

O trabalho envolvido era imenso, considerando a quantidade de *overdubs*, sobreposições, inserções e *cross-fades* exigidos. E como a fita estava constantemente rodando, ela sempre sofria alguma degradação, por isso tinha que ser tratada e restaurada de maneira meticulosa. O fato de Alan e Chris terem dado ao disco um acabamento de som que ainda oferece uma qualidade extraordinária trinta anos depois é uma prova da arte da engenharia de som.

Quando o disco foi finalizado, logo ficou aparente que, apesar dos elementos díspares – palavras faladas, efeitos sonoros e canções –, o álbum se transformou em algo homogêneo. Também foi revigorante poder voltar à peça finalizada com ouvidos renovados depois de deixar Chris terminar o trabalho de mixagem final.

O lançamento do álbum estava marcado para 3 de março de 1973. Nesse meio-tempo, vimos a estreia de *Pink Floyd Live at Pompeii*, fizemos mais turnês pela Europa e pela América do Norte – incluindo uma aparição no Hollywood Bowl e um show no Canadá, ocasião na qual descobrimos que uma de nossas cantoras havia desaparecido, porque ela tinha sido presa com o namorado por assaltar um mercadinho. Também colhemos os frutos de nossa conversa com o coreógrafo Roland Petit.

Live at Pompeii acabou sendo uma tentativa surpreendentemente boa de filmar nosso repertório ao vivo cerca de um ano antes. Tínhamos sido abordados pelo diretor Adrian Maben, cuja ideia era nos filmar tocando no anfiteatro vazio embaixo do Vesúvio. Adrian descreveu o conceito do filme como um "filme AntiWoodstock, onde não haveria ninguém presente, e a música e o silêncio e o anfiteatro vazio significariam tanto quanto uma multidão de milhares de pessoas, senão mais". Abrindo e fechando com "Echoes", tocamos como se houvesse um público. O filme alternava imagens do show com imagens de lava borbulhando, fumegando e fluindo, ou da banda atravessando a paisagem vulcânica. Em uma época em que filmes de rock se resumiam a gravações diretas de shows ou tentativas de copiar *Os reis do iê iê iê*, a ideia foi interessante.

Aparentemente, os elementos que fizeram o filme dar certo – e sobre os quais não havíamos pensado muito durante as filmagens, em outubro de 1971 – foram a decisão de tocar ao vivo em vez de usar *playback*, e o ambiente bastante árido causado pelo calor e pelo vento. Apenas algumas poucas sequências foram acrescentadas depois em estúdio – as versões de "Careful with that axe" e "Set the Controls", além de uma versão encurtada de "Seamus" com Mademoiselle Nobs.

Foi uma viagem bastante barata e alegre. Peter Watts e Alan Styles tiveram o duro trabalho de dirigir pela Europa transportando o equipamento. Não levamos as famílias para visitar pontos turísticos, pois tínhamos um número limitado de dias para fazer o trabalho. Ainda assim, como acontece com frequência em filmes, estouramos o cronograma original e tivemos que cancelar um show em uma universidade; no entanto, como a data reagendada ficou para depois do lançamento de *Dark Side*, acho que no fim os organizadores ficaram bem felizes com o atraso, já que, quando fomos tocar, eles puderam cobrar um valor quatro vezes maior pelo ingresso, ainda nos pagando o valor original contratado.

Em Pompeia, estávamos filmando no início do outono, mas ainda estava bem quente. O trabalho era cansativo, sem noites de folga para experimentar a culinária e os vinhos da região, mas a atmosfera era agradável, com todos executando seu trabalho. No fim das sessões no anfiteatro, fomos para o alto da montanha para filmar algumas cenas em meio ao vapor das fontes termais e tivemos uma breve oportunidade de explorar Pompeia.

Fomos, no entanto, importunados por alguns problemas técnicos. Um dos rolos de filme foi extraviado, e o diretor teve que inserir uma sequência longa apenas com a bateria de "One of these Days", já que a paleta de tomadas e ângulos de câmera disponíveis era extremamente limitada.

Depois de uma exibição no Festival de Edimburgo, a estreia foi programada para acontecer no Rainbow Theatre, no outono de 1972, mas no último instante a Rank, proprietária do edifício, apelou para uma cláusula que impedia qualquer evento que "concorresse" com suas próprias atividades. Roger declarou aquele fiasco "repugnante", e eu gostei do comentário do promotor Peter Bowyer de que esperaria as feridas em suas costas se fecharem antes de considerar qualquer outro evento similar.

Live at Pompeii provou-se decepcionante em termos financeiros, principalmente por ter sido ofuscado por *Dark Side*, então, por muito tempo, recebemos muito poucas recompensas por nosso esforço. Tanto que, quando anos depois, um magnata do cinema de Nova York se aproximou de Roger em um show para lhe dizer que havia ganhado milhões com o filme, ele ficou surpreso por, em vez de ser parabenizado por Roger, ter sido escoltado para fora do recinto... Mais tarde, ficamos sabendo que grande parte da documentação relacionada ao filme havia sido perdida em um incêndio, prova, como aprendi no decorres dos anos, que os escritórios de quem cuida dessas questões são muito propensos a vários níveis de autoimolação, inundações e invasões de gafanhotos que até os profetas do Velho Testamento achariam inacreditáveis.

Em nossa busca por uma arte mais sofisticada, tivemos mais sorte com Roland Petit. Nossas conversas originais em 1970 tinham sido sobre a ideia de criar um balé baseado em *Em busca do tempo perdido,* de Marcel Proust. A obra consiste em múltiplos volumes de reminiscências detalhadas de sua vida. Sei disso só porque, com o restante da banda, tentei ler; em uma época em que ficção científica era nossa principal dieta literária, não foi uma tarefa fácil. Ainda gosto de pensar que cheguei mais longe que os outros, mas certamente nenhum de nós foi além do volume três. Esse projeto acabou sendo cancelado por vários motivos. Só a leitura já tomaria muito tempo, e o tema da obra era desafiador demais para grande parte de nosso público.

Roland, no entanto, não tinha desistido de nós e finalmente nos envolveu com o Balé de Marselha, embora tivéssemos escolhido a opção mais segura de não escrever nenhuma música original para as apresentações, reutilizando versões de "Careful with that Axe, Eugene" e "Echoes", tendo a última um enredo ligeiramente baseado em *Frankenstein.* Trabalhar com o balé foi uma jornada relaxada. Gostávamos de estar em Marselha, a fluência de David no idioma foi útil tanto com os membros do balé quanto com os garçons locais, e o clima de sofisticação civilizada, contrastando com a rotina de turnês e estúdio, pode ter suscitado uma certa vaidade intelectual em nós. No programa para o balé, o vice-prefeito de Marselha nos descreveu gentilmente como *"ces millionaires du disque, idoles de la jeunesse populaire comme de la jeunesse dorée".*[3]

Para os shows, tocamos em um palco elevado virado para os dançarinos, que se apresentavam à nossa frente. A principal

3. Em tradução livre: "estes milionários da música, ídolos tanto da juventude popular como da juventude abastada" (N. da E.)

dificuldade era que eles haviam ensaiado os passos coreografados com base em nossas gravações existentes. No entanto, no caso de "Axe", a cada performance a duração variava, já que a graça da canção era a oportunidade de improvisar. Rapidamente tivemos que bolar uma versão com duração constante, uma tarefa agravada por nossa lendária falta de habilidade em contar compassos de maneira confiável.

Por sorte, Leslie Spitz estava conosco na França. Leslie era um vendedor de camas da parte mais duvidosa da Kings Road, em Chelsea, e um penetra notório. Seu maior triunfo tinha sido conseguir um lugar a bordo de nosso avião fretado para o Japão na turnê meses antes naquele mesmo ano. Ninguém parecia saber ao certo por que ele estava ali, ou quem o havia convidado, mas éramos educados demais para perguntar. Como retribuição pela viagem grátis, Leslie foi recrutado para contar os compassos. Pedimos que ele ficasse com uma pilha de cartões com os números dos compassos escritos e – agachado sob o piano – levantasse um cartão a cada quatro batidas. O resultado não era muito metronômico, pois Leslie se distraía facilmente com música alta e com as bailarinas flexíveis, mas ajudava. E, de qualquer modo, sabíamos quando tínhamos que encerrar, pois os dançarinos paravam de se mexer.

Acabou sendo um sucesso de verdade. Acho que os dançarinos gostaram de trabalhar com uma peça bastante diferente e popular, e também formaram um time de futebol surpreendentemente bom para jogar contra nós depois dos ensaios. O diretor de dança, vendo todas aquelas pernas caras correndo de um lado para o outro com chuteiras, teve um ataque. Depois das apresentações em Marselha, levamos o show para Paris para mais algumas apresentações em janeiro e fevereiro de 1973.

O resultado de tudo isso foi um extraordinário almoço na casa de Rudolf Nureyev, em Richmond. Marcel Proust deu o ar da graça novamente, mas dessa vez em formato de filme. Nureyev, Roland Petit e Roman Polanski estavam lá, junto com Roger, Steve e eu.

Nos sentindo levemente constrangidos em um ambiente verdadeiramente exótico de arte refinada e decoração opulenta, ficamos impressionados com o jovem um tanto quanto vulgar que nos recebeu e depois deixou que nos entretivéssemos até que os outros chegassem e Nureyev fizesse uma aparição, o que ele certamente fez com estilo – envolvido em um tecido oriental.

O almoço parecia envolver muito vinho e pouco Proust. Acho que se falou sobre ressuscitar o projeto Frankenstein como um filme quase pornô, mas minha memória sobre o assunto é um pouco indistinta. Depois da refeição, com muitas revelações, pedimos licença e saímos antes de sermos atraídos demais para aquele *demi-monde*. Nunca chegamos a lidar com Proust, Frankenstein, Nureyev ou Polanski novamente, embora Roland tenha mantido o balé no repertório da companhia por um tempo, apresentando-se com gravações no lugar da música ao vivo.

Durante nossa estadia em Marselha, houve maquinações importantes no que dizia respeito aos negócios, pois nosso contrato com a gravadora nos Estados Unidos estava sendo resolvido. Nossos primeiros álbuns tinham sido lançados pelo selo Tower, da Capitol Records, que era principalmente um selo de jazz e folk e não se adequava muito a nós. A Capitol, braço americano da EMI nos Estados Unidos, havia então criado um novo selo chamado Harvest, sob a liderança de Malcolm Jones, e a ideia era que encabeçássemos o selo juntamente com outras bandas *underground* britânicas. Aquilo também não deu certo para nós. Por mais que a equipe estivesse entusiasmada, sentimos falta de uma crença genuína em nosso potencial comercial no escalão mais alto, e nossas vendas nos Estados Unidos tinham sido particularmente pobres.

Steve O'Rourke havia deixado claro à EMI que não estávamos preparados para continuar com a Capitol. A proposta era adiar o lançamento de *Dark Side* nos EUA, já que nosso contrato estava acabando depois de cinco anos, e não estávamos dispostos a desperdiçar o que pensávamos ser nosso melhor álbum até então com uma gravadora que não nos daria apoio suficiente.

Depois que Steve entrou e defendeu com veemência o argumento de que os resultados simplesmente não eram bons o bastante, até mesmo a EMI percebeu que havia um problema nos EUA. Bhaskar Menon, que recentemente tinha sido nomeado presidente da Capitol Records, soube de nossa infelicidade, e se deu ao trabalho de viajar a Marselha para nos encontrar. Sua visita fez toda a diferença. Bhaskar ainda estava só na casa dos trinta, e era formado em Oxford e na Doon School da Índia. Ele havia conhecido e impressionado Sir Joseph Lockwood, que o levou para a EMI. Mais tarde, o próprio Bhaskar se tornaria presidente da EMI.

Bhaskar convenceu Steve de que seria capaz de fornecer o que era necessário nos EUA e nós concordamos em deixá-lo ficar com o disco. Era uma pena ele não ter sido envolvido antes. Sem conhecimento da Capitol – e de Bhaskar – já havíamos desistido da empresa no começo do ano e assinado um contrato com Clive Davis, da Columbia, para a distribuição de todos os nossos lançamentos posteriores a *Dark Side* nos EUA. Com nossa tradicional tendência a evitar confrontos, simplesmente esquecemos de mencionar isso.

Uma turnê pelos EUA no início de 1973 também nos deu a chance de trazer ao primeiro plano o talento de Arthur Max para a iluminação. Ele havia tido um bom aprendizado. Depois de estudar arquitetura – sempre uma ótima qualificação para trabalhar com o Pink Floyd – ele se viu em Woodstock operando um holofote por três dias seguidos (foi o que contou) para Chip Monck, um dos pioneiros em iluminação e design de palco para shows de rock. A chegada de Arthur coincidiu com uma época em que estávamos cansando dos shows de luzes que fazíamos antes. Havia um limite para o que podia ser feito com mais um slide de óleo, e com as apresentações em locais maiores e com projeções mais longas, o encerramento muitas vezes era um brilhante momento congelado no tempo porque, mais de uma vez, uma lâmina de vidro rachava e o projetor queimava logo em seguida.

Arthur se interessava pelo poder da iluminação de palco e dos holofotes, em vez de slides de óleo; era especialmente talentoso para encontrar formas de explorar a iluminação teatral. Nossos shows imediatamente ganharam maior inovação visual e ele era perito em tirar o máximo das instalações disponíveis em um auditório e em explorar a tecnologia existente de outras fontes. Para nossa versão de "Echoes" com o Balé de Marselha, Arthur interpretou a atmosfera de Frankenstein que queríamos instalando um kit de soldagem atrás do palco e vestindo máscara e luvas todas as noites para providenciar o efeito adicional de faíscas de argônio genuínas.

Acho que Arthur também foi o responsável por introduzir a torre de iluminação da Genie em nossos shows. Essas torres foram uma das mais importantes inovações nos palcos de shows de rock. Arthur havia visto essas torres hidráulicas sendo usadas para trocar lâmpadas em uma fábrica, e adaptou o princípio para permitir que carregassem fileiras de holofotes. Para shows cujo tempo de montagem não era suficiente para equipar o palco com a iluminação habitual, ou quando estávamos no campo em um palco feito de carretas plataforma, essas torres eram uma benção. O fato de ainda poderem ser levantadas para a abertura do show era a cereja do bolo. Também foi nesse período que introduzimos a tela circular de fundo que continuou a ser um pilar de nossos shows ao vivo.

Um dos maiores shows que Arthur fez para nós foi no Radio City Music Hall, em março de 1973. Esse auditório era uma maravilha da tecnologia quando foi construído e por muitos anos os detalhes técnicos do elevador de palco foram informação confidencial, já que a tecnologia tinha sido derivada diretamente dos elevadores de aeronaves de caça dos porta-aviões americanos.

O palco em si tinha seis seções, e cada uma delas podia ser levantada por seis metros e então projetada para a frente. Também havia uma cortina de fumaça à frente dele; tratava-se de um tubo com orifícios que projetavam uma lâmina de vapor para obscurecer o palco. Isso permitia que abríssemos o show com o público entrando no auditório, de frente para um palco completamente vazio. Quando o show começava, o vapor evaporava, e por trás dele nosso cenário subia lentamente conosco e nosso equipamento no lugar, com luzes policiais piscantes presas às torres Genie. Ao contrário dos velhos e nada saudosos tempos dos palcos giratórios da Top Rank, era assim que as coisas deviam ser feitas.

Infelizmente, Arthur tinha um grande defeito: seu temperamento. Roger e eu (seus dois principais contatos na banda) não conversamos com Arthur por mais de vinte e cinco anos depois de sua última demissão. Raramente conheci alguém que conseguia ficar exaltado tão rápido. Além de despedir os operadores de iluminação dos próprios locais dos shows com regularidade, ele berrava tantos insultos a eles durante a apresentação que seria imprudente de sua parte permanecer ali para o desmonte, já que poderia resultar num desmonte dele próprio. Arthur também era propenso a abandonar seu emprego no meio de um show. Steve frequentemente voltava no intervalo para avisar que Arthur tinha atirado seus fones e rádio no chão em um acesso de raiva. Em dado momento, já não conseguimos mais lidar com esse nível de imprevisibilidade e Graeme Fleming, braço direito de Arthur e um sujeito muito mais fleumático, assumiu o cargo. Arthur se tornou um diretor de arte de enorme sucesso no cinema, trabalhando com Ridley Scott e recebendo um prêmio BAFTA e uma indicação ao Oscar por *Gladiador*.

O lançamento de *Dark Side* foi marcado para março de 1973 e ficamos encantados com o pacote. Além dos cartazes e adesivos adicionais, a imagem principal também era perfeita. Storm tinha aparecido com uma série de ideias e logo que vimos o desenho do prisma pela primeira vez soubemos que era a escolha certa. Não comparecemos, porém, ao pré-lançamento para a imprensa no Planetário de

Londres. Não ficamos felizes pela gravadora ter planejado usar um sistema de som que não considerávamos bom o bastante. Depois de todo o trabalho que tivemos em *Dark Side*, não queríamos que fosse tocado para a imprensa em um sistema de amplificação abaixo do padrão. A disputa provavelmente se resumia a uma questão financeira, mas nos recusamos a ceder e perdemos a diversão. Já não éramos os favoritos entre os jornalistas musicais naquelas circunstâncias, pois nenhum de nós se esforçava muito para cultivar nenhum tipo de relação com eles.

Desse modo, preciso recorrer ao relato de Roy Hollingworth do lançamento, publicado na *Melody Maker*. Depois do coquetel às 20h, os jornalistas foram levados ao planetário: "[...] como estar dentro de um ovo de concreto oco. O ovo foi preenchido e as luzes se apagaram. Risos vindos de uma seção. Um beliscão de bumbum, sem dúvida. E então começou... O baque espesso, a batida cambaleante de um pulso preencheu o negrume, aumentando de volume e intensidade até que preenchia seu corpo inteiro".

Até aí, tudo bem. Mas depois de quinze minutos, o público parecia estar perdendo o interesse. "Algumas pessoas começaram a bater papo e a acender cigarros. E então, como as pessoas viam mais graça em fazer gracinha, a silhueta de um coelho apareceu em uma das paredes. Isso foi feito mantendo um isqueiro atrás de uma mão e realizando truques com os dedos. Posteriormente, vi um cisne sendo estrangulado e um par de pombas. Então, um colega ousado venceu o teatro de sombras improvisado com uma representação enorme de algo impróprio." Nossa decisão de manter distância talvez tenha sido mais sábia do que imaginávamos.

O álbum vendeu rápido. Em abril, já tínhamos um disco de ouro tanto no Reino Unido como nos EUA. Tudo aconteceu bem depressa. Em maio daquele ano, realizamos um show completo do *Dark Side* no Earls Court. Todos os elementos convergiram ao apresentarmos essa obra em sua versão mais desenvolvida. A música tinha sido ensaiada o bastante para estar bem-executada, mas era nova o suficiente para ser refrescante. A iluminação, graças a Arthur, estava dramática. Havia efeitos adicionais, incluindo um avião de quatro metros e meio que, iluminado por holofotes, disparava por um fio sobre as cabeças do público até colidir com o palco e formar uma bola de fogo sincronizada com a explosão em "On the Run". Filmes acompanhavam a música, incluindo uma animação de Ian Emes para "Time" e as gravações de surfe de *Crystal Voyager* que tínhamos visto pela primeira vez na Austrália em 1971. Infelizmente, nenhum desses shows foi registrado em áudio ou vídeo.

Todo mundo tem sua opinião sobre o motivo pelo qual *The Dark Side of the Moon* vendeu – e ainda vende – tão espetacularmente bem. Até para alguém intimamente envolvido com o álbum as estatísticas são uma leitura impressionante. Por exemplo, o total de vendas superou os 35 milhões e calculou-se que uma a cada quatro famílias do Reino Unido tem uma cópia de uma forma ou de outra. Até o momento em que escrevo isso,[4] *Dark Side* esteve na lista de álbuns mais vendidos dos EUA de forma quase contínua desde 1973.

Minha visão é a de que não há uma única razão, mas uma série de fatores trabalhando juntos e multiplicando o efeito. A razão primária – o que é verdade em relação a qualquer grande álbum – é a força das composições. *Dark Side* continha canções fortes, poderosas. A ideia geral que unia aquelas canções – as pressões da vida moderna – encontrou uma resposta universal, e continua a capturar a imaginação das pessoas. As letras tinham profundidade, e tinham um significado com o qual as pessoas podiam facilmente se identificar, e eram claras e simples o bastante para que falantes de inglês não nativos a entendessem, o que deve ter sido um fator de seu

4. A primeira publicação do livro é de 2004. (N. da E.)

sucesso internacional. E a qualidade musical capitaneada pela guitarra e pela voz de David e pelos teclados de Rick consolidaram um som fundamental do Pink Floyd. Estávamos confortáveis com a música, que teve tempo para amadurecer e ser concebida, e para evoluir por meio das apresentações ao vivo – posteriormente tivemos que parar de fazer apresentações prévias ao vivo de nossos trabalhos porque a qualidade do equipamento de gravação que era contrabandeado para os shows alcançava padrões próximos dos de estúdio.

Os vocais adicionais e o saxofone de Dick Parry deram a todo o disco um verniz comercial extra. Além disso, a qualidade sonora do álbum era de última geração – cortesia do talento de Alan Parsons e Chris Thomas. Isso é especialmente importante porque na época em que o álbum saiu o equipamento estéreo de alta fidelidade tinha acabado de se tornar um item de consumo popular, um acessório da moda essencial para um lar dos anos 1970. Como consequência, os consumidores de discos estavam especialmente atentos aos efeitos do estéreo e capazes de apreciar qualquer álbum que utilizasse ao máximo aquelas possibilidades. *Dark Side* teve a sorte de se tornar um dos principais discos de teste que as pessoas poderiam usar para ostentar a qualidade de seu aparelho de som de alta fidelidade.

A embalagem do álbum criada por Storm e Po no Hipgnosis era minimalista, simples e impressionava logo de cara, com um símbolo memorável na forma de um prisma. A embalagem também trazia as pirâmides, que eram, para Storm, uma versão cósmica do prisma. Era uma crença de Storm de que as fotografias teriam que ser, de preferência, reais, e não forjadas, e ele então partiu para o Cairo com a esposa Libby, o filho recém-nascido Bill e seu sócio no Hipgnosis, Po, a reboque. Tendo viajado para fotografar, o grupo todo foi derrubado pela cozinha local, deixando Storm sozinho para sair na calada da noite, já que a lua cheia era requisito essencial da foto. Ele foi parar em uma área restrita, com um esquadrão de soldados com metralhadoras indo em sua direção, assustando-o com a ideia de uma prisão no estilo de *O expresso da meia-noite*. Uma pequena doação resolveu o problema, acalmou os nervos de Storm, e permitiu que ele completasse a sessão fotográfica sem ser incomodado.

As gravadoras que cuidaram do álbum (em especial a Capitol, nos EUA, sob o comando de Bhaskar Menon) usaram o máximo de poder de marketing que tinham para promovê-lo. Uma gravadora totalmente comprometida é uma máquina temível e poderosa e, sem dúvida, os esforços delas contribuíram para o sucesso do disco.

E por fim, mas provavelmente não menos importante, um crítico musical comentou que era um grande álbum para se ouvir fazendo amor – algumas casas de sexo na Holanda e na Suécia, é o que dizem, usavam-no para acompanhar suas performances.

Acho que todos nós sabíamos que *The Dark Side of the Moon* era um disco muito bom quando o concluímos – definitivamente, muito melhor como uma obra completa do que qualquer coisa que havíamos feito antes, mas eu certamente não tinha nenhuma suspeita de seu potencial comercial, e fiquei tão surpreso quanto qualquer outra pessoa quando ele simplesmente decolou.

Quando Lindy e eu decidimos nos mudar de Camden para Highgate, encontrei o gerente do meu banco para pedir um empréstimo. Ele perguntou o que eu poderia oferecer como garantia. Eu disse: “Bem, tenho um álbum em primeiro lugar nos EUA”. Ele não ficou impressionado, e disse que preferia algo um pouco mais concreto…

7. TRABALHO DURO

DEPOIS DO SUCESSO DE *THE DARK SIDE OF THE Moon,* **fomos trazidos de volta à realidade quando tivemos que começar a pensar em mais um novo álbum. Nessa ocasião, *Dark Side* na verdade aumentou o peso do fardo, já que estávamos especialmente preocupados em evitar a acusação de estarmos explorando o sucesso do disco ao simplesmente replicá-lo. Era patente que achávamos que assim que um álbum fosse lançado deveríamos voltar ao estúdio para começar a trabalhar no seguinte, apesar de, naquele momento, não estarmos presos a um contrato que exigisse um ou dois discos por ano. Na verdade, não tínhamos nenhuma obrigação de produzir nada dentro de um prazo delimitado. Não me recordo de nenhuma grande pressão da EMI para entregarmos *Dark Side II: The Lunatic Returns,* mas isso pode ser um atestado da capacidade gerencial de Steve O'Rourke para desviar de tijolos e outras bombas jogadas pela gravadora.**

Voltamos ao Abbey Road no outono de 1973, logo depois de uma turnê nos EUA em junho e umas bem-vindas férias de verão. Lindy e eu ficamos em uma casa em Vence, nos Alpes Marítimos, não muito longe de L'Ousteroun, onde Roger ficaria mais tarde durante a gravação de *The Wall*, e perto de onde Bill Wyman tinha uma casa. Foi uma mudança completa, um lugar incrivelmente calmo, e uma chance para relaxar totalmente com a família.

No Abbey Road, iniciamos o trabalho com uma tela em branco: não haviam sobrado fragmentos de canções ou gravações não utilizadas depois de *Dark Side*. As sessões começaram muito bem. Deveríamos ter desconfiado daquilo logo de cara.

Nas conversas preliminares surgiu a ideia de um disco criado totalmente por sons que não fossem produzidos por instrumentos musicais. Isso parecia adequadamente radical, e então demos início a um projeto que chamamos de "Household Objects". Toda aquela noção pareceria absurdamente forçada hoje, quando qualquer som pode ser sampleado e programado em um teclado, permitindo que um músico toque qualquer coisa, de cachorros latindo a explosões nucleares. Em 1973, levamos dois meses para reunir – devagar e trabalhosamente – o que hoje provavelmente se faria em uma tarde. No entanto, a demora envolvida não foi um problema para nós. Foi, na verdade, uma benção. Achamos que o projeto era um recurso brilhante para postergar a criação de qualquer coisa concreta pelo futuro próximo, já que poderíamos nos ocupar com a mecânica dos sons em vez da criação musical.

Quase tudo o que já gravamos em estúdio na vida já foi garimpado por alguém em algum momento e pirateado na sequência. Porém, não existem registros assim da gravação de "Household Objects" pelo simples motivo de nunca termos chegado a produzir nenhuma música de verdade. Todo o tempo dedicado ao projeto foi gasto explorando os sons não musicais, e o máximo que conseguimos foi uma pequena quantidade de bases rítmicas experimentais.

Investigamos o mundo do som doméstico em uma variedade de formas: criamos percussão serrando madeira, batendo martelos de tamanhos diferentes ou fincando machados em troncos de árvore. Para as notas graves, prendemos e puxamos elásticos e depois reproduzimos os sons resultantes em velocidades mais baixas.

Como se fôssemos um grupo de adultos no jardim de infância, nos dedicamos a quebrar lâmpadas e batucar em taças de vinho, e nos satisfizemos com várias formas de brincadeiras com água, como mexer água em tigelas e depois jogá-la em baldes. Desenrolamos metros de fita adesiva, borrifamos aerossóis, dedilhamos em cortadores de ovos e batucamos na boca de garrafas de vinho. Chris Adamson se lembra de ser mandado a casas de bricolagem locais para encontrar vassouras com cerdas de consistências variadas, e de ter recebido o pedido de procurar por um tipo específico de elástico usado para alimentar o propulsor de aeromodelos. Depois de várias semanas, o progresso musical era irrisório. Não tínhamos mais como sustentar o subterfúgio, e o projeto inteiro foi abandonado sem alarde.

O impulso coletivo era praticamente inexistente. Os dias iniciais de comprometimento total começavam a se dissipar. Alguns de nós tínhamos constituído família e lidávamos com as responsabilidades e distrações trazidas por crianças pequenas. No meu caso, minha filha Chloe tinha dois anos, enquanto Rick tinha duas crianças, Gala e Jamie. Na família estendida do Pink Floyd, Steve O'Rourke tinha duas filhas, Katy e Shena. Peter Watts tinha dois filhos, Naomi e Ben. Roger ainda não tinha filhos, mas, curiosamente, era um dos principais responsáveis por garantir que nunca passássemos muito tempo em turnê. Três semanas nos EUA parecia mais que o suficiente. A programação e o estilo das turnês dificilmente eram propícios à vida familiar na estrada. Um carro alugado no aeroporto ainda era o suficiente para banda e empresários irem para o hotel e para o show; uma única pessoa a mais automaticamente quebraria essa unidade coesa, e demandaria um segundo carro alugado, o que dobraria os custos de transporte.

Quando não estávamos na estrada, ficávamos cada vez conscientes de que existia vida fora da banda. Todos nós trabalhávamos com outros músicos, seja como artistas ou como produtores. Em meio à abundância de fitas demo que músicos nos mandavam, David recebeu a de uma estudante cuja voz e estilo de composição se destacavam dos demais. Ele incentivou sua carreira por um certo tempo, e foi recompensado ao vê-la alcançar grande sucesso com seu primeiro single, "Wuthering Heights", e seu álbum, *The Kick Inside*: era Kate Bush.

Eu colaborei em um álbum com Robert Wyatt, do Soft Machine. Nosso longo relacionamento com o Soft Machine remetia aos dias no *underground* da Roundhouse e do UFO, e da turnê nos EUA no fim dos anos 1960, na qual me lembro do vocalista deles, Kevin Ayers, em um quarto de hotel em Chelsea, Nova York, pendendo da cama de cabeça para baixo como parte do processo digestivo exigido por seja qual tipo de dieta macrobiótica que ele seguia na época.

Em maio de 1973, recebi um cartão-postal de Robert sugerindo que talvez eu fosse gostar de produzir seu disco solo. No dia em que o cartão chegou, soube que ele havia caído de uma janela e ficado paralisado da cintura para baixo. Um show beneficente para Robert foi organizado em novembro daquele ano no Rainbow Theatre: o Soft Machine abriu o evento, e depois tocamos nós, apresentando uma versão reduzida dos shows no Earls Court, incluindo o avião caindo sobre o público... mas não como uma alusão a uma carreira arruinada.

Passados seis meses de seu acidente, Robert já estava pronto para recomeçar a trabalhar – apesar de não poder usar uma bateria completa, ele ainda dava conta de fazer vocais, teclado e percussão. As gravações de seu álbum solo, *Rock Bottom*, aconteceram durante o inverno de 1973 no The Manor, um estúdio da Virgin perto de Oxford, que havia sido montado especificamente para músicos de rock, com acomodação, uma atmosfera relaxada, e liberdade total para gravar sem as restrições de sessões agendadas. Bootleg, um dogue alemão enorme e estático, também estava presente. A exposição ao fluxo de ideias fértil de Robert foi a experiência musical mais recompensadora que já tive fora da banda.

Isso também permitiu que eu retornasse ao *Top of the Pops* – para fazer barba, cabelo e bigode – já que produzimos um single, além do álbum, e ele, um pouco para nossa surpresa, entrou nas paradas. Era uma versão um tanto quanto incomum de "I'm a Believer", dos Monkees, que tinha um solo de violino maravilhosamente vanguardista de Fred Frith, do Henry Cow. Embora a apresentação tenha sido um pouco atrapalhada pela relutância da BBC em mostrar Robert na cadeira de rodas, o diretor, no fim das contas, foi convencido a ceder, e todos nos divertimos bastante. Como nem todos os músicos originais estavam disponíveis, e, é claro, a apresentação era com *playback*, tivemos que arrumar uma ajuda extra. Isso incluiu Andy Summers na guitarra, que estava meio sem nada para fazer, já que o Police ainda não havia sido criado.

O Pink Floyd continuou passando a maior parte do resto de 1974 procrastinando o momento terrível de fazer um disco. Assim como havíamos lançado *Relics* enquanto *Meddle* demorava para sair, mais uma vez sucumbimos aos apelos da gravadora e lançamos uma compilação. *Piper at the Gates of Dawn* e *A Saucerful of Secrets* foram combinados como um álbum duplo chamado *A Nice Pair*, com uma capa que continha uma seleção de piadas e trocadilhos visuais (a ideia de Storm, de um par de óculos fora de foco, ainda é uma de minhas favoritas).

Também embarcamos em uma turnê breve pela França no verão de 1974, uma viagem que continha uma espécie de penitência por causa de uma mesquinharia anterior. Dois anos antes, havíamos nos comprometido a fazer uma sessão fotográfica de divulgação para a empresa francesa de refrigerantes Gini. Ela aconteceu em Marrocos, para uso exclusivo na França, e achamos que a experiência tinha sido convenientemente deixada para trás – exceto pela eventual pontada de culpa por termos aceitado aquele dinheiro fácil. Na época, fazer turnês ainda era visto pela maioria das bandas principalmente como uma forma de promover os discos para aumentar as vendas, com a chance ocasional de conseguir algum lucro pelos shows maiores. A promoção normalmente era limitada pelo orçamento a uma série de cartazes colados ilegalmente e algumas propagandas da banda no rádio.

De qualquer forma, esquecemos que havia uma cláusula no contrato com a Gini que garantia que, em vez de ficar à sorte de nossos recursos promocionais relativamente modestos, seríamos naquela ocasião acompanhados por um circo promocional da Gini, consistindo principalmente do que uma agência de publicidade enxergava como "criadores de tendências"; entenda isso como modelos sensuais e motoqueiros. Como um gato azarado levando uma lata amarrada no rabo, éramos seguidos por toda parte na França por um bando assustador de gente descolada com óculos escuros e jaqueta de couro, com emblemas enormes do refrigerante de limão Gini. Steve passou um bom tempo negociando a distância exata que poderíamos tomar deles, mas mesmo assim nossa credibilidade arduamente conquistada com os fãs franceses ficava prejudicada assim que chegávamos a uma cidade.

A sensação geral era de que nossa equipe era quem mais se divertia. Eles não hesitavam em usufruir da companhia daquela comitiva, e, na verdade, estavam profundamente gratos à banda por lhes darmos a acesso ao bando de modelos que nos escoltavam na turnê, com as quais poderiam passar as horas mais maçantes da vida de um *roadie*.

Roger e eu tentamos apagar essa lembrança em particular durante setembro e outubro trabalhando em uma série de filmes para uma turnê agendada para começar mais para o fim do outono. Durante todos os primeiros shows de *Dark Side*, usamos trechos do documentário de surfe *Crystal Voyager* e a animação que Ian Emes fizera para "Time", mas agora queríamos ter uma sequência completa de filmes para projetar ao longo do show. Os filmes, uma mescla de imagens de arquivo e tomadas feitas especialmente para acompanhar as canções, ficaram prontos para o começo de uma grande turnê britânica – nossa primeira em dois anos – que abriria no Usher Hall, em Edimburgo, no início de novembro.

Phil Taylor, que trabalhou para uma série de outras bandas, veio para trabalhar na turnê de 1974, que hoje em dia descreve como "caótica". Ele havia chegado durante os ensaios para a turnê, que aconteciam no Unit Studios em King's Cross – perto do bar Wimpey – onde trabalhávamos em algumas canções novas como "Shine On" e "Raving and Drooling". A definição de "estúdio para ensaio" é, na verdade, um salão enorme sem nada dentro, onde você pode fazer bastante barulho.

Eram tempos sombrios para a banda – embora o público, espero, não notasse. O clima não ajudava: uma chuva de inverno e o céu nublado nos seguiram de Edimburgo a Cardiff. Embora, pela primeira vez, tivéssemos os recursos financeiros necessários para montar o show do jeito que queríamos, havia grande insatisfação com o que estávamos fazendo, ou talvez com a maneira com a qual abordávamos aquilo. Chegamos à conclusão que o que pensávamos ser uma boa ideia – nunca ficar em turnê por mais de um mês – tinha um lado negativo. Em uma turnê de três semanas, a primeira semana seria, na prática, um ensaio de produção móvel; na segunda semana, as apresentações começariam a ganhar certa coesão; e na última, estaríamos pensando mais em voltar para casa do que na música.

Nossa insatisfação foi exacerbada por problemas pessoais. Peter Watts havia nos deixado depois de sete anos como chefe dos *roadies*. Ele vinha ficando cada vez menos confiável – nossa confiança, por fim, chegando a zero. No entanto, como nós quatro da banda não estávamos totalmente em sintonia um com o outro, e não tínhamos uma cadeia de comando clara, lidamos com a situação de forma inadequada. Peter foi demitido – pelo menos uma vez – por um membro da banda pela manhã, apenas para que outro o recontratasse no mesmo dia à tarde. O que não percebi por algum tempo foi que Peter tinha desenvolvido um sério vício em drogas. É evidente que eu tinha uma visão um tanto ingênua quanto aos apetites da equipe. Muitos anos depois, descobri que um membro de longa data da equipe tinha começado a trabalhar conosco, a princípio, não por sua devoção à música, mas para pagar uma dívida de drogas que tinha com outro membro. Quando a situação com Peter se tornou inviável, tentamos nos comportar com mais compreensão do que tivemos com Syd, e tomamos as providências para que ele se tratasse em uma clínica, que, apesar de não ser totalmente ineficaz, fez pouco para resolver o cerne do problema. Infelizmente, Peter morreu de overdose em 1976.

Quando Peter saiu, o diretor de iluminação Arthur Max foi promovido a chefe da equipe, mas o temperamento extremamente nervoso e o ego que faziam de Arthur um designer tão talentoso o tornavam um líder insuportável. Contudo, não havia outro candidato óbvio no resto da equipe, um bando heterogêneo de técnicos nerds e carregadores de equipamentos. A personalidade de Arthur acrescentava um toque extra à atmosfera geral de tensão e caos. Phil Taylor encontrou Arthur Max em sua forma mais dogmática. Arthur era encarregado de todos os aspectos técnicos, incluindo o som, assunto sobre o qual sabia muito pouco. Phil perguntou a Arthur, "O que devo fazer?", e Arthur simplesmente gritou, "Não me pergunte, faça!". Em uma ocasião, Arthur queria filmar a apresentação e inundou o palco com uma luz branca brilhante que erradicou completamente qualquer aspecto do show de luzes.

Também havíamos contratado às pressas um engenheiro de som de estúdio que não tinha nenhuma experiência em trabalhar no ambiente de uma apresentação ao vivo, e cujo trabalho foi dificultado ainda mais por uma série de fatores, alguns técnicos, outros causados por ele próprio. Os locais onde tocávamos depois do sucesso de *Dark Side* eram maiores que os do circuito universitário, e muitas vezes tendiam a ser espaços grandes com eco, acústica complicada e sem lugar adequado para colocar o aparelho de mixagem. A mesa de mixagem Bereza bastante sofisticada que havíamos encomendado (personalizada para as necessidades de nossos shows) chegou com atraso, teve graves problemas iniciais, e era diferente de qualquer outra que aquele engenheiro em particular já tivesse visto antes.

Ele também cometeu o erro de não conseguir estabelecer um relacionamento amigável com o restante da equipe: certa noite, eles montaram uma fileira de fogos de artifício debaixo da nova e milagrosa mesa de mixagem. Quando o pobre engenheiro ligou a mesa, os explosivos dispararam, deixando-o consideravelmente abalado, pois achou que tivesse explodido o equipamento novinho em folha em pedacinhos... Agora marcado como uma vítima ideal, seus dias na estrada estavam contados. Depois de três shows, sentimos a obrigação de substituir esse engenheiro de som azarado por Brian Humphries, que havíamos conhecido no Pye Studios quando gravávamos a trilha sonora para o filme *More*, de Barbet Schroeder. Brian vinha gravando o show para uma transmissão em rádio e quando concluiu seu trabalho nós o roubamos da BBC e colocamos na mixagem. Ele estava familiarizado tanto com a banda como com a equipe, e sua experiência em estúdio, e na estrada com o Traffic, finalmente nos deixou confiantes de que a qualidade do som seria aceitável. No entanto, revelando um novo senso de cautela, pedimos a Chris Thomas que sentasse com Brian e o avaliasse. Ou Brian mostrou que conseguia lidar com a pressão, ou nem notou que Chris estava lá.

Como banda, também mostrávamos uma nítida falta de comprometimento com o nível de contribuição exigido. Parecíamos estar mais interessados em agendar horários em quadras de squash, por exemplo, do que em aperfeiçoar a apresentação. Como resultado, nossos shows eram uma mistura desenfreadamente errática do bom e do ruim (e, de vez em quando, do feio) tanto em termos técnicos como musicais. A exceção a essa situação era oferecida pelas duas cantoras de apoio, Carlena Williams e Venetta Fields, que sempre cantavam de forma excelente, faziam apresentações maravilhosas e iam dormir quando a banda começava a discutir ou a fazer cara feia.

Depois que apresentações no Earls Court em maio de 1973 correram tão perfeitamente, os problemas que vivemos na turnê aumentaram nossa frustração e a sensação de que estávamos todos indo em direções levemente diferentes. Inevitavelmente, fomos criticados por parte da imprensa musical, recebendo uma célebre pancada de Nick Kent do *New Musical Express* que, sendo ainda por cima um fervoroso devoto de Syd Barrett, não se conteve em seu ataque. O problema é que nós reconhecíamos que algumas das críticas eram válidas, e na verdade os comentários dele podem ter tido certa influência em nossa reaproximação.

Acho que é certo dizer que estávamos perto de dar tudo por encerrado. Steve O'Rourke sempre afirmou que cada um dos membros foi até ele separadamente em algum momento para expressar sua irritação, chegando ao ponto de ameaçar deixar a banda. Roger com certeza percebia que havia meios mais fáceis para atingir seus objetivos e David pensava em alternativas. Até mesmo Rick, que era mais conhecido por pensar a respeito de pensar, chegava a seu limite... Achei que eu ficaria para lavar as xícaras, apagar a luz e fechar a porta ao sair.

Com o tempo, conseguimos chegar a um estado que aparentava organização. Brian Humphries foi confirmado na mixagem de som ao vivo nos quatro shows que fizemos na Empire Pool, em Wembley, no meio de novembro. Andy Bereza pôs a nova mesa milagrosa que havia inventado para funcionar. Arthur Max foi devolvido a seu hábitat natural no comando da iluminação e os assistentes de produção Robbie Williams e Mick Kluczynski foram promovidos a gerentes de turnê. Enquanto isso a banda discutiu o bastante para tomar algumas decisões positivas e lidar com os problemas de tocarmos juntos. Mas ficamos todos felizes quando chegou o Natal e a turnê terminou em Bristol. Como desfecho, cheguei de forma um tanto altiva no hotel com mais uma pechincha de segunda mão – dessa vez uma Ferrari 265 GTB4. Passei a maior parte da manhã seguinte trocando as velas de ignição para fazer a Ferrari pegar, seguida de mais uma viagem infernal, com lembranças do Bentley, já que os freios ofereciam apenas o mais suave indício de diminuição da velocidade mesmo quando pisava neles com força suficiente para ter cãibras nas pernas.

Voltamos ao trabalho de estúdio em janeiro de 1975. Não foi nada fácil. O maior isolamento decorrente da gravação multicanal trouxe uma mudança marcante de atmosfera, já que o processo todo ficou cada vez mais demorado e rigoroso. Do meu ponto de vista, as partes de bateria passaram a ser mais estruturadas e tinham que ser praticadas com mais cuidado. Lá no começo, eu conseguia manter maior proximidade dos arranjos que tinham sido desenvolvidos para shows ao vivo. A separação de cada tambor em um canal diferente significava demorar ainda mais para chegar a um resultado. Isso fazia parte do aperfeiçoamento geral da tecnologia dos estúdios, mas não fazia nada para melhorar a sensação de que não éramos uma banda que tocava junta.

Depois do trabalho que fez na turnê, trouxemos Brian Humphries para ser o engenheiro de som. Ainda era muito incomum que qualquer um levasse um engenheiro que não fosse da EMI para o Abbey Road, e Brian se deparou com alguns problemas iniciais enquanto se familiarizava com o equipamento; certa vez inundou, de forma acidental e irreversível, uma faixa de apoio com eco – uma faixa que Roger e eu havíamos gastado muitas horas aprimorando.

Havia algumas discussões mesquinhas entre nós, nenhuma significativa por si só, mas que eram o bastante para tornar a vida no estúdio bem menos produtiva do que já havia sido antes. A pontualidade tornou-se um problema. Se dois de nós chegássemos na hora e os outros atrasassem, éramos perfeitamente capazes de nos enfurecer por completo. No dia seguinte, os papéis podiam facilmente ser invertidos. Nenhum de nós estava livre de culpa.

O sucesso do álbum anterior também havia trazido seu próprio lado escuro. Todos estávamos um pouco mais conscientes de quanto cada membro da banda havia contribuído, e da forma como o crédito (e parte dos benefícios) era repartido. Havia mais dinheiro envolvido agora. Nossa publicação musical tinha sido reorganizada sob orientação de Peter Barnes com a criação da Pink Floyd Music

Publishing, em 1973. Um grupo ser dono de sua própria distribuidora ainda era incomum – mesmo os Beatles tinham apenas uma parte da Northern Songs – assim como a capacidade de arrecadar diretamente por meio de parceiros internacionais. Essa decisão foi justificada quando se descobriu que a EMI havia esquecido de arrecadar uma soma de seis dígitos em rendimentos internacionais no curso dos três anos anteriores.

Os royalties das vendas de *The Dark Side of the Moon* começavam a entrar, embora fosse um processo gradual. Lindy e eu compramos uma casa melhor, mudando de Camden para Highgate, mas o fato de ainda possuirmos relativamente poucos bens materiais foi comprovado por termos feito a mudança em um furgão e com ajuda de um dos *roadies* – não foi preciso uma frota de caminhões. Conforme nós quatro adquiríamos propriedades maiores, podíamos aproveitar as habilidades de um grupo de designers, carpinteiros e artesãos criativos que não só trabalharam nas melhorias das casas, mas também se envolveram na produção de nossos shows. Também finalmente pude me dedicar à minha paixão pela corrida automobilística e comecei uma empresa de restauração de automóveis com o especialista em carros da Aston Martin, Derrick Edwards.

A despeito de quaisquer problemas, agora tínhamos o começo de uma canção, "Shine on You Crazy Diamond", concebida em um ensaio em 1974, e desenvolvida ao longo tanto dos ensaios como dos shows daquele ano. Roger havia acrescentado letra a um tema de guitarra comovente e melancólico de David, e a canção havia sido peça constante da turnê de outono pelo Reino Unido, abrindo a primeira parte do show ao lado de duas outras músicas de Roger, "Raving and Drooling" e "Gotta Be Crazy", nas quais resolvemos não trabalhar, mas sim deixar de lado por um tempo – Roger já tinha sugerido uma ideia geral de "ausência" para o álbum, e estava claro que aquelas duas canções não tinham espaço dentro desse conceito.

A introdução de "Shine on You Crazy Diamond", faixa de abertura do novo álbum, continha o único remanescente das sessões de "Household Objects": havíamos usado um velho truque de encher taças de vinho com níveis variados de água e passar o dedo ao redor da borda para criar um tom musical. Esses tons foram então gravados em uma fita de dezesseis canais e mixados em agrupamentos de acordes de forma que cada *fader* controlasse um acorde específico. Inclusive, embora não a tenhamos usado, a harmônica de vidro, um instrumento que usava um teclado para controlar peças de vidro giratórias, havia sido inventada para alcançar o mesmo efeito.

Fizemos uma pausa no trabalho de estúdio com essas novas músicas para realizar uma turnê nos EUA em abril de 1975. Algumas lições haviam sido aprendidas – nosso show pôde contar com uma contribuição bem mais profissional. Anteriormente, nossos efeitos especiais eram uma mistura perigosa de imaginação e um leve conhecimento das artes pirotécnicas. Durante uma apresentação no Cobo Hall, em Detroit, o excesso de empolgação no uso de pó de flash fotográfico combinado a um peso de palco com uma bolha de ar formada na fundição quase encerrou nossa carreira em um estrondo. Em um ponto importante de "Careful with that Axe", em vez do barulho e do clarão esperados houve uma explosão de proporções monumentais que estourou os cones de praticamente todos os alto-falantes que tínhamos, deixando o restante do show com um som bastante fraco. Para a preocupação geral, estilhaços voaram, atingindo ao menos uma pessoa na plateia, que felizmente se recusou a ir para o hospital e aceitou uma camiseta como compensação. Nosso gerente de viagens Chris Adamson recorda que a explosão arremessou os amplificadores do baixo de Roger por dez fileiras nos assentos vazios atrás do palco, e os *roadies* passaram o dia seguinte refazendo a fiação de todas as caixas de som antes do show seguinte.

Em outra ocasião, em uma apresentação no Boston Gardens, esquadrões de bombeiros foram posicionados ao redor do local para evitar que soltássemos fogos de artifício sem autorização. A hora do show chegou sem pirotecnia à vista. Na verdade, tudo tinha sido escondido em caixas prontas para que cada indivíduo da equipe de *roadies* abandonasse seu ar de inocência e fizesse uma corrida estratégica para detonar uma carga em particular. Os bombeiros começaram a entender essa tática, mas a equipe estava um passo à frente. Quando um *roadie* que corria era derrubado por um bombeiro corpulento, outra explosão revelava o ardil para garantir a pirotecnia. Foram só o nome irlandês de nosso empresário e seus contatos em Boston que impediram que fôssemos todos presos.

Para a turnê americana de 1975, porém, felizmente havíamos contratado os serviços de Derek Meddings, um decano dos efeitos especiais, que era responsável por algumas das melhores explosões de todos os tempos em filmes do James Bond. Era inestimável ter acesso ao conhecimento de Derek. Sua ligação com Bond permitiu que fôssemos mais respeitados entre os bombeiros: eles perceberam que sabíamos o que estávamos fazendo. Seu envolvimento também ressaltou o aumento da sofisticação e do profissionalismo da equipe de turnê.

Em maio e junho voltamos ao estúdio para prosseguir com *Wish You Were Here*. Soubemos que o violinista de jazz veterano Stéphane Grappelli e o violinista clássico Yehudi Menuhin gravavam no andar de baixo do Abbey Road e alguém se ofereceu para nos apresentar a eles. Parecia uma ideia óbvia pedir que tocassem. Achamos que poderiam ter algo a acrescentar à faixa título que – sendo essencialmente acústica – parecia ser o meio mais adequado. Ambos ficaram lisonjeados com o convite, e Stéphane se voluntariou para encarar o desafio. Yehudi preferiu ficar por ali ouvindo o sinuoso violino de jazz de Stéphane. Foi apenas um experimento, e em vez de registrar tudo em uma fita de dois canais para manter, simplesmente gravamos em uma multicanal para o caso de precisarmos usá-lo em outra coisa, já que decidimos que a adição do violino não funcionava.

Uma participação especial mais duradoura foi a de Roy Harper. Roy era uma mistura de poeta e trovador na tradição dos grandes sujeitos excêntricos ingleses. Ele fazia parte do grupo da Blackhill, de Peter Jenner e Andrew King, era artista contratado da EMI, e estava gravando seu álbum, *HQ*, no Abbey Road. Estávamos com dificuldade de decidir como cantar "Have a Cigar". Roger não estava contente com sua performance vocal. Rick e eu achamos que David deveria cantar na faixa, mas ele também não tinha certeza de que poderia fazer justiça a ela. Roy apareceu na sala de controle – nós de vez em quando visitávamos as sessões uns dos outros – e se ofereceu para cantar. Naquele momento, essa pareceu ser uma boa solução, embora eu acredite que Roger, em particular, depois se arrependeu de não ter feito o vocal, principalmente porque ele sentia cada vez mais que era importante que cantasse nas músicas que havia escrito.

Foi durante essas sessões no Abbey Road, em 5 de junho, que tivemos uma visita completamente inesperada. Eu entrei na sala de controle vindo do estúdio, e notei um sujeito grande e gordo de cabeça raspada, vestindo um casaco impermeável bege velho e surrado. Ele carregava uma sacola de plástico e tinha no rosto uma expressão bastante afável, mas vaga. A aparência dele normalmente não teria facilitado sua admissão para além da recepção do estúdio, então presumi que deveria ser amigo de um dos engenheiros. Em dado momento, David me perguntou se eu sabia quem era. Mesmo assim não consegui reconhecê-lo, e tiveram que me dizer. Era Syd. Mais de vinte anos depois ainda me lembro daquela onda de confusão.

Fiquei chocado com a mudança física. Ainda tinha a imagem da pessoa que tinha visto pela última vez sete anos antes, quarenta quilos mais leve, com cabelo preto encaracolado e personalidade exuberante. Minha memória não era tanto a do Syd chapado que tinha saído da banda em 1968, mas muito mais a do sujeito que conhecemos quando ele veio de Cambridge para Londres, que tocava aquela Fender Esquire inconfundível com seus discos espelhados, tinha o guarda-roupas cheio de camisas desenhadas por Thea Porter e estava sempre acompanhado por sua linda namorada loira.

Agora, ele parecia ser um homem sem amigos. Sua conversa era desconexa e não muito lógica, embora, para ser justo, eu não acredite que nenhum de nós fosse especialmente articulado. Não fazia ideia do porquê de ele estar ali. Ele não tinha sido convidado e eu não o via desde que saíra da banda em 1968, embora em 1970 Roger, Rick e David tivessem trabalhado nos dois álbuns solo de Syd; Roger e David em *The Madcap Laughs* e David e Rick em *Barrett*. Syd ainda morava em Londres – ele ocupou uma suíte no hotel Hilton em certo momento – e obviamente soube que estaríamos trabalhando no Abbey Road. Sua chegada repentina e inesperada trouxe de volta toda uma parte da vida da banda. A culpa era um dos sentimentos. Todos tínhamos desempenhado algum papel no que havia levado Syd a seu estado atual, fosse por meio da negação, da falta de responsabilidade, da insensibilidade ou do puro egoísmo.

Encontrar Syd na rua teria sido desconcertante, mas dar de cara com ele sem prévio aviso no ambiente do estúdio foi especialmente desconfortável. O fato de não ter sido em um estúdio qualquer, mas no estúdio 3 do Abbey Road, local onde ocorreu a maior parte de seus melhores trabalhos, e que já havia sido seu território, aumentava a crueldade. É muito fácil traçar paralelos com Peter Pan retornando para encontrar a casa ainda no mesmo lugar, mas as pessoas diferentes. Será que esperava nos encontrar como éramos sete anos antes, prontos para trabalhar com ele mais uma vez?

Tentamos continuar a sessão de gravação, voltando a tocar a canção em que trabalhávamos (reza a lenda que era "Shine on You Crazy Diamond" – a faixa mais influenciada pela presença, ou ausência, de Syd – embora eu não tenha certeza de que era mesmo), mas todos nós ficamos um pouco perturbados com a chegada dele. Syd ouviu o *playback*, e pedimos que fizesse um comentário. Não me lembro de ele ter dado nenhuma opinião em particular, mas quando foi sugerido que tocássemos a faixa de novo, Syd perguntou qual seria o sentido daquilo, já que havíamos acabado de escutá-la...

Phil Taylor estava lá no dia da visita de Syd. Ele se viu no refeitório do Abbey Road, sentado à mesa com David e Syd. David perguntou a Syd o que ele andava fazendo. "Bem", disse Syd, "tenho uma TV em cores e uma geladeira. Tenho umas costelinhas de porco na geladeira, mas elas acabam toda hora, então tenho que continuar comprando". Mais tarde, Phil, saindo do estúdio em seu carro, viu Syd procurando alguém para pegar carona, mas não sabia se conseguiria dar conta da conversa e se abaixou ao passar por ele.

Apesar da estranheza de sua chegada naquele estado e naquele ambiente, devemos creditar sua presença como um catalisador do nosso trabalho. A letra já estava escrita, mas a visita de Syd realçou a melancolia dela, e talvez tenha influenciado a versão final da canção. Ainda acho que o momento mais comovente de todo o disco é quando as últimas notas silenciam e Rick toca uma melodia triste em rubato, em notas agudas, de "See Emily Play".

Depois do sucesso de *Dark Side*, pudemos buscar algumas ideias mais complexas com Storm e o Hipgnosis. Storm apresentou quatro ou cinco ideias associadas a temas contidos no álbum – incluindo o homem nadando na areia, o mergulho congelado, o executivo em chamas e o véu esvoaçante – e em vez de optar por uma, decidimos ficar com todas.

Quando a gravação foi concluída, voltamos nossa atenção às apresentações ao vivo. Decidindo que traríamos um diretor para filmar cenas mais específicas para as projeções ao fundo, contratamos o cineasta húngaro Peter Medak, que tinha entre seus filmes anteriores *A Day in the Death of Joe Egg* e *A classe dominante*, e ele regravou "Money" e "On the Run". Usar um cineasta profissional refletia nosso desejo de subir mais um degrau, e usamos a mesma lógica ao pedir que Gerald Scarfe criasse a animação.

Fomos apresentados a Gerry por meio de seu cunhado, Peter Asher, que conhecíamos desde os anos de 1960, quando fazia parte da dupla chamada Peter e Gordon que havia feito sucesso nos EUA com "Lady Godiva" e "World Without Love". Peter sempre era prestativo quando pedíamos seus conselhos, mesmo que não os seguíssemos; depois que sua própria carreira artística terminou, ele se tornou um empresário de muito sucesso, cuidando de James Taylor e Linda Ronstadt.

Eu tinha visto uma maravilhosa obra de animação colorida à mão, que Gerry Scarfe havia feito para um programa da BBC, chamada "Long Drawn-Out Trip", e quando procurávamos novas ideias para os filmes pensei imediatamente nele. Como Gerry é um homem muito civilizado, com opiniões claras a respeito de política e vida e com o tipo de senso de humor sombrio que combinava com o nosso, logo estabelecemos uma boa relação de trabalho. Ele criou imagens e sequências de filme entre as quais havia uma figura humana sendo erodida pelo vento e um monstro surreal que lembrava um tatu, ambas para acompanhar "Welcome to the Machine". Como acontecera com Derek Meddings, o envolvimento de Gerry era prova de que o sucesso comercial havia nos dado a oportunidade de trabalhar com os melhores de cada área.

Em junho de 1975, voltamos aos EUA em turnê. Tentávamos incorporar efeitos mais e mais complexos. Desses, a pirâmide inflável talvez tenha sido nosso desastre mais espetacular. Roger, recorrendo à educação arquitetônica gentilmente financiada pelos contribuintes britânicos, havia concebido um palco em forma de pirâmide com um teto inflável, resolvendo assim todos os problemas de design do tamanho de palco de que necessitávamos, bem como oferecendo proteção contra intempéries. Aplaudimos sua ideia e achamos que teria um visual maravilhoso. A cereja do bolo era que haveria um clímax no show: a pirâmide graciosamente ascenderia aos céus presa a um cabo, deleitando a multidão reunida abaixo. O design de

Roger exigia pilares com mais de doze metros de altura em cada um dos quatro cantos, uma base com cerca de 55 metros quadrados (o tamanho de uma boa casa), uma altura total de vinte e quatro metros e volume de hélio suficiente para encher um zepelim. O mais leve sopro de vento faria estrutura estremecer e balançar de um jeito não muito diferente do que aconteceu com a Millennium Bridge de Londres quando foi inaugurada.

O primeiro show foi em Atlanta, onde a força do vento estava fora de nossos parâmetros de segurança e era suficiente para a coisa toda dar errado. Tentamos com afinco remediar o problema, mandando o equipamento todo para reparos e redesenho durante uma série de shows em locais fechados, mas, incomodados com o tempo ruim, as dificuldades no transporte do hélio e mais ventanias, quando chegamos em Pittsburgh, duas semanas depois, por fim – como o capitão Hornblower se deparando com uma vela mestra fora de controle – mandamos que alguém cortasse as cordas daquela coisa.

O dispositivo subiu por algumas dezenas de metros até virar ao contrário, permitindo ao balão que emergisse como uma lágrima a partir da base. "Meu Deus, está dando à luz", gritou um americano quimicamente alterado enquanto aquilo subia. Mas é claro que o tecido não tinha sustentação o bastante – então, ao passo que uma lágrima havia subido em direção à estratosfera, o que caiu de forma deselegante no estacionamento foi o maior pano molhado do mundo, rasgado em pedaços por alguns caçadores de suvenires. No fim desse show, pudemos andar até a frente do palco, descer para o chão e caminhar sem nenhum incômodo até nosso hotel ali perto. Isso evidenciou o fato de que nossa pirâmide era mais reconhecível do que nós – exatamente como queríamos que fosse.

Um indicativo pequeno, mas significativo, de que aquelas turnês estavam ficando cada vez maiores era o tamanho do café da manhã da equipe. Por acaso, estava no quarto de um dos membros da equipe quando o café chegou. O fato de ser depois de um show, às duas da manhã, era uma esquisitice, mas foi a escala da refeição que me impressionou. O café da manhã era claramente planejado para evitar ter que comer novamente nas vinte e quatro horas seguintes. Bife, ovos, bacon, linguiça, batatas, waffles, muffins e panquecas, acompanhados por uma bandeja de frutas frescas, cereal, rabanadas e caldas doces. Suco, café e uma seleção de licores finalizavam o repasto.

Nosso próprio apetite por efeitos de palco era igualmente excessivo, e continuou no Canadá onde, após nosso último show no continente norte-americano, algum membro superentusiasmado da equipe, encorajado por Alan Frey, nosso agente americano de longa data, concluiu que a maneira mais fácil de dar cabo do explosivo restante era amarrando-o ao placar luminoso do estádio e disparando. A explosão foi avassaladora. O placar irrompeu em fumaça e chamas, marcando milhares de gols para cada lado. Tivemos que pagar não só pela reposição do placar, mas também de uma grande quantidade de vidros das casas vizinhas. Felizmente, demos uma desculpa e partimos antes que os moradores nos encontrassem.

Então voltamos às pressas para a Inglaterra, seguindo um cronograma completamente desenfreado para um show cheio de desafios técnicos em Knebworth. O tempo era muito curto ou éramos nós que estávamos exaustos. Parte do problema foi que os geradores não estavam estabilizados. À tarde, ficou claro que todos os teclados de Rick precisavam ser afinados novamente. No entanto, conseguimos ignorar a importância daquilo e conforme a escuridão caía e as luzes do palco eram acesas, os teclados de Rick mudavam de tom em uníssono com o som. Era horrível. Descobriu-se que toda vez que o volume geral era aumentado, os teclados desafinavam. Debaixo do palco, Phil Taylor, Robbie Williams e o técnico da empresa de geradores, em uma cena que lembrava o filme *O barco: inferno no mar*, faziam força para girar a manivela do gerador tentando controlar o estrago. Phil recorda que seus esforços foram "viris, porém inúteis", já que os teclados continuaram a oscilar entre sustenidos e bemóis.

Rick saiu do palco desesperado em certo ponto, e de uma forma ou de outra conseguimos levar a apresentação aos trancos usando apenas um piano e um teclado menos sensível, além de um show de luzes mais modesto. Ainda que estivéssemos aflitos por saber dos problemas técnicos debaixo e em cima do palco, conseguimos distrair o público com grande sucesso quando – em vez de usarmos aeromodelos como havíamos feito em outros shows – demos conta de coordenar o voo rasante de dois Spitfires de verdade sobre a multidão na abertura do espetáculo.

8. O BALÃO SOBE

TALVEZ POR INFLUÊNCIA DA IMPONENTE GRANdiosidade de Knebworth, esse foi o período em que pegamos mais leve na construção do império. Compramos um edifício no número 35 da Britannia Row, perto da Essex Road em Islington. O Britannia Row era um bloco de três andares de salões de igreja que, em seu devido tempo, começamos a converter em estúdio de gravação e depósito para armazenar nossa quantidade cada vez maior de equipamentos de palco. Não estávamos insatisfeitos com o Abbey Road, mas passávamos tanto tempo em estúdio que parecia valer a pena criar um ambiente que pudéssemos adaptar a nossas necessidades. Também era coisa da época músicos montarem seus próprios estúdios: Pete Townshend tinha o Eel Pie Studios e os Kinks eram donos do Konk Studios.

O contrato original que havíamos fechado com a EMI – no qual havíamos cedido parte de nossa porcentagem em troca de tempo ilimitado de estúdio no Abbey Road – tinha expirado, portanto, estávamos conscientes de que poderíamos começar a nos sujeitar a custos crescentes de estúdio. De alguma forma, ficamos convencidos de que o Britannia Row seria uma medida para economizar dinheiro. De fato, provavelmente sonhávamos com um estúdio comercial de sucesso, a despeito do investimento substancial.

Na época, Roger e eu éramos os únicos membros da banda que moravam em Londres – David ainda estava ao norte de Londres, perto de Royden, em Essex e Rick agora estava em Royston, ao sul de Cambridge. Então, a localização do Britannia Row era razoavelmente conveniente para David e Rick, bastante conveniente para mim (eu morava em Highgate, alguns quilômetros a noroeste), e irritantemente cômoda para Roger, cuja residência em Islington ficava a apenas algumas centenas de metros de distância. De forma inconveniente para ele, com o fim de seu casamento com Judy, ele logo mudaria para o sudoeste de Londres.

Dos três andares do edifício que compramos, o térreo foi usado para o estúdio. Isso significava que o depósito principal tinha que ser em cima, o que por sua vez exigiu a instalação de um sistema de içamento por corrente para carregar toneladas de equipamento para cima e para baixo, complementado por uma empilhadeira que balançava perigosamente entre a rua e um alçapão desprotegido. O último andar se tornou um escritório e o lar de uma mesa de bilhar, que foi um dos primeiros equipamentos que Roger declarou necessário. Isso o ajudava durante os momentos mais maçantes das gravações; e desde então mesas de bilhar tendiam a aparecer em todo lugar em que ele gravava. Se ele se cansasse da sedução do pano verde, poderia se sustentar com o substancioso banquete oferecido pelo zelador do estúdio – Albert Caulder, pai de um de nossos antigos *roadies*, Bernie – que desenvolveu um hambúrguer magnífico, generosamente temperado com alho.

Nosso plano mestre para o Britannia Row era irmos nos tornando, gradativamente, reis do ramo de aluguéis, presumindo que outras bandas ficariam desesperadas para pagar para usar nosso equipamento. Lamentavelmente, a maioria delas não precisava do kit absurdamente complexo que insistimos em montar para nossos shows, e a maioria das torres de iluminação e consoles de mixagem quadrifônicos ficou escondida nos fundos do depósito até que fossem, como animais de estimação leais, mas idosos, gentilmente despachadas para um mundo melhor. Com o passar do tempo, os outros se afastaram um a um do envolvimento comercial, tanto da parte dos aluguéis como da propriedade do negócio, até que me vi como o último acionista remanescente. Felizmente, em 1986 a equipe administrativa de Brian Grant e Robbie Williams assumiu o controle. A última notícia que tive foi que o negócio estava prosperando, e contava com o Pink Floyd entre seus clientes.

Se a empresa de aluguéis acabou sendo um peso autoimposto em nossas costas, as instalações do estúdio eram muito mais interessantes. Pedimos a Jon Corpe, nosso velho amigo da Poli de Regent Street, para projetar o estúdio. Os planos de Jon incluíam um tipo de bloco chamado Lignacite para a estrutura. O Lignacite – um composto de serragem, areia e cimento – reflete bem menos o som do que o tijolo, o que significava que poderíamos usá-lo como acabamento do estúdio em vez da tradicional mistura bizarra de madeira, pavimentação em mosaico e carpete, a decoração preferida da época.

Nossa intenção era construir uma base com pleno conhecimento de que quaisquer imperfeições acústicas poderiam ser corrigidas depois com acolchoamento e materiais macios. Abrimos o chão do andar térreo, o que nos permitiu instalar uma construção completa de blocos no interior da estrutura já existente do prédio. Essa estrutura do estúdio foi recoberta de placas isolantes de borracha colocadas em uma laje de concreto. Isso era necessário para prevenir as inevitáveis reclamações dos vizinhos devido ao barulho, bem como para bloquear a entrada do ronco dos motores de caminhões e ônibus que rodavam pela New North Road, ali perto. Como a maioria dos estúdios de gravação, parecíamos receber mais reclamações a respeito de pessoas cansadas e emotivas deixando as dependências tarde da noite do que de barulho escapando das masmorras cuidadosamente construídas.

Também queríamos projetar um estúdio que pudesse ser usado por qualquer um de nós sozinho, sem precisar ter um engenheiro ou operador de fita experiente à mão para ajudar. Isso significava projetar um sistema que fosse simples o bastante para que músicos visitantes fossem capazes de localizar a entrada de fone de ouvido sem ter que mandar um assistente entrar para apontar o lugar. Isso funcionou surpreendentemente bem. Tudo era claramente etiquetado em termos leigos: a entrada de fones seria chamada "fone de ouvido" em vez do código indecifrável que costumava ser a norma nos grandes estúdios comerciais.

Nossa decisão de evitar qualquer decoração ornamental excessiva deu ao lugar uma atmosfera austera cheia de estilo. Era também nossa inclinação natural – a casa de um diretor da Pestalozzi que Roger, Jon Corpe e eu havíamos desenhado para um projeto como alunos de arquitetura era tão proibitiva que nenhuma pessoa em sã consciência desejaria morar nela. Há relatos de que Roger disse "puta merda, parece uma prisão" quando viu pela primeira vez o resultado acabado do Britannia Row. "É apropriado, suponho..." Não havia luz natural, e depois de algumas horas o lugar podia adotar as propriedades sinistras e claustrofóbicas de um abrigo antibombas – embora fosse, é óbvio, muito mais estressante, em especial na pequena sala de controle, que era extremamente apertada e tinha uma disposição de assentos desconfortável ao longo da parede dos fundos, talvez para desencorajar visitantes. Na época, o estúdio em si ainda era a área de atividade mais importante do processo de gravação; mais recentemente, com a possibilidade de conectar instrumentos digitais e *samplers* diretamente à mesa de mixagem, as bandas tendem a passar a maior parte do tempo na sala de controle, tornando obsoletos os estúdios grandes e obrigatórias salas de controle maiores.

A construção tomou a maior parte de 1975, mas ao final do ano pudemos testar o equipamento em alguns trabalhos, um dos quais envolveu trabalhar com Robert Wyatt em algumas canções de Mike Mantler. Tínhamos uma mesa de mixagem e um gravador de fitas de vinte e quatro faixas da empresa americana MCI que, embora não fossem os mais caros disponíveis, tinham qualidade profissional. Foi lá que gravamos *Animals* em 1976. Apesar de estúdios de propriedade das bandas poderem abrir oportunidade para uma considerável permissividade, o Britannia Row representou uma abordagem mais minimalista, talvez até econômica.

Brian Humphries foi o engenheiro encarregado. Embora Brian tenha trabalhado nas nossas músicas de trilha sonora, em nossos shows e em *Wish You Were Here*, a opressiva falta de espaço no Britannia Row, combinada aos efeitos da vida em turnê, parecia ter um impacto maior sobre ele, que começou a mostrar sinais de desgaste à medida que o álbum progredia. Isso foi exacerbado pelo fato de que Brian nunca percebeu muito bem que, no meio de uma banda conhecida por seu posicionamento ligeiramente à esquerda, seria mais sábio manter suas visões um tanto de direita para si, principalmente quando Roger estava por perto. Por alguma razão, ele usou um retalho horrível de flanela durante todo o trabalho para limpar as marcas na mesa de mixagem; ela se tornou seu porto seguro. Roger mais tarde mandou enquadrá-la e deu de presente para Brian após o fim das gravações.

Muito do material de *Animals* já existia na forma de canções que Roger havia escrito antes. "Dogs" tinha sido apresentada antes até mesmo de *Wish You Were Here*, na turnê de outono em 1974 no Reino Unido, ao passo que uma canção chamada "Gotta Be Crazy" e elementos de "Sheep" haviam aparecido na mesma turnê que "Raving and Drooling". A música, portanto, estava em gestação por mais de um ano, e foi beneficiada por certo amadurecimento à frente do público da turnê.

Perto da conclusão das gravações, Roger criou duas músicas chamadas "Pigs on the Wing" para abrir e fechar o álbum, projetadas para dar à forma geral do álbum uma dinâmica melhor e ressaltar o aspecto animal dele. Um efeito colateral indesejado foi que isso abriu a questão do compartilhamento dos royalties de publicação (que se baseiam na quantidade de faixas, não em sua duração) já que dava a Roger duas faixas adicionais, e significava que a canção

"Dogs", mais longa, coescrita com David, não seria dividida e permaneceria como uma só faixa. Esse era o tipo de problema que mais tarde seria motivo de discussão.

Com a iminência de uma turnê, vínhamos discutindo a necessidade de aumentar a banda nos shows, usando outro guitarrista para tocar alguns dos trechos que David havia gravado em *overdub* no estúdio, e Steve convidou um guitarrista chamado Snowy White para nos conhecer. Snowy havia tocado com Peter Green, o ex-guitarrista do Fleetwood Mac, bem como com a Cockney Rebel, e tinha acabado de fazer uma turnê pelos EUA com Al Stewart quando recebeu a mensagem de que Steve tentava contatá-lo – depois de Snowy ter sido recomendado a ele por Hilary Walker, que trabalhava com Kate Bush.

Snowy lembra de ter chegado na sala de controle em um momento infeliz. Enquanto Brian fazia um intervalo, Roger e eu havíamos assumido a função de engenheiros de som, e apagado com sucesso o solo de guitarra que David tinha acabado de fazer. Foi o momento perfeito para reconhecer a autoridade de Roger... Snowy foi entrevistado de forma superficial por David ("Não estaria aqui se não soubesse tocar, não é?") e depois por Roger ("Já que está aqui, não custa tocar alguma coisa"), que deu a Snowy a chance de fazer um solo em "Pigs on the Wing", uma parte que foi descartada quando a faixa foi dividida em dois para o álbum finalizado. De qualquer forma, Snowy teve o consolo de que a faixa completa – inclusive seu solo – apareceu na versão do álbum em cartucho, sendo, portanto, apreciada pela seleta minoria que a havia comprado. Snowy depois apareceu na turnê de *Animals*, entrando todas as noites para abrir o show com a introdução de baixo de "Sheep", e confundindo as primeiras fileiras do público que tentava identificar qual dos Fab Floyd era aquele, já que não havia programas ou anúncios que explicassem sua presença.

Minha lembrança desse período é de que gostei mais de fazer esse álbum do que *Wish You Were Here*. Houve certo retorno do comprometimento do grupo, possivelmente porque sentíamos que o Britannia Row era nossa responsabilidade e assim nos dedicamos mais para fazer do estúdio e da gravação um sucesso. Dado que ele pertencia a nós, podíamos mesmo passar tanto tempo quanto quiséssemos ali, e não havia custo extra envolvido nas partidas ilimitadas de sinuca ou bilhar.

Comparado a alguns de nossos primeiros trabalhos, *Animals* era realmente um álbum um tanto quanto direto. Minha opinião é que ele não tinha uma construção tão complexa quanto *Dark Side* ou *Wish You Were Here*. Depois de gravar as canções, juntá-las pareceu um processo relativamente indolor, mas talvez só tivéssemos ficado mais rápidos fazendo aquilo. Devo dizer que não tenho lembranças muito marcantes das sessões de gravação em si; elas têm muito mais a ver com o Britannia Row como um lugar.

Alguns críticos sentiram que a música em *Animals* era mais pesada e bruta do que qualquer coisa que já havíamos feito. Havia várias razões que tornariam isso possível. Com certeza, havia uma atmosfera de trabalho operário no estúdio. Nunca tínhamos encorajado um fluxo de visitantes em nossas sessões de gravação anteriores, mas no Britannia Row a falta de espaço significava que só havia mesmo lugar para a equipe no cockpit.

Qualquer peso maior também pode ter sido uma reação inconsciente às acusações de que bandas como Led Zeppelin; Emerson, Lake & Palmer e nós éramos "dinossauros do rock". Todos estávamos bastante cientes do surgimento do punk – nem mesmo uma pessoa que não ouvia música teria deixado de notar a explosão dos Sex Pistols na mídia. Para o caso de termos perdido isso, trancados no Britannia Row, Johnny Rotten gentilmente ostentou uma camiseta adorável com a inscrição "I hate Pink Floyd" ("Eu odeio Pink Floyd").

O punk talvez também fosse uma reação à decisão das gravadoras de se concentrarem naqueles que achavam ser lucro garantido em vez de correr riscos com novos artistas – sendo que nos anos de 1960 teriam contratado qualquer um com cabelos compridos, até mesmo um cachorro sheepdog. Quase trinta anos depois, a mesma coisa acontece. Se uma gravadora paga uma bolada de dinheiro por um artista consagrado, é mais provável que recuperará o investimento; poderiam gastar o mesmo valor em uma dúzia de bandas novas e perder tudo. Do ponto de vista financeiro, é perfeitamente compreensível, mas não estimula novos talentos. Uma das mensagens do punk era que seria possível fazer discos por trinta paus e alguns trocados. Embora compreendêssemos o sentimento, estávamos, no entanto, do outro lado da briga aos olhos da geração punk. "É claro que não queremos o mundo habitado apenas por dinossauros", eu disse na época, "mas é ótimo manter alguns deles vivos".

O Britannia Row foi um improvável Palácio de Inverno, mas o movimento punk foi o momento em que nos vimos do lado errado de uma revolução cultural, da mesma forma que estivemos do lado certo durante os dias do *underground* em 1966 e 1967. O ciclo de dez anos havia virado, e sem dúvidas acontecerá de novo. Os hippies legais e felizes do passado agora são pais perturbados e estressados que resmungam sobre a banalidade do *Pop Idol* e as letras incompreensíveis no *Top of the Pops*. Eles se viram, como era inevitável, transformados nos próprios pais – embora agora ao menos estejam dolorosamente cientes dessa ironia…

Mais ou menos um ano depois do lançamento de *Animals*, recebi uma ligação de Peter Barnes, nosso distribuidor. Ele queria saber se eu gostaria de produzir um álbum para o Damned no Britannia Row. Não acho que eu era a primeira opção. Eles, na verdade, queriam que Syd os produzisse, o que teria sido memorável, mas era impraticável. Apreciei a experiência, provavelmente mais do que eles. Infelizmente, estavam passando por uma fase terrível de discordâncias musicais na época, e, portanto, havia mensagens conflitantes sobre o que queriam realizar.

A banda tinha uma mistura curiosa de pontos de vista. Rat Scabies e Captain Sensible eram punks convictos, mas, dos dois, eu achava Captain consideravelmente mais intimidador. Por mais que Rat pudesse pôr fogo em alguma coisa por diversão no calor do momento, Captain gastaria mais tempo de antemão juntando com cuidado materiais altamente inflamáveis. Dave Vanian era um gótico dedicado, ao passo que Brian James era quem parecia querer levar a banda a novas direções musicais. Captain não estava empolgado com essa mudança de filosofia. A sugestão de uma linha de baixo específica usando um *slide* em *glissando* foi rejeitada de pronto, e a ideia de fazer mais de um par de *takes* era vista como heresia. Concluímos e mixamos o álbum no tempo que o Pink Floyd teria levado só para arrumar os microfones.

Nick Griffiths, ex-engenheiro da BBC, que tinha se juntado a nós bem no final da gravação de *Animals*, trabalhou naquelas sessões. Nick recorda que um membro da equipe do Damned decidiu escrever em todas aquelas caras paredes de Lignacite. A única solução foi esfregar arduamente para tirar a pichação. Até a banda ficou constrangida, e embora a visão de Rat Scabies e Captain Sensible com luvas de borracha seja improvável, eles certamente mandaram que os rabiscos fossem apagados.

Em dezembro de 1976, a gravação e a mixagem de *Animals* estavam finalizadas, e começamos a trabalhar na capa do álbum. O Hipgnosis havia apresentado três ideias, e pela primeira vez nenhuma delas nos agradou. Então a capa surgiu de um conceito de Roger, executado por Storm, baseado na Usina Termelétrica de Battersea, uma visão bizarra do futuro às margens do Tâmisa, que se aproximava do fim de sua vida útil. A princípio concluída no início dos anos 1930, e projetada por Sir Giles Gilbert Scott – designer da icônica cabine telefônica vermelha britânica, agora também obsoleta – o edifício, na verdade, consistia em duas centrais elétricas interligadas; foi a segunda delas, construída em 1953, que deu ao horizonte de Londres as quatro chaminés imponentes. Na época, Roger morava na Broxash Road, perto de Clapham Common, e, portanto, dirigia por Londres para chegar ao estúdio em Islington quase todos os dias, por uma rota que passava pelas gigantes chaminés da usina e que serviu como origem da ideia utilizada na capa.

Uma maquete do porco inflável foi feita por Andrew Saunders – com colaboração de Jeffrey Shaw – e o objeto em si foi construído para nós por uma empresa alemã. A Ballon Fabrik havia aprendido seu ofício com a construção dos zepelins originais, mas em um belo exemplo "de espadas que fazem arados", posteriormente fabricaram uma série de infláveis para nós. Fomos parar, no início de dezembro, na usina desativada com um gigantesco balão suíno (que era chamado de "Algie" por alguma razão) – com cerca de nove metros de comprimento, cheio de hélio e bastante truculento – puxando a corda que o prendia. Como precaução extra, tínhamos um atirador experiente de prontidão caso Algie tentasse fugir.

A sessão de fotos foi agendada para o dia 2 de dezembro, mas o tempo estava impiedoso; também tivemos alguns problemas na montagem, então decidimos remarcar para o dia seguinte. Infelizmente, embora o tempo tivesse melhorado no começo do dia seguinte, o atirador não havia chegado e nem estava em sua posição na hora do lançamento. Houve uma rajada repentina de vento, o cabo de aço rompeu, e Algie partiu, ascendendo aos céus a cerca de 600 metros por segundo, muito mais rápido do que o helicóptero da polícia que levantou voo para interceptá-lo. Não foi uma façanha intencional e todos estávamos bem cientes de que, além de perder uma peça cara, poderíamos causar um acidente aéreo grave. Advogados foram convocados, planos de emergência delineados, e bodes expiatórios apontados.

Uma de minhas lembranças favoritas de todo o incidente foi a reunião com o advogado Bernard Sheridan, que Linda Stanbury, nossa assistente da época, havia doutrinado com a mentalidade da papelada das turnês e que, ao ouvir a notícia de que o porco se dirigia à Alemanha, lamentou: "Mas ele não tem licença de importação…”. (A burocracia envolvida nas turnês era desencorajadora. Listas intermináveis de equipamentos, formulários em três vias a cada vez que os caminhões eram carregados. A equipe não podia fazer nada malfeito. A cada passagem por uma fronteira, a alfândega podia decidir sem mais nem menos revistar a carga inteirinha. O mais irritante é que mesmo os agentes pareciam não saber como funcionavam os formulários. Em uma ocasião, tivemos um debate com as autoridades quando a alfândega da Bélgica rasgou a parte errada de um formulário, ou carimbou a seção errada de uma licença, e levamos três anos para convencer as autoridades belgas de que não havíamos feito uma venda de porta-malas com o equivalente a três carretas cheias de equipamento. O incentivo à livre circulação dentro da Comunidade Europeia trouxe pelo menos uma vantagem.)

Por sorte, o porco desceu por vontade própria, e foi recuperado por um fazendeiro em Kent sem causar danos. Houve uma história de que um piloto comercial avistou o porco errante quando se aproximava para pousar em Heathrow, mas não reportou por medo de que o controle de tráfego aéreo pensasse que estava bêbado. Infelizmente, creio que ela seja apócrifa. A verdade desagradável é que a imagem do porco foi acrescentada à capa depois porque a melhor imagem da usina, com uma paisagem nublada sombria, tinha sido feita em um dia anterior de reconhecimento do local, em que Algie estava ausente.

Uma grande quantidade de porcos infláveis se tornou presença regular nas turnês. Em alguns dos shows em lugares abertos, um deles flutuava sobre o público, depois era recolhido e desaparecia atrás do palco. Mais tarde, um parente idêntico, mas mais barato, surgia em seu lugar e, cheio de hélio, com um estômago de propano, explodia em uma conflagração que em uma escala de efeitos hollywoodianos estava no mesmo nível do final de *Duro de matar*. Em uma apresentação, o propano foi substituído por uma mistura de oxigênio e acetileno como experiência, produzindo uma explosão tão grande que os ouvidos de Mark Fisher ainda estão zunindo – não por causa do estampido, mas pela bronca que levou de Steve O'Rourke.

Também tínhamos alguns fogos de artifício que, ao serem detonados, liberavam paraquedas em forma de ovelhas, que então flutuavam gentilmente até o chão. A empresa que os fez para nós tinha aperfeiçoado a técnica para um xeique da Arábia Saudita que soltava fotos de si mesmo de forma similar nas celebrações de seus aniversários – essa empresa específica nos disse ter herdado o trabalho quando seus antecessores, na coroação do xeique, usaram sem querer a foto de seu primo que tinha acabado de ser deposto...

A turnê de *Animals* foi nossa primeira a ter uma "marca". Antes, o material de um álbum novo era incluído de forma natural em todas as apresentações da turnê, mas essa foi a primeira vez que tivemos consciência de que saímos em turnê para promover especificamente um determinado álbum. A turnê começou em Westfalenhalle, em Dortmund, em 23 de janeiro de 1977 e depois da Europa em fevereiro e do Reino Unido em março, fomos para os EUA por três semanas em abril e maio, e depois mais três em junho e julho.

Tínhamos subestimado o entusiasmo de nossos promotores pelo tema do porco. Em São Francisco, Bill Graham tinha montado um chiqueiro cheio dos animais atrás do palco, e nenhum deles parecia muito feliz por estar ali. A esposa de David, Ginger, que ele havia conhecido em uma de nossas turnês pelos EUA alguns anos antes, era vegetariana convicta e amante dos animais, e ficou horrorizada. Ela pulou no chiqueiro exigindo que eles fossem libertados e se recusou a sair até que fossem feitas promessas sobre o futuro bem-estar dos animais.

Marcel Avram, nosso promotor alemão de longa data, presenteou-nos com um leitão em Munique. Mais uma vez, tivemos que achar um lar para o recém-chegado, e com vários alemães aparentemente famintos cobiçando o leitão, nosso gerente de turnê Warwick McCredie foi incumbido de levá-lo para passar a noite no hotel.

Estávamos hospedados em um Hilton extremamente elegante perto do local do show, mas Warwick conseguiu levar o porquinho escondido lá para dentro sem ser detectado. O verdadeiro problema é que o quarto de Warwick tinha paredes espelhadas, e o porco via o tempo todo uma miríade de outros porcos olhando para ele. Ele não gostou disso. Durante a noite, o leitão quebrou a maior parte dos vidros, além de espalhar uma camada de excremento por todas as superfícies. Na manhã seguinte, vi Steve correndo para a recepção enquanto saíamos apressados depois de testemunhar o resultado daquele horror. Nunca consegui perguntar a ele sobre a conversa que aconteceu depois.

Os estádios maiores em que tocávamos agora traziam uma gama de novos problemas. Em casas menores, a entrada do público é liberada pouco antes da hora do show, mas em um estádio de beisebol, o tamanho da multidão e as consequentes demandas por estacionamento faziam com que o estádio tivesse que ser aberto três ou quatro horas antes do início. A escala maior das apresentações também exigia níveis mais elevados de preparo físico, para não dizer habilidades de alpinismo, da equipe. Agora tínhamos uma equipe conhecida como "o esquadrão das caixas", a força de elite dos montadores, encarregada de transportar nossas caixas de som para os cantos mais altos e mais longínquos de estádios e auditórios.

Raramente tínhamos bandas de abertura nas turnês. Havia uma série de motivos para isso. No começo, existia um certo elemento de competição entre as bandas listadas em um evento – e as primeiras a tocar tinham a ambição de fazer uma apresentação melhor que a da banda principal, para "chutá-los do palco". No nosso caso, os acessórios adicionais, como os Daleks, também faziam com que remontar o palco depois de outra banda tocar fosse um processo demorado. Mais tarde, era mais a questão de que qualquer banda de abertura simplesmente destruiria a atmosfera que tentávamos criar ao empolgar demais, chatear ou alienar o público. Quanto aos shows em estádios, não ter banda de abertura significava que o público poderia ver a banda principal cedo, por volta das oito da noite, em vez de esperar sentado durante a apresentação de outras duas ou três bandas. Mesmo assim, sem muita coisa para distraí-la, presa sob um sol escaldante ou uma chuva torrencial, a multidão podia ficar inquieta. Sempre havia alguns poucos que tendiam a se encher de álcool ou drogas – e a desmaiar exatamente no instante em que a banda entrasse no palco. Às vezes isso pode ser uma distração, pois tentávamos identificar se indivíduos da plateia estavam cochilando ou totalmente em coma.

Ficávamos cada vez mais conscientes de coisas como controle da multidão, segurança e proteção. Com até 80 mil pessoas espalhadas ao seu redor, é como ser prefeito de uma pequena cidade para um mandato de uma noite, com todas as responsabilidades inerentes, como acidentes de carro, pequenos furtos, partos… até um pouco de música ao vivo, se der sorte. Estávamos descobrindo os fatos da vida em turnê, inclusive a noção de que, apesar de conseguirmos nos relacionar com as trinta primeiras fileiras de pessoas, é extremamente difícil capturar e prender a atenção das camadas invisíveis no fundo da multidão.

Os shows dessa turnê variaram em qualidade. Apesar de ainda improvisarmos um pouco, isso era limitado – mas esse, em si, não era o principal problema. A falta de uma consistência na qualidade se devia a outros motivos. Eram turnês curtas e não passávamos tempo suficiente ensaiando pontos-chave do show, como a transição de uma música à seguinte, ou a sincronia com os filmes projetados. E minha memória é de que a presença de palco era tão errática quanto a música, já que nunca dedicamos tempo suficiente para ensaiá-la. Também sempre subestimávamos as condições atmosféricas. O vento e a chuva eram ameaça constante, e podiam arruinar os níveis e a qualidade do som, afetando nossa concentração e o humor do público.

Entretanto, na turnê de *Animals*, um item do palco havia sido desenvolvido para o inevitável ataque do mau tempo em estádios abertos: um conjunto de guarda-chuvas mecânicos. Eles emergiam de baixo do palco e se abriam, e embora os motores que os operavam não tivessem se mostrado confiáveis, eles tinham um visual incrível ao irromperem do palco e florescerem. Conforme progredíamos e usávamos cada vez mais equipamentos suspensos por treliças, equipamentos desse tipo se tornaram obsoletos, mas nessa turnê ainda podíamos contar com a surpresa do público ao ver a repentina transformação do palco na calçada de um café. Tentamos usar guarda-chuvas individuais similares novamente na turnê de *Division Bell*, mas David arremessou o dele no chão em um acesso de raiva, dizendo depois que se sentia um idiota parado debaixo de uma palmeira de plástico que gotejava, e Rick quase desmaiou asfixiado quando uma fumaça ficou presa no aquário invertido que havíamos criado com muita consideração para ele.

Um recurso constantemente eficaz em nossos shows era o uso de plataformas elevatórias dos dois lados do palco – uma ideia instigada por Arthur Max. Elas são elevadores hidráulicos do tipo usado para trocar lâmpadas em postes de rua, mas em vez de uma simples plataforma, cada unidade tinha um holofote montado, manobrado por um operador vestido todo de preto que ficava agachado atrás dele. Com o acréscimo de balizas giratórias, as plataformas criavam uma ótima abertura para qualquer show ao subirem lentamente de um nível mais baixo que o do palco. As luzes também podiam ser baixadas até uma distância preocupante da banda, perto o bastante para queimar a ponta do cabelo do guitarrista principal em pelo menos uma ocasião.

A despeito dos locais maiores e do aumento da parafernália no palco, a equipe que usávamos era quase do mesmo tamanho que a das turnês de alguns anos antes. Ainda mandávamos buscar hambúrgueres (o serviço de refeições em turnês ainda não era uma ciência exata) ou nos deleitávamos com o que quer que o promotor decidisse fornecer – normalmente hambúrgueres ou uma bandeja enorme de frios.

Não havia escritórios nos locais de shows em 1977. A maior parte do monte cada vez maior de burocracia e questões legais, técnicas e financeiras era tratada nos quartos de hotel de Steve, Robbie e Graeme Fleming, e a maior parte da papelada tinha que caber nas elegantes maletas de alumínio que haviam se tornado sinônimo de estilo para os escalões superiores da equipe de turnê.

Para os músicos, veio a percepção de que grandes turnês também podem ser mais solitárias – só descobrem seu corpo largado na cama do hotel quando você não aparece no ônibus, dois dias depois. E é mais fácil se isolar do resto da banda. Nos dias em que estávamos todos rodando por aí em uma perua, simplesmente tínhamos que evitar brigar um com o outro todos os dias, senão teria sido impossível seguir em frente. Mas nas turnês maiores há uma tendência de as pessoas se separarem em grupos menores.

Com a ascensão do status de casas de shows para estádios, os promotores locais – em um espírito de boa vontade e com a esperança de que a empresa deles continue sendo contratada – estão sempre propondo atividades que variam de velejar, andar de bugues e de lanchas a uma viagem à Disneylândia ou uma visita ao mercado de peixes local às cinco da manhã. Com frequência, tarde da noite uma dessas alternativas é sugerida como uma excursão para o dia seguinte. Todos concordam, entusiasmados com a champanhe e os canapés, e as preparações são feitas – mas logo na manhã seguinte a ideia normalmente já perdeu o encanto. Então uma frota de limusines chega à entrada do hotel para encontrar apenas três membros da equipe cansados e constrangidos, prontos para sair, em vez dos quarenta prometidos.

Se você sai em um grupo grande sem um promotor ou executivo de gravadora por perto para pedir a conta, uma saída envolvendo bebidas pode facilmente se tornar uma experiência financeira assustadora, já que os participantes mais experientes dão desculpas e saem de fininho mais cedo, deixando a vítima infeliz para arcar com as despesas, ferozmente determinada a nunca mais ter contato social, pelo menos não em um bar de hotel com preços abusivos.

O fim da turnê de *Animals* marcou mais um ponto baixo. David hoje diz que foi nesse período que realmente sentiu que o jogo talvez tivesse acabado para o Pink Floyd. A visão dele é que tínhamos alcançado, e sustentado, o sucesso que originalmente queríamos como banda, e como consequência estávamos com dificuldade de enxergar o que mais poderíamos fazer.

Voltamos ao Reino Unido e percebemos que o último andar do prédio do Britannia Row estava começando a ficar entupido de contadores, à medida que as questões de negócios começaram a se tornar cada vez mais intrusivas em nossas vidas. Nessa época, estávamos todos aparecendo nas reuniões de negócios com maletas, quase sempre revestidas de pele de algum animal ameaçado de extinção. Isso pode ter passado a sensação de que éramos pessoas de negócios, e certamente dado a impressão de que poderíamos adiar o próximo álbum para sempre por causa do quanto estávamos lucrando. Parecia tão fácil: você falava um pouco, almoçava e duplicava seu patrimônio.

Um dos grandes atributos de homens engravatados, bem como de médicos, é uma boa conduta interpessoal. Noel Redding, o baixista da Jimi Hendrix Experience, sempre sentiu ter se dado especialmente mal por causa dos caprichos contratuais da indústria, e tinha uma frase útil para qualquer um que quisesse entrar no ramo musical e pedisse seu conselho: “Faça curso de Direito. Compre uma arma...”.

Devíamos ter ouvido o conselho. No rastro de *Dark Side* fomos convencidos a nos envolver com uma empresa de consultores financeiros chamada Norton Warburg. De 1977 a 1978, os ganhos de

Dark Side e *Wish You Were Here* não paravam de entrar, e o imposto no Reino Unido para grandes rendimentos era de 83%, e de 98% sobre os lucros investidos. A Norton Warburg nos persuadiu a entrar em um esquema que reduziria os impostos; capital de risco era o termo da moda, e a proposta era nos transformar em empresa ativa, investindo dinheiro do Pink Floyd em uma variedade de empreendimentos. A desvantagem incômoda é que mesmo que eles fossem bem-sucedidos, teríamos que nos livrar deles para evitar atrair a atenção dos auditores (e auditoras) do fisco para os lucros profanos, pois foi assim que a transação foi estruturada.

Do jeito que estava, era improvável que isso se tornasse uma preocupação, já que muitas daquelas ideias de negócios eram tão falhas que nenhum banqueiro em sã consciência nem ao menos as levaria em conta. Durante esse período, nós nos envolvemos com botes de fibra de carbono, pizzas e um restaurante em uma casa flutuante. Houve um hotel falido que virou fábrica de doces, uma companhia de calçados infantis, escritório do Memoquiz (um precursor do Game Boy), um negócio de aluguel de carros e uma empresa de skates chamada Benji Boards. Em um caso, ficamos intrigados quando uma empresa que nos disseram ter autorização não oficial da Rolls-Royce para negociar carros usados parecia ter uma série de problemas de entrega: os carros ou não chegavam ou, se chegavam, era em estado pior do que o Bentley que quase havia nos levado à morte na turnê de Jimi Hendrix em 1967. Mais tarde, dois diretores dessa empresa cumpriram sentença na prisão.

De qualquer forma, tínhamos pouco tempo para investigar, já que nossos pensamentos e energia estavam voltados à produção de um álbum para suceder *Animals* – e precisávamos de material novo. Encarávamos um problema em particular. Dois dos potenciais compositores da banda, a saber, David e Rick, vinham trabalhando em projetos solo e, portanto, tinham pouco, se é que tinham algum, material sobrando para apresentar à banda.

O álbum solo de David, chamado simplesmente *David Gilmour*, foi lançado em maio de 1978 – no disco, ele voltou a trabalhar de novo com Willie Wilson, com quem esteve na Jokers Wild antes de se juntar a nós em 1968. Rick também vinha trabalhando em seu álbum solo, *Wet Dream*, com uma banda que tinha Snowy White na guitarra. Trabalhei brevemente com Steve Hillage na produção de seu álbum *Green*, com John Wood, o engenheiro de som de nossa sessão de gravação original de "Arnold Layne" no Sound Techniques Studios, em janeiro de 1967.

Sempre que um membro da banda saía para fazer qualquer tipo de trabalho solo, isso nunca se tornava um problema, como poderia facilmente acontecer, e aconteceu com outras bandas – os dias difíceis no relacionamento entre Mick Jagger e Keith Richards nos anos 1980 giraram exatamente em torno dessa questão. Todos nós fizemos nossos próprios álbuns, e produzimos outros artistas, e em vez de se mostrar uma fonte de tensão ou ciúmes, parece que isso, na verdade, oferecia uma proveitosa válvula de escape.

Por sorte, Roger resolveu a escassez de material. Enquanto todos nós estávamos envolvidos em outras coisas, ele vinha trabalhando sozinho no estúdio em sua casa. As demos de Roger variavam muito em qualidade. Algumas eram tão boas que nunca conseguíamos aprimorá-las no estúdio, e acabávamos voltando para a original. Outras eram apenas esboços toscos, com excesso de modulação e distorção. Roger, na verdade discordava, alegando que todas tinham qualidade excelente, e ameaçou tocá-las inteiras para mim novamente para comprovar seu ponto de vista – por consequência, acabei concordando graciosamente com sua opinião.

9.
ESCRITO NA PAREDE

O MOMENTO QUE DEU ORIGEM A *THE WALL* **aconteceu em um show no Estádio Olímpico de Montreal durante a turnê de *Animals* em 1977. O local era um estádio de esportes gigantesco com vista para uma torre futurista, que havia sido construído para os Jogos Olímpicos do ano anterior. A torre se elevava a uma altura enorme, e por sua própria escala o local não era propício para uma relação calorosa com os fãs.**

Havia um grupo relativamente pequeno, mas muito empolgado, na plateia perto do palco que provavelmente estava chapado e com certeza estava distraído. Por estarem bem na frente, era possível ouvi-los e isso definiu nossa impressão sobre o humor do público. No intervalo entre alguns números, esse grupo gritava sugestões de canções. Quando a atenção de Roger se voltou para um membro particularmente barulhento da claque gritando "Toque 'Careful with that Axe', Roger", ele finalmente perdeu a paciência e cuspiu no sujeito irritante.

Isso era mais do que incomum, era estranho. Roger sempre havia sido o porta-voz no palco desde a saída de Syd, e cuidava das introduções, das lacunas quando os projetores quebravam e dos engraçadinhos com certa desenvoltura, e muitas vezes com comentários cômicos. Esse incidente apenas apontou que estabelecer qualquer tipo de vínculo com o público ficava cada vez mais difícil.

Roger não foi o único a ficar deprimido com aquele show. Ao longo dos anos havíamos desenvolvido um bis definitivo, em que tocávamos um blues de doze compassos lento enquanto a equipe removia aos poucos todo o equipamento e os instrumentos, deixando ao final um músico solitário e silencioso que saía do palco. Nessa ocasião, David estava tão aborrecido com o clima da apresentação que se recusou até mesmo a fazer parte do bis.

Embora o incidente do cuspe tenha sido desalentador na época, ele serviu para ativar a criatividade de Roger, e ele desenvolveu a estrutura de um show baseado no conceito de um público distanciado de seus ídolos tanto física como mentalmente. Não se sabe se o confronto em Montreal teve algum impacto na vida do fã desafortunado que levou a cuspida; basta dizer que ele nunca contratou um advogado, nem exigiu royalties pela inspiração.

The Wall como obra representa uma grande quantidade de material espalhado por uma gama de mídias: o disco, os shows – reforçados com filmes, efeitos de palco e acessórios – e um longa-metragem. Essa havia sido a intenção de Roger desde o início. Ele já havia demonstrado sua simpatia por explorar as possibilidades da multimídia, mas *The Wall* levou as coisas muito mais longe. O projeto todo também tomou uma grande quantidade de tempo, um período de trabalho que durou de fato desde meados de 1978, quando Roger criou a versão inicial, até 1982, com o lançamento do longa-metragem.

Roger havia aprendido por experiência própria que uma regra para o trabalho era saber quando era a hora certa de levar uma ideia adiante. Em algum momento de 1978, ele obviamente sentiu que essa hora tinha chegado e começou a trabalhar no estúdio em sua casa. Quando apresentou o resultado para nós – eu me lembro de ir à casa dele ao menos em uma ocasião para ouvi-lo, e ele também levou as fitas ao Britannia Row – ele na verdade tinha dois discos esboçados, um deles era *The Wall* e o outro, *The Pros and Cons of Hitch-hiking*.

Apesar de mais tarde ele ter passado por uma enorme transformação, e na prática Roger ter reescrito a obra toda na França, a demo de *The Wall* tinha clareza suficiente e conceitos o bastante – alguns apenas delineados, outros bem detalhados – para que todos nós entendêssemos que aquilo tinha muito potencial para ser mais do que apenas um álbum. Da mesma forma, todos nos sentimos menos inspirados por *The Pros and Cons of Hitch-hiking*; parecia melhor deixarmos que Roger o fizesse sozinho (o que fez em 1984). *The Wall*, era óbvio até mesmo naquele momento, era um novo trabalho importante – e acho que todos nós conseguimos nos imaginar tocando nele. Também foi um grande alívio para nós sermos apresentados a um conceito tão completo logo no início do processo.

Em uma das faixas demo, era possível me escutar xingando ao telefone. Roger havia precisado de um toque de telefone tocando como ritmo, e, presumindo que eu não estaria em casa, ligou para mim sem se importar em verificar se eu estava lá mesmo ou não. Atendi o telefone e a princípio pensei se tratar de um trote, já que parecia haver um doido cantando do outro lado da linha – daí meus xingamentos. Algum tempo depois, revelou-se ser Roger cantando. Nesse ínterim, ambos ficamos confusos por algum tempo.

Steve O'Rourke também ouviu as demos: ele era o único capaz de lembrar (ou honesto o bastante para isso) que havia escolhido *Pros and Cons* como álbum favorito. Isso continuou a tradição consagrada de nos permitir zombar do gosto musical dos empresários, mas em defesa de Steve devemos recordar que as demos de *The Wall* ainda não continham algumas das canções mais conhecidas, como "Run Like Hell" ou "Comfortably Numb".

O nível de contribuição dos outros membros da banda se tornaria um ponto de divergências. Talvez a própria completude da demo de Roger tornou difícil que David ou Rick contribuíssem muito. Mas é certo que David depois sentiu que sua contribuição musical, especialmente em "Run Like Hell" e "Comfortably Numb", não era reconhecida como deveria. Esse vulcão de futura discórdia em potencial, porém, ainda estava adormecido quando começamos a fazer versões preliminares de algumas faixas de *The Wall* no Britannia Row durante o outono de 1978.

Quando o trabalho começou, não tínhamos um engenheiro. Acho que sentimos que Brian Humphries agora estava completamente exausto e sofrendo de um caso extremo de fadiga de Pink Floyd. Alan Parsons agora era o Alan Parsons Project e Nick Griffiths ainda parecia ser um relativo desconhecido, então começamos a procurar e a perguntar por algum engenheiro jovem, mas talentoso, com um histórico que pudesse trazer uma abordagem diferente ao nosso som. No fim das contas, Alan recomendou James Guthrie, que vinha produzindo e fazendo engenharia de som para uma série de bandas como Heatwave, The Movies e Judas Priest, além de uma banda chamada Runner. O histórico de James, em particular um brilho no som imediatamente identificável que havia conseguido em seu trabalho com a Runner, sugeriu que ele poderia acrescentar um toque de frescor e brilho ao nosso trabalho.

Steve O'Rourke pediu a James que fosse a seu escritório. James não sabia direito de quem Steve era empresário ou sobre o que queria conversar. Ele diz que Steve tinha dois projetos que queria discutir. Um era Tom Robinson, o outro, Pink Floyd. "Recolhi com calma meu queixo do chão e me recompus, concordei com a cabeça de forma profissional, mas meu coração tinha disparado. Steve disse que a banda tinha ouvido alguns dos meus trabalhos e estava interessada em me conhecer. Ele enfatizou que seria uma coprodução. Eu pensei, 'Esses caras produzem seus próprios trabalhos desde que eu estava na escola. Não tenho problema com isso'". James encontrou Roger, que ele recorda ter sido "cortês e sério, analisando com cuidado cada palavra e gesto meu". Eles conversaram sobre o conceito de Roger para *The Wall* e uma cópia da demo foi enviada a ele.

A paciência infinita de James era um contrapeso complementar ao extremamente energético e, com frequência irascível, Bob Ezrin. Embora tivéssemos nós mesmos produzido *Dark Side* e *Wish You*

Were Here, Roger tinha decidido importar Bob como coprodutor e colaborador. Bob era um produtor consagrado que havia trabalhado em diversos álbuns do Alice Cooper e em *Berlin*, de Lou Reed. Ele nos foi apresentado pela segunda esposa de Roger, Carolyne, que havia trabalhado para ele e que o levou ao show de Hamilton, Ontario, em que explodimos o placar.

Na mesma ocasião, Bob também havia levado um amigo que era psicanalista e fã da banda. Ao ver Roger cortar o pé depois do show simulando uma briga com Steve, o psicanalista sugeriu que poderia ser uma boa ideia que ele se juntasse a nós como membro permanente da equipe... James Guthrie havia apontado, de forma sensata, que assim que foi considerado digno de confiança foi como ser aceito em uma família, "embora fosse uma família bastante disfuncional", como ele recorda ter me ouvido dizer.

Bob lembra com clareza de sua primeira visita para se reunir conosco no Britannia Row. Ele se atrasou porque não pensamos em mandar um carro buscá-lo no aeroporto e simplesmente dissemos que alugasse um carro e se virasse nas ruas do centro de Londres. Ao finalmente achar o estúdio, a primeira pessoa que Bob encontrou foi um Brian Humphries amarrotado descendo as escadas. Brian tinha uma péssima aparência; ele viu Bob e disse: "*Eles* fizeram isso comigo...". Quando Bob entrou na sala em que estávamos, foi recebido com a visão de Roger apontando para o relógio. Bob afirma que mais tarde chamou Roger de lado e disse: "Eu já tenho um pai; jamais faça isso em público comigo novamente". Steve O'Rourke chegou para dar de cara com um clima meio tenso, uma conferência de produtores, e Bob ameaçando cair fora. A situação foi azeitada e Bob, apaziguado.

Conforme começamos a gravar, passamos a buscar novos ambientes. Tentávamos conseguir um som parecido com o de um auditório ao vivo, gravando parte da bateria em um vasto espaço aberto no alto do Britannia Row, a sala com teto de vidro e piso de madeira onde ficava a preciosa mesa de bilhar de Roger. Como a sala estava totalmente desprovida de qualquer tipo de isolamento acústico ou de abafamento de ruído, os outros ocupantes do edifício podem não ter gostado muito da experiência. Além de terem que ouvir apenas a bateria, sem nenhuma faixa de apoio e fora de contexto musical, quando a bateria começava, também não tinham ideia de quanto tempo duraria aquele batuque infernal.

Ainda assim, ao contrário dos ensaios no começo da banda, éramos donos do prédio e, por isso, nada receptivos a queixas; era mais ou menos como o cara no Continental Hyatt House em Los Angeles que, depois de pedir a seu vizinho que parasse com o barulho, deparou com três homens tentando derrubar sua porta para matá-lo. Um telefonema à recepção resultou no aviso não muito prestativo de que "esse hotel presta serviços à indústria musical. Não aceitamos reclamações".

Pela primeira vez em *The Wall*, o som da bateria permaneceu intacto por todo o processo de gravação. A bateria e o baixo foram inicialmente gravados em uma máquina analógica de dezesseis faixas, e mixados em duas faixas em uma máquina de vinte e quatro faixas para os *overdubs*, mantendo a gravação original para a versão final. Isso preveniu a inevitável degradação que ocorre quando fitas são constantemente tocadas para a adição de outros instrumentos e dos vocais.

No entanto, embora o Britannia Row tenha sido adequado para gravar *Animals*, agora havia ficado claro que não estaria à altura de *The Wall*. Já tínhamos instalado uma enorme quantidade de equipamentos novos. Isso aconteceu, principalmente, por Bob e James quererem modernizá-lo para que atendessem seus próprios padrões de exigência, e parecia que todos que chegavam para trabalhar na produção traziam consigo seu próprio equipamento de preferência. Logo tínhamos uma nova Stephens de vinte e quatro faixas, e os monitores também foram rapidamente substituídos.

Depois de todo esse trabalho e readequação, tivemos que fazer as malas e mudar de local de gravação de qualquer forma, pois eventos externos nos pegaram de surpresa. Esse foi o período em que nossos negócios fora da banda explodiram. Tínhamos contratado um consultor financeiro chamado Norman Lawrence para administrar o estúdio da Britannia Row por sugestão da Norton Warburg, a empresa que cuidava de nossos investimentos. Norman, apesar de ser teoricamente da equipe da Norton Warburg, começou a perceber que havia algo muito errado na coisa toda, e passou a investigar.

A verdade que veio à tona foi que a Norton Warburg vinha desviando fundos de sua empresa de investimentos, uma operação aparentemente muito segura, para financiar o lado desastroso do capital de risco: todos aqueles skates, pizzas e carros suspeitos. No fim das contas, o fundador da empresa, Andrew Warburg, fugiu para a Espanha, voltando para a Inglaterra em 1982, onde foi detido, acusado e passou três anos preso. Muita gente perdeu dinheiro. Como a Norton Warburg havia sido aprovada por organizações respeitáveis como a American Express e o Bank of England, muitas pessoas tinham colocado a poupança da vida inteira ou suas aposentadorias ali. As viúvas e os aposentados não teriam mais oportunidade de voltar a trabalhar. Tivemos sorte por ainda ter potencial para trabalhar novamente.

Todos esses problemas nos negócios tinham pouco a ver com nossa música. Mas as ramificações tiveram um impacto significativo nas decisões que precisamos tomar em relação ao álbum seguinte. Descobrimos ter perdido algo em torno de um milhão de libras entre nós quatro. Os prejuízos com as empresas de capital de risco eram assustadoramente grandes, e como estávamos investindo a renda antes da tributação – o objetivo principal daquela prática – agora tínhamos um saldo enorme de imposto a pagar, que, de acordo com nossos consultores financeiros, podia ser uma quantia qualquer entre cinco e doze milhões de libras.

O problema foi exacerbado pelo fato de que, em vez de ter apenas uma empresa de capital de risco, tínhamos decidido que cada um de nós teria a sua própria. Os desdobramentos dessa decisão quadruplicaram – no mínimo – as implicações fiscais. A sugestão que nos foi dada foi a de nos tornarmos não residentes do Reino Unido por um ano para podermos ganhar algum dinheiro e reabastecer os cofres esvaziados, além de dar algum tempo para que nossos contadores e especialistas tributários recuperassem alguma coisa dos escombros. Toda essa experiência foi uma enorme mancha em nossa reputação. Sempre nos orgulhamos de ser espertos o bastante para não sermos pegos assim. Nos víamos como instruídos, de classe média, no controle de tudo. Estávamos completamente errados.

A resposta foi o exílio. Demonstrando uma presteza que deixaria os assaltantes do trem pagador admirados, em duas ou três semanas estávamos de malas prontas e a caminho. Parecia de longe a melhor opção. As regras de domicílio fiscal diziam que tínhamos que deixar o Reino Unido antes de 6 de abril de 1979 e não poderíamos voltar até 5 de abril do ano seguinte, nem mesmo para a mais breve visita. Essa opção de exílio era, na verdade, abraçada com alegria por várias bandas de rock, que ficaram gratas por se beneficiar dessa aparente generosidade do governo. No nosso caso, era simplesmente essencial. Nas turnês posteriores, pudemos tirar vantagem de uma regra que envolvia ficar no exterior por ao menos 365 dias, mas com a permissão de realizar algumas visitas (uma malandragem originalmente introduzida pelo governo Trabalhista dos anos 1970 para incentivar exportações e beneficiar homens da indústria petrolífera que trabalhavam no Oriente Médio).

A perspectiva não só de um ano de rendimentos livres de impostos para pagar as dívidas, mas também da oportunidade de recomeçar na música sem as distrações de advogados e contadores, era irresistível. Em todo o caso, Bob sentia que a vida confortável em família que todos tínhamos no Reino Unido era outro fator que desacelerou o processo de criação de uma obra-prima contundente do rock. Quase demos as boas-vindas à chance de fugir para o exterior. Como crianças travessas deixando para trás o quarto desarrumado, pudemos deixar a bagunça financeira para os profissionais arrumarem.

Enquanto trabalhávamos no exterior, nossos consultores desmantelaram a sociedade que criamos para as turnês – que remetia aos ideais da Blackhill – e reestruturaram tudo em negociação com os senhores e senhoras da Receita Federal. Em certo momento, segundo Nigel Eastaway, ele tinha duzentos conjuntos de contas em espera, aguardando um acordo com a Receita, um indicativo do tamanho do problema. Mal se podia entrar no Britannia Row por causa das fileiras de contadores amontoados – mas o acordo que costuraram praticamente pagou seus custos. Steve O'Rourke e Peter Barnes também negociaram um importante contrato de publicação com a Chappell para ajudar a conseguir renda adicional.

O estúdio na França em que começamos a trabalhar, e onde foi criada a maior parte da base de *The Wall,* chamava-se Super Bear. Tanto Rick como David haviam trabalhado em projetos solo ali no ano anterior e gostado da atmosfera. Era localizado no alto dos Alpes Marítimos, a cerca de trinta minutos de Nice de carro, perto de uma pequena vila, com sua própria quadra de tênis e piscina e bastante espaço de descanso. Intercalávamos a gravação com partidas de tênis e viagens ocasionais aos prazeres de Nice – o trajeto longo até lá desencorajava visitas muito frequentes.

Ao passo que Rick e eu ficamos no próprio Super Bear, Roger e David alugaram casas lá perto. Bob Ezrin se instalou no suntuoso Negresco Hotel, em Nice. Um convite para jantar com Bob era como jantar com a realeza. No restaurante do hotel, Bob tratava pelo primeiro nome o *maître*, que não saía do pé dele. Depois de saborear a magnífica cozinha de três estrelas Michelin, agradecíamos a Bob efusivamente por sua generosidade ao pagar a conta. Era só na metade do caminho de volta para as montanhas que, provavelmente subjugados pelo efeito dos vinhos clássicos oferecidos pelo *sommelier*, percebíamos que na verdade éramos nós que pagávamos a conta.

A relação de Bob com o tempo era, para dizer o mínimo, errática, mas, de uma forma estranha, seus constantes atrasos – a cada dia, ele tinha uma desculpa mais elaborada e cada vez menos convincente – serviram para concentrar nossas energias, já que ele se tornou o alvo de nosso ressentimento jocoso. Era ótimo, como se estivéssemos em turnê novamente.

Eu tinha feito as faixas de bateria logo no início no Super Bear, e então passei a maior parte do tempo como observador interessado. Roger havia alugado uma casa enorme perto de Vence – e eu me mudei para lá, já que as acomodações do estúdio, apesar de adoráveis, eram uma curiosa mistura de internato com o musical *Expresso Bongo*. Costumávamos dirigir todos os dias pelos quase 65 quilômetros entre a casa e o estúdio. Entre nós, Roger e eu usamos dois conjuntos de pneus na minha Ferrari Daytona em onze semanas.

Com as partes de bateria completas, fui liberado para ir a Le Mans. Dei a Roger meu Rolex de ouro – um presente da EMI pelos dez anos de trabalho nem tão duro assim – para que o guardasse (ele devolveu) e Steve e eu partimos para uma missão própria durante o fim de semana. Na verdade, foi uma bela aventura. Foi minha primeira experiência no automobilismo, e em matéria de exploração de novos territórios foi algo no nível do Capitão Nemo. No começo do ano, fizera uma breve sessão de testes no Lola da categoria de dois litros que pilotaria pela equipe Dorset Racing, mas nunca havia chegado ao tipo de velocidade que se alcança ao correr pelos 6 quilômetros da Reta Mulsanne, nem tido a experiência de correr à noite. É, para dizer o mínimo, empolgante estar correndo a cerca de 300 km/h, e então ser ultrapassado por um Porsche fazendo 60 km/h a mais.

Acrescente-se à experiência o fato de vários dos meus adversários serem campeões de nível internacional, e o *paddock* era o equivalente do automobilismo aos bastidores de Woodstock. Le Mans é uma corrida extraordinária, uma das últimas oportunidades para os amadores competirem com os figurões e ainda terem a chance de um bom resultado. O Lola corria com perfeição e o único susto que tive foi durante as classificatórias, quando estiquei a cabeça muito acima do para-brisa. A corrente de ar apanhou a beirada do meu capacete e achei que minha cabeça estava prestes a ser arrancada. Por sorte, o único desdobramento foi uma dor no pescoço durante a semana seguinte. Não só terminamos com um resultado – o que é considerado um feito por si só – como chegamos em segundo lugar na classe e conquistamos o índice de desempenho. A Ferrari de Steve terminou algumas posições atrás. Essa foi, sem dúvida nenhuma, a melhor forma de rejuvenescimento antes de voltar para Berre-les-Alpes.

Enquanto eu havia sido liberado com certa tranquilidade, Rick teve muito mais dificuldades. Em algum ponto do verão, pouco depois de Le Mans, Dick Asher, da Sony/CBS, sugeriu um acordo, propondo aumentar o percentual que ganharíamos se conseguíssemos entregar o álbum completo a tempo de lançá-lo no final de ano. Roger, depois de consultar Bob, fez um cálculo rápido e um caminho crítico, e disse que talvez fosse possível. Decidiu-se usar um outro estúdio a uns 80 quilômetros de distância dali, chamado Miraval. Ele pertencia ao pianista de jazz Jacques Loussier, e ficava em um falso castelo. Deixando de lado todo o resto, dava para pular do muro e nadar no fosso. Apesar de todos os estúdios alardearem seus diferenciais, essas instalações deviam levar vantagem sobre qualquer outra na quantidade de banheiras de hidromassagem. A gravação foi dividida entre os dois estúdios, com Bob alternando-se entre os dois locais. Além de lidar com a divisão física, Bob enfrentava o trabalho de remendar uma rixa crescente entre David e Roger. No entanto, de alguma forma, ele conseguiu assegurar que, além de desempenhar esse papel, obtivesse o melhor do trabalho de ambos.

As partes de teclado, porém, ainda precisavam ser gravadas. A única forma de alcançar a data de lançamento proposta era se Rick encurtasse suas férias de verão; ele tinha anteriormente concordado em gravar na primavera e no início do verão e depois tirar uma folga. Como minhas partes de bateria tinham sido gravadas cedo, isso não foi um problema para mim. Mas quando Rick soube, por Steve, que teria que fazer as partes de teclado nas férias de verão, ele se recusou categoricamente. Quando isso foi retransmitido a Roger, ele ficou surpreso e furioso. Sentia que estava fazendo uma quantidade gigantesca de trabalho e que Rick não estava disposto a fazer nenhum esforço para ajudar.

A situação foi agravada pelo fato de que Rick queria ser produtor em *The Wall* – como se já não tivéssemos produtores o suficiente – e Roger havia dito que tudo bem, contanto que ele fizesse uma contribuição significativa. Infelizmente, a contribuição de Rick foi aparecer e ficar sentado durante as sessões sem fazer nada, apenas "sendo um produtor". Isso também não havia caído bem com Bob, que achava que aquele galinheiro tinha galos demais, e Rick foi dispensado das funções de produção. Não obstante, Bob se voluntariou para ajudar Rick com as seções de teclado, mas por qualquer das muitas razões possíveis, Roger nunca estava satisfeito com as gravações de Rick.

Qualquer que fosse o vínculo existente entre Rick e Roger nos quinze anos anteriores, ele havia sido rompido sem volta, e a queda de Rick foi rápida. Steve estava feliz da vida fazendo um cruzeiro pelos EUA no *QE2* quando Roger ligou para ele e disse que Rick teria que estar fora da banda assim que ele chegasse em Los Angeles, onde o álbum seria mixado. Rick, disse Roger, podia permanecer como músico contratado para os shows de *The Wall*, mas depois disso não seria mais membro da banda. Se isso não fosse feito, Roger ameaçou pôr fim no projeto todo. Isso soou como um louco com a arma apontada para a própria cabeça.

No entanto, em vez de brigar, Rick aceitou, talvez com alívio. Acho que diversos fatores contribuíram para essa decisão. Seu afastamento das tarefas de produção e a dificuldade, mesmo com a ajuda de Bob, de apresentar partes de teclado que satisfizessem Roger foram agravados pela derrocada de seu casamento com Juliette e, como todos nós, ele estava preocupado com os desdobramentos financeiros caso não concluíssemos o álbum. Como ficou claro, a decisão de Rick foi bastante benéfica para ele: como músico assalariado na turnê de *The Wall*, ele foi o único de nós a ganhar dinheiro com as apresentações ao vivo. Os três que sobraram dividiram o prejuízo...

Ainda acho difícil relatar alguns dos eventos desse período de forma apropriada. Roger provavelmente ainda era meu amigo mais próximo, e conseguíamos desfrutar da companhia um do outro. Mas nossa amizade era cada vez mais colocada sob pressão enquanto Roger lutava para transformar o que havia sido uma banda aparentemente democrática em um grupo com um único líder.

Depois que as primeiras gravações foram finalizadas, as operações foram transferidas para Los Angeles para a fase de mixagem. Os *overdubs* com orquestras foram arranjados e conduzidos pelo compositor e arranjador Michael Kamen. Trazido por Bob Ezrin, Michael gravou os arranjos nos estúdios da CBS em Nova York, tendo se encontrado com a banda apenas no final das sessões. No estacionamento do Producer's Workshop, em Los Angeles, onde acontecia a mixagem, vários efeitos foram gravados, incluindo o cantar de pneus para "Run Like Hell". Para isso, Phil Taylor dirigiu um Ford LTD em círculos pelo estacionamento, com Roger gritando a plenos pulmões dentro do carro.

Enquanto isso, no Britannia Row, Nick Griffiths ia adiante com uma longa lista de outros efeitos sonoros que havíamos pedido que reunisse, e que iam desde a equipe gritando "Tear down the wall" ("Derrubem o muro") até o som de carrinhos cheios de louças sendo quebrados. Para um dos efeitos, Nick viajou pelo país por uma semana gravando prédios sendo demolidos. Ele ficou um tanto decepcionado ao descobrir que as empresas de demolição eram tão profissionais que conseguiam derrubar edifícios enormes com pequena quantidade de explosivos em pontos vulneráveis e que não havia tanto barulho assim para gravar. No meio disso, recebeu uma ligação dos EUA às duas da madrugada no horário de Londres.

Roger e Bob estavam na linha, e Nick ficou um tanto apreensivo, achando que tinha estragado os efeitos. Eles, porém, só queriam perguntar se ele poderia gravar duas ou três crianças cantando alguns versos de "Another Brick in the Wall". Nick disse "É claro", mas também se lembrou de um de seus álbuns favoritos de Todd Rundgren, que tinha uma plateia em cada um dos canais estéreo. Ele sugeriu gravar um coral inteiro de crianças. Tudo bem, disseram a ele, mas que fizesse com só três crianças também.

Nick deu um pulo na escola local, onde encontrou o professor de música Alun Renshaw, extremamente receptivo. Nick fez um acordo informal segundo o qual, em troca de gravar alguns dos alunos, gravaríamos a orquestra da escola. A cópia da fita matriz com a faixa de apoio foi enviada de Los Angeles via transportadora, junto com fotocópias da letra. "Ela é um pouco forte", Nick pensou ao lê-la certo dia de manhã cedo depois de uma noite longa no estúdio.

Ele montou alguns microfones, gravou as três crianças sozinhas conforme planejado, depois convidou o resto das crianças. Enquanto Nick gerava entusiasmo cantando junto e pulando no estúdio, a gravação foi concluída nos quarenta minutos que ele tinha disponíveis – a duração da aula da qual as crianças haviam sido dispensadas pela escola. A fita foi embalada, mixada rapidamente e devolvida para Los Angeles. Alguns dias depois, Roger ligou para dizer que tinha gostado – e a vez seguinte em que Nick ouviu a faixa foi no rádio.

Após o sucesso do single, nas palavras de Nick Griffith "o mundo veio abaixo". A imprensa acampou na porta do estúdio, ansiosa para dar a notícia da aparente exploração de estudantes angelicais por *rock stars* inescrupulosos, só para descobrir que os artistas em questão estavam em segurança a quase doze mil quilômetros dali. Seguindo as instruções para não falar com eles, Nick teve que se espremer para escapar por uma janela dos fundos em um punhado de ocasiões. Por fim, foi feito um acordo e decidiu-se que toda a escola deveria ser beneficiada, já que a gravação havia sido feita em horário escolar.

"Another Brick" ter sido lançada como single deveu-se, em parte, à influência de Bob Ezrin, que curiosamente sempre quis produzir um single de *disco music*. Nós, por outro lado, havíamos abandonado a ideia de lançar singles em um acesso de raiva em 1968 quando "Point Me at The Sky" mal arranhou as paradas. Bob afirma que a falta de entusiasmo em fazer um single era tanta que foi só no último minuto que a canção foi adaptada à duração necessária. O ritmo foi marcado em metronômicas cem batidas por minuto, que era considerada a batida ideal para *disco*, e então o conceito de um single de *disco music* de sucesso foi imposto, muito para nosso assombro – assombro reforçado ainda mais quando acabamos em primeiro lugar nas paradas do Reino Unido no Natal de 1979.

O álbum – duplo – havia passado por uma série de traumas durante a mixagem final. Eu havia chegado em Los Angeles um mês antes de David e Roger (Rick tinha se recolhido em sua casa na Grécia). Como a mixagem era tarefa de Roger, David, Bob e James, usei o tempo para trabalhar em um disco com Carla Bley e Mike Mantler em Nova York. Ele foi gravado no ambiente relaxante de Woodstock, no norte do estado, e as sessões resultaram em uma coleção das canções de Carla, que foram lançadas como *Nick Mason's Fictitious Sports*, para facilitar o lançamento e aumentar o adiantamento que eu receberia. Quando cheguei, a mixagem estava quase finalizada – sob grande pressão pela urgência, com as mixagens sendo gravadas diretamente na matriz, o que era incomum – mas uma sensação de paranoia da mais extraordinária permeava o estúdio. A relação com a CBS/Sony não estava boa. Roger, ao negociar com eles os direitos de publicação, ficou indignado quando, por *The Wall* ser um álbum duplo, tentaram reduzir o valor que receberíamos por faixa. Quando Dick Asher propôs decidir jogando cara ou coroa, a reação de Roger foi perguntar por que deveria apostar algo que era seu por direito. A gravadora capitulou. Steve também estava em séria negociação com a CBS, que lutava sua própria batalha para tentar evitar pagar profissionais independentes para promover o lançamento de um disco. Essa batalha durou pouco tempo e foi perdida pela gravadora quando as estações de rádio dos EUA simplesmente se recusaram a tocar até mesmo um disco em primeiro lugar nas paradas se ele não fosse promovido de forma independente.

Ameaçamos não entregar *The Wall* à CBS e eles ameaçaram tomar o álbum à força. O estúdio foi invadido na época. Provavelmente foram garotos, mas no clima de paranoia, todos acharam que devia ter sido uma equipe da SWAT composta de executivos de gravadora enlouquecidos. Na realidade, ninguém nunca teria conseguido juntar as montanhas de fitas para formar nada que lembrasse um disco sem a cooperação da equipe inteira de produção. No entanto, só permitíamos a entrada de pessoas que soubessem uma senha secreta. Hoje posso revelar o "abre-te sésamo" mágico. Era: "Sou da CBS Records"...

A relação entre a banda e a gravadora não foi melhorada pelo diretor de promoção da CBS que, tendo recebido com entusiasmo algumas das primeiras faixas em uma sessão de pré-audição em Palm Springs, ouviu a versão finalizada e reclamou indignado que aquela era uma versão caricata do álbum que havia escutado antes.

Como sempre, houve algumas repercussões políticas e financeiras conforme o álbum subia nas paradas. Havia advogados representando Deus e o mundo que tentavam pegar o trem da alegria. Uma voz ouvida no álbum depois de termos gravado uma mudança aleatória de canais na TV pertencia a um ator que achava que o sucesso do disco se devia principalmente à sua contribuição. Oferecemos a ele um acordo com a opção de dobrar o valor recebido se ele doasse tudo para a caridade. Ele pegou a metade só para si.

O trabalho na turnê foi simultâneo à mixagem. A evolução final do conceito para o show era que o público, ao entrar no auditório, deveria se deparar com um muro parcialmente construído que ficaria nas laterais do palco. Quando o show começasse, ele seria apresentado por um *compère*, uma combinação de mestre de cerimônias com locutor de rádio com a função de aumentar a irrealidade da apresentação e confundir as expectativas do público.

Com toda a grandiloquência de um show de rock – fogos de artifício e efeitos especiais – a apresentação seria aberta com uma banda que pareceria sermos nós emergindo no palco. Na verdade, era um grupo de sósias conhecido como a banda "substituta" – Pete Woods nos teclados, Willie Wilson na bateria, Andy Bown no baixo e Snowy White na guitarra – cada um deles equipado com uma máscara com o molde de nossos rostos (um dos benefícios de estar em Hollywood: a facilidade de encomendar uma dessas). Conforme a pirotecnia e os efeitos caminhavam para um clímax, o primeiro grupo de músicos congelava, e as luzes revelavam a banda verdadeira atrás deles. Os substitutos apareceriam mais tarde no palco como músicos auxiliares, sem as máscaras – nessa encarnação, eram conhecidos como a banda "sombra". Todos os instrumentos e uniformes deles eram cinza, em vez do preto que nós usávamos.

Conforme o show progredia, o muro era construído aos poucos, de forma que a primeira metade terminasse com o último tijolo pronto para ser colocado no lugar. Toda noite a equipe conseguia completar o muro dentro da margem padrão de mais ou menos noventa segundos. Tínhamos certa maleabilidade acertada na música para que o posicionamento do último tijolo coincidisse com a última linha de "Goodbye Cruel World", a última canção da primeira metade. Quando completo, o muro, feito de 340 caixas de papelão reforçadas e à prova de fogo, cada uma com cerca de 1,20 m de largura por 90 cm de altura e 30 cm de profundidade, alcançava dez metros de altura por oitenta de largura. A segunda metade, então, abria com o muro intacto à frente da banda. Ele era usado para projetar segmentos das animações feitas por Gerald Scarfe. Em certo ponto, uma seção do muro semelhante a uma ponte levadiça se abria e revelava um cenário de quarto de hotel. Em outro, durante "Comfortably Numb", Roger aparecia à frente do muro, enquanto David surgia em cima dele para tocar o solo.

As caixas eram feitas de papelão para que pudessem ser dobradas, transportadas ao show seguinte e montadas no local. Os tijolos ocos podiam ser unidos por uma equipe de construtores usando as torres hidráulicas Genie, que subiam à medida que o muro crescia, para ficarem na posição correta. Assim que construído, o muro era sustentado por uma série de basculantes que podiam ser controlados para inclinar para a frente ou para trás (como não queríamos perder a atenção das primeiras fileiras do público), conforme o muro era derrubado.

O clímax acontecia quando os tijolos começavam a cair – isso envolvia uma mecânica complexa para evitar processos, hospitalizações e a perspectiva de um show que só durasse uma noite, já que os tijolos, apesar de serem feitos de papelão, eram muito pesados. Depois do colapso, tocaríamos o último número de forma acústica, como um grupo de músicos itinerantes.

Fisher e Park haviam começado a trabalhar para transformar as ideias de Roger em realidade no Natal anterior. Mark Fisher – na sequência de seu trabalho com os animais infláveis na turnê de *Animals* – tinha inclusive viajado para o sul da França durante a gravação do álbum, bem antes do previsto, o que significa que quando foi dado sinal verde ao show, foi uma questão de criar versões 3D dos desenhos em vez de começar do zero sob pressão. (Mark era mais um arquiteto – havia frequentado a escola de arquitetura da Architectural Association, em Londres, no final dos anos 1960, e, na verdade, contratou o Pink Floyd para um evento ali em 1966, no qual ele se lembra que nos pagaram menos do que haviam pago para a Bonzo Dog Doo-Dah Band). Ainda assim, mesmo com esse tempo de vantagem, houve inúmeros problemas mecânicos para resolver. Os ensaios técnicos aconteceram nos EUA. Essa era a solução mais prática. Havia bom apoio logístico, e uma locação adequada no Culver City Studios, em Los Angeles, estava disponível por um período de duas semanas completas pelo preço certo. Os problemas iniciais surgiram. As torres Genie usadas pelos construtores do muro eram extraordinariamente barulhentas, e as primeiras tentativas de demolição do muro quase destruíram todo o equipamento no palco. Enormes jaulas de metal foram projetadas e construídas às pressas para proteger as coisas, e conseguiram algum lubrificante mágico da era espacial. Os ensaios continuaram e lá pelo início de fevereiro estávamos na Los Angeles Sports Arena para um ensaio final de duas semanas antes do primeiro show, no dia 17.

Na noite anterior à abertura da turnê, parecíamos ter um show. Mas no ensaio final tivemos que admitir que, apesar da maior parte do palco estar funcionando, a iluminação estava simplesmente abaixo do padrão. Começou então uma busca frenética, em primeiro lugar por um bode expiatório, e logo em seguida, por um salvador. Steve entrou em contato com Marc Brickman, que foi notado por Roger trabalhando em shows do Bruce Springsteen.

Marc havia recebido a ligação de Steve e – como conhecia alguém da organização do Pink Floyd – pensado que era esse seu amigo se passando por Steve, ligando para dizer que tinha conseguido pare ele ingressos para o show da noite seguinte. Marc disse que sim, adoraria ir ao show. Steve disse que não, que ele não tinha entendido. Marc, nascido na Filadélfia, estava envolvido com iluminação desde o meio da adolescência, trabalhando na indústria musical com artistas como Johnny Mathis e Bruce Springsteen, e naquela época estava em Los Angeles trabalhando em programas de TV. Ele recorda ter recebido a primeira ligação de Steve às 13h e ter chegado ao show às 15h.

Gerry Scarfe e Roger o orientaram sobre o show e explicaram que haveria um ensaio às 19h daquele mesmo dia. Quando Marc voltou naquela noite, Roger disse: “Não achamos que veríamos você de novo…”. Houve uma reunião um pouco esquisita depois da qual Graeme Fleming foi dispensado (isto é, demitido) e Marc foi dispensado (isto é, para dar continuidade a suas novas funções). Dada a pressão pelo prazo, ele ficou grato por Robbie Williams e Mark Fisher terem lhe oferecido muita ajuda.

A noite de abertura teve drama adicional quando uma cortina pegou fogo depois da primeira explosão. A cortina continuou queimando lentamente até Roger ter que interromper a apresentação e esperar enquanto montadores com extintores de incêndio corriam para o teto para apagar as chamas. A essa altura, o público e a banda estavam unidos em um pânico comunitário e o show pôde continuar. Como a ordem aos gritos de "Parem!" era uma parte inerente ao show, Roger levou algum tempo para convencer os *roadies* bem treinados de que, daquela vez, tratava-se de uma emergência.

Em certo momento, alguém havia sugerido que o show fosse itinerante, em vez de ser um evento estático em apenas algumas cidades. O conceito de uma lesma inflável gigante com espaço suficiente para o show inteiro, além do público, foi brevemente ventilado mas, para a sorte dos designers, da equipe, da banda e dos especialistas em saúde e segurança, nunca viu a luz do dia... Voltamos à ideia mais simples de uma das "turnês mundiais" mais curtas da história do rock: sete noites em Los Angeles, cinco no Nassau Coliseum, em Nova York, seis apresentações no Earls Court em agosto de 1980, oito em Dortmund em fevereiro de 1981 – e mais cinco noites no Earls Court para fornecer material para a versão em filme.

Quase todos os shows foram relativamente tranquilos. O único percalço ocorreu quando Willie Wilson, o baterista da banda substituta, teve um colapso algumas horas antes de um dos shows começar. Felizmente, Clive Brooks, meu técnico de bateria de longa data, é ele mesmo um baterista bastante competente. Veterano de uma banda inglesa de blues, os Groundhogs, Clive entrou e tocou todas as partes necessárias pelas duas noites seguintes. Desde então, posso sentir a avidez na voz dele sempre que deixo escapar o menor sinal de doença durante uma turnê.

The Hotrods – da esquerda para a direita: Michael Kriesky (baixo), Tim Mack (guitarra solo), eu, William Gammell (guitarra base) e John Gregory (sax). Não há, até o momento, planos para uma turnê de reunião.

Meu primeiro carro, um Austin "Chummy" 1930, 750 cm^3, estacionado na frente da casa de minha família, em Hampstead Garden Suburb.

A banda de banjos de meu avô, Walter Kershaw. Minha mãe ajudou ao dizer que seu pai era "aquele de bigode"… Ele é, na verdade, o segundo à esquerda na fileira da frente.

Ensaio da Sigma 6 na Poli de Regent Street – da esquerda para a direita: Clive Metcalf, Sheila Noble, Keith Noble, Roger, eu e um guitarrista anteriormente não identificado que agora posso felizmente revelar ser Vernon Thompson.

Com Roger, em nosso primeiro ano na Politécnica de Regent Street.

Roger auxiliando Mike Leonard (foto inserida) com um de seus projetores de luz.

Em Stanhope Gardens – sentido horário a partir do canto superior esquerdo: Bob Klose, Syd, Roger e Rick.

Dia de inverno na praia de Wittering, onde depois gravamos um filme promocional para “Arnold Layne” – Roger, eu e Syd, com Rick atrás.

O Tea Set e a (nada) confiável perua Bedford na frente da casa da mãe de Roger, em Cambridge. Da esquerda para a direita: Bob Klose, Rick, Roger, Chris Dennis, no teto, e eu.

Peter e Sumi Jenner em seu casamento, em agosto de 1966.

Andrew King, claramente antes de ser fotógrafo profissional.

No Marquee Club, em apresentação como The Pink Floyd Sound, com uma bateria Premier e calças da Carnaby Street.

Um bom exemplo do tipo de efeito de luz que usávamos no salão da All Saints Church – e ao longo do outono de 1966.

Noite típica do UFO, com a plateia sentada no chão.

Um dos primeiros cartazes do Pink Floyd, desenhado e impresso pela namorada – e depois esposa – de Andrew King, Wendy Gair.

John Hopkins, o "Hoppy", no UFO, inspecionando seu feudo.

Os cartazes do UFO eram criados por Michael English e Nigel Waymouth, cuja empresa levava o nome de Hapshash & The Coloured Coat.

Retrato de Syd no UFO, por Andrew Whittuck.

Foto de Dezo Hoffman para divulgação da EMI – note a completa ausência de microfones e cabos de qualquer tipo.

Panfleto para divulgar nosso primeiro single, março de 1967.

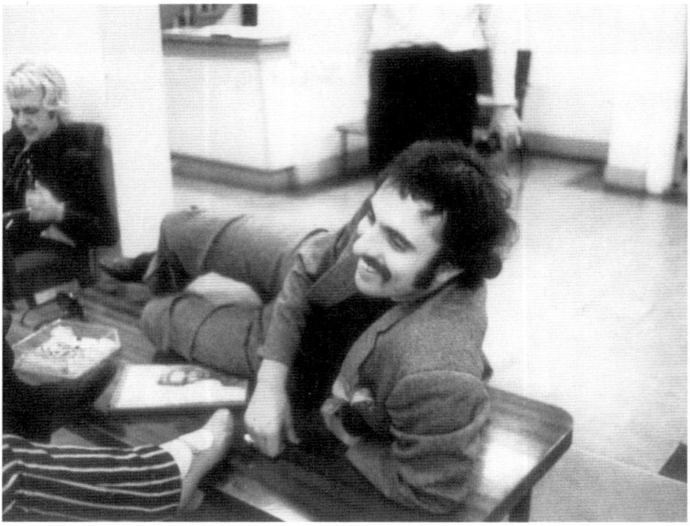

Bryan Morrison no Abbey Road Studios, durante sessão de gravação de *Piper at the Gates of Dawn*, na primavera de 1967.

Uma de nossas primeiras fotos de divulgação, tirada no Ruskin Park, em Londres, por Colin Prime.

O coordenador Azimuth usado em “Games For May”, no Queen Elizabeth Hall, em maio de 1967. O cartaz do evento tinha uma ilustração de Barry Zaid que captura a excentricidade e a esquisitice do período.

Syd e Roger a bordo de um ferry a caminho de nosso show no Star Club de Copenhague, em 1967.

Apresentação no *Top of the Pops* em julho de 1967, com minha bateria de bumbo duplo em lugar de destaque.

Folheto produzido por promotores sem senso de ironia, que reproduziram de forma literal o texto satírico que havíamos usado em um anúncio na *Melody Maker*.

Norman Smith (esquerda) e Andrew King no Abbey Road Studios.

Na entrada do Estúdio 3 no Abbey Road – da esquerda para a direita: June Child, Rick, Syd e Peter Jenner.

Foto descartada de uma sessão de retratos do grupo em 1967.

Em frente à Palm House, em Kew, 1968. Storm, que tirou a fotografia, garante que a joia ofertada era, de fato, "o anel de Agamotto". Que sorte extraordinária ele ter conseguido encontrar uma joia tão rara à venda no Portobello Market.

A turnê de Hendrix, dezembro de 1967. Jimi Hendrix com o Pink Floyd, Mitch Mitchell e Noel Redding da Hendrix Experience, e membros variados de Amen Corner, The Move, Eire Apparent e Outer Limits.

David Gilmour com o Jokers Wild – a partir da esquerda: "Sunshine" Geoff Whittaker, David, Johnny Gordon, Clive Welham e Tony Sainty.

Uma das poucas fotografias existentes retratando o Pink Floyd como um quinteto em janeiro de 1968 – a posição de Syd, hesitante ao fundo, pode ter sido obra do acaso ou algo mais intencional.

David gravando *Saucerful of Secrets* na EMI, 1968.

Capitão Mason da Marinha Real durante uma parada nos Norfolk Broads com (da esquerda para a direita, acima) Lindy, Roger e Judy.

No Scene Club em Nova York, julho de 1968.

Roger ataca seus deveres percussivos com a determinação costumeira. Fico feliz por não ser um prato de bateria.

Ao lado do Tiger Moth usado no filme promocional de “Point me at the Sky”, gravado no aeródromo de Biggin Hill.

Todo nosso equipamento preparado para a inspeção no verso da capa de *Ummagumma*.

Syd em seu apartamento em Londres, 1970, por Mick Rock.

Ron Geesin, e (abaixo) Rick e David, durante as sessões de gravação de "Atom Heart Mother".

Na praia em St. Tropez, verão de 1970. Na fileira de trás, da esquerda para a direita: Miv Watts segurando Naomi Watts, Peter Watts, Linda O'Rourke, Lindy Mason, Steve O'Rourke, Judy Waters segurando Gaia Wright, Alan Styles, Juliette Wright. Fileira da frente, da esquerda para a direita: Ben Watts, David, eu, Roger, Rick segurando Jamie Wright.

Alan Styles, Peter Watts e Roger na estrada.

David e Roger nas filmagens de *Live at Pompeii* em 1971, recriando o clima de um anfiteatro a céu aberto para fins de continuidade.

Tive um breve flerte com um kit de bateria em acrílico feito pela empresa americana Fibes. Fui cativado pela ideia de um kit "invisível", mas na verdade era muito difícil gravar direito com ele.

O enorme polvo inflável de Peter Dockley faz sua entrada tentacular como penetra na festa nos jardins do Crystal Palace em maio de 1971.

Conversando nos bastidores do Brighton Dome, em janeiro de 1972.

A força do Pink Floyd Football Club First XI, e suas líderes de torcida, prontos para jogar, e empatar por 3 a 3, com o time da banda Family em janeiro de 1972.

Rick e (à esquerda) Tony Howard no Japão, brincando com câmeras recém-adquiridas.

Steve O'Rourke, protegendo-se dos fenômenos naturais no Festival de Hakone, em Kanagawa, Japão, em agosto de 1971.

Retratos da banda na época de *Dark Side*.

Rick com um sintetizador Mini-Moog em cima de seu fiel órgão Hammond.

Apresentação com o Ballet de Marselha de Roland Petit, novembro de 1972.

Próximo à cratera vulcânica do Etna, durante as filmagens de *Live at Pompeii*.

O diretor de iluminação Arthur Max se prepara para entrevistar, ou possivelmente decapitar, outra equipe de operadores de holofotes.

Uma das sátiras em quadrinhos de nosso programa da turnê do inverno de 1974, nas quais Steve O'Rourke sempre era retratado como o vilão.

I
D
E

N
S
I
U
O
T

Roadies e equipe de montagem de palco da turnê *Dark Side*.

Storm Thorgerson com David.

David e Roger na turnê britânica do inverno de 1974.

Com David e Roger está Aubrey Powell, vulgo Po, sócio de Storm Thorgerson no Hipgnosis.

Robert Wyatt, do Soft Machine; baterista, cantor, compositor, contador de histórias, a versão rock and roll de Lenin…

David e Rick
nos degraus da
entrada do Abbey
Road Studios na
época da gravação
de *Wish You Were
Here*.

Roy Harper com David em Abbey Road, no período em que Roy se voluntariou para fazer os vocais em “Have a Cigar”.

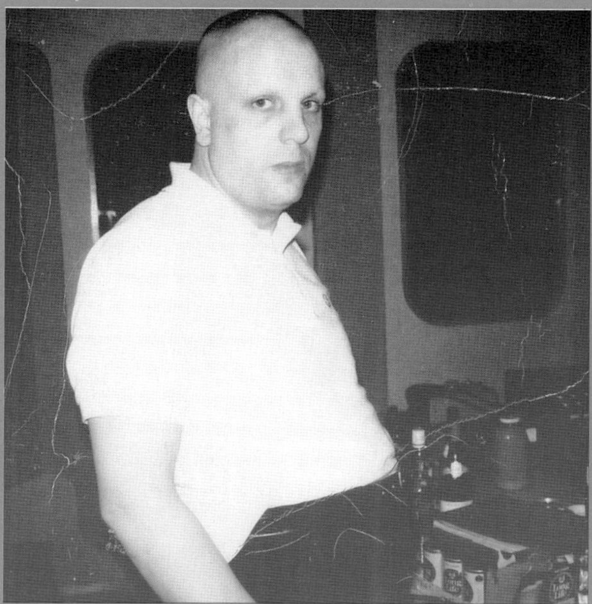

Syd Barrett no Abbey Road Studios, 5 de junho de 1975.

Britannia Row Studios, por dentro (com o cientista sonoro Bill Kelsey) e por fora.

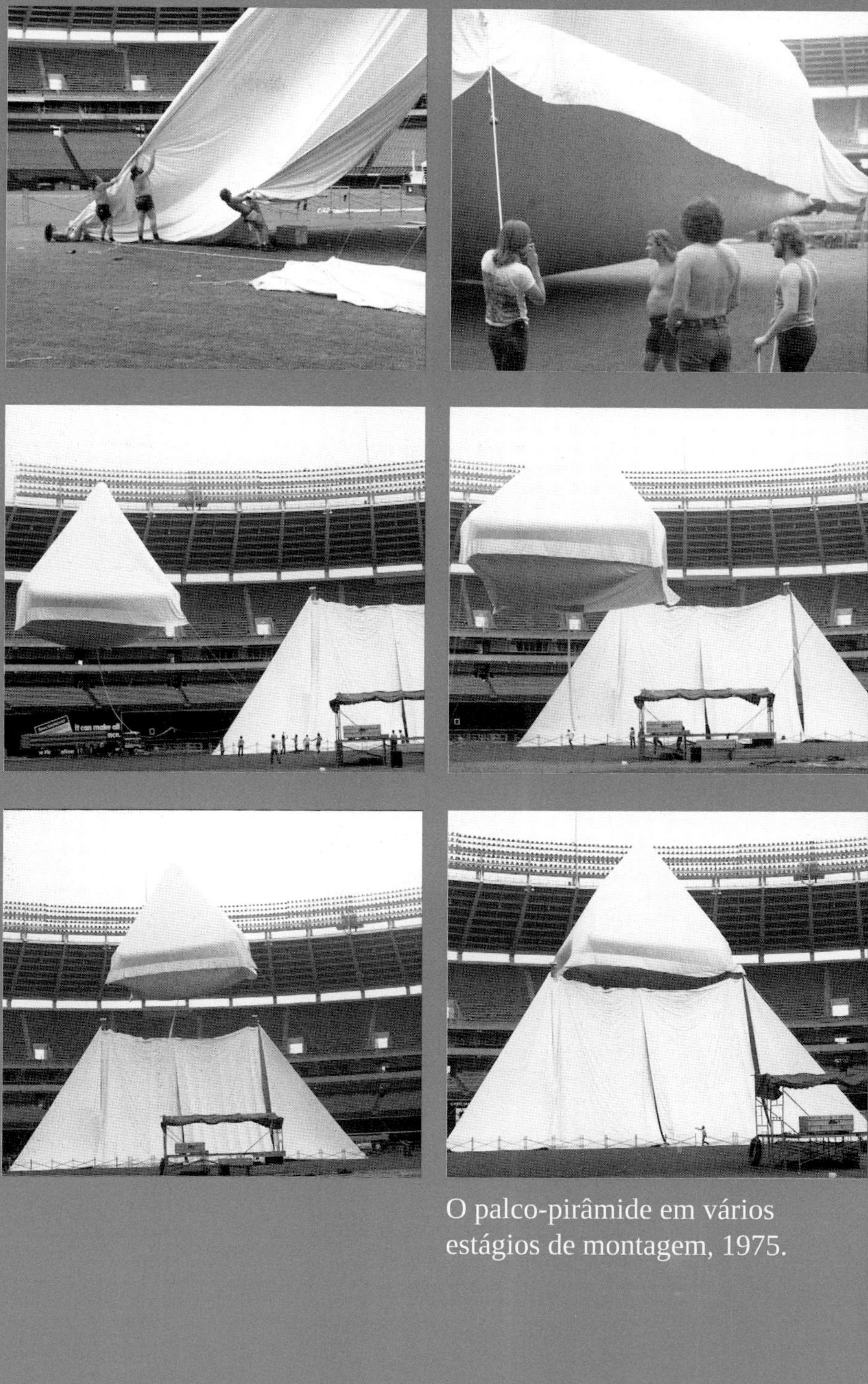

O palco-pirâmide em vários estágios de montagem, 1975.

Algie paira sobre a Usina Termoelétrica de Battersea em dezembro de 1976 enquanto (na página ao lado) um atirador mira.

Nessa ocasião em especial Roger foi, surpreendentemente, o último na fila das camisetas.

No palco da turnê de *Animals*, em 1977.

Retrato por Bob Jenkins.

Uma das primeiras propostas para o show *The Wall*, por Mark Fisher.

Gerald Scarfe (esquerda) e Mark Fisher montando Mother, uma das personagens infláveis do show *The Wall*.

O filme *The Wall*: os soldados em Saunton Sands (acima), e Bob Geldof como Pink.

Em Le Mans em 1984, pilotando um Porsche 956 e (à esquerda) sem muito remorso por ostentar logos de patrocinadores da indústria do tabaco.

Steve O'Rourke em Le Mans na Ferrari 512 BB, com a libré original da Ecurie Nationale Belge.

Retrato por David Bailey para o lançamento de *A Momentary Lapse of Reason*.

Sessão de gravação na casa-barco de David, com Bob Ezrin no baixo.

Rick entretém as tropas na turnê de *Momentary Lapse*.

David Gilmour e Polly Samson – eles se casaram durante a turnê de *Division Bell*, em julho de 1994.

Apresentação em Veneza, em 15 de julho de 1989, na água, conectados à Piazza San Marco.

Moscou, junho de 1989 – as irmãs McBroom e Rachel Fury fazem sua parte pela *glasnost*.

Com minha filha Chloe antes do show em Versalhes, em junho de 1988.

Meus filhos Cary e Guy assumem o trabalho da checagem de som.

Minha filha Holly na turnê de *Division Bell*.

Nettie e eu prestes a embarcar no dirigível de *Division Bell*.

Na London to Brighton Veteran Car Run de 2015, com Chloe, o genro Tim e os netos Oscar e Felix.

A turnê de *Division Bell*, 1994 – um dos porcos emerge de seu chiqueiro, e o globo espelhado sobe e se abre no meio do auditório.

A turnê de *Division Bell* a todo vapor.

Com Roger nos ensaios para nossa reunião no Live 8.

A banda se apresentando no Live 8.

Live 8, Hyde Park, Londres, 2 de julho de 2005.

A banda do Live 8 (da esquerda para a direita): Jon Carin, eu, Rick, Dick Parry, Carol Kenyon, Roger, Tim Renwick e David.

Rick em seu refúgio, a bordo de seu barco *Evrika*.

Demonstrando minha habilidade na meia-lua ao lado de Roger, no trompete, e David, no bandolim, na O2 Arena em maio de 2011.

No Astoria, preparando-nos para o lançamento de *Endless River*.

Peter Wynne-Willson de volta ao controle dos slides no lançamento de *Endless River,* em novembro de 2014.

Uma bela xícara de chá com Roger depois de inaugurar a placa do Pink Floyd na Universidade de Westminster, em maio de 2015.

Pré-estreia para a imprensa da exposição *Their Mortal Remains*, no museu V&A em agosto de 2016.

O show foi muito mais ensaiado do que qualquer coisa que já havíamos feito, e tinha bom desenvolvimento técnico. De certa forma, foi o precursor das turnês que David e eu organizamos mais tarde e do trabalho solo de Roger. Também descobrimos que a estrutura regular do show nos ajudava a atravessar quaisquer noites "ruins". O sucesso do show gerava um grande prazer em tocar, mas a falta de oportunidade para improvisar ou mudar a música começou a cansar um pouco. Dito isso, as condições de construção do muro significavam que um tijolo preso ou um construtor apressado demais poderiam influenciar a duração da primeira metade, e tínhamos vários solos ou trechos para acrescentar ou tirar em momentos-chave.

Na altura das cinco noites no Earls Court em junho de 1981, o show já estava bem afiado. Entretanto, eles também acabaram por ser a última vez em que Roger, David, Rick e eu tocaríamos juntos por quase um quarto de século. No que diz respeito às relações entre o grupo, as coisas haviam se deteriorado ainda mais do que no período das gravações. O mais claro indicativo disso podia ser visto na área de bastidores do Earls Court, onde cada membro da banda tinha uma cabine individual. Tanto a de Roger quanto a de Rick tinham a porta para o lado contrário ao da área comum… Acho que cada um de nós também fazia sua própria festa pós-show, com cuidado para evitar convidarmos um ao outro.

Alguns meses depois, as gravações do filme começaram com Gerald Scarfe e Michael Seresin como codiretores, e Alan Parker como produtor geral, mas depois de uma semana, ficou claro que esse sistema não funcionaria. Alan foi promovido a diretor, Michael saiu, Gerry foi realocado a outras funções, e começamos de novo. A mudança da estrutura de comando tão cedo foi meio que um presságio. Há uma abundância de histórias sobre as discordâncias a respeito do filme. Alan Parker tinha uma visão firme, mas Gerry e Roger também. Gerry com certeza se sentiu bastante isolado, pois Alan Parker e o novo produtor, Alan Marshall, formavam uma facção autônoma, e Roger e Steve O'Rourke formavam outra. Alan Parker, segundo Bob Geldof, endossava a máxima de Michael Winner: "Democracia no set é uma centena de pessoas fazendo o que eu mando", uma filosofia compartilhada por alguns dos demais condutores do projeto. Apesar dessa receita para o desastre, acho que o resultado foi uma vitória da habilidade em detrimento da organização. A animação de Gerry conseguiu fazer a transição do palco para as telas, assim como Bob Geldof, no papel principal de Pink.

Bob e Roger contam a história de quando Bob e seu empresário iam de táxi ao aeroporto, e o empresário lhe dizia que havia chegado uma proposta para que ele interpretasse o papel de Pink no filme, e que ele deveria realmente considerá-la uma ótima oportunidade na carreira. Bob explodiu dizendo algo como "Nem fodendo. Odeio a porra do Pink Floyd". Como Roger recorda, "Isso continuou até chegarem ao aeroporto. O que Bob não sabia é que o motorista do táxi era meu irmão. Ele ligou para mim e disse 'Você nunca vai adivinhar quem acabou de pegar meu táxi...'". Felizmente, Bob mudou de ideia e aceitou o papel.

Ele havia convencido todo mundo no teste com uma cena de *O Expresso da meia-noite* e a cena do telefone de *The Wall*. Bajulado por Alan Parker, Bob passou de novato contido a ator melodramático em poucas horas. O problema foi que ele só percebeu mais tarde que mal havia diálogo no filme para ele.

Não ajudou as filmagens o fato de os detalhes do contrato de Bob terem afundado com seu empresário. Quando a pessoa responsável finalmente apareceu no aeroporto de Londres, foi só para ser presa e levada para interrogatório. Bob, em uma nobre atitude, começou a trabalhar apesar de várias questões contratuais permanecerem sem solução.

A despeito de suas limitações, Bob, diz Alan Parker, deu seu melhor ao papel, pronto até mesmo a raspar as sobrancelhas por ele. Segundo Alan, Bob, que não nadava, achou "as cenas de afogamento na piscina do telhado fáceis, já que eram, na maior parte, autênticas". Bob só reclamou uma vez, quando em uma cena noturna no frio de uma velha fábrica de biscoitos em Hammersmith ele teve que tirar a roupa, ficar coberto em uma meleca cor de rosa e ouvir o pedido para que se metamorfoseasse em um fascista.

Em sua autobiografia, *Is That It?*, Bob também conta a história de uma cena no filme em que uma atriz americana, adepta da atuação de Método, tinha que demonstrar ter medo de Pink. Ela perguntou a Alan Parker qual seria sua motivação para isso. Alan suspirou e respondeu "O dinheiro". Aparentemente, a cena foi concluída na tomada seguinte...

As sequências no campo de batalha foram filmadas em Saunton Sands, em Devon. Essa é uma praia especialmente útil, que nos forneceu uma variedade de paisagens de fundo, incluindo as camas na capa de *A Momentary Lapse of Reason*. Um dos Stukas com metade do tamanho original teve um desempenho admirável sob o controle de um piloto registrado. O outro foi engolido pelo mar quando caiu. Eu me lembro de um começo de manhã nas areias quando, em meio à fumaça e à névoa da batalha, fomos agraciados com a visão de um carrinho de chá sendo manobrado de forma viril pelas dunas por um dos fornecedores de alimentação do local para garantir que fôssemos reforçados com chá e sanduíches de bacon.

Outro evento memorável de filmagem em locação foi no Royal Horticultural Hall em Londres, onde 2 mil *skinheads*[5] foram recrutados para formar a multidão em uma mistura de um show de rock com um protesto político. A inclinação deles para beber todo o salário nos *pubs* próximos e um tanto exclusivos, combinada a um ódio

5. Movimento de contracultura surgido entre operários ingleses, associado a músicas jamaicanas como reggae e ska. Em uma das vertentes, que surgiu após uma crise econômica na década de 1970 e se popularizou pelo mundo todo, há fortes aspectos de xenofobia e racismo. (N.da E)

por uniformes – mesmo quando vestidos por infelizes figurantes – garantiu um clima enérgico, beirando o perigoso. Gillian Gregory, a coreógrafa, tinha a tarefa impossível de tentar ensinar aos *skinheads* movimentos básicos de dança. Depois de duas horas simplificando a coreografia e baixando o nível de dificuldade, ela finalmente desistiu. A precisão militar que pretendia conseguir era, infelizmente, impossível de alcançar: assistindo à versão final, você sabe que deveriam estar fazendo algo em sincronia; a questão é o quê.

Alan Parker tem uma recordação particular de Steve O'Rourke. Durante a pós-produção, Steve recebeu um telefonema no escritório de Alan, um bangalô nos jardins do estúdio Pinewood, de Roger, que estava no prédio principal. Steve se virou para correr de volta ao trabalho, mas "com sua vista ruim, não conseguiu ver a porta de vidro fechada, atravessou-a e a estilhaçou. Steve se cortou bastante, teve uma concussão e ficou caído no chão. Ao abrir os olhos, viu minha secretária Angie, retirando gentilmente os cacos de vidro do rosto dele. Ele imediatamente se apaixonou e eles depois se casaram".

Minha convicção é de que Alan era o homem certo para o trabalho. E de vez em quando ele ouvia o que era dito ou sugerido pelos outros. Ainda tenho uma pequena lata de filme que mandou para mim. Havíamos discutido por algum tempo por causa de uma determinada cena do garoto na praia, que achei um pouco extravagante. Na lata havia um rolo de filme com essa sequência e um bilhete que dizia "OK, você venceu". Alan se recorda de poucas divergências criativas com Roger a respeito do material – ele continua bastante orgulhoso do filme final – mas diz que os problemas que surgiam do confronto entre dois egos fortes muitas vezes o deixavam infeliz. A placa na porta de Alan no Pinewood dizia: "Just another prick on The Wall" ("Apenas mais um idiota em *The Wall*").

Steve, como produtor executivo, era responsável por garantir que sobrevivêssemos aos desastres financeiros da indústria do cinema. "Quanto à contabilidade", diz Alan, "alguém disse que Steve

O'Rourke tinha anotado o custo da animação em tantos livros que daria para encher uma estante de livraria". Inicialmente, corríamos o risco de ter como custo inicial do filme dois milhões de dólares (tudo o que ganhamos com o disco *The Wall*), mas, no fim das contas, David Begelman, da MGM, veio com a garantia dos dez milhões de que precisávamos. Bernd Eichniger, da Neue Constantin, forneceu mais dois milhões e a Goldcrest, por intermédio da Lazards, financiou a produção em si. Lamentavelmente para a Goldcrest, a empresa havia entrado em falência na época em que deveríamos pagar sua parte do lucro, embora tenhamos dado a Jake Eberts, que era presidente da Goldcrest, dois ingressos grátis para o show no Canadá quando ele nos ligou em 1994.

Alan Parker recorda que quando ele e Steve ofereceram o filme à MGM (ele havia acabado de fazer *Fame* para o estúdio), David Begelman "disse que confiaria seus milhões de dólares em investimento a mim, apesar de não fazer ideia nenhuma de que o filme tratava. Além disso, nem seu filho de dezoito anos, que era fã do Pink Floyd, sabia. Steve O'Rourke e eu cumprimentamos Begelman depois de fechar o negócio, e eu disse 'Não se preocupe, David, pode confiar em nós porque tratamos o dinheiro de outras pessoas como se fosse nosso'". Steve então disse a Alan no elevador que aquela observação talvez fosse inapropriada, já que David Begelman havia sido demitido de seu emprego de diretor da Columbia Pictures depois de ser acusado de desviar um cheque de 60 mil dólares.

Nunca houve um álbum com a trilha sonora do filme, em parte por ele ser inevitavelmente fiel ao disco original, mas havia algumas versões interessantes das canções às quais Bob Geldof pôde dar a própria interpretação.

Diversas pré-estreias aconteceram em 1982, incluindo uma exibição noturna no Festival de Cannes que foi divertida, em especial por coincidir com o Grande Prêmio de Mônaco, e assim pude levar James Hunt como convidado. O sistema de som do velho Palais du

Festival havia sido modernizado com pequena ajuda dos equipamentos do Britannia Row. Quando a música soou, o gesso começou a desmoronar do teto, criando uma cortina de pó e tinta. Alan Parker recorda que Steven Spielberg estava presente na exibição em Cannes e que "quando as luzes acenderam no final, ele olhou para mim com grande compaixão e deu de ombros, como se dissesse 'Que merda foi essa?'".

Houve vários shows também, em Los Angeles e Nova York, incluindo uma coletiva de imprensa nos EUA em que o produtor, Alan Marshall, ao ser perguntado qual era o sentido do filme, respondeu, de forma um tanto sucinta: "É sobre um filho da puta maluco e um muro, né...?".

COM ATÉ 80 MIL PESSOAS ESPALHADAS AO SEU REDOR, É COMO SER PREFEITO DE UMA PEQUENA CIDADE PARA UM MANDATO DE UMA NOITE, COM TODAS AS RESPONSABILIDADES INERENTES, COMO ACIDENTES DE CARRO, PEQUENOS FURTOS, PARTOS... ATÉ UM POUCO DE MÚSICA AO VIVO, SE DER SORTE.

10. FALHA DE COMUNICAÇÃO

DEPOIS QUE TODO O TRABALHO DE *THE WALL* FOI concluído, minha sensação predominante – e, nessa época, isso parecia estar se tornando a norma – era não tanto de alegria, mas de exaustão. Considerando que só havíamos apresentado o show umas trinta vezes em dois anos, era difícil atribuir isso ao esforço físico. Era mais uma sensação de que todo o projeto pareceu durar uma eternidade. No entanto, talvez, outra razão para minha letargia e falta de entusiasmo fosse a ideia de enfrentarmos uns aos outros mais uma vez.

Após o fim da turnê e do filme, a formação do Pink Floyd de quatro integrantes estabelecida em 1968 já não existia. Rick desfrutava de um autoexílio: estava morando na Grécia, lar de sua segunda esposa, Franka, entregue aos prazeres da vida. A ausência de Rick só servia para salientar o fato de que estávamos presos em um ciclo de falta de comunicação.

Em julho de 1982, *The Wall* estreou nos cinemas. Em maior ou menor grau, todos estivemos envolvidos na promoção do filme. Lembro-me de ter sido enviado para a Espanha como único embaixador para a estreia ali – acho que todos os outros estavam nos Estados Unidos para as estreias em Nova York e na Califórnia – e de ter sorrido por entre dentes cerrados para as câmeras. Enquanto isso, com um ar que me pareceu majestoso, eu acenava do camarote da realeza em Madri e, modestamente, admitia que o trabalho não havia sido só meu...

De volta a Londres, Roger havia começado a trabalhar em um álbum que passou por uma série de mudanças em um curto intervalo de tempo. Minha lembrança é de que o plano original era incorporar um conjunto de faixas que tinham sido deixadas de fora do projeto *The Wall*. Havia algumas canções que foram incluídas na trilha sonora do filme, mas que nunca chegaram ao álbum original, e estas seriam complementadas com material novo.

Isso surgiu do fato de que o título provisório para *The Final Cut* era "Spare Bricks", uma ideia que foi descartada quando o disco deu origem a algo bem diferente. Acho que vários fatores contribuíram para essa mudança de rumo. Roger estava insatisfeito com a abordagem fragmentada original e, a essa altura, tinha uma ideia muito mais clara do que queria alcançar. *The Final Cut – A Requiem for the Post War Dream* era uma peça muito menos dispersa. Embora ainda relacionada com elementos contidos em *The Wall*, lidava com os sentimentos de Roger em relação à morte de seu pai em Anzio, na Segunda Guerra Mundial. O fato de que, durante os primeiros anos da guerra, o pai de Roger havia sido um objetor de consciência tornou o trabalho mais pungente. Um fator decisivo para isso foi o fracasso do Reino Unido, após a guerra, em proporcionar o mundo melhor pelo qual tantos haviam morrido.

O outro candidato improvável a musa inspiradora foi Margaret Thatcher. Em 1982, o Reino Unido, sob o governo de Thatcher, declarou guerra à Argentina pela soberania das ilhas Falklands em um conflito descrito por Jorge Luis Borges como "dois carecas lutando por um pente"; na época, a atmosfera no Reino Unido era de um jingoísmo alarmante, e acho que isso perturbava Roger de uma maneira muito particular. *The Final Cut* se tornou uma ferramenta concreta para expressar seu horror diante desses acontecimentos.

Eu não tinha como deixar de simpatizar com esses sentimentos políticos, mas acho que a visão de David era de que o álbum estava deixando de ser um trabalho coletivo. David queria tempo para produzir material próprio. Roger, agora totalmente motivado, não estava interessado em esperar. Queria avançar e, quando ele enfia uma coisa na cabeça, deixa pouco espaço para a procrastinação dos demais. Além disso, ele parecia duvidar da capacidade de David de produzir alguma coisa no futuro imediato.

Sem dúvida, quando Roger impôs um prazo final para a conclusão do álbum, a criatividade de David pareceu estancar. Não acho que tenha sido uma manobra de poder consciente por parte de Roger. Desconfio que ele talvez tenha ficado furioso ou simplesmente impaciente com a aparente falta de agilidade de David para produzir material, ou pode ser que na cabeça de Roger ele já estivesse caminhando para a carreira solo, e só quisesse que David e eu o ajudássemos com suas aspirações. Durante as gravações de *The Wall*, havíamos conservado alguns vestígios de democracia, mas mesmo esses vestígios estavam ameaçados. A questão logo se transformou em um "problema", e, como um submarino ameaçador, ergueu um periscópio sobre as águas turvas da nossa relação.

O resultado foi que todas as letras do álbum acabaram sendo compostas por Roger. As contribuições de David foram minimizadas – com exceção de seus solos de guitarra, que nem mesmo Roger seria tolo de tentar influenciar – e, o que foi mais significativo, Roger decidiu assumir a maior parte das funções no vocal, permitindo que David cantasse uma única canção, "Not Now John". No passado, as entonações do vocal de David inevitavelmente provocavam mudanças sutis na estrutura melódica das canções de Roger. Então, esta mudança, e a perda do som característico do teclado de Rick, significaram o desaparecimento de elementos essenciais daquele que havia se estabelecido como "o som do Pink Floyd".

Outro elo perdido foi Bob Ezrin. No linguajar usado por bandas, essa divisão de águas poderia ser descrita como "diferenças musicais", mas na realidade pode ter sido causada por uma série de incidentes: Roger ainda estava furioso por uma entrevista infeliz que Bob concedeu a uma revista americana pouco antes dos shows de *The Wall*. Um amigo jornalista (que deixou de ser amigo) conseguira arrancar de Bob – e publicar – uma descrição completa do show, incluindo a revelação exclusiva do muro caindo como o *grand finale*. Bob estava morrendo de vergonha por essa traição, mas, para botar lenha na fogueira, o jornalista também deu créditos a Bob por muito mais do que ele merecia, ou pelo menos mais do que achávamos que merecia.

Bob, então, recebeu um telefonema de Steve ameaçando litígio e insinuando que, como falar com a imprensa era uma violação de contrato, ele poderia não receber nada dos royalties pelos quais tanto trabalhou. Bob ficou abalado com tudo isso. Ele subitamente havia deixado de ser alguém do círculo íntimo para se tornar *persona non grata*. Deixou-se claro que ele não seria nem mesmo bem-vindo nos shows. Hoje penso que nós simplesmente não fazíamos ideia de quanto nossa reprovação conjunta podia ser pavorosa. O disco estava apenas começando a dar sinais de ser um grande sucesso, e Bob não pôde sequer desfrutar desse momento de glória.

Com o tempo, toda essa questão foi deixada de lado, mas alguns anos depois a poeira ainda estava impregnando a atmosfera em vez de assentar, e Roger certamente não estava pronto para aceitar Bob de volta – presumindo que Bob quisesse. Na minha opinião, isso foi lamentável. A mente de Bob pode ser confusa, mas ele está sempre preparado para dizer o que pensa…

A lacuna deixada por Bob foi, em parte, preenchida por Michael Kamen, que era não só um compositor muitíssimo reconhecido – e posteriormente indicado ao Oscar –, como também um tecladista talentoso. Michael havia estudado oboé na Julliard, em Nova York, e começou a compor música cinematográfica nos anos 1970. Depois de *The Wall*, ele compôs a trilha sonora de *Brazil – O filme*, *Mona Lisa*, *Duro de matar*, *007: Licença para matar*, *Robin Hood: o príncipe dos ladrões* (pelo qual obteve sua indicação ao Oscar), *Mr. Holland: adorável professor* e outros filmes, além de criar a música para a série de TV *No limite das trevas*.

Isso resolveu os problemas práticos que surgiram com a saída de Rick. No entanto, Michael não tinha interesse algum em uma abordagem confrontadora para fazer discos. Na verdade, ele não tinha necessidade disso. Simplesmente continuava produzindo um trabalho maravilhoso independentemente das circunstâncias. Seu trabalho em *The Wall* havia sido feito sem qualquer contato cara a cara, e as disputas políticas da banda simplesmente não lhe diziam respeito.

Grande parte do trabalho para *The Final Cut* foi feita no Mayfair Studios em Primrose Hill, no norte de Londres. Além de sua localização conveniente, perto de um restaurante que todos adorávamos, James Guthrie estava ansioso para trabalhar lá. Na ausência de Bob, James foi a escolha óbvia como engenheiro e coprodutor, especialmente por sua capacidade de navegar com tranquilidade a complexa empreitada de trabalhar com todos nós. Em 1981, ele havia nos ajudado a regravar "Money" para o lançamento da compilação *A Collection of Great Dance Songs*. Dave havia programado o ritmo e a base na Linn Drum Machine, uma máquina de ritmos que acabava de ser lançada, e então eu fui para o estúdio para sobrepor com a bateria de verdade. Infelizmente, houve algumas discrepâncias entre o meu ritmo e o da máquina, e James achou que precisava me confrontar diretamente. Explicou que havia alguns problemas de consistência tanto no timbre como no tempo. Ele recorda que ouvi atentamente seus comentários, assentindo e ponderando cada palavra, e então respondi: "Humm, o tempo e a consistência nunca foram o meu forte. Eu sempre fui muito melhor nas festas depois do show".

Uma série de outros estúdios foram usados para *overdubs* específicos, incluindo Olympic, RAK, Eel Pie e os próprios estúdios nas casas de Roger e de David, ambos os quais, a essa altura, estavam equipados em nível profissional. O nome do estúdio de Roger, Billiard Room, indica o que havia lá além do gravador de vinte e quatro faixas...

Parte disso foi um desejo de evitar voltar ao Britannia Row, que, apesar de ter melhorado muito tecnicamente, ainda carecia de uma série de qualidades que James considerava essenciais. Provavelmente, também foi uma decisão sábia usar estúdios neutros em vez do Britannia Row: enclausurados em nosso próprio abrigo nuclear, as coisas poderiam ter se tornado fatalmente explosivas do lado de dentro, em vez de fora. O único obstáculo técnico real que enfrentamos em Mayfair foi o assistente que perdeu a hora e nos deixou trancados para fora em um fim de semana logo antes do Natal, quando todos tínhamos feito um esforço especial para comparecer – para sua própria segurança, ele foi aconselhado a não voltar no Ano Novo.

Em certa ocasião durante a gravação de *The Final Cut*, James se lembra de uma sessão um tanto tensa no Billiard Room, com Roger tentando aperfeiçoar uma determinada sequência vocal: "Roger estava em sua posição habitual, sentado na beirada da mesa de bilhar, com os fones de ouvido e cantando. Na maioria dos dias, Roger estava calmo e era capaz de chegar rapidamente a uma interpretação comovente. Mas não dessa vez. O tom não vinha fácil, e a tensão começou a se acumular. Michael simplesmente não estava no clima. Ele não dizia uma palavra havia um bom tempo, e sua atenção estava nitidamente em outro lugar. Ele rabiscava com grande concentração em um bloco de notas."

Depois de um tempo, Roger, distraído pela visível falta de interesse de Michael, entrou com tudo na sala de controle querendo saber o que Michael estava escrevendo. "Michael concluiu que devia ter feito algo inominável em uma vida passada, algum carma que ele agora estava pagando por ter que suportar tantas repetições da mesma interpretação vocal. Então ele havia escrito várias vezes em seu bloco de notas, página após página, linha após linha, 'I must not fuck sheep' ("Não devo trepar com ovelhas"). Ele não sabia exatamente o que tinha feito na vida passada, mas 'I must not fuck sheep' parecia um bom palpite."

Alguns anos depois, quando Michael estava em uma turnê como parte da banda de Roger, cada membro da equipe recebeu uma camiseta. Todas elas tinham a frase "Am I really cost effective?" ("Será que eu valho o meu salário?") escrita de maneira espelhada (para que fosse a primeira coisa que lembrassem toda manhã diante do espelho), ao passo que os membros da banda tinham mensagens personalizadas em suas camisetas. A de Michael era “ꟼƎƎHƧ ꓘƆUꟻ TOИ TƧUM I”… tanto Michael como James, de maneira, talvez, um tanto surpreendente, pertencem ao mesmo grupo seleto de colaboradores que sobreviveram para trabalhar com todos nós novamente.

Minha própria participação no processo foi mínima durante um certo período. Eu passava cada vez mais tempo pilotando carros: em 1981, não pude ir a Le Mans, já que os shows do *The Wall* tinham prioridade. Steve, no entanto, virou membro temporário do *jet set* ao pilotar no começo da corrida, antes de voltar às pressas para Earls Court para o show no sábado à noite, e então regressar ao circuito para a segunda metade da corrida no domingo de manhã. Para compensar, organizei uma estratégia de promoção particularmente inteligente ao encorajar Wilfred Jung, o presidente da EMI Alemanha, a patrocinar o Lola 298, da Dorset Racing, para correr na corrida de mil quilômetros de Nürburgring em 1981, estampado para promover *The Wall*. Isso, na verdade, não foi tão difícil, já que Wilfred era fanático por corrida automobilística. Acho que ambos sentimos que essa era exatamente a maneira de consolidar as relações entre os artistas e a empresa. No ano seguinte, voltei a Le Mans e dividi o volante com Steve. Entre a busca de patrocínio, as sessões de prática e uma sociedade desastrosa com uma equipe de Grand Prix, é de se admirar que eu ainda encontrasse tempo para ir aos estúdios…

Ainda assim, passei alguns dias gravando algumas bases de bateria e dediquei certo tempo a aparecer por ali para demonstrar boa vontade e lembrar a eles que eu existia. Estas tarefas pouco exigentes só aumentaram quando ficou claro que outro ingrediente estava faltando para corresponder às expectativas: os efeitos sonoros holofônicos não estavam funcionando. No início das gravações, fomos procurados por um inventor italiano chamado Hugo Zuccarelli. Ele afirmou que havia concebido um novo sistema holofônico que podia ser gravado diretamente em uma fita estéreo. Nós estávamos céticos, porque algumas incursões anteriores no maravilhoso mundo dos *quads* durante os anos 1970 se mostraram extremamente complexas. O processo de gravação de *quads* exigia uma enorme quantidade de espaço de faixa e, aparentemente, ajustes infindáveis nos botões de controle para colocar os sons no espectro quadrifônico. Não só o processo era extremamente complicado em quase todos os aspectos, como também o número de lunáticos preparados para situar a poltrona no centro da sala de estar a fim de desfrutar ao máximo a experiência era insuficiente.

No entanto, o sistema holofônico – ou de “som total” – de Hugo Zuccarelli era diferente. Funcionava de verdade. Ainda não sei exatamente como, porque ele só usava um par de microfones estéreo dentro de uma cabeça artificial. Isso conferia uma qualidade sônica espacial que, quando ouvida com fones de ouvido, replicava a maneira como o ouvido humano funciona na vida cotidiana. A primeira fita demo de Hugo era realmente impressionante: eu me lembro de um efeito em que uma caixa de fósforos era chacoalhada e movimentada ao redor da sua cabeça, de modo que parecia estar atrás, acima ou abaixo. Se você fechasse os olhos enquanto escutava com os fones de ouvido, era bem desorientador e muitíssimo convincente.

Nós imediatamente decidimos usar o sistema para todos os efeitos sonoros no álbum, e eu me ofereci para escoltar a cabeça holofônica (que atendia pelo nome de Ringo) a vários lugares para capturar o som de sinos de igreja ou de passos. Roger ficou particularmente impressionado com o efeito Doppler do trânsito, e do efeito musical que era criado quando mudava o tom do veículo que passava. Finalmente, minha experiência com corrida de carros deu retorno: passei muitas horas capturando os sons da autopista Queen’s Highway e tentando registrar pneus cantando no campo de provas da Hendon Police Driving School (um fracasso total, já que até mesmo com os freios totalmente pressionados os carros patinavam sobre as manchas de óleo com um silêncio misterioso).

Roger também queria sons de aviões de guerra. Por meio de um contato com altos escalões das forças aéreas, obtive permissão para gravar uma série de Tornados na base aérea de Honington, em Warwickshire. Foi uma experiência extraordinária ficar no fim da pista tentando obter um nível de som tão intenso que, quando os pós-combustores eram ligados, o ar crepitava com sobrecarga sônica. Também contei com minha rede de velhos companheiros para persuadir um amigo que pilotava Shackletons a gravar um dos aviões durante o voo. A ideia de passar meio dia sobrevoando o oceano em busca de submarinos não existentes não me entusiasmava, mas Ringo, corajosamente, aceitou a missão, e regressou para o café da manhã e as medalhas, junto com doze horas de gravação de ruídos de aeronaves zunindo. Ainda sinto uma ponta de culpa por ter obtido tanta ajuda de amigos dentro das forças armadas, sendo que todo esse trabalho acabou sendo usado em um álbum de protesto. Espero que tenham me perdoado.

Foi uma pena que antes mesmo de eu começar a trabalhar em *The Final Cut*, Roger tenha considerado necessário anunciar de maneira agressiva que, como o que eu fazia era "tocar bateria", eu não tinha direito a receber créditos ou royalties adicionais por nada desse trabalho. Isso realmente pareceu um comportamento que começava a beirar a megalomania, sobretudo porque eu não apresentava nenhuma ameaça para seus planos. Decidi olhar para o lado bom: pelo menos era uma maneira de escapar do clima pesado no estúdio.

Se eu não estava me divertindo muito, para David também não estava sendo nada fácil. Roger ignorava deliberadamente qualquer sugestão de David, e provavelmente era por isso que ele queria Michael a bordo para opinar. Em muitos aspectos, Michael foi um substituto tanto de David como de Rick e Bob, considerando sua capacidade melódica e sua experiência com letra e arranjo. Pode muito bem ter sido paranoia, mas parecia que David estava sendo excluído. Na época em que *The Final Cut* foi finalizado, Roger era quem de fato comandava o show. Acho que sempre havíamos trabalhado com base na ideia de que os compositores das letras deveriam ter a palavra final sobre como o trabalho deveria ser produzido. Com nenhuma contribuição lírica da parte de David, seu papel inevitavelmente foi diminuindo.

No entanto, eu não tenho lembranças de discutir se o álbum deveria ser lançado como um trabalho solo de Roger. Em todo caso, provavelmente já teria sido tarde demais. A gravadora estava esperando um álbum do Pink Floyd, e não teria recebido bem uma obra solo de Roger Waters. Eu teria resistido, porque penso que isso sinalizaria o fim da banda, e tenho uma tendência infeliz a agir movido pela crença de que "se não fizermos nada, talvez o problema desapareça". E a opção de começarmos tudo de novo em um álbum coletivo em algum momento no futuro parecia impensável. Obviamente devíamos ter resolvido esses problemas na época, mas de algum modo nos esquivamos por completo.

Embora tivéssemos uma capacidade notável de enfurecer e chatear uns aos outros e ainda assim permanecer impassíveis, nunca adquirimos a habilidade de falar uns com os outros sobre questões importantes. Depois de *The Dark Side of the Moon*, todos nós mostramos uma tendência pronunciada a criticar sem muita consideração – e a receber muito mal as críticas. Roger às vezes é acusado de gostar de conflito, mas eu não acho que seja assim. Penso que Roger muitas vezes não está ciente do quanto ele pode ser alarmante, e, quando vê o confronto como necessário, está tão comprometido com ganhar que coloca tudo em jogo – e seu tudo pode ser bem assustador. Vendo pelo lado bom, penso que esta é uma grande vantagem quando ele joga golfe, tênis e pôquer… David, por outro lado, pode não ser tão alarmante inicialmente, mas quando se decide por uma linha de ação, é difícil convencê-lo do contrário. Quando seu objeto estático encontrou a força irresistível de Roger, foi inevitável que surgissem dificuldades.

O que se seguiu foi uma discussão gigantesca sobre os créditos; por fim, o nome de David desapareceu, embora se tivesse acordado que ele ainda seria pago. Michael Kamen permaneceu como coprodutor – junto com James Guthrie.

Por que estávamos preparados para seguir em frente com o que parecia ser um golpe de estado de Roger? Nós aceitávamos como inevitáveis tantas coisas que, olhando para trás, parecem ter sido desnecessárias. Essa obediência covarde talvez tenha sido resultado de mudanças graduais forjadas na estrutura da banda ao longo da década anterior. Talvez por falta de confiança em suas próprias habilidades para compor, David pode ter sentido que, se enfrentássemos essas questões, estaríamos arriscando perder Roger e ser incapazes de seguir em frente. Ou, depois da saída de Rick, talvez tenhamos tido receio de ser marginalizados e então ter nossas saídas negociadas individualmente. É doloroso para mim admitir, mas, quaisquer que sejam as razões, a tendência a pintar Roger como o grande vilão, embora tentadora, provavelmente é equivocada.

Eu me lembro desse período como particularmente tenso, com uma sensação de ter que fazer esforço para que as coisas não saíssem dos eixos. Minha própria vida não estava exatamente na mais perfeita ordem. Eu estava me separando de Lindy e prestes a entrar em um novo relacionamento com minha atual esposa, Annette. Considerando minha propensão a evitar confrontos em questões emocionais e na vida real, seria um eufemismo dizer que esta não foi uma época fácil. Foi particularmente horrível para Lindy e minhas duas filhas, Chloe e Holly, embora eu tenha a impressão ruim de que provavelmente senti que era eu quem estava sofrendo de verdade.

Na época do lançamento do álbum, em março de 1983, outra relação do Pink Floyd havia sido cortada. Devido a um orçamento estourado em uma filmagem, Storm e Po haviam desfeito o Hipgnosis (citando "diferenças visuais", talvez) e, apesar do envolvimento de Gerald Scarfe em *The Wall*, seria razoável por parte de Storm esperar que ficasse com o trabalho. No entanto, tanto Gerry como Storm foram deixados de lado, e Roger escolheu desenhar a capa pessoalmente. Ele usou Willie Christie para tirar fotos – acho que isso foi um pouco constrangedor para Willie, já que, além de um excelente fotógrafo, ele era cunhado de Roger –, mas a ausência do Hipgnosis contribuiu para a impressão de um réquiem sendo tocado para o Pink Floyd de antes.

Não acho que Roger se sinta totalmente satisfeito com *The Final Cut* – acho que um dos comentários que ele fez foi "com defeitos profundos" –, mas deve haver muitas coisas no álbum que o agradam. O fato de ser dedicado a seu pai revela o quanto o disco era pessoal para ele, e, de certo modo, o quanto era desvinculado do resto de nós. Para mim, o álbum representa uma época tão difícil da minha vida que isso impede qualquer opinião concreta sobre as composições musicais. Como todos os nossos álbuns, o disco final acabado é mais um diário de um certo número de meses da minha vida do que uma obra musical que eu possa apreciar de maneira objetiva.

A música é capaz de acessar diretamente uma fase específica da sua vida, e você pode manter afeição por canções horrorosas durante anos e anos (como disse Noel Coward, "é extraordinário como a música medíocre é potente"). Para os músicos que estão gravando, o estranho é que esse marco temporal está fora de sincronia, já que a realidade de um álbum, na verdade, existe em um período de até um ano *antes* do seu lançamento. Para mim, *The Final Cut* é a segunda metade de 1982, em vez de 1983...

Depois que *The Final Cut* foi finalizado, não havia nenhum plano para o futuro. Eu não me lembro de ter havido divulgação alguma, e não se falava em apresentações ao vivo para promover o disco. De todo modo, teria sido difícil imaginar um show que pudesse vir depois de *The Wall*. Mas este foi outro fator que influenciou a maneira como David e eu enxergávamos o futuro. Tanto David como eu considerávamos tocar ao vivo e fazer turnê uma parte integral de estar em uma banda. Se ser parte de um Pink Floyd liderado por Roger significava que não haveria shows ("devido à indisciplina, todas as turnês foram canceladas desta vez") e só irritação no estúdio de gravação, a perspectiva futura parecia pouco atraente.

Dessa forma, David e Roger saíram para trabalhar em projetos solo. O álbum e a turnê de *About Face*, de David, se concentraram mais em tocar e menos no espetáculo. Grande parte do material tocado era de seus álbuns solo, mas a turnê e o álbum nos ajudaram mais tarde de várias maneiras: mostraram David em seu melhor como músico, e a relação sólida que ele foi capaz de construir com a imprensa e a gravadora foi extremamente útil quando mais precisamos, quatro anos depois. Também pode ser que ele tenha sentido necessidade de montar o show cênico completo se quisesse encher os grandes estádios.

Pouco antes de sua turnê chegar ao Hammersmith Odeon, David me procurou e propôs que seria bom se Rick e eu fizéssemos uma aparição no fim do último show em Londres para tocar "Comfortably Numb" com ele. Parecia divertido, e eu cheguei naquela tarde para ensaiar e testar o som tocando com a bateria de outra pessoa. Isso me pareceu um pouco estranho, em particular porque eu não tocava aquela música havia quatro anos, mas Chris Slade, o baterista da turnê de David, não poderia ter sido mais gentil. Depois de anos vendo bateristas cederem sua bateria a contragosto e dizendo "Não use a caixa", ficou comprovado que, quanto mais habilidoso o baterista, mais relaxado o comportamento… A música soou maravilhosa e nós amamos tocá-la. Odeio cair em conversa metafísica, mas acho que sentimos uma magia especial em tocar juntos outra vez, e penso que este foi um momento que contribuiu para os acontecimentos subsequentes de 1986.

Roger, enquanto isso, estava revivendo o projeto *Pros and Cons of Hitch Hiking*, para o qual ele havia preparado demos anos antes, como uma alternativa a *The Wall*. O álbum foi lançado logo depois dos shows de David no Hammersmith, e depois disso Roger montou sua própria versão de uma turnê do Pink Floyd, usando novas animações de Gerry Scarfe, além de elementos de Fisher Park. Eu fui ver o show dele em Earls Court, e achei que a experiência teve um efeito incrivelmente deprimente em mim. A primeira metade era composta de números do Pink Floyd, e me deu a impressão de ser um Peter Pan (um tanto velho) na janela do quarto das crianças – aquele era meu papel sendo cumprido por outra pessoa. Em retrospecto, vejo que aquele evento provavelmente foi decisivo para me reanimar. Eu percebi que não poderia desapegar tão facilmente e ver o trem partir sem mim.

Rick estava trabalhando com Dave Harris em um projeto chamado *Zee* (eles lançaram um álbum quase ao mesmo tempo que Roger), e eu me envolvi em um curta-metragem documental que combinava música e corrida de carros. Ele, inclusive, encaixou perfeitamente com uma colaboração que eu havia formado com um amigo, Rick Fenn, o tecladista da banda 10cc com quem eu havia fundado uma pequena empresa para fazer músicas para filmes e comerciais.

A ideia para *Life Could Be a Dream* incluiu um acordo com a Rothmans e com sua equipe de Porsches 956 no Campeonato Mundial de Resistência da FIA. Eu pilotaria com a equipe da empresa em algumas das corridas de mil quilômetros com uma câmera a bordo. Como bônus, faria uma corrida em Le Mans com René Metge e Richard Lloyd (por mera coincidência, Richard havia sido produtor na Decca e foi responsável por gravar a primeira canção de Rick com Adam, Mike & Tim). Com uma trilha sonora, achamos que isso poderia ter algum potencial comercial. Devo admitir, com tristeza, que tive pouquíssimo remorso quanto a vestir todos os logos da fabricante de tabaco – e prestei pouca atenção a como dar conta de questões difíceis sobre tabagismo. Então, seguimos para a produção de um álbum, que incluiu um single chamado “Lie for a Lie”, em que David generosamente fez o vocal. Mesmo com a ajuda dele, não conseguiu chegar perto o bastante das paradas nem para manchar a pintura, que dirá riscá-la.

Havia pouca chance de o Pink Floyd fazer um show junto nesse período, embora em 1985 houvesse uma vaga possibilidade de aparecermos no Live Aid. No fim, David foi o único de nós que apareceu no show, tocando guitarra com Bryan Ferry, o que o levou a conhecer o tecladista Jon Carin.

Usei o tempo livre adicional para aprender a pilotar avião, e finalmente superei os medos que foram fomentados pelos tantos voos tensos durante as turnês. Isso obviamente estabeleceu uma tendência, e em algum momento David também obteve sua licença de piloto – bem como Steve O'Rourke. Acabamos compartilhando aviões durante alguns anos, e nos assustando muito mais do que em todos aqueles voos comerciais.

Essa fase de projetos solo – que poderia ter oferecido a nós quatro um respiro necessário –, na verdade, só serviu para criar outra fonte de insatisfação. Roger, nessa época, havia decidido que renegociaria seu acordo individual com Steve, e quis manter essas negociações confidenciais. Steve sentiu, tanto por razões morais como também, provavelmente, por razões financeiras, que tinha a obrigação de informar o resto de nós. Essa traição – aos olhos de Roger –, combinada à sua crença de que Steve tendera a representar David com mais afinco durante as negociações ariscas de *The Final Cut*, levou Roger a querer substituir Steve como seu empresário.

Nós nos reunimos e conversamos; inclusive tivemos uma reunião relativamente tranquila em 1984 em um restaurante japonês, confortada por sushi e saquê, para discutir todas as coisas que não faríamos – e então Steve se uniu a nós para saber o que havia sido conversado. Roger, sem dúvida, se deixou levar por nossa boa vontade geral, e anuência acabou acreditando que aceitávamos que o Pink Floyd havia praticamente chegado ao fim. Enquanto isso, David e eu pensávamos que depois que Roger tivesse terminado *Pros and Cons*, a vida continuaria. Afinal, tivemos vários hiatos antes. Roger vê essa reunião como falsidade, e não diplomacia – eu discordo. Claramente, continuávamos não tendo a menor capacidade de comunicação. Saímos do restaurante com visões diametralmente opostas do que se havia decidido.

11. REINICIALIZAÇÃO... E RESTAURAÇÃO

EM 1986, DAVID E EU DECIDIMOS TENTAR FAZER outro disco, sem Roger. Não houve um momento específico de revelação em que resolvemos seguir adiante. David, na verdade, se convenceu logo e já estava trabalhando em uma série de demos. Então, seguiram-se várias meias conversas em que Steve O'Rourke pode ter dito: "Você quer...?", ou David pode ter me perguntado: "Bem, devemos ou não?". Depois de um tempo, essas discussões foram ganhando mais força e nós finalmente concordamos: "Vamos fazer". Depois que a decisão foi tomada, era irreversível. Foi um pouco como perder Syd em 1968: as opções alternativas só parecem preocupantes em retrospecto. Não sabíamos exatamente como seria feito, mas sentimos que poderia ser possível. Apesar de meu histórico pessoal como vira--casaca do rock, eu estava totalmente comprometido com a decisão. Ainda me sinto levemente surpreso com essa demonstração de força de vontade. Grande parte de nosso trabalho anterior tinha como base as composições e a direção de Roger, mas eu botava muita fé na capacidade de David para despertar relativamente rápido quaisquer habilidades latentes, assim como tinha confiança em sua voz e em seu talento como guitarrista, que haviam contribuído tanto para o som da banda.

Acho que não consideramos se haveria qualquer repercussão jurídica, mas certamente estávamos cientes dos riscos. Em uma época em que a imprensa ainda estava interessada na briga com Roger, havia uma possibilidade incômoda de darmos motivo para fazerem a festa ao lançar um disco que desse razão aos opositores, revelando que não passávamos de falsificadores avarentos. Outro terror em potencial era a possibilidade de sermos superados por nosso antigo colega nas prateleiras das lojas de discos, sempre um motivador significativamente poderoso, e uma denúncia triste de nossas motivações reais em comparação ao sonho de levar belas músicas a pessoas adoráveis. O dano a nossos egos era potencialmente mais prejudicial que quaisquer desastres financeiros.

Durante o processo de gravação, a luta em andamento com Roger seguiu inabalada, gerando seu próprio entretenimento como uma montanha-russa. Intermináveis telefonemas com advogados foram substituídos por longas reuniões, que frequentemente aconteciam nos arredores dickensianos dos Inns of Court. Na esperança de encontrar provas definitivas, horas de discussão giravam em torno dos aspectos mais maçantes de nossa história, ou seja, os pormenores jurídicos de coisas que achávamos que havíamos acordado verbalmente dezoito anos antes. O litígio é uma experiência notável, uma vez que se escolhe os gladiadores com base em suas habilidades de combate e depois senta-se confortavelmente para assistir ao espetáculo. Deve ser a forma de entretenimento mais cara que já encontrei, e também a mais estressante.

Longe da linha de frente jurídica, houve algumas discussões e tentativas de reconciliação. Uma noite, jantei com Roger, que me disse que se contentaria em ser liberado do contato de Steve. Infelizmente, Steve era uma parte significativa de nosso empreendimento e acho que sentíamos que tínhamos um laço com ele, talvez mais do que necessário. Parte do problema era que não havia nada por escrito. Havia um acordo verbal – com a mesma validade legal de um acordo escrito, pelo que nos disseram os advogados – entre Steve e a banda, o que significava que qualquer ação de um dos membros tinha que ser aprovada por todos os outros. As discussões foram ofuscadas por falta de entendimento, certamente por minha parte, sobre quais eram de fato as implicações – como resultado, as coisas continuaram incertas e a confiança ficou abalada. Em retrospecto, devíamos ter resolvido as coisas com Roger de imediato.

No entanto, eu achava que entendia o dilema de Roger. Por um lado, ele sentia que *era* o Pink Floyd e que havia carregado a banda nas costas durante dez anos ou mais como compositor e diretor de operações. Mas enquanto a banda existisse como qualquer tipo de entidade, ela representava um obstáculo real à sua carreira solo, uma vez que a gravadora estaria sempre esperando por um lançamento do Pink Floyd. Qualquer trabalho solo seu seria visto como um material intermediário e dificilmente receberia o tipo de apoio promocional dado a um álbum da banda.

O que Roger precisava de fato era que a banda se dissolvesse formalmente para abrir caminho para sua carreira solo, e ele provavelmente presumiu que isso aconteceria se ele retirasse seus serviços, dado que Rick, tecnicamente, não era mais um membro, eu não tinha feito muita coisa além de corridas de carro e ser proprietário de uma oficina mecânica, e mesmo David tinha se tornado mais um produtor e guitarrista convidado de outros músicos do que um membro da banda. O que ninguém esperava era a reação de David ao que eu acho que ele sentia como uma falta de crédito e exposição por suas contribuições e ideias. A divisão do lucro – e, mais particularmente, do crédito – com frequência é injusta, mas talvez ela tenha sido o mais injustiçado. Mesmo eu, que não sou propenso a confrontos, fiquei ressentido ao sentir que, depois de vinte anos, estavam me dizendo para ficar quieto e me aposentar.

Embora no passado eu costumasse ficar do lado de Roger que, afinal, era um de meus amigos mais antigos, fiquei humilhado com a sugestão de que não havia contribuído com nada e agora, sem ele, ficaria desempregado. Uma frase que atribuem a mim, e de que gosto particularmente, é: “Roger gostava de dizer que ninguém é indispensável e… ele estava certo”.

Em retrospecto, Roger provavelmente cometeu um erro tático ao entrar na justiça – e em algum momento todos tivemos que ir ao tribunal. No entanto, como “paciência” não é uma palavra que faz parte do dicionário de Roger, seu desejo inato de agir significava que ele estava disposto a deixar tudo em ebulição – conseguindo o resultado oposto ao que pretendia. Para David, em particular, um dos grandes estímulos foi o fato de Roger, ao saber dos planos para um novo disco, ter dito a ele: “Você nunca vai conseguir”.

Roger já havia declarado que achava que o Pink Floyd tinha terminado, e sua desavença com Steve aumentara. Com todos irritados, cavamos trincheiras para manter nossas respectivas posições e nos recusamos a ceder. Roger iniciou a falsa guerra anunciando ao mundo que a banda “tinha terminado”. Foi uma surpresa para todos nós. E acabou sendo mais um incentivo para fazer o disco.

A motivação estava presente em grandes quantidades. Então, voltamos nossa atenção para como, com quem e para onde seguiríamos. O *quando* não era problema. Não havia obrigações com gravadoras e não estávamos comprometidos com datas de turnês. Fazer o disco poderia determinar inicialmente o ritmo do trabalho.

O *como* estava centrado primariamente nas escolhas de David para parceiros de composição e de trabalho. Uma decisão inicial foi trazer Bob Ezrin como coprodutor. Infelizmente, ele tinha sido considerado como produtor do álbum de Roger, *Radio KAOS*, que estava sendo gravado na mesma época. Bob afirma que havia estabelecido que não trabalharia no disco de Roger porque não conseguiam chegar a um consenso de agendas. Especificamente, Bob queria evitar longas jornadas longe de casa; Roger queria avançar logo e terminar o trabalho. O fato é que Roger sentiu-se traído quando Bob assinou com “a oposição”. Segundo Bob, a essa altura Roger se referia a nós como “os Muffins”.

Na ocasião, Pat Leonard, que tinha trabalhado anteriormente com David e estava cotado para nosso disco, acabou indo trabalhar com Roger e ficou contente com a oportunidade, então ficamos quites. Andy Jackson foi contratado como nosso engenheiro de som; Andy tinha trabalhado com James Guthrie na trilha sonora do filme *The Wall*. Conhecendo James, esperávamos que escolhesse com sabedoria, e ele não nos decepcionou.

Depois da experiência de gravar *The Wall* na França, Bob provou estar completamente comprometido com o espírito do projeto. Uma de suas maiores qualidades era a capacidade de aplicar uma combinação específica de talentos a uma determinada situação. Ele rapidamente se deu conta de que, naquele álbum, sua função principal era apoiar David, agindo como catalisador e também como uma espécie de *personal trainer* musical. Bob era muito bom em estimular David a continuar.

No que diz respeito à composição de músicas, David resolveu fazer experimentações, trabalhando com inúmeros colaboradores em potencial para ver o que resultaria. Durante o processo, ele passou algum tempo com Phil Manzanera, guitarrista do Roxy Music, Eric Stewart, do 10cc, o poeta de Liverpool Roger McGough e a musicista canadense Carole Pope. O que ficou claro a partir desses testes era que David, na verdade, estava procurando um letrista, e essa pessoa acabou sendo Anthony Moore, que tinha feito parte da banda Slapp Happy, que muito tempo antes havia estado na lista da Blackhill Enterprises.

O local estabelecido para os primeiros estágios de gravação foi o *Astoria*, estúdio na casa-barco de David, atracado no rio Tâmisa, perto de Hampton Court. Essa curiosa embarcação tinha sido construída no início dos anos 1910 (ao custo de 20 mil libras – uma enorme soma na época) para um velho empresário de *music halls* e shows de variedades chamado Fred Karno – o Harvey Goldsmith de sua época – que recebia pessoas como Charlie Chaplin a bordo.

O *Astoria* tem vinte e sete metros de comprimento e espaço para uma orquestra com setenta músicos no telhado, se assim fosse desejado (preferimos não arriscar). David estava morando a alguns quilômetros de distância quando o comprou, quase por um capricho, como um estúdio caseiro aquático.

Para atender ao músico do fim do século XX, David, auxiliado por Phil Taylor, havia construído um estúdio na sala de jantar convertida – um pouco pequeno, mas com lugar suficiente para uma bateria, baixo e teclado eletrônico. A sala de controle, montada na sala de estar principal, tinha janelas dos dois lados com vista para o rio, e uma terceira janela que dava para o jardim da margem. O barco também tinha espaço suficiente para todo o equipamento de apoio.

Iniciamos a gravação usando um equipamento analógico de vinte e quatro faixas com *overdubs* feitos em um gravador digital Mitsubishi de trinta e duas faixas. Isso marcou nossa primeira incursão no campo da gravação digital em fita. Essa nova tecnologia tinha inúmeros benefícios – incluindo qualidade de som aprimorada e nenhuma degradação –, assim como a casa-barco. Phil Taylor lembra que durante a gravação de *A Momentary Lapse of Reason*, David navegou rio acima, permaneceu a bordo durante um fim de semana, e gravou "Sorrow" inteira, incluindo todas as partes de guitarra, vocal e a bateria eletrônica, de modo que quando nos reunimos na segunda-feira, faltavam apenas alguns retoques.

The Trout, uma lancha dos anos 1930, estava atracada ao lado, disponível para qualquer um que precisasse ir embora, ou mesmo para quem morasse por perto ir para casa se estivesse com a carteira de motorista suspensa. Ainda parecia bem radical ter uma vista do mundo exterior – e uma vista bastante atraente (depois de alguns anos, no entanto, tornou-se obrigatório gravar em lugares igualmente bonitos). Aquela se provou uma fórmula bem-sucedida, e um ambiente tão agradável que mesmo que o trabalho estagnasse, ninguém sentia a necessidade de sair às pressas.

De vez em quando, havia um movimento enervante quando barcos grandes navegavam acima do limite de velocidade, mas o resto do trânsito pesado, além de um ou outro barco a remo, eram as centenas de cisnes do porto local. Uma vez, recebemos a visita de uma equipe de televisão que não havia sido convidada e que, carente de audiência, alegou ter vestido roupas de mergulhador e, em uma cena que lembrava o filme *Sob as ondas*, ficou debaixo d'água para nos gravar trabalhando. Eles precisariam ter ficado ali por tanto tempo, e passado tanto frio, para conseguir um fragmento de som encharcado, que acho que a história pode ser arquivada junto com outra que declara que tiramos nossa inspiração da visita de seres de outro planeta...

Uma ameaça mais séria foi causada quando o rio passou a subir tão rápido que o barco inteiro começou a se inclinar conforme esbarrava em uma das pilastras que o mantinham no lugar. A possibilidade de o *Astoria* desaparecer nas águas espumosas enquanto a banda tocava, no estilo de Titanic, era apavorante demais, embora eu goste de pensar que Leonardo DiCaprio teria capturado com sucesso meu charme juvenil no épico feito para a TV que certamente seria produzido. Mas nosso fiel barqueiro e zelador Langley estava a postos para soltar a amarra que oferecia o problema. Aliviados e gratos, mais tarde o convidamos para ser o personagem principal (fazendo o papel de um remador) nos filmes que seriam exibidos na turnê. Como Langley mora no barco, e rema todos os dias, ele é o equivalente mais próximo que já conheci do personagem Ratty de *O vento nos salgueiros*.

A vida de trabalho a bordo foi enormemente aprimorada pela nova tecnologia disponível desde *The Wall* e *The Final Cut*. Nesse ínterim, softwares e equipamentos de computador tinham se tornado padrão na sala de controle. Como a maior parte dos avanços tecnológicos, a grande vantagem da informatização era que todo tipo de decisão podia ser adiado enquanto uma variedade infinita de opções de sons e edição era testada.

Foi nesse álbum que incorporamos pela primeira vez quantidades significativas de *samples*; eles eram fáceis de manipular e as músicas podiam ser desenvolvidas a partir dos sons deles. Para as partes de bateria, o tempo, as viradas de bateria e até mesmo os elementos do compasso agora podiam ser alterados, com uma variação deliberada no tempo, pensada para torná-lo um pouco mais humano. Obviamente, um computador ainda não consegue jogar um aparelho de televisão pela janela de um hotel, nem encher a cara e vomitar no tapete, então não havia muito perigo de substituírem os bateristas por um bom tempo.

Na verdade, fiquei impressionado com os computadores nesse disco. Eu não tocava a sério havia quatro anos e nem gostava do som ou da sensação de meu próprio estilo de tocar. Talvez tivesse sido desmoralizado pelo conflito com Roger. Certamente tive dificuldade para tocar algumas partes de modo satisfatório. Com a pressão do tempo, entreguei várias partes para alguns dos melhores músicos de sessão de Los Angeles, incluindo Jim Keltner e Carmine Appice – uma sensação estranha, como entregar seu carro a Michael Schumacher. Não era apenas uma atitude derrotista, mas também significava que depois eu teria que aprender a porcaria dos trechos de bateria para tocar ao vivo (uma experiência para arquivar na pilha de “nunca mais fazer isso na vida”).

Os artistas convidados fizeram parte de um pânico geral quando – com Bob sentindo falta de casa e a necessidade de um estúdio maior – transferimos a operação, sem parar para pensar muito bem, para Los Angeles, sua terra natal. No A&M Studios, pudemos admirar os talentos não apenas dos senhores Keltner e Appice, mas também o saxofone de Tom Scott e o trabalho de Bill Payne, do Little Feat, no teclado. Bob Dylan também estava gravando no A&M, então toda a experiência pareceu um retorno ao mundo real da música depois dos cisnes e dos sanduíches de pepino no *Astoria*.

Enquanto estávamos na Califórnia, encontrei uma nova espécie de ser humano: o especialista em bateria – não o venerável *roadie* que garantia que a bateria estivesse montada corretamente, mas um mágico que conseguia tirar sons sem precedentes das fontes disponíveis. O especialista em bateria chegava com uma van lotada de equipamentos, olhava com desdém para minha bateria, e começava a montar uma série de materiais com sons fabulosos: uma seleção de meia-dúzia de caixas, repletas de nuances sutis, e uma miríade de chimbais. Aquilo me abriu completamente os olhos; era como ter um mordomo sempre à mão, mas que me apresentava pratos de baterias coordenados em vez de gravatas.

Rick juntou-se ao projeto bem depois e ficou de fora dos cursos e repercussões jurídicas por parte de Roger. Tratou-se principalmente de uma questão prática. Havia certa confusão em relação à posição de Rick dentro da banda. Quando David e eu decidimos falar com Rick pela primeira vez, descobrimos que, escondida no meio de seu contrato de saída de 1981, havia uma cláusula que o impedia de voltar ao grupo. Consequentemente, tivemos que tomar cuidado ao definir o que constituía ser um membro da banda; apenas David e eu aparecemos na capa do álbum.

A maioria das canções de *Momentary Lapse* tinha sido feita antes de começarmos a gravar e, como consequência, havia muito poucas sobras de estúdio. Quando fui para Los Angeles ouvir o trabalho em andamento nas primeiras mixagens, fiquei ligeiramente surpreso. Parecia que havia elementos auditivos demais. Tínhamos gravado muito material, e grande parte dele parecia estar na mixagem. Concordamos que o som não estava bom, e a versão final ficou com muito mais espaço e ar.

Algumas coisas me impressionaram no disco finalizado. Em retrospecto, acho que eu deveria ter tido autoconfiança para tocar os trechos de bateria. E, no início da vida pós-Roger, acredito que David e eu sentíamos que precisávamos fazer tudo certo ou seríamos massacrados. O resultado foi um disco muito "cuidadoso", em que assumimos muito poucos riscos. Todas essas coisas fazem com que eu me sinta um pouco afastado de *Momentary Lapse*, a ponto de nem sempre soar como se fôssemos nós. No entanto, "Learning to Fly", por alguma razão, se parece muito conosco – parece uma faixa muito "familiar".

Passamos as três semanas obrigatórias agonizando a respeito do título do álbum. Cada escolha tinha que ser aprovada em mais de um teste: Nós gostávamos? Era adequada à música? Roger e os críticos a usariam contra nós? Depois de um certo tempo, percebemos que não havia palavra ou frase no mundo de que fosse impossível zombar. Assim, depois de escolher *A Momentary Lapse of Reason*, uma frase tirada de uma letra criada por David e Phil Manzanera, passamos a nos preocupar com outros elementos.

Para a capa, recorremos novamente a Storm Thorgerson. Para manter a relação com o rio, cenário de uma boa parte da gravação, e uma letra que descrevia a visão de camas vazias, o conceito evoluiu para um rio de camas, fotografado por Saunton Sands em Devon, onde muitas das sequências de guerra do filme *The Wall* tinham sido gravadas. Tivemos todos os problemas possíveis, de maré alta a um clima instável. Um bônus foi que, com todos os materiais alternativos ao nosso dispor – CD, vinil, cassete, minidisc, versões para diferentes territórios – pudemos aproveitar ao máximo ideias de design que, em outra situação, poderiam ter sido descartadas, evitando assim longas discussões e decisões difíceis.

A essa altura, estávamos nos preparando para uma turnê. Michael Cohl, promotor canadense, revelou-se uma pessoa de extrema confiança em um momento no qual estávamos lutando com os estágios finais do álbum e com aspectos jurídicos. Michael promovia shows desde o fim dos anos de 1960, concentrando-se incialmente no Canadá e depois expandindo para o restante da América do Norte. Ele ficou bem envolvido com os Rolling Stones, promovendo sua turnê *Urban Jungle/Steel Wheels*, e posteriormente as turnês *Voodoo Lounge*, *Bridges to Babylon* e *Forty Licks*.

Michael estava confiante de que uma turnê podia acontecer e, correndo o risco de Roger conseguir um mandado judicial contra qualquer promotor que estivesse vendendo ingressos, começou a anunciar nossos shows. Em uma época em que nem nós sabíamos o que ia acontecer, um apoio como esse era inestimável e garantiu a Michael um lugar em nosso Hall da Fama particular. A venda adiantada dos ingressos foi forte; então nossas únicas preocupações passaram a ser: se seríamos ou não processados, se o público ficaria indignado quando Roger não aparecesse, e como pagar pelo tipo de show que desejávamos produzir...

Desde o início da década de 1980, o patrocínio tornou-se um elemento importante no financiamento de turnês, mas, embora atraente, não era uma opção disponível para nós. Com todos os elementos desconhecidos em relação a como seríamos recebidos – e a possibilidade de um tombo drástico –, não havia fila de marcas de refrigerante ou tênis à nossa porta. Não podíamos colocar todos os ingressos à venda e usar o dinheiro adiantado. A única forma viável de fazer o que queríamos era David e eu bancarmos os custos.

No meu caso, em particular, eu não dispunha dos milhões necessários, então fui ao equivalente a uma casa de penhores de luxo e empenhei minha Ferrari GTO 1962. Provavelmente meu bem mais valioso, além de um velho amigo da família (eu o havia comprado em 1977), aquele carro mais uma vez ampliava seu histórico de competição. Como o mercado automobilístico havia enlouquecido na época, com esse modelo no topo da loucura – um carro foi, supostamente, vendido por 14 milhões nesse período – então não tive muitos problemas para financiar minha parte dos custos da turnê.

Conforme reuníamos a equipe para trabalhar na turnê, encontrávamos cada vez mais tensão no senso de espírito esportivo e lealdade das pessoas. Para a cenografia do palco, abordamos inicialmente a Fisher Park, mas eles recusaram a oportunidade, pois já haviam se comprometido a trabalhar no show de *Radio KAOS*, de Roger. Era improvável que qualquer um dos lados aceitasse de bom grado compartilhar seus talentos. Considerando que eles também se envolveriam na versão de *The Wall* de Roger em Berlim, dois anos depois, provavelmente fizeram bem em ficar no time dele.

Não faço ideia se foi essa a causa, mas eu sentia que Jonathan Park, em especial, era mais leal a Roger do que a nós, ao passo que Mark Fisher teria ficado feliz em trabalhar em ambos os projetos. Menciono isso porque se tornou uma questão sete anos depois, quando, espírito de porco que éramos, convidamos apenas Mark para trabalhar para nós. Podemos nos esquecer de dar os devidos créditos quando merecidos, mas nunca tivemos problemas para recordar desfeitas reais ou imaginárias.

Steve então fez uma pesquisa em busca de cenógrafos e encontrou Paul Staples. Assim que conversamos com ele e vimos exemplos do que já havia feito, achamos que Paul dava conta do trabalho. Ele trouxe uma boa dose de ideias novas para nosso palco: tinha extensa experiência no teatro, além de inúmeras exposições e apresentações. Paul chegou com uma grande quantidade de ideias – como é de costume, algumas tiveram que ser descartadas e outras vingaram. O show foi projetado inicialmente para arenas fechadas, mas ainda exigia uma estrutura na parte superior para pendurar a tela. Queríamos um palco grande e, embora pareça que não, sempre desejamos um palco o mais simples possível.

Também necessitávamos do máximo de escuridão para as projeções, o que levou à criação do que era, essencialmente, uma grande caixa preta. Temos uma vantagem muito específica em relação à maioria das bandas em turnê. Nossa total incapacidade de dançar como Michael Jackson e Chuck Berry, atear fogo nos cabelos ou tocar guitarra com os dentes significa que o público não precisa de um telão constante para mostrar o que estamos fazendo no palco. As pessoas às vezes me perguntam por que simplesmente não usamos computadores para se apresentarem em nosso lugar. Eu normalmente respondo: "Não, não podemos, eles se movimentam demais...".

O filme é mais difícil de manejar que o vídeo em muitos aspectos, mas tem uma qualidade e luminescência tão boas em comparação que ainda é mais adequado para ambientes de estádio. O futuro provavelmente nos reserva projeções a laser de hologramas coloridos em uma nuvem artificial que paira sobre o auditório, mas isso certamente não estava disponível em 1987.

Marc Brickman, que Steve havia chamado em cima da hora em Los Angeles para trabalhar nos shows de *The Wall*, recebeu então outra ligação de Steve, pedindo que pegasse um avião para LA. Marc se lembra de falar com David e ter a sensação de que ele estava "furioso" por Roger achar que tinha o direito de acabar com o Pink Floyd. Marc foi contratado como designer de iluminação, e começou a trabalhar com Robbie Williams e Paul Staples. Marc e Robbie foram a Bruxelas para conhecer Paul, que estava trabalhando com uma companhia de balé. Foram tomar um café e um bonde passou ao lado. Marc e Paul se entreolharam e logo a lampadinha se acendeu sobre a cabeça deles. Na turnê, foram usadas luzes móveis sobre trilhos, parando diretamente sobre a cabeça de Rick enquanto ele tocava a introdução de "Wish You Were Here". Outro efeito acabou acontecendo por acidente: enquanto testava os sinalizadores e a tela redonda, houve uma pane no computador. Enquanto Marc reinicializava o sistema, todas as luzes viraram. Ele se deu conta de que elas poderiam "dançar" e a técnica tornou-se um dos principais elementos do show. Entre outros brinquedinhos novos, havia os periactos, divisões giratórias montadas na parte da frente da base do palco. Eles podiam ser programados para girar em diferentes velocidades ou piscar em padrões preestabelecidos.

Um dos arquivos mais grossos do departamento da turnês chamava-se "Os que escaparam". Muito tempo é gasto em efeitos que prometem muita coisa, mas acabam sendo extremamente perigosos, incrivelmente caros, e só funcionam uma vez a cada cinquenta tentativas. Às vezes (como no caso da pirâmide inflável), apesar de apresentarem todas essas características, ainda acabavam passando. Dessa vez, decidimos, no meio da turnê, descartar Icarus, uma figura suspensa no ar que surgia durante "Learning to Fly" e ficava voando pelo palco. Ele nunca funcionava direito e acabava parecendo um trapo gigante pendurado em uma linha.

Uma ideia – o disco voador – parecia perfeita. Um grande dispositivo inflado com gás hélio, que podia ser controlado por rádio para pairar sobre o auditório, produzindo luzes e efeitos. Não eram necessários fios ou aparatos. O problema é que não passava de uma fantasia. Para fornecer a energia suficiente para a iluminação proposta, o disco teria mais ou menos o mesmo tamanho, o mesmo custo e aproximadamente o mesmo nível de segurança que o *Graf Zeppelin*...

Uma boa maquete do cenário foi construída para mostrar como tudo poderia ser montado, dobrado e transportado. Um dos aspectos mais importantes desses ensaios era pensar a forma mais eficiente de carregar e descarregar os caminhões, uma vez que usar um caminhão a menos durante um ano de turnê podia economizar algo na faixa de 100 mil dólares. Até aí, tudo bem. Mas também tínhamos que formar uma banda – e por mais que tivéssemos feito muitas maquetes, os músicos tinham que ser, pelo menos em parte, humanos. Já tínhamos usado músicos adicionais antes. Desde *Dark Side*, cantores adicionais faziam parte do show. Snowy White havia acrescentado uma segunda guitarra a *The Wall* – e, por aquele breve período no início de 1968, Syd e David foram guitarristas do grupo. Também tínhamos usado um baterista adicional em *The Wall*. Agora, obviamente precisávamos de um baixista. Talvez a mudança mais significativa tenha sido a chegada de um segundo tecladista. Era uma resposta não apenas às possibilidades oferecidas pela tecnologia digital – precisávamos de alguém familiarizado com sequenciadores e *samplers* –, mas também para ajudar a apresentar os sons mais complexos e robustos que tínhamos conseguido produzir na casa-barco.

Nosso tecladista adicional, Jon Carin, tinha conhecido David originalmente no show do Live Aid, no Estádio de Wembley. Jon estava tocando com Bryan Ferry e, como David estava tocando guitarra na mesma banda, teve uma oportunidade de ver as habilidades de Jon em primeira mão. Jon também estava atualizado com as técnicas de sampleamento, que foram particularmente úteis quando descobrimos a necessidade de recriar sons produzidos por teclados já extintos, que agora padeciam no Museu da Ciência.

Guy Pratt chegou no *Astoria* para um teste quando eu estava presente, pois David queria uma segunda opinião. A atitude um tanto quanto desrespeitosa dele perante os Dinossauros Reis do Rock quando pedimos que repassasse as partes do baixo nos alertou para o fato de, além de ser capaz de tocar todas elas com uma mão nas costas – ou com uma ressaca monumental, e às vezes as duas coisas –, ele seria um companheiro de turnê mais agradável do que alguém que começasse nos admirando e depois ficasse amargamente deprimido ao nos conhecer melhor. Por coincidência, o pai de Guy, Mike, era compositor e havia composto "Rock with the Caveman" em parceria com Lionel Bart e Tommy Steele, o que foi uma agradável conexão com minha juventude e com a vez em que fui ver Tommy ao vivo no fim da década de 1950.

Gary Wallis foi descoberto tocando percussão com Nick Kershaw em um show beneficente de que David também participou. Nenhum de nós nunca tinha visto nada igual. Em vez de sentar para tocar, Gary trabalhava em uma espécie de jaula repleta de instrumentos de percussão. Alguns deles estavam posicionados a uma altura tão grande que era necessário saltar quase um metro para alcançá-los. Com seus óbvios dons musicais, esse espetáculo à parte parecia um bônus ideal para um palco que inicialmente parecia estar ocupado por mortos-vivos.

O saxofonista Scott Page também era um espetáculo por si só. Nosso único problema era contê-lo, possivelmente com amarras. Com relativamente poucas partes de saxofone no show, Scott tornou-se uma figura saída de *O fantasma da ópera*. À menor oportunidade, ele já estava no fundo do palco com uma guitarra pendurada no pescoço, na esperança de desempenhar outro papel, ou aparecer ao lado dos solos de guitarra de David. Ele não tinha microfone sem fio e usava um cabo de guitarra comum, de modo que nossa equipe de *roadies* – possivelmente inspirados pelos conhecimentos de rodeio de nosso gerente de turnê, Morris Lyda – cortava alguns centímetros do cabo a cada noite para restringir seus movimentos e mantê-lo na rédea curta. Ele teve sorte por não amarrarem suas pernas.

Na guitarra, Tim Renwick tinha as melhores credenciais de todas. Nativo de Cambridge, ele tinha frequentado a mesma escola que Roger, Syd, David e Bob Klose, embora fosse alguns anos mais novo. Suas bandas anteriores tinham sido produzidas por David e ele também tinha tocado no disco solo de Roger. Quando David tinha que se ausentar dos ensaios, Tim era um excelente diretor musical substituto.

As cantoras de apoio da turnê provinham de vários lugares. Conhecemos Rachel Fury por meio de James Guthrie, e Margaret Taylor era uma cantora de Los Angeles que tinha trabalhado nas sessões de gravação do álbum. Durga McBroom, ex-membro da Blue Pearl, completava o trio inicial – sua irmã, Lorelei, mais tarde substituiu Margaret no final da turnê.

Chegamos em Toronto para os ensaios no início de agosto de 1987. Isso aconteceu principalmente devido às conexões canadenses de Michael Cohl; a turnê também começava ali. David chegaria mais tarde, depois que a mixagem do disco fosse finalizada, enquanto nos mudávamos para uma sala de ensaio muito quente, com uma montanha de equipamentos novos para começar a trabalhar. Ambos queríamos ter a sensação de uma banda homogênea, sem uma divisão entre músicos principais e músicos secundários. A natureza da nova música era mais nesse estilo, de fato, e não seria fácil tocá-la ao vivo com uma banda formada por quatro pessoas. Depois de duas semanas, aquilo começou a soar bem, embora o resultado tenha sido alcançado às custas de Jon e Gary trabalhando até tarde durante muitas noites, lutando contra intermináveis discos de *samples* ("Deu tudo errado, cara. Mais dois dias sem dormir e conseguimos acertar").

A banda então se transferiu para o aeroporto para se juntar à equipe, que estava trabalhando na montagem. A escolha do local acabou sendo uma ideia brilhante e criamos uma preferência por aeródromos como bases de ensaio: eles têm instalações de engenharia excelentes, além de facilitarem o transporte de um fluxo constante de itens pesados e de alta tecnologia que, inevitavelmente, chegariam atrasados.

A segurança era fácil de manter; perdíamos muito mais ferramentas e itens pessoais nos hotéis elegantes em que ficávamos do que nos hangares. E as inseguranças eram mais fáceis de evitar. Não tínhamos que tocar para o infinito fluxo de pessoas que conseguiam encontrar algum motivo para aparecer em qualquer tipo de ensaio. O fato de também podermos experimentar o simulador de voo do 747, voando com ele ao redor da torre da CNN, e sentar em um USAF F14 que estava ali para um show aéreo, além de passear em geral por um campo de aviação, contribuía para o prazer da experiência. Tanto David como eu voávamos bastante na época desse disco, e além de "Learning to Fly", o tema da aviação fez-se presente em toda a turnê. A MTV dava um avião e aulas de voo como prêmio de uma promoção, e a equipe da turnê usava jaquetas de aviador em vez das habituais jaquetas de cetim bordado no estilo das de beisebol.

Àquela altura, o álbum estava pronto para ser lançado. David e eu aumentamos nossa carga de trabalho, passando a maior parte das manhãs dando uma quantia interminável de entrevistas por telefone. Era uma alternativa melhor do que percorrer os Estados Unidos fazendo breves aparições em estações de radio e TV, e certamente não podíamos fazer nada na Europa, então decidimos responder às mesmas perguntas que respondíamos havia trinta e poucos anos – "De onde saiu o nome da banda?", "Onde está Syd?", "Por que a banda durou tanto tempo?" – além de algumas perguntas novas sobre a briga com Roger, sempre tentando parecer surpresos com a novidade de tudo aquilo.

Enquanto isso, no aeroporto, Paul, Robbie e Marc, juntamente com Morris Lyda, estavam tentando montar um palco com cem toneladas de aço e depois resolver como fazer tudo caber em um caminhão. Morris era uma personalidade nova para nós, embora já fosse uma lenda nos círculos dos shows de rock. Ex-peão de rodeio, avançou para novos desafios como gerente de turnês de rock. Tendo trabalhado na turnê anterior do Genesis, junto com cinquenta por cento do restante da equipe, ele tinha a experiência necessária. Como sempre, a impressão inicial de um grupo de técnicos profissionais e responsáveis começou a se dissolver quando um técnico francês de projeção foi repreendido por comer o conteúdo de cinzeiros em uma casa noturna devido a uma aposta…

Quando chegamos ao hangar, éramos a última coisa que a equipe queria ver. Não apenas bagunçaríamos seu palco belamente montado, exigindo mudanças, mas tudo o que quisessem fazer teria que ser feito com 50 mil watts de potência, impedindo qualquer tipo de conversa. Por fim, conseguimos chegar a um acordo, com períodos de silêncio, conforme solicitado, mas parecia tudo muito mais lento do que necessitávamos que fosse. A equipe era imensa em comparação a tudo que já havíamos feito antes. Até mesmo para *The Wall* foram necessárias apenas cerca de sessenta pessoas; agora tínhamos quase cem. Era muito difícil decorar o nome de todos – um ano depois, ainda era um desafio, principalmente porque alguns chegavam ou saíam, ou participavam de um show a cada três.

Entre as dificuldades, havia alguns momentos especiais. Marc com frequência passava a noite toda programando as luzes, e minha primeira visão de seus esforços foi inesquecível, porque era realmente espetacular. Do palco, não tínhamos noção de como era a vista externa. Por exemplo, a tela circular com as luzes parecia – da banqueta de minha bateria – como uma armação com luzes qualquer. Olhando para o palco de frente, dava para ver o impacto total dos padrões de luz vertiginosos.

Além da quantidade de pessoas envolvidas, também tínhamos o triplo de telefones, mais sistemas de rádio, aparelhos de fax e uma sala de projetos. A última turnê não havia tido nem sala de produção. Morris gostava de fazer reuniões informativas que tinham mais a ver com o Dia D do que com um show de rock. Depois de avaliar, alocar e criticar os trabalhos, um breve discurso sobre agressões no campo se encaixaria perfeitamente. Quando Morris dizia “marinha”, não se referia a baleiras, mas sim a Iwo Jima. Era o tipo de personalidade de que precisávamos.

Uma das primeiras tarefas designadas assim que a banda chegasse era empacotar o aparelho de remo de David para a viagem. David parecia achar que a briga com Roger seria resolvida em um ringue, e não no tribunal, e treinava todos os dias utilizando esse aparelho maravilhoso que media seu progresso eletronicamente e podia comparar sua remada com qualquer competidor imaginável. A parte ruim é que ele pesava 180 quilos e media três metros. A última caixa da turnê parecia o caixão do Incrível Hulk e pesava em igual medida. Ninguém deu importância para ela ao carregar os caminhões. Por fim, foi usada como punição: o último caminhão a sair seria obrigado a levá-la. A produtividade de carga aumentou cerca de trinta por cento.

Enquanto isso, tínhamos pedido que Bob Ezrin fosse nos dar uma mão. Precisávamos que alguém desse uma olhada no show como um todo. Acho que estávamos tão ocupados com a música que, embora o esquema de luzes estivesse fabuloso, a banda no palco estava um caos. Era justamente a praia de Bob. Ele se equipou com um megafone e nos entretinha pavoneando-se de um lado para o outro na frente do palco, gritando conselhos altos, porém ininteligíveis, enquanto fingia tocar bateria no ar ao mesmo tempo. Depois, trocamos o sistema de comunicação por algo mais tecnológico.

Também tivemos que tratar de assuntos relativamente simples, mas vitais: como e quando entrar no palco, como os números terminavam, se queríamos ser iluminados entre as canções ou simplesmente passar à música seguinte. E, se algum músico fosse se movimentar, também tínhamos que garantir que ele não se perdesse para sempre, caindo em um dos alçapões que disfarçavam algumas das torres de iluminação mais atípicas.

O ensaio final antes de irmos para Ottawa aconteceu à noite. Era uma noite quente de verão e, enquanto tocávamos, as enormes portas do hangar estavam abertas, com grandes jatos taxiando nas pistas. Quando a música vazou para fora, um público não esperado composto de funcionários do aeroporto chegou. Gradualmente, o interior e o exterior do hangar encheram-se de uma seleção maravilhosa de veículos de serviço e de emergência, todos com as luzes giratórias cor de âmbar ativadas. Aquilo botou no chinelo os convencionais isqueiros oscilantes para o alto.

A atmosfera antes do primeiro show em Ottawa estava elétrica – bem, pelo menos nos bastidores, mesmo que não estivesse no campo *úmido* que havia à frente. O novo álbum nem estava à venda ainda, então íamos tocar músicas desconhecidas para um público provavelmente cético. Nos recompensamos depois por haver sobrevivido, mas estávamos cientes de que, embora quase toda a parte técnica tivesse funcionado, a performance não estava à altura. Nos preparamos para dedicar mais tempo aos ensaios e decidimos revisar mais uma vez o repertório.

Com a agenda intensa que nós mesmos havíamos estabelecido, tudo começou a entrar nos eixos rapidamente, e depois de poucas apresentações conseguimos refinar e modificar o show, em vez de aprendê-lo como era inicialmente. Ainda tínhamos pouco material, e quando pediram bis uma segunda vez, não tínhamos quase nada para tocar. Acabamos optando por “Echoes”. Não estávamos tão acostumados a tocar a música, e a apresentação parecia um pouco travada – foi a última vez que a tocamos. David hoje observa que uma das razões de não conseguirmos reproduzir o clima do original foi que os músicos mais jovens com que trabalhávamos eram tão tecnicamente proficientes que não conseguiam desaprender sua técnica e simplesmente se soltar, como fazíamos no início da década de 1970.

Depois de corrigir alguns aspectos técnicos e musicais, os shows começaram a tomar forma relativamente rápido, apesar de uma ou outra falha. Como resultado, os shows individuais, em retrospecto, tendem a se fundir em um fluxo ininterrupto. Na verdade, estávamos tão confortáveis com a apresentação que começamos a tentar filmar os shows, mas, infelizmente, depois de filmar no Omni de Atlanta, não gostamos dos resultados. Não havíamos gastado o suficiente, e dava para notar. Então, para punir a nós mesmos e todos os outros, tentamos novamente em Nova York, em agosto do ano seguinte. Encomendamos vinte câmeras e acabamos com duzentas horas de filme. Alguém provavelmente ainda está preso assistindo aos resultados em alguma ilha de edição.

Simultaneamente, a turnê de *Radio KAOS*, de Roger, estava atravessando a América do Norte. Deliberadamente, conseguimos evitar o encontro, embora alguns membros de nossa equipe tenham ido ver seu show. Eu não queria ver – o que os olhos não veem, o coração não sente –, mas, de qualquer modo, havia rumores de que não nos deixariam entrar, e eu não tinha a mínima intenção de ser constrangedoramente escoltado para fora do recinto. Na véspera de Natal de 1987, durante um intervalo da turnê, David e Roger reuniram-se na casa-barco com Jerome Walton, contador de David. Tortas de carne, bebidas e chapéus de festa foram deixados de lado enquanto Jerome digitava meticulosamente o esqueleto de um acordo. Essencialmente – ainda que houvesse detalhes mais complexos – o acordo permitia que

Roger fosse liberado de seu trato com Steve, e que David e eu continuássemos trabalhando com o nome de Pink Floyd. O documento foi então entregue a nossos respectivos e caros advogados para ser traduzido ao juridiquês. Nenhum deles conseguiu cumprir a tarefa; no fim, o tribunal aceitou a versão escrita por Jerome como o documento final e vinculante, que foi devidamente carimbado.

Depois da primeira parte da turnê nos Estados Unidos, fomos para a Nova Zelândia pela primeira vez: era como estar na Inglaterra em uma realidade paralela, porém agradável. Vendo os músicos locais, dei-me conta de como devia ser difícil começar ali: mesmo alguém de sucesso na Nova Zelândia não renderia dinheiro para a gravadora, então era preciso prosperar na Austrália – e ainda haveria muitos degraus a subir. Depois dos shows em Auckland, voltamos à Austrália após uma longa ausência. A última vez que tocamos, em 1971, chegamos na época errada do ano, quando estava muito frio. Dessa vez, estávamos determinados a fazer as coisas direito – e tudo correu sem problemas, com tranquilidade. Às vezes a banda ia tocar em uma casa noturna, liderada pelos novos recrutas. Eles tocaram inúmeras vezes na Austrália como The Fisherman's (abreviação de Fisherman's Friend). Acho que ensaiavam mais para as versões de "Unchain my Heart" e "I Shot the Sheriff" do que para o show principal.

Depois da Austrália, o Japão foi um pouco mais difícil. Não havia show ao ar livre e, viajando entre grandes auditórios, tínhamos menos tempo para passear pelo país. Até as câmeras pareciam mais caras dessa vez. Na volta para os Estados Unidos, Nettie e eu paramos no Havaí para passar algumas semanas agradáveis, ainda que a chuva torrencial que caía de vez em quando remetesse às férias clássicas no litoral britânico.

No âmbito profissional, essa turnê havia sido a mais agradável de todas, e o mesmo podia ser dito no âmbito pessoal. Nettie havia nos acompanhado o tempo todo, dos ensaios em Toronto em diante, e aumentado imensuravelmente o prazer de toda a empreitada. Ela já tinha participado de turnês de teatro como atriz, mas a escala da nossa turnê e o número de pessoas e quantidades de logística e material envolvidos foram uma experiência impressionante para ela. O que definitivamente apreciei foi que sair em turnê sem um parceiro costumava causar tensão na maioria dos relacionamentos – uma vez calculei que noventa por cento da equipe daquela turnê em particular tinha deixado um rastro de casamentos e namoros destruídos. Parecia ser um caso em que se escolhia entre levar a esposa juntou ou convidar um advogado especializado em divórcio como acompanhante.

A segunda parte da turnê pelos Estados Unidos reforçou a lei de que todos os efeitos especiais tinham a capacidade de acabar em desastre: durante um show em Foxborough, Massachusetts, o porco voador enganchou em alguma coisa e foi despedaçado por um público ou empolgado demais ou vegano radical.

Quando chegamos à Europa, a banda já tinha conquistado uma boa química: era um grupo de músicos esforçados que regularmente – em particular Jon Cain – revisavam as fitas do show da noite anterior para tentar corrigir quaisquer imperfeições. Seu profissionalismo era impecável: mesmo se Guy Pratt fosse o último a sair do bar na noite anterior – ou pela manhã –, ele tocava de maneira impecável no palco, um tributo à sua constituição de ferro ou ao fato de nossa música ser fácil demais.

Tínhamos desenvolvido uma forma confortável de viver e trabalhar juntos em turnê que consistia em não nos dividirmos em pequenos grupos e em desfrutarmos de um nível razoável de diversão. De vez em quando, dávamos uma festa depois do show em que a ideia era aparecer vestido da pior maneira possível. Os brechós locais vendiam todos os conjuntos de agasalho de cores berrantes; náilon era a ordem do dia. A turnê, segundo Phil Taylor – que viajava conosco desde meados de 1970 – estava sendo muito divertida, bem-humorada e continha uma sensação de alívio por estarmos de volta à estrada.

Se alguém passasse mal no dia seguinte, podia recorrer a Scott Page, que havia se tornado o vendedor de chás de ervas não oficial da turnê. Ele era quase tão bom nisso quanto tocando saxofone, e logo vários músicos começaram a aparecer segurando garrafas plásticas horríveis com líquido cor de urina, que insistiam em tomar o tempo todo. Felizmente, como a maioria das febres de turnê – câmeras japonesas, jaquetas de caubói de camurça e coquetéis com tequila – foi uma moda passageira, e eu imagino que Scott ainda tenha grandes quantidades dessas ervas terríveis em seu sótão.

Na Europa, os shows eram mais variados e ficaram gravados em minha memória por mais tempo, principalmente devido aos locais que escolhemos. Às vezes, dava para acrescentar um nível extra de variedade: em Roterdã, organizamos um espetáculo aéreo pré-show, acompanhado de "Echoes" nos alto-falantes, com dois motoplanadores, pilotados por amigos que David e eu havíamos conhecido nas aulas de voo. Os graciosos movimentos de balé aéreo, fazendo desenhos de fumaça, pareciam uma boa ideia para outras ocasiões, mas fomos derrotados pelas complicações de conseguir permissões para que voassem em espaço aéreo restrito.

O show de Versalhes deve ter sido o mais grandioso entre os europeus. Esses eventos resultavam de uma combinação do garimpo de Steve em busca de possíveis locais e de contato direto de partes interessadas. Na época, o ministro da cultura de François Mitterrand era o dinâmico Jack Lang. Ele apoiava o projeto Versalhes – que ajudou na politicagem para converter os céticos – e pareceu um encontro natural de mentes afins.

A ambientação era magnífica, e muitos franceses ficaram satisfeitos em nos ver lá. Certamente houve longos discursos de dignitários locais, um dos quais parece ter oferecido apoio apenas se seu nome pudesse aparecer sobre o da banda em uma placa oficial. Fui chamado de última hora para fazer um discurso rápido e soltei apressadamente alguns clichês; minha declaração murmurada dificilmente foi objeto de preocupação dos historiadores da *entente cordiale*. O clima estava ótimo e nos sentimos em uma ocasião especial. Era esse realmente o objetivo de tentarmos trabalhar em lugares únicos. Um estádio é muito mais conveniente para qualquer show grande, mas é mais difícil criar uma atmosfera tão especial. Sempre que possível, vale a pena fazer um esforço para utilizar ambientes com valor histórico.

Como um gesto de boa vontade aos nossos fãs italianos, aceitamos um convite para nos apresentarmos no Grande Canal de Veneza. No entanto, ficamos sabendo que nem todas as autoridades da cidade haviam mandado o convite. Havia duas facções opostas; uma delas estava encantada, a outra estava convencida de que faríamos o que mil anos de águas não tinham conseguido fazer: afundar a cidade em uma única tarde. Participamos de uma coletiva de imprensa para garantir à prefeitura, ao país e aos conservacionistas que não pretendíamos saquear a cidade, nem sequer participar de nenhum tipo de pilhagem leve. Ainda assim, não conseguimos convencer a todos.

Como Veneza tem acesso limitado, o plano era restringir o número de turistas permitidos naquele dia. Ficamos hospedados fora da cidade, avaliando que a vida já era dura o bastante sem termos que abrir caminho pelo meio de fãs e autoridades da cidade. No dia do evento, o prefeito conspirou com a polícia para permitir a entrada de todos, convenceu todas as lojas a fecharem e retirou todos os banheiros e lixeiras previamente providenciados. Não é impossível que o apoio aparentemente tivesse sido retirado quando os pagamentos necessários não foram feitos.

Um representante do sindicato dos gondoleiros disse que todos os seus colegas soprariam apitos durante o show se não pagássemos 10 mil dólares (eles já tinham clientes pagando o dobro por gôndola). Era um blefe que podíamos pagar para ver – nunca ouvi um apito que fosse capaz de sobressair ao barulho que conseguimos fazer. Nosso palco, montado sobre uma barcaça, foi declarado embarcação marítima, passível de imposto extra se tentássemos movimentá-lo pelo Grande Canal, e a polícia havia bloqueado todas as outras rotas de saída. Felizmente, conseguimos passar pelo mar e escapar ao modo de Horatio Nelson.

Essas distrações não interferiram no sucesso do show, que funcionou particularmente bem como especial ao vivo para a TV. Michael Kamen, que deveria tocar conosco, foi o único rosto aflito que vi. Ele já havia aparecido antes como convidado ocasional, mas dessa vez queríamos que se envolvesse de maneira mais estruturada, principalmente porque a apresentação seria televisionada. Infelizmente, Michael foi atrasado pela multidão e prejudicado pela falta de transporte aquático em um momento crítico. Só conseguiu chegar até a mesa de mixagem, tarde demais para participar, e teve que assistir da costa, a duzentos metros de distância – como a personagem do livro *A mulher do tenente francês*, porém barbuda.

Um momento de ouro foi quando uma barca real chegou, repleta dos dignitários que haviam nos causado tantos problemas. Coberta de luzes e servindo um jantar com sete pratos, ela parou diante do palco, atracando na frente do público e bloqueando a visão. O público enlouqueceu. Uma onda de garrafas e lixo choveu sobre a barca. Os garçons defendiam corajosamente seus patrões, protegendo-os, como centuriões, com suas bandejas de prata. Logo a barca seguiu seu caminho, dessa vez tentando atracar em nossa plataforma. Uma olhadela para nossa equipe, que fazia os piratas do Barba Negra parecerem a Família Dó-Ré-Mi, fez com que fossem embora para nunca mais voltar.

Se tocar em Veneza foi problemático, uma série de shows apresentados algumas semanas antes em Moscou havia sido um desafio logístico ainda maior. Uma falta de papel-moeda tornou praticamente impossível para um promotor russo pagar os custos da turnê, mas foi feito um acordo que cobria essencialmente todos os aspectos práticos do show. Primeiro, eles eram responsáveis por levar nosso equipamento de Atenas a Moscou, e para Helsinque em seguida. Para isso, usaram o avião militar Antonov, o maior avião de carga do mundo. Ele era fantástico e transportou tudo com facilidade. Ficamos hospedados no enorme hotel que fica na Praça Vermelha, que ainda contava com vigilância da KGB em todos os andares, além de samovares para servir chá quente. Devido à rigidez da segurança e ao próprio tamanho do lugar, levamos três dias para descobrir onde podíamos obter uma bebida à noite e tomar café da manhã.

Também levamos nosso próprio serviço de alimentação, que era a forma mais eficaz disponível para abrir portas. Um convite para jantar feito a qualquer autoridade garantia todo tipo de benefícios. Por meio de nosso conselheiro tributário, Nigel Eastaway, que por acaso também era membro do conselho administrativo da organização britânica Russian Aviation Research Trust, pudemos visitar o Monino, museu da força aérea russa – o maior e, na época, menos visitado museu de aviação da Europa. Lá, vimos algumas invenções de Igor Sikorsky, alguns bombardeiros monoplanos russos da década de 1930 (de um período em que a Real Força Aérea Britânica ainda usava biplanos antiquados) e uma versão politicamente correta da história da aviação, além de partes do avião espião U2 de Gary Powers, que foi derrubado nos anos 1960, e os bombardeiros que circundaram a Praça Vermelha durante os desfiles de Primeiro de Maio para convencer observadores americanos do poder da Força Aérea russa. Ficamos particularmente honrados quando soubemos que o Adido Aeronáutico da Embaixada Britânica não tinha conseguido esse mesmo convite.

A Embaixada Britânica nos ofereceu um bom almoço e acabamos com centenas de bonecas russas e uma série de chapéus de pele. Só queria não ter perguntado do que eles eram feitos; alguns eram feitos de pele de filhotes de foca. Também fizemos uma visita à universidade para falar sobre política, arte e vida, mas acabou se transformando em outra sessão de perguntas do tipo “de onde saiu o nome da banda?”. Fomos embora, confiscando limusines em substituição àquelas em que havíamos chegado, já que elas tinham sido tomadas por alguém mais importante. O equipamento foi transportado sem paradas para

Helsinque com uma escolta policial – pelos relatos, foi uma viagem marcante (Phil Taylor se lembra da experiência de chegar a Helsinque como passar da "imagem em branco e preto para a colorida").

Depois que a turnê acabou, um álbum ao vivo foi mixado – *Delicate Sound of Thunder* – no Abbey Road, usando o Estúdio 3, completamente reformado desde nossa última passagem por lá. O mais gratificante foi que muito poucos ajustes foram necessários. Sem dúvidas, gravar mais para o fim da turnê tinha sido uma boa ideia.

Enquanto isso, Roger estava remontando *The Wall* em Berlim, e foi impossível não ficarmos sabendo. Até mesmo porque ele fez questão de convidar as ex-esposas de todos nós. Certamente meu convite foi perdido pelos correios... A confusão acerca de quem tocou em Berlim ainda permanece, por mais que eu não faça ideia do motivo. Foi um show só de Roger, mas as pessoas sempre me agradecem e me contam como foi fantástico. Ainda não descobri se é mais fácil sorrir com modéstia e fingir que nós estávamos lá, ou embarcar em uma explicação detalhada, dizendo que na verdade era apenas Roger com um elenco de milhares de pessoas. Quando os fãs continuam insistindo que eu *estava* presente, respondo com um sorriso fraco e um olhar vago para evitar confusão.

Pouco menos de um ano depois do último show da turnê (em Marselha), participamos do Festival de Knebworth, em junho de 1990, evento beneficente em prol da Nordoff-Robbins Music Therapy. Com tão pouca coisa acontecendo naquele ano, após os excessos dos últimos três, foi um tanto quanto confuso nos prepararmos para aquele único show. Os ensaios foram mínimos, com base na ideia de que, como se tratava da mesma banda que tinha tocado em mais de duzentos shows, todos os membros provavelmente lembravam de suas partes. Ensaiamos alguns dias nos Estúdios Bray, e trouxemos Jon Carin e Marc Brickman dos Estados Unidos para o show. No entanto, em vez de usar Scott Page, que acho que se encontrava indisponível, chamamos Candy Dulfer – a saxofonista holandesa que havia emplacado um sucesso no Reino Unido, "Lily was Here", com Dave Stewart – para tocar conosco. Achamos que seria um belo toque europeu. Como acontecia com Scott, a única desvantagem para um saxofonista era que só faziam uma breve aparição. Dadas as habilidades de Candy, era muito pouco tempo e espaço para revelar a extensão de seu talento.

Tivemos Vicki Brown no vocal de apoio, além de sua filha Sam, que continuaria a dinastia Brown ao se tornar esteio da turnê seguinte. Clare Torry, intérprete original de "Great Gig", também se juntou a nós.

Depois de dois anos isolados em turnê, era um prazer ver algumas outras pessoas tocando, e ter a oportunidade de andar pelos bastidores de Knebworth no tradicional estilo dos deuses do rock. Foi uma espécie de tarde geriátrica do Monte Olimpo em termos musicais. Mark Knopfler e Eric Clapton estavam tocando com Elton John e o Genesis. Status Quo, Cliff Richard and Paul McCartney completavam o *line-up*. Rick nos apresentou à sua nova namorada, Millie, e todos chegamos em enormes helicópteros Huey, como em uma cena de *Apocalypse Now*, com uma boa quantidade de familiares e técnicos.

Conseguimos garantir que seríamos a última banda a tocar, em troca de termos sido a primeira a confirmar presença no evento. Ser a banda principal não compensou. Era uma tarde tipicamente inglesa, passando rapidamente do sol à chuva, mas, inevitavelmente, quando nossa vez se aproximava, o tempo mudou para pior e a chuva e o frio tomaram conta de tudo.

Fechar o show era algo que nos favorecia, já que estávamos no meio do verão e precisávamos de um ambiente mais escuro, mas conforme o tempo foi passando e McCartney começou a tocar mais uma música, o velho sentimento de paz e amor começou a se dissipar. Acabamos tocando debaixo de chuva, para uma multidão que parecia estar gostando do show – o que foi uma sorte, pois ninguém podia sair com o caminho todo atolado em lama.

12. MAIS SÁBIOS

NO QUE DIZ RESPEITO AO PINK FLOYD, OS ANOS 1990 praticamente não existiram. No início da década, houve um incidente extremamente doloroso – e potencialmente fatal – que quase colocou um fim a quaisquer planos que pudéssemos ter tido para o futuro. Foi consequência de uma decisão de Steve, David e eu de participarmos da Carrera Panamericana, uma reedição de uma maravilhosa corrida de carros esportivos dos anos 1950 que atravessava o México. A versão moderna, ressuscitada em 1988, era muito menos extenuante que a longuíssima corrida original de aproximadamente 3500 quilômetros, mas ainda consistia em um percurso de cerca de 2900 quilômetros do sul do México até a fronteira com o Texas, com seções de competição intercaladas com longos trechos de regularidade. Sabiamente, Rick evitara o entusiasmo das corridas automobilísticas e preferiu continuar navegando pelo mar Egeu.

Steve e eu havíamos participado do evento alguns anos antes. No entanto, nessa ocasião, quando Steve chegou ao México no horário previsto, carregando casualmente seu capacete, o carro de corrida que ele havia negociado para pilotar ainda não tinha chegado, e ele ficou para trás por alguns dias, nutrindo a esperança de avançar magnificamente das últimas posições do grid de largada quando o carro finalmente aparecesse. Até onde me lembro, o carro chegou, mas pifou poucos quilômetros depois.

Desta vez, talvez determinado a garantir um resultado positivo independentemente do que acontecesse, Steve tinha conseguido vender os direitos de um filme que faríamos. O plano era que o filme cobrisse antecipadamente a maior parte dos custos, senão todos. Pensamos que ali estava uma chance de nos divertirmos muito – e conseguir alguma ajuda para bancar isso. Eu também gostava da relação tênue com a carreira do meu pai. Em 1953, ele participara de uma corrida automobilística de longa distância pela Itália, a Mille Miglia, pilotando um carro de filmagem, e eu me vi seguindo a tradição.

Nós partimos com duas réplicas do Jaguar tipo C, quase idênticos aos carros que ganharam a corrida de 24 horas de Le Mans em 1953. Também levamos conosco duas equipes de filmagem e um par de veículos de apoio com os mecânicos de confiança que haviam reconstruído os carros. Eu estava com uma amiga, Valentine Lindsay, em um carro. O outro era pilotado por Steve e David. Depois de alguns dias, o evento havia se transformado em uma corrida eletrizante, acompanhada das inevitáveis queixas estomacais dos competidores europeus, que tratavam de se adaptar a uma dieta mexicana. Felizmente, haviam me ensinado como tratar esses sintomas usando acupuntura. Era incrivelmente eficaz: só de olhar minha caixa de agulhas, as pessoas instantaneamente pareciam se sentir muito melhor.

No terceiro dia de corrida, Val e eu chegamos a um dos pontos de controle e nos disseram que tinha acontecido um acidente. Não tínhamos o que fazer, exceto continuar e tentar descobrir os detalhes mais à frente. Quando chegamos à parada seguinte, já de noite, finalmente descobrimos que o acidente, na verdade, envolveu o outro carro de nossa equipe, que tinha caído de um penhasco a 130 quilômetros por hora. David – que estava pilotando – estava abalado, e extremamente perturbado, mas quase não havia se ferido, a não ser por alguns cortes e hematomas. Steve, que ia de copiloto, tinha sofrido várias fraturas em uma perna e estava de cama no hospital:

uma maneira um pouco brutal de tratar o próprio empresário. Ao ver o estado do carro no dia seguinte, percebi a sorte incrível que ambos tiveram de sair relativamente ilesos.

Embora Val e eu tenhamos conseguido chegar em sexto lugar, havíamos perdido metade do elenco do nosso filme, e, consequentemente, fomos obrigados a recorrer a alguns truques cinematográficos que os grandes magnatas de Hollywood certamente teriam reconhecido. Isso incluiu realizar parte da filmagem em um restaurante mexicano em Notting Hill, posicionando as câmeras de modo a evitar que filmassem os ônibus de dois andares número 98 que passavam e a ocultar vestígios da perna de Steve, ainda engessada. Também nos demos ao luxo de filmar novamente as discussões que tivemos antes da corrida, com a vantagem de que, dessa vez, sabíamos exatamente o que acontecia depois.

Depois desse incidente, sentimos um certo constrangimento com relação ao episódio todo, principalmente David (embora eu não saiba ao certo se isso teve a ver com música ou com sua habilidade no volante). Mas, como experiência visual, faltava alguma coisa. Para estar à altura do evento, teria sido necessário um orçamento digno de Hollywood, inúmeros helicópteros e Steve McQueen. Para apreciar de verdade a versão de baixo orçamento que fizemos, só se você fosse um amante de carros esportivos dos anos 1950, paisagens mexicanas ou cactos.

No entanto, teve um lado bom em tudo isso, visto que a música para o projeto serviu de esboço para a gravação do álbum seguinte: não houve nenhum trabalho prévio antes de entrarmos no estúdio. Da mesma maneira que havíamos criado *Obscured by Clouds*, a obra toda foi feita durante as sessões no grande estúdio no Olympic, em Barnes, ao longo de algumas semanas em novembro de 1991. Além disso, foi quase toda gravada com todos nós trabalhando juntos no estúdio. Depois de anos fazendo *overdubs* em confinamento solitário, foi muito divertido. Tínhamos Gary Wallis, Jon Carin e

Guy Pratt, da turnê de 1987–1988, além de participações ocasionais de Tim Renwick, que por acaso trabalhava em um álbum de Bryan Ferry na sala ao lado.

Começamos com algumas melodias de blues, e outras melodias foram simplesmente improvisadas. Essas últimas quase sempre derivavam de alguma ideia que surgia com David experimentando alguma coisa na guitarra – e que então era explorada pelo resto de nós no estúdio. Se soasse promissora, podia então ser transformada em algo apropriado para a seção do filme. Achamos que conseguimos evitar nos tornarmos uma banda de *mariachis* de Hammersmith, apesar da tentação de todas aquelas cenas com cactos. Havíamos feito experimentações com música regional em nosso primeiro álbum, e também em um trecho de guitarra na trilha sonora de *More*, e acho que sabíamos que esse tipo de influência musical (bem como os chapéus engraçados, sejam o *fez* ou o *sombrero*) não era o nosso *forte*, e nem mesmo o nosso *pianíssimo*.

Um ano depois, adotamos o mesmo *modus operandi* quando começamos a trabalhar no álbum seguinte do Pink Floyd, em janeiro de 1993. Mais uma vez, o processo de gravação se mostrou extremamente positivo: desta vez, houve uma tentativa inconscientemente consciente de atuar como uma banda. Reservávamos uma semana na agenda e partíamos para o Britannia Row – que agora não se parecia em quase nada com o *bunker* angustiante dos tempos de *Animals*. Todas as salas haviam sido remodeladas para permitir a entrada de luz solar e, obviamente, agora havia áreas maiores para descanso e recreação, a fim de seduzir os clientes a usar ainda mais o dispendioso tempo de estúdio.

Além de reservar tempo no Britannia Row, fizemos poucos preparativos para um futuro lançamento. Ninguém apareceu nas sessões com um fragmento pronto na manga. Nada de músicos contratados; apenas David, Rick e eu, com o engenheiro na mesa de som e duas faixas gravando – e todo o tempo de que precisávamos. Embora a experiência amarga tivesse nos ensinado a estar preparados para a decepção, e embora não houvesse pressão alguma para realizar algo concreto nessas sessões, o próprio fato de reservar o estúdio denotava nosso compromisso.

Se não surgisse nada desse exercício, estávamos comprometidos com um processo de buscar ajuda externa ou esperar que algum de nós viesse com canções em seu próprio ritmo, o qual, historicamente, tendia a ser muito lento. Também passamos um tempo afirmando que, juntos, criávamos algo único. Àquela altura, a incapacidade de produzir alguma coisa feriria profundamente nosso ego, e poderia muito bem nos levar a abandonar o projeto. Enquanto o mundo esperava ansiosamente, nós pedíamos mais sanduíches.

Depois do primeiro dia, no entanto, percebemos que seríamos capazes de produzir um bom material e, depois de algumas sessões, trouxemos Guy Pratt para tocar baixo. Isso imediatamente deu mais intensidade à música, mas também observamos um fenômeno interessante: a maneira como Guy tocava tendia a mudar o clima da música que havíamos criado.

O acaso foi igualmente importante. Em um dado momento, David, frustrado por não conseguir tirar de Rick uma ideia em particular, o gravou enquanto ele brincava no teclado sem saber que a fita continuava rodando. Dessa sessão improvisada, obtivemos outras três composições possíveis, incluindo um trecho de piano que jamais conseguimos recriar tão bem em outra sessão de gravação, e finalmente acabamos usando a versão original do Britannia Row, como havíamos feito com a nota do sonar em "Echoes".

Mas os improvisos que estávamos fazendo não pretendiam ser música ambiente como "Nothings 1–24", que tentamos produzir antes de *Meddle*. Em vez disso, repassávamos os resultados obtidos nas duas faixas em busca de ideias musicais – as bases de "Cluster One" e "Marooned" surgiram daí e se mantiveram no álbum final. Mas o mais significativo era que cada sessão de improviso representava um pontapé inicial para o processo criativo. Este era – como sempre soubemos – nosso obstáculo mais problemático. E, ao nos permitir tocar o que quer que nos viesse à cabeça, sem tabus ou áreas proibidas, eu tive a impressão de que estávamos expandindo um campo de visão que havia se tornado cada vez mais estreito ao longo das duas décadas anteriores.

Depois de duas semanas, havíamos gravado uma coleção extraordinária de *riffs*, padrões e esboços musicais, alguns bastante similares, outros quase identificáveis como antigas canções nossas, alguns claramente reinvenções subliminares de canções famosas. Estas últimas – que identificávamos como "Neil Young" ou quem quer que parecesse ser o criador original – foram fáceis de eliminar. Mas mesmo depois de descartá-las, ainda restaram quarenta ideias. Considerando que no passado algumas das nossas gravações foram gestadas dolorosamente em um mês inteiro de trabalho para resultar em uma única nota aproveitável, este era um bom saldo de material em potencial. Em nosso ritmo típico de trabalho, isso era suficiente para nos manter gravando até o começo do século XXI. No fim, sobrou tanto material que consideramos lançá-lo como um segundo álbum, incluindo uma série que chamamos de "The Big Spliff", o tipo de música ambiente que, para nossa surpresa, seria adotada por bandas como Orb, embora – à diferença de Steve Hillage, do Gong – nunca tenhamos recebido um convite para subir no palco com essa nova geração.

Com David à frente, mas com contribuições de Rick, as canções definitivas foram criadas. Minha impressão é que David finalmente tinha pegado o jeito para produzir música quando precisava. Talvez tenha se livrado de parte do ônus de escrever as letras com a ajuda de Polly Samson, sua nova namorada, que mais tarde seria sua mulher. Talvez a turnê e o álbum anteriores tivessem mostrado algo; o fato é que definitivamente se sentia menos pressão, e tanto David como Rick pareciam compor com mais facilidade. David ainda precisava liderar o processo, mas com Bob Ezrin a bordo mais uma vez, e com o rosto amigável de Andy Jackson na mesa de som, éramos uma equipe familiar.

Ao longo dessa fase preparatória, a atmosfera foi agradavelmente tranquila. Acima de tudo, estava livre de litígios, já que a correspondência com Roger através dos advogados havia chegado ao fim. Eu considerava particularmente útil passar tanto tempo fazendo música com os demais, e com uma sensação real de propósito. Nunca fui o mais diligente dos bateristas no que diz respeito a praticar a técnica; então, o simples ato de tocar juntos regularmente me ajudou a meio que voltar à forma. Desde Knebworth, em 1990, minha única apresentação genuinamente ao vivo havia sido no Chelsea Arts Ball, em outubro de 1992, no Royal Albert Hall. O Chelsea Arts Club havia se restaurado – e como parte desse ressurgimento eles organizaram uma festa, que foi um dos maiores eventos que já fizeram. Tom Jones participaria e – uma vez que Gary, Tim e Guy trabalharam com Tom Jones – todos concordamos em fazer uma aparição, tocando três números como convidados. Inevitavelmente, isso levou Jon Carin e Tim a aparecerem. Ensaiamos por um dia ou dois, e tocamos um repertório relativamente discreto, quase sem efeitos de palco, filmes ou fogos de artifício.

Depois de deixar Britannia Row, voltamos a nos reunir na casa-barco de David para desenvolver alguns temas. De fevereiro a maio de 1993, trabalhamos em umas 25 ideias diferentes, tentando tocar juntos no estúdio o maior tempo possível. A casa-barco certamente era mais agradável do que gravar em um *bunker*. A essa altura, David tinha acrescentado um jardim de inverno contendo uma cozinha, um espaço para refeições e uma área de descanso. A atmosfera do rio e as vantagens de trabalhar à luz do dia fizeram seus milagres novamente, assim como ter uma separação definitiva entre o espaço de trabalho na casa-barco e a área em terra firme onde podíamos nos sentar, conversar e discutir o progresso.

O álbum passa uma sensação muito mais caseira, como de uma banda tocando junta em um mesmo espaço. Acho que Rick, em particular, se sentiu muito mais integrado ao processo desta vez, em comparação com *Momentary Lapse*. Era bom tê-lo de volta.

As canções haviam passado por um processo de seleção considerável. Havia material de sobra e nenhum desespero; ao contrário, podíamos simplesmente nos concentrar em desenvolver ideias. Nas reuniões da banda, agora começávamos a selecionar as canções possíveis até chegar às prováveis. Estabelecemos um sistema extremamente democrático em que David, Rick e eu, cada um dava uma nota de zero a dez para cada canção, independentemente de quem a havia criado. Isso deveria ter funcionado bem, se Rick não tivesse deturpado os princípios democráticos do sistema de votação. Ele simplesmente deu dez pontos para todas as suas ideias, e todas as demais receberam *zero*. Isso significou que todos os temas de Rick começavam com uma vantagem de dez pontos, e David e eu levamos um tempo para entender por que este novo álbum estava rapidamente se tornando uma *magnum opus* de Rick Wright. O sistema de votação foi submetido a revisão, e propusemos vários sistemas de colégios eleitorais e votos por segunda preferência que teriam honrado qualquer disputa pela prefeitura.

A mesma questão reapareceu uma década depois, quando estávamos selecionando faixas para inclusão em *Echoes*, a compilação que requeria a participação de David, Rick, Roger e eu. Além de todos os executivos de gravadoras, engenheiros, produtores e empresários metendo o bedelho, desta vez ainda tivemos que lidar com o fato de que Roger, como Rick havia feito antes, só votava a favor de suas próprias faixas. Deus abençoe a democracia.

Antes do verão, levamos as oito ou nove faixas favoritas ao Olympic Studios, em Barnes, contratando os músicos adicionais – fora os vocais de apoio – da última turnê (Gary, Guy, Tim e Jon), e gravamos todas em uma semana. Isso nos deu uma injeção de ânimo, sabendo que podíamos passar mais tempo desenvolvendo as canções, já que os elementos essenciais de cada uma já estavam no lugar.

De fato, armados com esta rede de segurança, nós finalmente abordamos a gravação após o verão de uma maneira muito diferente de todos os nossos álbuns anteriores. Gravamos todas as faixas de apoio no *Astoria*, completas com ninguém além de nós três – Rick, David e eu – definindo as peças durante duas semanas em setembro. Os avanços em tecnologia desde *Momentary Lapse* significaram que pudemos masterizar as faixas no barco quando chegamos ao fim de seis meses de gravação – ainda que, no final, tenha havido o pânico usual envolvendo o uso de outros estúdios para fazer alguns *overdubs* quando a pressão aumentou. Algumas tradições estão arraigadas demais para serem abandonadas por completo.

Mais uma vez, foi bom ter Bob Ezrin a bordo, me ajudando com as partes de bateria e com o processo francamente tedioso de gravar e modificar os sons da bateria. Quando começou a surgir a forma final das canções, trouxemos Michael Kamen: ele se ofereceu para fazer os arranjos de cordas que precisávamos se pudéssemos lhe emprestar um equipamento de som e alguns focos de iluminação para uma ópera infantil que ele estava montando em Notting Hill. Este pareceu ser o maior negócio da nossa vida – um compositor ganhador de um Oscar em troca de alguns alto-falantes e canhões de luz. O que não tínhamos percebido era que a extravagância musical que Michael estava planejando teria feito *Starlight Express* parecer discreto…

A essa altura do processo de gravação, tudo que precisávamos era de um prazo, algo que geralmente todos os membros do Pink Floyd abominávamos. Havíamos aprendido uma lição salutar com o álbum anterior, quando, por certa enrolação da nossa parte, e certa indecisão de parte da gravadora, o álbum foi lançado junto com *Bad*, de Michael Jackson, e *Tunnel of Love*, de Bruce Springsteen. Não é de surpreender que, nessa competição em particular, nossa posição nas paradas tenha sido um bronze.

Desta vez, o prazo foi definido quando nos comprometemos com uma grande turnê, prevista para começar em abril de 1994, tendo em mente que com um período mais longo poderíamos planejar com antecedência e construir a rota mais eficiente pelos grandes estádios dos Estados Unidos. Mas, como nenhum de nós era muito fã de futebol, desconsideramos um fator muito importante: a turnê coincidia com a Copa do Mundo de 1994 nos Estados Unidos, o que significou que alguns estádios não só estavam indisponíveis em certas datas cruciais, como os campos não podiam ser usados durante as semanas anteriores para proteger e manter intactos os preciosos gramados. Em vez do itinerário lógico e elegante que havíamos imaginado, o resultado final parecia ter sido concebido por alguém de olhos vendados lançando dardos sobre um mapa dos Estados Unidos – ou, pior, pela antiga equipe da Bryan Morrison Agency...

As etapas finais do álbum envolveram o trauma do título e do design da capa. Mais uma vez, a escolha do título se manteve um suspense até o último momento. Em janeiro de 1994, ainda não havíamos chegado a um acordo, e todos os dias aconteciam discussões acaloradas, enquanto os prazos se aproximavam, eram prorrogados e, finalmente, não eram cumpridos. David defendia *Pow Wow*, eu gostava de *Down to Earth*. Todos tinham um favorito. Não conseguíamos chegar a uma maioria (mesmo recorrendo à nossa ampla gama de sofisticados sistemas de votação).

A ajuda veio de Douglas Adams. Além de ser o autor de *O guia do mochileiro das galáxias*, Douglas era um gênio dos computadores Mac da Apple, um entusiasta da guitarra e – felizmente para nós – fã de Pink Floyd. Ele era capaz de trazer um maravilhoso senso de humor aos momentos mais desesperados. Chegou a participar de muitas das discussões sobre o título do álbum. Para nós, era imensamente reconfortante falar sobre nossos problemas com alguém que também padecia dos dramas com relação a prazos – certa vez, alguém ouviu Douglas comentar que amava o som dos prazos assobiando em seus ouvidos.

Certa noite, durante o jantar, combinamos com Douglas que, se ele propusesse um nome de que gostássemos para o álbum, faríamos um pagamento para a instituição beneficente que ele escolhesse. Ele refletiu por um instante e propôs *The Division Bell*. O que realmente nos irritou é que foi uma frase tirada da letra de uma das músicas: devíamos ter lido com mais atenção.

Finalmente munido de um título definitivo, Storm Thorgerson propôs uma grande variedade de ideias para a capa, e por fim optamos pelo conceito do par de cabeças que formam uma única cabeça em uma espécie de ilusão de ótica. Storm é famoso por insistir em fazer coisas reais em vez de usar truques, e, portanto, as cabeças (depois de várias tentativas, finalmente construídas em pedra e metal) foram instaladas no meio de um campo em algum lugar perto de Ely.

Visitei o local para a sessão fotográfica em um dia frio de fevereiro: era uma paisagem impressionante, com as cabeças posicionadas na zona pantanosa. Um de nossos maiores problemas foi tentar escondê-las da imprensa, que teria adorado se adiantar ao lançamento do álbum. Fez-se uma incursão por lojas de produtos do Exército e se adquiriu uma grande quantidade de redes de camuflagem para cobrir as cabeças, em uma tentativa pouco esmerada de disfarçá-las. Suspeito que o fato de a imprensa não ter conseguido obter sua exclusiva se deveu a que provavelmente havíamos superestimado o interesse por nosso álbum, ou então porque os ventos gelados que sopravam da Sibéria na costa leste pareciam uma alternativa pouco atraente aos confortos do bar do Groucho Club, no Soho. Storm, que estava na sessão de fotos perto da catedral de Ely, lembra que, devido às condições lamacentas, o caminhão de plataforma baixa que carregava as cabeças não conseguiu chegar ao centro do campo escolhido, de modo que um grupo de assistentes de fotografia, a contragosto, carregou os objetos pesados pela lama e os posicionou. Eles ficaram ainda mais desgostosos quando Storm lhes informou que aquele não era o campo correto.

Enquanto isso, fomos montando o espetáculo cênico. Em 1973, tínhamos feito um show no Hollywood Bowl, e havia uma foto pendurada no escritório de Steve O'Rourke como um lembrete constante de como um palco poderia ser magnífico. Tínhamos em mente experimentar alguns dos elementos daquele show em particular e adaptá-los para os estádios onde tocaríamos. Também queríamos conferir mais flexibilidade ao repertório. Na turnê anterior, tudo havia sido completamente pautado, quase que segundo a segundo. Desta vez, queríamos ter a opção de alterar a ordem e substituir canções.

Mais uma vez, resistimos a usar telas gigantes mostrando a apresentação ao vivo. Nunca exibimos *closes* da banda dessa maneira, e provavelmente nunca o faremos. Mas queríamos imagens de fundo para algumas das novas canções e, tendo tomado a decisão de tocar parte de *The Dark Side of the Moon*, sentimos que era hora de revisitar uma série de clipes para *Dark Side*. Muitos deles continuavam atuais e foram incluídos novamente, mas a maior parte do filme estava muito datada. Em particular, os políticos de duas décadas antes que apareciam em *Brain Damage* estavam agora tão *démodé* que metade do público era jovem demais para saber quem eram. A outra metade provavelmente já tinha esquecido deles.

Fizemos várias reuniões de produção com aquela que, talvez, foi nossa melhor equipe até então. Marc Brickman (depois de seu trabalho na cerimônia de abertura das Olimpíadas de 1992, em Barcelona, e de romper de uma vez por todas com Barbara Streisand) estava de volta como designer de iluminação, munido de nova tecnologia. A ele se uniram Mark Fisher como cenógrafo e Robbie Williams como produtor. Storm foi agregado ao grupo, pois era responsável por todo o filme adicional necessário – cerca de seis obras diferentes com uma duração aproximada de quarenta minutos. Eu disse "agregado" devido à sua adorável incapacidade para trabalhar de alguma outra maneira que não como ditador.

Os projetos iniciais incluíam um hemisfério apoiado no chão, que então se abria para revelar o palco. A ideia teve de ser abandonada assim que ficou claro que tal estrutura, embora extremamente elegante, demandaria a remoção de todo o público da área em frente ao palco. A versão final foi concebida via uma série de modelos complexos, que ainda assim foram incapazes de prever parte dos problemas de trabalhar com a versão real.

Quando o cenário estava totalmente montado, descobrimos que, por causa de todos os múltiplos níveis, nichos e cavidades que havíamos construído, nem todos os músicos podiam ver uns aos outros, sendo necessário recorrer a telas de vídeo ou ao sexto sentido para estabelecer contato. Foi também uma espécie de pesadelo para a saúde e a segurança, com um número extraordinário de alçapões. Eu já tinha achado difícil me orientar pelo palco da turnê anterior, mas este novo palco era definitivamente um labirinto em uma espécie de submarino, já que era muito fácil entrar por engano em um caminho sem saída sob a iluminação do palco – ou sofrer um acidente grave ao cair em algum buraco desconhecido.

Depois das batalhas para dominar o palco, tivemos que voltar nossa atenção para os instrumentos, tentando evitar que nossas superfícies lisas e agradáveis se transformassem em algo parecido com um ferro-velho. Muitas horas agradáveis foram passadas na Drum Workshop, a fábrica do meu técnico de bateria, Clive Brooks, concebendo plataformas para uma bateria que funcionasse com esse palco. Gary Wallis e eu acabamos com uns trinta tambores, vinte abafadores, quarenta pratos e um sem-número de outras tranqueiras parafusadas à estrutura da bateria, uma instalação que teria nos qualificado para o prêmio Turner de artes visuais.

Esperávamos monitorar o som usando fones de ouvido internos, para evitar as caixas acústicas antiestéticas que obstruem a frente do palco. Infelizmente, isso não funcionou, e fomos obrigados a voltar às caixas acústicas de retorno (esta provavelmente foi uma das últimas turnês em que se usaram grandes caixas de retorno, já que os fones de ouvido foram aperfeiçoados). No entanto, eu pude usar um pequeno transmissor com fones de ouvido, o que significou que meu monitor tinha um nível de volume equivalente ao de um Walkman moderado, e uma mixagem que era composta primordialmente de baixo, percussão e guitarra solo, algo não recomendável para distribuição comercial.

Enquanto isso, Marc Brickman foi enviado para encontrar os melhores entre os últimos avanços em efeitos e iluminação. Por exemplo, os lasers nesta turnê foram muito mais potentes do que qualquer coisa que havíamos podido usar antes, e eram capazes de processar a luz para gerar cores alternativas, em vez do verde habitual. Uma das expedições de Marc foi à Hughes Corporation. Sendo uma das maiores fabricantes de armas dos Estados Unidos, a interrupção dos confrontos diretos com a URSS os havia deixado ansiosos por encontrar novos usos para toda a tecnologia militar que agora encontrava-se ociosa. Em princípio, usar tecnologia bélica para fins pacíficos parece uma ótima ideia, mas não é tão fácil quanto parece. Infelizmente, apesar dos acordos disponíveis – incrivelmente econômicos –, fomos incapazes de pensar em alguma coisa que tivesse a ver com um míssil Sidewinder – pelo menos durante o show...

Nossa busca por inovação técnica também foi frustrada quando descobrimos que não poderíamos usar um projetor especialmente potente – uma possibilidade que exploramos como alternativa ao vídeo –, já que, uma vez que o motor do projetor era iniciado, como uma turbina, não podia parar, ou a coisa toda explodiria. A perspectiva de transportar pelo mundo todo um projetor funcionando permanentemente a 400 mil revoluções por minuto intimidava até mesmo os profissionais mais durões da equipe. Certamente, ninguém da banda estava preparado para viajar no mesmo avião que ele.

Quando examinamos nosso catálogo e decidimos retomar um material antigo, restabelecemos nossa relação com Peter Wynne-Wilson. Depois de seu envolvimento conosco em 1967 e

1968, Peter trabalhara de diversas maneiras com um grupo de teatro hippie que fazia turnê em um ônibus, organizando iluminação para outras bandas, fazendo trabalhos como marceneiro, fabricando móveis para Flick Colby, coreógrafo da Pan's People, produzindo prismas para a revolução da música disco e desenvolvendo um dispositivo chamado PamCam, que usava um espelho controlado que se movia na frente de um foco de luz.

Peter se reuniu com Marc Brickman, quem, em suas palavras, "divertiu-se um bocado" ao trabalhar com alguns slides líquidos e recriar os Daleks. Os avanços técnicos, na verdade, tornaram mais difícil recriar a sensação dos originais. O nível de aquecimento gerado por 6 KW de luz significava que em vez das cores pigmentadas originais, estas tinham de ser dicroicas. E, ao passo que nos anos de 1960 se podia usar o aquecimento do projetor para realizar parte do trabalho, e secadores de cabelo para aquecer e esfriar slides, para as novas versões foi preciso instalar todo um sistema de ar-condicionado para influenciar o *gate* do projetor. No entanto, os novos Daleks, maiores do que nunca, eram muito melhores em um aspecto: graças a elementos de segurança inimagináveis nos anos 1960, eles eram, felizmente, muito menos perigosos que as versões que um dia ameaçaram nos decapitar como grandes samurais insandecidos.

Tudo ia bem com o projeto de iluminação. Mas, na outra frente de batalha, onde se cuidava dos novos clipes, chegavam pilhas de *storyboards* enquanto Storm tentava desesperadamente obter algum tipo de reação, que dirá decisão, enquanto o tempo escorria por entre os dedos. Um dos nossos problemas era nos comprometer com quais canções tocaríamos no show. Não fazia muito sentido produzir um filme de meio milhão de dólares se depois decidíssemos que não gostávamos da música. Depois de um tempo, tínhamos cinco videoclipes diferentes em produção – se não estivéssemos terminando o disco e ensaiando ao mesmo tempo, poderíamos ter nos divertido com a experiência nesse estúdio de Hollywood em miniatura.

Os ensaios musicais para a turnê aconteceram nos estúdios Black Island, em West London, que atrasaram um pouco devido ao fato de que o principal vocalista e guitarrista não apareceu, pois estava, mais uma vez, detido na casa-barco trabalhando nas mixagens finais. Tim Renwick atuou novamente como diretor musical. Felizmente, como todos tínhamos tocado as canções no disco, estávamos familiarizados com as novas músicas, que além do mais não eram nada complicadas em comparação com as do disco anterior.

Então fomos para Palm Springs, mas em vez de conseguirmos treinar nossos *forehands* no tênis, seguimos direto para os ensaios de produção – na Base da Força Aérea Norton, perto de San Bernardino. Esses acontecimentos também tiveram seu lado dramático. Em certo ponto, um montador visivelmente nervoso que estivera trabalhando no ápice de um arco, seis metros acima de nossas cabeças, desceu e propôs que a área fosse evacuada. Toda a estrutura estava cedendo, e a ideia de cem toneladas de aço vindo abaixo, mais o cancelamento dos shows durante pelo menos três meses, fez o pessoal mais calejado da turnê parar para pensar. Felizmente, era uma pequena falha no projeto que podia ser consertada, mas demonstrou, mais uma vez, que um monte de projeções e cálculos de computador nem sempre corresponde à montagem final.

A quantidade de trabalho sendo gerado e realizado era enorme. Tínhamos os filmes em produção, o palco e os efeitos sendo montados e equipamento sendo instalado; os novos elementos cênicos requerem um grande volume de trabalho e modificações para funcionar adequadamente. Como é habitual, produzimos trinta por cento mais mecanismos do que acabamos utilizando, já que descartamos os que não atendiam aos critérios de qualidade ou que eram muito caros ou perigosos.

Um exemplo clássico nessa turnê foi uma grua mecânica de cinco toneladas, particularmente problemática, com uma torre de iluminação anexa, que se movia sobre um trilho acima de nós. Quando inevitavelmente caiu do trilho (por sorte, sem ferir ninguém), Mark Fisher, Robbie Williams, que fora responsável por transportar a coisa, e até mesmo a banda que pagou por ela, mas estava tocando logo abaixo, ficaram empolgados ao vê-la desaparecer para sempre.

VENDE-SE

Grua de cinco toneladas. Vem com trilho e todos os acessórios de iluminação. Ideal para empresa de construção ou banda de rock em idade avançada. $100. Retirar na Base da Força Aérea Norton, San Bernardino...

Como sempre, houve um ou dois dias constrangedores em que a banda chegava para bagunçar tudo que a equipe de ajudantes viera fazendo nas duas semanas anteriores. A essa altura, a equipe também teve que passar pela parte mais penosa de todas: encontrar a melhor maneira de carregar os caminhões ao desmontar o palco e depois voltar a montá-lo. Este não é um exercício tão mecânico ou militar como parece. Há uma ordem extremamente rígida para carregar os caminhões, de acordo com o que pode ser desmontado primeiro e o que precisa ser colocado primeiro. E, uma vez que com o espaço reduzido dos bastidores há um cronograma igualmente rígido para estacionar os caminhões na ordem correta, entra em cena um fator econômico simples: um caminhão a menos durante um período de nove meses poderia pagar doze festas para a equipe, um carro novo, ou simplesmente os honorários de um advogado por alguns dias ou horas.

Nós conseguimos superar a maior parte dos vários problemas iniciais. Como os filmes de Storm, por necessidade, haviam sido preparados com base nas canções gravadas, descobrimos que havia problemas de sincronização com as versões ao vivo. No entanto, a essa altura conhecíamos alguns truques do negócio – que, no meio, o filme deveria ser abstrato o suficiente para nos dar certa folga, e Jim Dodge, nosso projecionista de turnês anteriores, havia se tornado mestre na capacidade de ajustar a velocidade de seu projetor para garantir que os inícios e, em particular, os finais estivessem em sincronia.

O repertório era uma mistura de músicas velhas e novas, incluindo "Astronomy Domine", que não tocávamos havia pelo menos vinte anos, provavelmente mais, e que nos trouxe lembranças de Syd no palco com sua roupa de mangas largas. "High Hopes" era um novo acréscimo – complementado por uma campana gigante, tristemente acionada por um dispositivo mecânico, e não por um rapaz musculoso como o que aparece no logo da Rank Organization.

O show estava ganhando forma. Finalmente, nossa habilidade para aprender com a experiência se fez notar nesta turnê. Se os shows iniciais da turnê de 1987 tinham sido muitíssimo entusiasmantes, mas fracos no que diz respeito à performance conjunta, apesar da competência individual dos músicos, agora tínhamos uma boa ideia de como apresentar o show. Tudo que tínhamos que fazer era pagar por ele.

Ainda tenho sentimentos ambivalentes em relação aos patrocínios. Fazer turnê com um grande show se tornou uma operação caríssima, e o patrocínio pode ser um ingrediente muito útil nessa receita. Mas sempre tive uma leve suspeita (e acho que David sente isso com mais intensidade do que eu) de que existe um risco de o patrocínio diluir a força criativa. O argumento de que sem patrocínio os preços dos ingressos seriam mais altos geralmente é contrariado pela visão de que a banda poderia receber menos dinheiro e obter o mesmo resultado. Não há dúvidas de que as negociações sobre o tamanho e a disposição das propagandas e dos logotipos podem se tornar um tanto tensas.

Dito isso, fiquei feliz de ter a Volkswagen como patrocinadora da turnê. O primeiro item na agenda em nossa nova relação com a empresa foi o carro do Pink Floyd. A Volkswagen tinha alguma experiência trabalhando com bandas de música: no ano anterior, eles haviam patrocinado uma turnê do Genesis. E haviam aprendido com alguns erros. Eles nos contaram que uma versão havia saído em uma cor que simbolizava o orgulho gay, o que obviamente não agradou o mercado de carros, notoriamente machista.

Quando as discussões começaram, acordamos que não queríamos ser associados a nenhum *hatchback* ultrarrápido. Em vez disso, foi decidido que se produziria uma versão do Golf que poderia ser considerada a mais segura e ecológica do mercado (alguém poderia pensar que carro ecológico é uma contradição de termos, como crocodilo vegetariano, mas tudo tem gradações…).

Contamos com a ajuda de um amigo, Peter Stevens. Peter é um designer automobilístico muito respeitado e também professor em meio-período no Royal College of Art. Tínhamos nos encontrado de tempos em tempos ao longo dos anos, e Peter havia produzido o design gráfico para carros que eu pilotei em Le Mans com a Richard Lloyd Racing. Também havia trabalhado com Gordon Murray, um dos grandes designers de carros de corrida (com um entusiasmo permanente por guitarras elétricas) envolvidos no modelo McLaren F1. A experiência de Peter com design automobilístico de todos os tipos significava que ele poderia pelo menos manter nossas sugestões dentro dos limites do possível, em vez de sugerir mudanças que levariam sete anos para serem colocadas em produção. O melhor momento foi quando visitamos a fábrica gigantesca da Volkswagen. A Volkswagen provavelmente estava esperando que a reunião fosse mera formalidade, mas os engenheiros altamente capazes tiveram um choque quando perceberam que havíamos aparecido com *Herr* Professor Stevens, seu antigo tutor, para avaliar o trabalho que estavam fazendo.

Peter também considerou a experiência educativa. Ele havia observado que Steve O'Rourke levara consigo um sobretudo pesado durante toda a visita. Foi só antes de entrar na reunião que Steve o vestiu. Peter achou isso curioso e lhe perguntou por quê. Steve explicou que este era seu sobretudo de "mau elemento". Tornava-o maior, e isso, junto com o fato de que ele passou a reunião inteira de pé em vez de sentado, havia se mostrado uma ferramenta de negociação valiosa. Embora Peter nunca tenha comprado um sobretudo, investiu em um par de botas de "mau elemento", que ainda hoje são usadas quando surge uma reunião belicosa. Segundo ele, são extremamente eficazes.

Depois de anos fazendo as coisas à nossa maneira, não estávamos acostumados a lidar com outra organização que funcionasse com regras muito diferentes, e tivemos uma série de desacordos. Mas o produto final valeu a pena – o carro inclusive vendeu muito bem na Europa – e certamente tenho mais apreço por ele do que pelo melhor dos refrigerantes.

Algumas tradições climáticas demoram a desaparecer, e depois de ensaiar em condições perfeitamente secas, as chuvas vieram já no primeiro show. Durante um show – o mais chuvoso de todos –, o equipamento foi ficando cada vez pior. Os amplificadores estavam claramente encharcados, os monitores não funcionavam, e minha bateria estava cada vez mais cheia d'água. Nós amarramos a vela mestra ao estilo do capitão Hornblower e tocamos o máximo de tempo que conseguimos, mas em certo momento tivemos que abandonar o barco. Foi um lembrete de que, por mais que sejam minas de ouro, os shows em estádio são muito mais difíceis de controlar. Tínhamos efeitos fabulosos – especialmente a bola de espelhos gigante –, mas era tudo trabalho perdido se o palco inundasse.

Por causa das sessões no Britannia Row, David, Rick e eu nos sentíamos muito mais como uma banda na estrada. No entanto, com nossa reticência habitual, esquecemos de transmitir isso para o resto da banda – praticamente a mesma com que havíamos trabalhado na turnê de 1987 – e, do ponto de vista deles, a situação era muito diferente. O clima positivo que David, Rick e eu estávamos sentindo ameaçava diluir a sensação geral da equipe, e certamente mudou a dinâmica. Quando, logo depois que a turnê começou, decidimos sair sozinhos para receber os primeiros aplausos, isso, para dizer o mínimo, não melhorou as coisas. O resto da banda recriou seu próprio espírito de equipe montando uma boate móvel sob o palco, debaixo da estrutura construída para a iluminação e o som, que apelidaram de Donkey's Knob e que se tornou o local para muitas das performances informais após os concertos – e até mesmo um showzinho ocasional durante o intervalo no meio do espetáculo.

Depois de três shows na Flórida e no Texas, partimos para o sul da fronteira para um único show na Cidade do México. Era a primeira vez que tocávamos na América Latina. A atmosfera era mais louca, mais exuberante, e o público era consideravelmente mais jovem comparado ao dos Estados Unidos. Este público não só estava vendo um show do Pink Floyd pela primeira vez, como também parecia também estar descobrindo nossa música. No fim da turnê norte-americana, e depois de algumas noites em Nova York, voamos para Lisboa e seguimos direto para a turnê europeia, embora tenhamos tirado uns dias em julho para que David se casasse com Polly em Londres.

No começo de setembro, estávamos em Praga (mais um local novo para nós). Na noite anterior a tocarmos para 120 mil pessoas no estádio Strahov, jantamos com o dramaturgo Václav Havel, que havia sido prisioneiro de consciência e nessa época era o primeiro-ministro do país. Não foi a "comilança" que os tabloides adoram (por que eles insistem nesse jargão de tira de jornal?), mas uma refeição informal em um café à beira-rio. Muitos de nós havíamos feito o dever de casa lendo alguns de seus livros no caminho para mostrar que conhecíamos algo de sua obra – e nos perguntamos se Václav havia ficado acordado a noite toda com sua coleção de CDs. Alguns de seus ministros pareciam ter sido críticos de rock em outra vida. Eu me perguntei se no novo regime a polícia secreta estaria fazendo resenhas críticas de álbuns.

A turnê terminou em Lausanne no dia 25 de setembro, ou pelo menos aquele parecia ser o fim da turnê, já que Nettie e eu fomos para o sul da França para nos recuperarmos após o último dos shows em estádio. No entanto, ainda tínhamos uma série de noites para tocar em ambientes fechados em Earls Court, em outubro. Em 1987, havíamos tocado na Wembley Arena nas Docklands, então já fazia catorze anos que não tocávamos em um de nossos locais preferidos, um lugar cheio de personalidade, bem no centro de Londres. Mas tocar em casa incluía um número inadmissível de pessoas querendo ir como convidadas. Minha filha Chloe trabalhava para mim nessa época, e havia se encarregado da questão dos ingressos e da disposição dos assentos durante o ano inteiro. Londres, no entanto, foi o local mais difícil de todos.

As sutilezas das credenciais de acesso aos bastidores são, por si sós, todo um universo. AAA (acesso a todas as áreas) significa estar a meio caminho, e VIP, um nível além disso. Um cartão laminado é melhor que um adesivo e um ponto verde lhe permite passar por outra porta. Depois disso, ajuda se você é parte do show, membro da família, ou tem o olhar insano que garante que sempre haverá alguns lunáticos que conseguem chegar aonde definitivamente não deveriam estar. Um gerente de turnê, perplexo, encontrou um estranho em seu escritório, que ainda afirmou que ele deveria ter batido à porta antes de entrar.

Havíamos decidido que a renda obtida com os shows em Londres seria destinada a instituições beneficentes, e concebido uma fórmula complexa para garantir que as instituições menores com as quais tínhamos vínculos pessoais também se beneficiassem, junto com as maiores que todos apoiávamos. Isso significou uma série de sessões de fotos com cada uma dessas instituições, que, justamente, queriam obter o máximo de exposição com o evento. Infelizmente, no evento nenhuma delas teve essa oportunidade, visto que pouco antes de o show começar um setor inteiro de assentos desmoronou.

As luzes da casa haviam sido reduzidas e, em meio ao zumbido da expectativa, ouvi o que pareceu ser o estrondo de um trovão. Talvez uma das fitas tivesse dessincronizado. Logo se espalhou a notícia de que um setor de assentos havia se partido. Não havia alternativa senão acender as luzes imediatamente, conseguir ajuda para as pessoas que ficaram presas e primeiros-socorros para as que necessitavam. O show daquela noite precisou ser cancelado. No dia seguinte, poucas pessoas ainda continuavam hospitalizadas, o que foi um alívio para todos – exceto para estas poucas, é claro.

Por acaso havíamos incluído um dia extra para descanso durante a série de shows que faríamos lá, e, portanto, conseguimos reprogramar a data para poucos dias depois, de modo que a maioria – embora, infelizmente, não todos – teve a chance de assistir a esse show. Apesar do que aconteceu nessa primeira noite, sentimos que os shows foram um bom encerramento para a turnê. Graças a todo o trabalho prévio, eles foram tão bons quanto poderiam ser, e um pouco de brilho das obras de caridade contribuiu para a sensação agradável. Douglas Adams subiu no palco conosco em Earls Court no show de 28 de outubro, uma oportunidade que lhe havíamos oferecido em parte como presente de aniversário, mas também como agradecimento por ter proposto o título para o álbum *Division Bell*. Meu conselho para ele foi: "Faça o que fizer, Douglas, não olhe para baixo...", o que, na emoção do momento, ele claramente esqueceu, já que passou a música inteira olhando intensamente para o braço de sua guitarra.

Durante os shows em Earls Court, um visitante inesperado, mas muito bem-vindo, foi Bob Klose. Eu não o via desde os tempos do Tea Set em meados dos anos 1960, embora, por coincidência, ele tivesse se casado com uma velha amiga dos meus tempos de escola em Frensham. Isso me fez lembrar que alguns anos depois, no Festival de Velocidade de Goodwood, uma aparição ainda mais improvável havia sido a de nosso outro companheiro da Politécnica de Regent Street, Clive Metcalf. Alguém com uma visível falta de tato fez o comentário desagradável para Clive de que, por ter escolhido sair da banda, ele devia se sentir como alguém que havia perdido o bilhete premiado da loteria. Clive calmamente respondeu que quando ele e Keith Noble decidiram abandonar o grupo, acreditaram que estavam tomando a decisão correta. Como Clive observou, "pensávamos que vocês eram uns perdedores…".

Embora, na época, os concertos em Earls Court fossem simplesmente o fim de outra turnê, eles, de fato, marcaram uma interrupção de atividade importante. Durante os dez anos seguintes, nós lançamos um álbum ao vivo e um vídeo da turnê, ambos chamados *Pulse*, além de várias antologias e edições remasterizadas de nossa obra em novos formatos. Mas não voltamos a fazer turnês nem lançamos material novo.

Creio que David admitiria abertamente que era ele quem estava menos ávido por voltar à ativa. Ele parecia ter pouco apetite por tudo que implicava colocar em marcha a maquinaria de fazer uma nova turnê. Mas eu mantive a esperança de que este não necessariamente era o fim do Pink Floyd como uma força ativa. Havia várias coisas que nunca tínhamos feito. Nunca desenvolvemos a ideia que David teve para reinterpretar o conceito de acústico. Nunca lançamos as gravações "ambiente" das sessões de *The Division Bell*. E – pelo menos até agora – eu nunca apareci na rodada de ilustres desconhecidos do programa *Never Mind The Buzzocks*. No entanto, a perspectiva de o Pink Floyd voltar a gravar, que dirá a probabilidade de se apresentar ao vivo, parecia decididamente pouco promissora depois de tanta inatividade, relativamente falando. E então, do nada – na verdade, do azul-celeste dos céus caribenhos – os acontecimentos tomaram um rumo inesperado.

DAVID HOJE OBSERVA QUE UMA DAS RAZÕES DE NÃO CONSEGUIRMOS REPRODUZIR O CLIMA DO ORIGINAL FOI QUE OS MÚSICOS MAIS JOVENS COM QUE TRABALHÁVAMOS ERAM TÃO TECNICAMENTE PROFICIENTES QUE NÃO CONSEGUIAM DESAPRENDER SUA TÉCNICA E SIMPLESMENTE SE SOLTAR, COMO FAZÍAMOS NO INÍCIO DA DÉCADA DE 1970.

13. RECORDANDO UM DIA

EM JANEIRO DE 2002 EU ESTAVA DE FÉRIAS COM minha família na ilha caribenha de Mustique. No começo de cada ano, é feito um piquenique para arrecadar fundos para a escola local. Durante a festa, de repente senti um par de mãos fortes agarrando meus ombros, e depois meu pescoço. Na minha frente, vi os olhos de Nettie arregalados com a surpresa...

Era Roger. Ao me ver ali, ele foi até mim sorrateiramente e me pegou desprevenido. Nós só havíamos nos encontrado poucas vezes nos últimos quinze anos ou mais. Eu muitas vezes me perguntava qual seria o clima se acontecesse de nos encontrarmos por acaso, e como eu deveria agir em um encontro assim. Que desperdício de planejamento.

Roger e eu começamos a conversar, continuamos com a conversa por boa parte daquela tarde e nos encontramos mais algumas vezes durante as férias. Depois de tudo o que havia acontecido no passado, era incrível fazer as pazes com um de meus amigos mais antigos. Um monte de bagagem emocional foi deixado na alfândega de Mustique.

Mais tarde naquele ano, recebi uma ligação em que fui chamado para tocar como convidado com Roger na Wembley Arena durante sua turnê de 2002. Não disse "sim" logo de cara – a ideia pareceu um pouco assustadora – mas não demorei a perceber que perder essa oportunidade seria algo de que me arrependeria para sempre. Havia passado tempo demais lamentando nosso rompimento, então parecia especialmente idiota não agarrar aquela chance de demonstrar publicamente um momento de reconciliação um tanto adulto. Toquei em apenas uma música – o arranjo de Roger para "Set the Controls for the Heart of the Sun" – mas a noite foi fantástica. A banda de Roger foi muito receptiva e um belo toque, em particular, foi a chance de trabalhar com Harry Waters, que tocava teclado; além de ser filho de Roger, Harry também é meu afilhado.

Trabalhar com Roger de novo foi uma alegria. Eu adorei os ensaios. Apesar das muitas garantias de que os anos desde então haviam amaciado Roger, fiquei satisfeito ao descobrir que qualquer imperfeição no show era recebida com o familiar grito irascível do palco para a mesa de mixagem.

E eu genuinamente pensei que ficaria por aí. Quando este livro foi publicado pela primeira vez, em setembro de 2004, a questão sobre a possibilidade de o Pink Floyd voltar a tocar junto – com ou sem Roger – era pergunta obrigatória em toda entrevista. Eu encarava aquelas perguntas com uma firme honestidade, mas ainda tentava oferecer um vislumbre de otimismo, já que, até onde eu sabia, o juiz ainda não tinha apitado o fim de jogo.

Quando a revista *Mojo* produziu uma edição especial dedicada à banda no outono daquele ano, Roger e eu fomos entrevistados. Perguntaram a Roger sobre a possibilidade de sua relação com David reaquecer, uma sugestão que ele educadamente, mas com firmeza, descartou: "Não consigo imaginar por quê. Ambos somos indivíduos um tanto truculentos e não acredito que isso vá mudar". Em outro lugar, David havia comparado a ideia a "dormir com a ex-esposa" – não parecia promissor.

Na minha entrevista, as duas últimas perguntas seguiam as linhas tradicionais: "Haverá outro álbum do Pink Floyd?" e "Que tal uma única apresentação do Pink Floyd com Roger Waters pelo trigésimo aniversário de *Wish You Were Here?*".

Eu disse: "Eu me imagino fazendo isso. Mas não vejo por que Roger faria. Acho que David teria que se sentir extremamente motivado para querer voltar a trabalhar. E seria fantástico se pudéssemos fazer por algo como um novo Live Aid; um evento importante dessa natureza poderia justificar isso. Seria maravilhoso. Mas talvez eu só esteja sendo sentimental demais. Você sabe como são os bateristas velhos".

Seis meses depois, alguém chamou atenção para um comentário feito por Bob Geldof em uma entrevista para a TV em que ele havia dito que tinha visto uma citação minha sobre uma reunião do Pink Floyd ser – apenas talvez – viável para um grande evento beneficente. Infelizmente, não posso ter nenhum crédito pelo resultado final, mas claramente uma semente havia sido plantada no cérebro de Bob enquanto ele desenvolvia a ideia de montar um evento similar ao Live Aid vinte anos depois do original.

Estava tão alheio aos planos dele que quando minha esposa, Nettie, um dia me disse que Bob estava no telefone, em junho de 2005, não fazia ideia do motivo. Havíamos nos encontrado de vez em quando em eventos sociais e no comitê beneficente da Roundhouse Trust depois que ele atuou como Pink no filme de *The Wall*, mas não conversávamos regularmente.

Os primeiros indícios dos esforços de Bob para organizar o Live 8 ainda não haviam permeado minha consciência. Bob então falou do evento e que havia conversado com David sobre a possibilidade de o Pink Floyd se apresentar, mas que David tinha dito que não. Bob, como sempre, viu aquela resposta negativa meramente como um desafio inspirador, e disse que tomaria o trem até a casa de David para discutir melhor o assunto. Bob já havia chegado em East Croydon quando David ligou para dizer "Nem se dê ao trabalho", mas Bob decidiu que insistiria mesmo assim. No entanto, nem mesmo um apelo direto e pessoal de um homem famoso por ser persuasivo fez David mudar de ideia.

O que estava claro para mim é que David tinha ótimos motivos para não querer uma reunião para o Live 8. A banda não estava ativa, e ele havia passado os últimos anos trabalhando em seus próprios projetos solo. Ele sabia que se tocássemos, todo mundo, incluindo a gravadora, a imprensa e nossos fãs, imploraria para que lançássemos algum produto novo e anunciássemos uma turnê. Do ponto de vista dele, o momento era extremamente ruim – e, portanto, à luz dos eventos subsequentes, acho que o maior sacrifício foi o dele.

Bob perguntou se eu poderia ajudar a mediar um acordo com David. Eu disse que não, simplesmente porque pensei que acrescentar minha voz ao coro não o faria mudar de ideia – na verdade, poderia ter o efeito completamente oposto. Como declarei depois, podemos levar o cavalo à água [water], mas não o forçar a beber; no caso de David, nem mesmo é possível levá-lo para perto da água. Entretanto, levar Waters até David poderia funcionar…

Senti que tinha que fazer alguma coisa, de algum modo mencionar a ideia a Roger. Todavia, não queria que Roger pensasse que estava usando nossa amizade recém-restabelecida para começar a pedir favores, e sabia muito bem que ele havia passado vinte anos construindo uma carreira solo de sucesso. Peter Gabriel disse uma vez que se tivesse voltado ao Genesis depois de tanto tempo sozinho teria muito a perder: seria como voltar várias casas em um jogo de tabuleiro com um caminho especialmente longo a percorrer.

Era preciso cautela. Mandei um e-mail para Roger e fiz uma referência das mais tímidas a Bob querendo que o ajudássemos em seus esforços para salvar o planeta. Se Roger não respondesse, paciência. Pelo menos teria feito o meu melhor, ainda que fosse pouco.

Roger respondeu logo em seguida, perguntando o que Bob queria que fizéssemos. "Para ser sincero, não tenho certeza", respondi, voltando à mesma mistura de falsidade e diplomacia que havia marcado nossa primeira conversa na Poli de Regent Street mais de quarenta anos antes. Então Roger ligou para Bob. Apesar da distração com a vida doméstica de Bob fazendo barulho ao fundo, Roger conseguiu confirmar que Bob queria que tocássemos juntos de novo. Então a residência dos Geldof voltou a ter prioridade, e Bob disse que teria que ligar depois para Roger.

Roger foi imediatamente receptivo à ideia de tocarmos juntos de novo para um evento politicamente afinado com seus próprios sentimentos, especialmente porque a intenção de Bob não era angariar fundos, mas lançar um grito de protesto global e enviar uma mensagem clara sobre a pobreza desnecessária aos líderes que participariam da reunião de cúpula do G8 em Gleneagles, poucos dias depois do Live 8.

Quando Bob retornou a ligação de Roger, já haviam se passado duas semanas e meia. Roger perguntou a Bob a data do show do Live 8 e foi repentinamente surpreendido pelo fato de que faltava menos de um mês: não havia mais tempo para refletir. Ele se ofereceu para tomar a atitude definitiva e ligar para David. "Alô", Roger disse quando ele atendeu, "acho que deveríamos fazer isso". David ainda tinha dúvidas, preocupado se sua voz e sua guitarra não estariam enferrujadas demais, uma ideia que Roger rapidamente descartou. David pediu um tempo para ponderar a respeito. Vinte e quatro horas depois, havia ponderado com sucesso.

E foi assim, em uma sexta-feira de junho, quando mal faltavam três semanas para o evento, que David ligou para Bob, para Roger e para mim para dizer "Vamos nessa". Para todos nós estava claro que, como a ideia do Live 8 era aumentar a conscientização, a reunião dos quatro membros do Pink Floyd para uma única apresentação traria mais atenção ao evento, embora Roger tivesse deixado absolutamente claro que, independentemente do que acontecesse, não estaria preparado para abrir para as Spice Girls ou para uma banda tributo ao ABBA. Apesar disso, Bob ficou comovido ao descrever Roger como um grande diplomata – isso realmente era uma novidade.

Porém, ainda havia mais uma pessoa que teria que concordar. Rick não havia sido parte daquelas negociações iniciais, já que elas diziam respeito principalmente a Roger e David, mas era imperativo que ele fizesse parte de qualquer reunião da banda. Se faríamos aquilo, faríamos direito. Rick aceitou de imediato, embora talvez possa ter havido um leve tremor de medo em sua voz com a perspectiva de voltar de forma voluntária ao que um dia havia sido, para ele, uma espécie de arena de gladiadores.

No domingo a notícia foi oficialmente divulgada depois de semanas de rumores insistentes. David soltou um comunicado em que disse, com muita razão, que "quaisquer rixas que Roger e a banda tivessem tido no passado seriam insignificantes nesse contexto". Roger, reagindo a insinuações de que isso seria apenas uma desculpa para que roqueiros geriátricos promovessem seu catálogo de discos, disse, com alegria: "Os céticos vão zombar. Danem-se!".

Os redatores de manchetes tiveram um dia de glória. As pazes foram feitas. Desavenças foram postas de lado. E, de repente, o "dia em que porcos voarem" havia chegado, com eles povoando os jornais e um ou dois tabloides. Richard Curtis telefonou para insinuar que se a banda conseguisse entrar em acordo no *set list*, certamente a cúpula do G8 conseguiria entrar em acordo em um comprometimento prático para resolver os problemas da África.

Por alguma razão, nossos problemas internos, na verdade, nada diferentes daqueles de inúmeras outras bandas, haviam tomado a proporção de representação mítica da maior rixa do rock'n'roll. Tendo vivido isso, posso relatar de forma sincera (e espero que este livro tenha refletido isso) que, na verdade, não foi a Terceira Guerra Mundial ou, se foi, devo dizer que acredito ter sido uma guerra muito boa.

Eu me diverti com uma sátira de Toby Moore no *The Times* que dava aos leitores uma "prévia exclusiva" dos ensaios, com cada um de nós sentado no estúdio enquanto uma fila de advogados debatia se um Fá sustenido poderia ou não ser incluído. E gostei de uma frase que ele atribuiu a mim, dizendo que rock and roll tinha tudo a ver com "brigas, recriminações e advogados". Um jornal também noticiou que a irmã de Syd, Rosemary, havia lhe perguntado o que ele achava da reunião. Ela declarou que ele não tivera reação nenhuma.

"Ele não é mais Syd", ela disse. Há muitos anos ele simplesmente tinha voltado a ser Roger Barrett.

Assim que a decisão foi tomada, uma de nossas primeiras tarefas foi definir o que tocar. A princípio, Roger e David discutiram isso, com alguma participação de Bob. Eu sugeri que deveríamos tocar as canções mais lentas...

Faltando dez dias, nós quatro nos reunimos no Connaught Hotel em Londres para a última votação. Como o tempo urgia, passamos logo a discutir sobre o que precisaria ser feito.

Havíamos levado conosco uma seleção de fitas de vídeo – algumas dos shows de Roger, o resto das últimas turnês do Pink Floyd – para serem usadas na apresentação. Incapazes de largar o hábito de uma vida inteira, sentimos que seria necessário um pequeno ajuste a mais, o que significou que pude ficar com Roger em uma ilha de edição escolhendo sequências para acompanhar o *set*. Aquilo me lembrou de como gostava da maneira que Roger trabalhava. Sob pressão, não havia perda de tempo, apesar do senso de clareza de Roger sobre o que queria, ainda era capaz de levar em conta outras ideias se parecesse que elas funcionariam.

Concordamos em ensaiar durante um período de três dias no Black Island Studios, no oeste de Londres, e era natural que nossos fieis músicos acompanhantes Tim Renwick e Jon Carin se juntassem a nós – uma bela ligação com o Live Aid original, quando Jon esteve na banda de Bryan Ferry com David.

Dick Parry trouxe seu saxofone, e Carol Kenyon providenciou o vocal de apoio para "Comfortably Numb". Também conseguimos reunir um time de colaboradores e membros da equipe de longa data, incluindo Phil Taylor (nosso subordinado por mais tempo); meu técnico de bateria, Clive Brooks; o técnico de guitarra de Roger, Colin Lyon; Andy Jackson na mesa de mixagem e James Guthrie cuidando do som para a transmissão. Estávamos todos um pouco mais velhos e um pouquinho mais sábios, e até conseguimos ter algumas divergências criativas saudáveis na opinião de como certas canções deveriam ser tocadas sem apertar o botão de autodestruição. Um fio de tensão surgiu quando Rick falava sobre uma certa linha de baixo que Guy Pratt usou uma vez nas turnês anteriores (Guy se casou com a filha de Rick, Gala, pouco depois da turnê de *Division Bell*). Roger, ouvindo isso, avisou: "Rick, o que você e seu genro fazem em particular não é da minha conta".

Na véspera do show do Live 8 nos encontramos no Hyde Park. Na área imediatamente à frente do palco principal, grupos dispersos de funcionários do evento, da segurança, membros de bandas e suas famílias observavam Madonna se exercitar vestida de branco. Também fiquei feliz ao notar meus dois meninos, Guy e Cary, no palco, parecendo que ali era o lugar deles embora claramente não fosse, tendo obviamente demonstrado talento precoce na arte de passar pela segurança na base do blefe. Com o anoitecer e as passagens de som individuais completas, começamos a tocar nosso *set*. O ensaio correu muito bem, embora tenha havido, devo confessar, certo nível de instabilidade no departamento de bateria. No entanto, como em todo bom ensaio, isso deixava bastante espaço para melhorias na noite do show.

Ao chegar sábado, dia 2 de julho, sabíamos que entraríamos atrasados – estava claro que haveria uma impossibilidade física de que o show seguisse o cronograma – então planejamos ir para o Hyde Park lá pelas cinco ou seis da tarde. Pensando bem, parecia absurdo perder a abertura de uma ocasião tão importante, e acho que todos aparecemos a tempo de ver o pontapé inicial.

Minha filha Chloe me deu um oportuno puxão de orelha. Ao chegar na área de estacionamento para os artistas, desci do carro (Damon Hill gentilmente atuava como motorista – o precursor de uma corrida de Uber especialmente empolgante). Acho que deixei a impulsividade do momento me afetar e agia meio que "Aqui estou. Olá...". Vi Chloe, e estava prestes a abraçá-la, mas ela, de forma brusca, disse "Agora não, pai, estou muito ocupada", e continuou fazendo sua transmissão ao vivo para o VH1.

Guardei meu ego de *rock star* em silêncio e fui para a frente para assistir Paul McCartney e o U2 tocando "Sgt. Pepper" e, mesmo como um veterano de carteirinha da indústria musical, calejado e ressentido, fiquei comovido com o poder e a força do que acontecia tanto no palco como na plateia.

Nos bastidores, a falta de camarins significava que cada um deles só vagava cerca de uma hora antes do artista seguinte ter que entrar no palco, um sistema de divisão de tempo que impedia quaisquer excessos de gente agindo como diva. Na nossa vez os ocupantes anteriores relutavam em sair, mas quando o fizeram deixaram em seu rastro um buquê de drogas nostalgicamente revelador.

Conseguimos dar algumas entrevistas e passar a mensagem de qual era o intuito do Live 8, o que me ajudou a sentir que tínhamos tomado a decisão certa ao nos reunirmos; na ausência de malabaristas e engolidores de fogo, oferecíamos a "novidade" necessária que poderia fazer o público se perguntar "O que os convenceu a fazer isso?" e refletir sobre a verdadeira mensagem da causa.

Nossa entrada atrasava cada vez mais, à medida que o céu nublado dava lugar a um pôr do sol com um bom presságio. Quando subimos ao palco, às onze da noite, tínhamos aproveitado nossa experiência comunitária da espera, com a adrenalina fervendo enquanto o nervosismo chegava sorrateiro. Mas assim que a fita com o coração pulsante de "Breathe" começou a tocar na arena completamente escura, eu já estava relaxando, acostumando-me à familiar sensação de fazer parte de uma banda.

Era fantástico tocar com os outros novamente – Rick sobrepondo suas texturas singulares, David tão confiável como sempre, perfeitamente no tom e lírico, e Roger, apesar da idade avançada, extremamente animado de um jeito que não lembrava de ter visto antes, provavelmente um efeito colateral de duas décadas como líder de banda. Toda a apresentação pareceu compacta e contida e conseguimos manter controle sobre qualquer empolgação exagerada apesar da importância do evento, felizmente nos contendo para não gritar "Boa noite, Londres!" e perguntar se o público estava "se divertindo". No entanto, as palavras mais calculadas de Roger antes de "Wish You Were Here", mencionando Syd, garantiram que fizéssemos um contato significativo com o público.

Depois de nosso agradecimento final, fomos aos bastidores, onde houve muitas demonstrações sinceras de emoção, mas tenho o prazer de informar que, como grandes atores veteranos que somos, nós quatro exibimos aquele estoicismo inescrutável e sem lágrimas que é parte de uma antiga tradição do Pink Floyd...

E aquilo, acho que pensei, era o fim. Tínhamos nos reunido por uma causa digna, provavelmente a única razão pela qual voltaríamos a tocar juntos, e nos apresentamos para um público que se estendia não só àquela noite no Hyde Park – cerca de vinte mil pessoas – mas muito além, para uma audiência de algumas centenas de milhões pela TV. Definitivamente estávamos aumentando a conscientização em grande escala – embora depois de alguns dias a agenda de notícias já tivesse mergulhado no anúncio da vitória de Londres para ser sede dos Jogos Olímpicos na quarta-feira seguinte, e dos estarrecedores ataques terroristas de 7 de julho na cidade logo no dia seguinte.

Depois do show voltamos às nossas vidas normais. Surgiram os inevitáveis rumores de que nos ofereceram quantias absurdas de dinheiro para que voltássemos à estrada mais uma vez. David com certeza deixou claro que, qualquer que fosse o valor de se apresentar no Live 8, planos de longo prazo para uma turnê amigável de reunião não estavam em sua agenda pessoal. Os ensaios para o Live 8, disse, haviam lhe convencido de que aquilo não era "algo que gostaria de fazer muitas vezes".

Entendi a lógica dele. Acredito que David tenha achado particularmente difícil trabalhar nas últimas turnês do Pink Floyd.

Ele carregava o peso todo nas costas com apenas uma pequena ajuda minha, simplesmente porque ele estava à frente, com todas as responsabilidades de um vocalista principal. E ao passo que eu aguardo ansiosamente pelos detalhes do design de cenário, do palco e dos efeitos visuais, esses aspectos provavelmente interessam mais a mim do que a ele.

E ainda assim, como em muitas outras coisas, o que pareceu um final provou ser um novo começo. Primeiro, entretanto, eu estava terminando uma rodada de turnês promocionais e sessões de autógrafos da primeira edição, e das versões em língua estrangeira, deste livro. Durante as primeiras sessões, como uma criança ingênua, eu perguntava a todo mundo entusiasmado a quem gostariam que dedicasse o livro, mas logo aprendi que decifrar a grafia de sobrenomes do Leste Europeu poderia tomar a maior parte de uma noite. Logo percebi que estar armado com um estoque de Post-Its com nomes preparados de antemão era a solução mais rápida.

De volta à estrada – ainda que em uma versão muito mais solitária e sóbria e sem nenhum equipamento mais caro que um pacote recém-comprado de canetas Pentel – eu estava mais uma vez na linha de frente conversando com fãs que não viam um membro real do Pink Floyd ao vivo para bater papo havia algum tempo.

No estúdio de Paris da France Inter, em uma entrevista no rádio, Serge Le Vaillant, o apresentador, teve a brilhante ideia de passar comigo um de A a Z do Pink Floyd: "*A pour Architecture, B pour 'Brain Damage'*" e daí em diante ("*G pour Gong*" foi uma surpresa agradável). Quando chegamos ao V, Serge estava com a voz quase falhando quando escolheu "*V por la Vie – votre vie, Nick Mason – merci énormément – mais aussi ma vie, notre vie*". Juro que havia lágrimas se formando, se não nos olhos dele, possivelmente nos meus.

Havia certa nostalgia em retornar àquelas cidades onde havíamos tocado. A caminho do estúdio da France Inter, passamos pelo Théâtre des Champs-Elysées, onde tocamos pela primeira vez em janeiro de 1970, o que me lembrou de como os franceses tinham nos acolhido com entusiasmo em uma época em que o Reino Unido não parecia muito convencido, e de como eles tinham nos apoiado fielmente desde então.

Em Los Angeles, fiquei em Venice Beach, evocando memórias de nosso show ali no Cheetah Club, em 1967. As camisetas ainda eram as mesmas, mas agora eram vendidas como "retrô" em vez de serem a última moda, e os sentimentos antiguerra e contra os Republicanos agora eram dirigidos a um teatro de guerra diferente e a um presidente alarmante e teatral.

Comecei a compreender aos poucos que muitos dos "fãs" que queriam coisas autografadas eram, na verdade, parte de um cartel organizado de vendedores do eBay. Eles sempre chegavam carregados com uma grande variedade de escudos de guitarra e álbuns. Temos que admirar a mistura de tenacidade, paciência e desespero que fazia com que tivessem que ficar na fila esperando como qualquer outra pessoa.

Em Manhattan, parabenizei um tanto mal-humorado um desses abutres por sua persistência em me localizar no restaurante onde jantava com Roger (que estava lá em turnê). Enquanto Roger discutiu com ele, eu lhe disse que suspeitava que ele só pegava autógrafos para poder revendê-los online. Ele soltou um grande suspiro nova-iorquino: "A gente tem que ganhar a vida". Não consegui me recusar a autografar o item à luz de uma resposta tão sincera.

De volta ao Reino Unido, fui convidado a aparecer no *Top Gear*. Eles estavam especialmente interessados em ter no programa minha Ferrari Enzo Ferrari recém-adquirida. As negociações iniciais emperraram, mas certa noite, durante um jantar com Jeremy Clarkson, ele mencionou o assunto novamente. Propus que se ele e sua equipe promovessem o meu livro no programa deixaria de cobrar qualquer coisa pelo uso da Enzo, confiante de que as severas restrições da BBC à publicidade evidente na tela impediriam qualquer possibilidade de que eu tivesse que cumprir a promessa.

Alguns dias depois, Jeremy estava no telefone. Ele havia tido uma ideia. Para burlar os ditames da BBC, ele disse que escreveria um roteiro que contornaria impecavelmente o problema.

Então, assim que a Enzo surgiu para as câmeras eu entrei completamente no modo canal de vendas. Jeremy perguntou como havia sido a emoção de ter conseguido uma Enzo. "Talvez tão empolgante", respondi alegremente, "quanto o momento em que pus as mãos na primeira cópia do meu livro, *Inside Out*..." Mais tarde, no estúdio, a Ginger Spice – Geri Halliwell – estava no sofá. Quando Jeremy perguntou qual era o projeto musical dela no momento, ela estava prestes a mencionar seu novo álbum. Jeremy interrompeu. "Pare", ele disse com firmeza, "não fazemos propaganda nesse programa". Quando a câmera se afastou, toda a plateia atrás de Jeremy e Geri usava camisetas com slogans dizendo "Compre o livro do Nick" ou "Nick é um grande escritor".

Depois eu soube que assistir a trechos daquele episódio em particular era obrigatório para produtores da BBC em treinamento – para que vissem o que nunca deveriam deixar escapar, por mais bem-sucedido (e potencialmente beligerante) que fosse o apresentador.

Depois de cumprir as obrigações como escritor, tive uma sensação do iminente estabelecimento de um "legado" quando, alguns meses depois do Live 8, o Pink Floyd foi nomeado para o UK Hall of Fame em uma cerimônia no Alexandra Palace. Pete Townshend fez as honras da casa, relatando que a única vez na vida em que havia perdido um show do Who, "que não fosse por acidentes de carro ou doença", foi quando faltou a uma apresentação em Morecambe para levar Eric Clapton para nos ver tocando com Syd. Ele também disse ter ficado contente de nos ver tocando com Roger no Live 8. "Nunca achei que aconteceria. Outro muro caiu".

Rick se recuperava de uma cirurgia nos olhos, e Roger estava em Roma para a estreia de sua ópera Ça Ira, então David e eu aparecemos para representar a banda. Sobre nós pairava um gigantesco telão com o rosto de Roger sendo transmitido ao vivo. Parecia um comício orwelliano ou norte-coreano, com Roger no papel de Líder Eterno da República do Pink Floyd. "Todos esses louvores", ele disse, "foram um tanto intimidantes, mas, devo dizer, bastante comoventes", depois revelando que Rick na verdade não tinha feito cirurgia nenhuma. "Nós fugimos juntos e estamos felizes morando em um pequeno apartamento na Via Veneto..."

Eu disse à plateia que a honraria era algo para compensar os quase quarenta anos que passei tendo que ouvir piadas ruins sobre bateristas, apesar de ter ouvido uma naquele dia que resumia todas: o garotinho diz à sua mãe, "Quando crescer, vou ser baterista". A mãe ri, olha para ele com pena e diz: "Não dá para fazer as duas coisas".

Ainda que esses eventos ainda não envolvessem deixar nossas mãos impressas na calçada à frente do Grauman's Chinese Theatre, ainda parecia que nossa história começava a ser cimentada em algum tipo de estrutura que poderia, estranhamente, viver mais do que nós. Também era um sinal de que talvez tivéssemos passado de nossa "data de validade", e que éramos vistos em retrospecto, e não mais como uma força musical vibrante.

David acrescentou sua voz ao processo quando, no início de 2006, surgiu uma história no jornal italiano *La Repubblica* afirmando no estilo Monty Python que "a marca Pink Floyd está dissolvida, acabada, definitivamente desintegrada". No que rapidamente vinha se tornando uma resposta regular, David disse a eles: "Acho que fizemos o bastante. Acabou, *è finita*". Aquilo, para mim, foi quase um alerta vermelho, ou pelo menos um post-it carmim, porque minha reação imediata foi pensar, "MAS nunca se sabe...". Eu simplesmente não consigo evitar.

A razão de David ter sido tão enfático possivelmente tinha relação com o fato de que um novo álbum solo seu, *On an Island*, estava para sair. Entre seus colaboradores, que incluíam Rick, David Crosby e Graham Nash, estava Bob Klose, que havia feito um excelente trabalho na guitarra nos nossos primeiros dias como Tea Set/Pink Floyd Sound, um feliz elo com aquelas primeiras excursões como banda. Eu me juntei a David no palco no Royal Albert Hall na turnê correspondente, alguns dias depois de David Bowie ter aparecido como convidado.

Um ano depois, em maio de 2007, eu me apresentava com David mais uma vez, e com Rick, em circunstâncias mais tristes. Syd havia morrido no mês de julho anterior, e um tributo – "The Madcap's Last Laugh" – foi organizado por Joe Boyd no Barbican.

Nenhum de nós tinha ido ao funeral de Syd. Independentemente de quaisquer arrependimentos que eu tenha sobre como a banda havia lidado com ele, acho que tentamos fazer a coisa certa pela família e por Syd, e pela privacidade que ele havia buscado nos trinta e poucos anos anteriores. Mesmo que considerássemos comparecer, não acho que seríamos convidados: foi essencialmente um evento familiar privado.

No Barbican, David, Rick e eu tocamos "Arnold Layne". Roger (com quem eu vinha tocando de tempos em tempos em sua turnê *Dark Side*) tocou uma versão de sua própria música "Flickering Flame" com apoio de Jon Carin no teclado. Nos bastidores, havia uma aglomeração intrigante de artistas, incluindo Chrissie Hynde, Damon Albarn, Kevin Ayers e ninguém menos que Captain Sensible, um exuberante lembrete de meu próprio conflito com as forças sombrias do punk.

No ano seguinte, houve mais más notícias. Rick morreu em setembro de 2008. Sabíamos que ele estava doente, mas a notícia não foi menos impactante. Ele parecia bem no Live 8 e nas poucas ocasiões em que o tinha visto desde então: ele não ficava muito no Reino Unido, já que passava boa parte do tempo em seu barco, *Evrika*. Rick era um intrépido e habilidoso velejador, o que foi ilustrado por uma travessia do Atlântico.

Eu o havia encontrado por acaso em Ibiza quando passávamos férias lá com Roger Taylor, baterista do Queen, no barco dele,

Tiger Lily. Chegando à praia em um barquinho, notei um belo iate à frente: tinha certeza de que era o barco de Rick. Não parecia haver ninguém a bordo quando o saudamos, circulando à sua volta. Inesperadamente, um marinheiro ancião de cabelos brancos se levantou e, por sorte, pouco antes que eu gritasse "¿Hola, donde está el capitán?", eu percebi, "Ai, m****, é o Rick". Na verdade, ele não parecia ter envelhecido tanto assim, não mais que nenhum de nós, mas seu cabelo estava totalmente branco. Propus que jantássemos juntos naquela noite e ele disse, "Dave também está aqui, em Formentera", então velejamos até lá para um jantar de reunião improvisado.

Depois da morte de Rick, o que mais senti foi a sensação de desequilíbrio causada por sua perda. Rick talvez nunca tenha recebido o crédito – dentro e fora da banda – que merecia por seu talento, mas as texturas e cores características e flutuantes que ele havia trazido à mistura foram absolutamente decisivas para o que as pessoas reconhecem ser o som do Pink Floyd. Musicalmente, ele amarrava a banda em uma coisa só. Sua abordagem para a música era totalmente exclusiva: ele certa vez havia resumido sua filosofia musical dizendo: "A técnica vem muito depois das ideias". Muitos bons tecladistas podiam e conseguiam copiar e recriar as partes dele, mas ninguém além de Rick tinha a capacidade de criá-las.

Uma das intervenções de Rick teve um impacto significativo e inesperado em *Dark Side of the Moon*. Po – Aubrey "Po" Powell, sócio de Storm Thorgerson no Hipgnosis – recorda: "Fomos ao Abbey Road para ter algumas ideias. Nessa ocasião, Rick se destacou de todo mundo porque em vez de simplesmente nos dizer para ir embora e pensar em algo, que era a instrução padrão, disse 'Vocês não conseguem fazer alguma coisa diferente? Estou de saco cheio das malditas vacas e fotos surrealistas. Por que não podemos usar alguma coisa gráfica como na caixa do chocolate Black Magic?'". Isso parece verossímil: eu me lembro que Rick tinha a tendência de ficar um pouco petulante quando confrontado por Storm.

Os camaradas do Hipgnosis foram embora para ponderar sobre a melhor resposta. Na casa de Storm, buscando uma inspiração, encontraram um livro francês de física dos anos 1940. Em uma página havia a fotografia de um peso de papel transparente próximo a uma janela por meio do qual o sol passava criando um prisma de cor. “Storm falou ‘Já sei’ e por uma razão qualquer desenhou aquele triângulo, simples assim. Voltamos ao Abbey Road e todo mundo, sem exceção, disse, ‘É isso, é isso’. Serendipidade, um momento mágico”.

O funeral de Rick foi realizado no Notting Hill Theatre. Foi uma despedida maravilhosa para um amigo que havia sido parte da minha vida por mais de quatro décadas. Rick tinha dito que queria uma festa que não fosse muito formal, e com certeza teve seu desejo atendido. Foi um evento que provocou uma sensação de contentamento, em vez de tristeza, tanto na parte social, com tantos rostos familiares ali, como na parte musical. David e eu tocamos a canção de Rick “Remember a Day” pela primeira vez em quase quarenta anos, e a apresentação de Jeff Beck, um belo solo de guitarra sem acompanhamento, foi tão sensacional que tentei agendá-lo para meu próprio funeral.

Sem Rick, qualquer esperança de uma reunião do Pink Floyd estava definitivamente encerrada. Agora estava nas mãos das bandas de tributo. Hoje entendo que todas as noites, em algum lugar, a música do Pink Floyd é tocada, mas não por mim. Os bateristas das bandas de tributo com certeza dominaram todos os meus erros muito melhor do que eu conseguiria. Como na franquia James Bond, meu elegante e robusto Roger Moore podia ser facilmente substituído por um parrudo Daniel Craig e talvez ninguém realmente notasse.

Tive experiência em primeira mão do efeito Bond. Anthony Horowitz, um escritor e bom amigo, trabalhava no novo romance de Bond, *Trigger Mortis* (até mesmo Ian Fleming é substituível) e queria ambientar boa parte da ação no Nordschleife, parte do Nürburgring original, considerado um dos circuitos mais desafiadores da história do automobilismo (Jackie Stewart o chamava de "inferno verde"), que não é mais usado em Grandes Prêmios, mas ainda está disponível. Para ajudar em sua pesquisa, ofereci um piloto – o marido de minha filha Holly, Marino Franchitti – que dirigiu com Anthony pela pista para que ele pudesse fazer as sequências do livro da forma mais realista possível.

Em julho de 2010, Roger concordou em aparecer com David em um evento beneficente para levantar fundos para a HOPING Foundation de Bella Freud, que apoia e melhora as vidas de crianças palestinas. Todos fomos convidados a tocar, individualmente, por Jemima Goldsmith – que organizava o evento em sua casa, a Kiddington Hall, em Oxfordshire – e todos aceitamos. Mas, refletindo, percebemos que mais uma vez encararíamos perguntas intermináveis sobre se aquilo seria o presságio de uma reunião do Pink Floyd, o que seria desproporcional à escala relativamente íntima do evento, que tinha um público de apenas algumas centenas de convidados.

Então Roger e David subiram ao palco e, apesar da ausência de seu fiel baterista e reconciliador, tocaram um *set* curto com "Comfortably Numb", "Wish You Were Here" e "Another Brick". Eles ainda não estavam bem no estágio de declarar que se reaproximaram, mas era o mais próximo disso que haviam chegado até aquele momento.

David queria tocar uma versão arranjada para dueto do clássico dos Teddy Bears "To Know Him Is to Love Him" como parte da apresentação, mas Roger não quis, já que apesar de David conseguir cantar com facilidade qualquer uma das duas partes, ele achou que aquilo estaria fora de sua zona de conforto vocal. David ainda estava disposto a fazer e propôs um acordo. Se Roger cantasse a canção, David apareceria e cantaria "Comfortably Numb" em um dos shows da turnê *The Wall* de Roger.

Roger aceitou, e David, no devido tempo, compareceu ao concerto *The Wall* de Roger na O2 Arena em maio de 2011. Eu me juntei a eles em "Outside the Wall" reprisando a forma como encerrávamos o show original. Eu levava um pandeiro, David tocava bandolim e Roger, o trompete. Pelo menos estávamos juntos no palco mais uma vez, ainda que nossa seleção de instrumentos pudesse ter dificultado uma apresentação de "Echoes".

Naquele ano, David e eu completamos o longo processo de remasterização de nosso catálogo, para um lançamento extravagante de múltiplos discos e em múltiplos formatos. O trabalho de remasterizar tudo havia ficado a cargo de James Guthrie, e ele tinha enfrentado aquela tarefa imensa com valentia enquanto eu autoritariamente assistia dos bastidores e permitia que o *Huffington Post* me entrevistasse.

Parecia, eu disse, nossa última chance de lançar discos físicos. Ao mesmo tempo, os avanços na tecnologia digital haviam nos permitido restaurar o velho material analógico de uma forma que não conseguíamos antes, mas tinha sido uma tarefa de Sísifo. Eu sabia que deviam existir centenas de rolos de fita, multifaixas de duas polegadas, sem falar das mixagens brutas e gravações inutilizadas em fita de ¼ de polegada. Como comentei na época, "Deve ter sido um trabalho infernal vasculhar tudo aquilo".

Um favorito em especial entre os vários elementos era nosso show na Empire Pool, em Wembley, de 1974, cujo áudio agora podia ser limpo o suficiente para justificar seu lançamento. Mas a joia da coroa, para mim, foi a redescoberta do solo de Stéphane Grappelli em "Wish You Were Here" nos cofres da EMI. Achava que essa sessão havia sido perdida para sempre, e me preocupava ter sido a pessoa que podia ter apagado a gravação matriz sem querer ou gravado por cima dela. O fato de ainda existir foi uma grande alegria, e se algum dia tocássemos "Wish You Were Here" novamente, eu – na ausência do próprio Stéphane – convidaria um violinista de talento similar para tocá-la conosco: talvez Nigel Kennedy ou Vanessa-Mae.

Também expressei minha própria intenção ao dizer que pessoalmente ainda estaria interessado no conceito de "reviver o dinossauro e colocá-lo na estrada", embora eu duvidasse que David algum dia se interessaria e Roger nem sequer pudesse considerar a possibilidade, já que estava em turnê com *The Wall*.

Sem nenhuma atividade musical regular na agenda, um pouco do meu tempo e energia foram para a política musical. A paisagem da indústria musical havia ficado quase irreconhecível. Pirataria, downloads e streaming haviam afetado diretamente a forma em que os produtos eram lançados. Foi-se o tempo em que usávamos a turnê para promover um novo álbum; agora o álbum era um meio de promover a turnê. Eu tinha a forte convicção de que os artistas precisavam se unir para assegurar que tivessem participação nas decisões – especialmente ao considerar o comentário de Bernie Ecclestone de que "Se você não tem um lugar à mesa, provavelmente faz parte do cardápio".

Eu entrei para a diretoria da Featured Artists Coalition, uma organização criada para proteger e lutar pelos direitos dos artistas, tanto os já consagrados como os emergentes, principalmente na era digital e em uma época em que as gravadoras são cada vez menos investidores de riscos e mais empresas conservadoras de *private equity*, mais interessadas em retornos garantidos. Também estudamos aspectos específicos da legislação que afetam aos fãs – a venda de ingressos de segunda mão, por exemplo, trabalhando para encontrar soluções para neutralizar cambistas organizados.

A FAC se esforça para envolver uma amostra representativa da indústria musical tão ampla quanto possível: Billy Bragg; Mark Kelly, do Marillion; Sandi Shaw e Rumer já foram membros da diretoria em momentos variados, ao lado de Howard Jones; Annie Lennox; Ed O'Brien, do Radiohead; Master Shortie e Kate Nash. Ela cria uma ligação com o Sindicato dos Músicos (do qual ainda sou membro depois de cinquenta anos) e também com as atividades sindicais do meu pai.

Um vínculo de longa data foi rompido quando fomos transferidos da EMI para a Universal e então para a Warner, embora isso esteja longe de ter sido traumático, já que a decisão foi parte de várias manobras comerciais com as quais não tivemos envolvimento direto. Havia uma sensação de ser comprado e vendido em leilão como em um mercado romano de escravizados. Já havíamos passado pela experiência de quando o investidor de risco Guy Hands adquiriu a EMI como um *commodity*, sem nenhum conhecimento aparente do negócio musical. E é um negócio, é claro, mas seria legal pensar que há um pingo de interesse na palavra "musical" que o sucede. Basta dizer que, sob a administração dele, a EMI recebeu (ou é o que se diz) o apelido de "Every Mistake Imaginable" [todo erro imaginável].

Nunca conheci Guy Hands, mas lembro-me de ler que ele havia contratado o antigo diretor-geral da BBC John Birt para ajudá-lo a comandar a EMI. Eles obviamente estavam de folga no dia da consultoria corporativa e concluíram que o que precisavam mesmo fazer era aumentar a produtividade. Então John Birt foi enviado para ligar para os artistas contratados e dizer a eles que simplesmente... trabalhassem mais. Acho que se conseguíssemos ter acesso às fitas do ex-chefe da BBC ligando para Roger e dizendo-lhe para trabalhar mais seria uma coisa adorável.

Nunca passei muito tempo socializando com o pessoal da gravadora, com a honorável exceção sendo Caryn Tomlinson, que sobreviveu incólume depois de trabalhar com uma série de presidentes e CEOs da EMI. Certa vez, calhou de eu me sentar ao lado de um presidente, Colin Southgate, em um evento qualquer. "Olha", ele comentou, "acho que nunca sentei ao lado de um de meus artistas antes". Parece ter havido nos últimos anos um retorno aos magnatas da música de alto calibre, alguns evocando o Senhor do Escuro de Tolkien, outros, genuínos homens do mundo da música. Eu me lembro de David Crosby dizer certa vez que o problema com as gravadoras é que só tinham tubarões e vigaristas, mas pelo menos costumava haver alguém com quem podia gritar; ao passo que o Setor de Negócios assume o comando não há ninguém nem para conversar, quanto mais para passar um sermão.

Enquanto as maquinações da indústria musical estavam a todo vapor, David e eu finalmente começamos a lubrificar nosso próprio maquinário enferrujado do Pink Floyd.

Com uma pequena assistência digital, pudemos tirar o pó de algumas fitas demo das sessões de *Division Bell* – que tinham sido gravadas não em multifaixas, mas em uma simples DAT – e isolar totalmente as partes de teclado de Rick de forma a ter uma plataforma sobre a qual construir. Sobre as partes dele, construímos novas camadas de percussão, bateria e vocais com a ajuda de um trio de produtores: Andy Jackson, Youth e Phil Manzanera.

David e Phil, guitarrista do Roxy Music, haviam trabalhado juntos antes: eu não o conhecia muito bem, apesar de sua esposa, Claire Singers, ter sido nossa relações públicas. Da mesma forma, nunca havia encontrado Youth, também conhecido como Martin Glover, baixista do Killing Joke, que, em seu papel como produtor do The Orb, havia trabalhado com David no álbum *Metallic Spheres*.

Youth, Phil e Andy trouxeram algo inestimável ao processo: entusiasmo. Se deixado por nossa própria conta, suspeito que o projeto nunca teria visto a luz do dia. Embora a morte de Rick tenha reanimado tanto David como eu, foi de enorme ajuda ter alguém de fora dizendo "Nick, melhor refazer essa bateria" ou "David, pode tocar uma passagem nova de guitarra aí". Cada um deles foi capaz de trazer frescor à mistura, com sugestões sobre o que pôr ou tirar e sobre como reordenar o que já estava lá.

Eu, em especial, gostei de trabalhar com as fitas demo porque elas não só me lembravam os dias de *Division Bell* no *Astoria*, mas também de como costumávamos montar todos os pedaços no estúdio antigamente. Das profundezas do depósito de percussão tiramos o pó do gongo, dos sinos e dos rototons, que não viam a luz do dia desde que os havia levado para a estrada com Roger durante sua turnê *Dark Side* em 2006.

Posteriormente, foram os visuais, e não a música, que prenderam minha atenção. Longe das apresentações e das gravações, não era comum que eu ouvisse deliberadamente uma de nossas faixas. Mas as filmagens das pequenas câmeras fixas que rodavam no estúdio enquanto tocávamos trouxe de volta uma série de memórias.

Durante o trabalho com as novas faixas, tirei uma curta licença sabática para me apresentar na cerimônia de encerramento dos Jogos Olímpicos de Londres. Como sempre, houve muita especulação sobre quem iria aparecer, tanto no show de abertura como no de encerramento.

Patrick Woodroffe, designer de iluminação, recorda que "o Pink Floyd sempre foi lembrado e esteve na lista de bandas clássicas inglesas que deveriam ser representadas e que todos queriam. Mas Kim Gavin [o coreógrafo que era o diretor de criação da cerimônia] também achou que deveria haver um enfoque moderno e convidou Ed Sheeran". Houve um breve rumor de que David, Roger e eu nos apresentaríamos, mas eu fui o único membro da banda no evento.

O que tornou a ideia ainda mais atraente foi a perspectiva de dividir o palco não só com Ed, mas também com Mike Rutherford e Richard Jones, ambos bons amigos meus, bem como excelentes músicos. E já que seria uma música só ("Wish You Were Here") a lição de casa exigida era mínima.

Devo dizer que realmente gostei das Olimpíadas. Como muita gente, tinha minhas dúvidas se funcionaria bem, mas foi uma experiência genuinamente fantástica. Como londrino, que gostava de participar como espectador ou participante de alguns dos maiores eventos públicos da cidade como o Festival da Grã-Bretanha – ou o Live 8, aliás – achei edificante e envolvente. Havia milhares de ajudantes, todos cumprindo funções úteis ainda que fossem muitos: quando eu procurei pelo serviço de bufê, pelo menos meia dúzia se ofereceu para me mostrar o caminho.

Além da apresentação em si, que foi ligeira como Usain Bolt, lembro-me de duas coisas em especial. Como havia uma série de artistas apresentando um ou dois números cada, as mudanças de bateria eram muito rápidas (e extremamente bem conduzidas), mas fiquei um pouco nervoso com a possibilidade de subir no palco e não encontrar o kit. Ocupei-me praticando os movimentos do mímico Marcel Marceau nos bastidores, só por precaução.

Como os organizadores dos Jogos claramente haviam assinado contratos rigorosos com qualquer um que fosse patrocinador, não era permitido que se visse o nome de nenhum outro fabricante em qualquer equipamento. Então, um dos técnicos de bateria teve que passar horas com diversos abrasivos erradicando qualquer traço da palavra "Paiste" – uma empresa que eu tinha usado por quarenta anos – de cada um dos meus pratos.

Sempre havia um monte de tempo de espera. Todos esses eventos e festivais são muito sociais porque, mesmo que vá tocar às oito da noite, você tem que chegar às dez da manhã e, por consequência, passei muitas horas batendo papo com gente como George Michael e Pete Townshend sobre os bons velhos tempos em uma cena que parecia *O Exótico Hotel Rock and Roll*.

O número de residentes daquele hotel em particular, infelizmente, continuava a cair. Em abril de 2013, morreu Storm Thorgerson, outra enorme perda. Storm era um daqueles designers capazes de imaginar e criar imagens incrivelmente poderosas, realmente marcantes – sempre que se vê um prisma, automaticamente lembra-se de *Dark Side* – mas que também amava as palavras, o que normalmente não é o forte de um designer. Storm adorava trocadilhos e jogos de palavras. Ele certa vez enunciou para mim que "Há nove letras em Nick Mason, nove letras em Pink Floyd, e nove letras em *Inside Out*". O sentido mais profundo disso me escapa até hoje.

O que Po diz de Storm: "Que maluco! Gênio gráfico. Pensador não convencional. Um homem muito mais que difícil. Éramos água e óleo. Brigávamos muito: câmeras voavam pelo estúdio. Mas resolvíamos bem e rápido. Eu o amava, era como um irmão para mim".

Ele se lembra de Peter Gabriel descrevendo a experiência de trabalhar com Storm, "recordando com carinho da apreensão ao subir as escadas do estúdio, sabendo que seria humilhado, posto para baixo, que sua música seria feita em pedaços e ririam de suas letras, e de que isso levaria a uma discussão. Depois de tudo isso, talvez conseguisse uma capa decente para o álbum. Mas primeiro, antes disso, Storm tentaria enrolar você com alguns designs que tentou vender para outra pessoa".

Em certa ocasião, Po e Storm apresentavam ideias de capa para o Led Zeppelin. "Havíamos feito diversas capas para eles e tínhamos nos dado bem. Fomos ao escritório da Swan Song, onde a banda e Peter Grant, empresário deles, esperavam por nós. Eu tinha meia dúzia de esboços, e no caminho reparei que Storm colocou mais um. Na reunião, comecei a dispor os esboços na parede. Lá estava a ideia que Storm tinha acrescentado: uma fotografia em close de uma raquete de tênis em uma quadra de grama. Jimmy Page perguntou, 'O que é isso?', ao que Storm respondeu, 'O que parece?', 'Bem, é uma raquete.' 'Adivinhou, Jim-Bob'. Jimmy disse, 'Está insinuando que nosso som é uma *racket* [algazarra]?' Storm olhou nos olhos dele, 'Exatamente'. Mandaram a gente embora no ato'. Po passou boa parte de seu tempo apaziguando os ânimos que Storm inflamava alegremente.

Em julho de 2014, nosso novo álbum – que se chamaria *The Endless River* – estava pronto para ser lançado. A notícia surgiu de forma inesperada, com as redes sociais tendo um papel que não haviam tido, já que ainda não existiam, em nenhum de nossos álbuns anteriores.

Chegou aos nossos ouvidos que um jornal dominical faria uma matéria exclusiva sobre o lançamento do novo álbum. Para antecipar-se a isso, Polly Samson tomou a iniciativa. Polly, esposa de David, que havia escrito a maioria das letras de *The Division Bell* e do novo álbum, era ex-editora e jornalista e uma escritora de sucesso. Ela aplicou seu talento na escrita aos 140 caracteres do Twitter e lançou um *spoiler* rápido e hábil: "O álbum do Pink Floyd que sai em outubro se chama *The Endless River*. Baseado nas sessões de 1994 é a despedida de Rick Wright e é lindo".

Durga McBroom, que havia adicionado vocais extras no álbum, encarou isso como um sinal verde para ir a público com a notícia e fez uma publicação no Facebook com uma foto sua no estúdio com David e a mensagem: "SIM. TEM DISCO NOVO DO PINK FLOYD SAINDO. E ESTOU NELE. E foi muito divertido". Um comunicado oficial do Pink Floyd à imprensa se seguiu na esteira daquela publicação dela...

Uma terceira conexão com as redes sociais foi diretamente responsável pela arte da capa, mais uma vez de uma maneira que não teria como ter acontecido antes. Já que Storm não estava mais entre nós, pedimos a Aubrey Powell que cuidasse do design. Como ele e Storm não já não trabalhavam juntos havia muitos anos, Po achou a proposta meio intimidante, e então pediu para diversas pessoas mandarem ideias. Damien Hirst estava entre elas, mas embora ele tenha trazido uma dúzia de ideias, o problema sob nosso ponto de vista era que pareciam mais com obras maravilhosas de Damien Hirst do que com capas de álbuns do Pink Floyd.

Po também tinha contatado uma agência de publicidade para que apresentasse algumas ideias. Uma das imagens que forneceram vinha do *behance.net*, um website que apresenta portfólios de ilustradores e designers. Ela mostrava um homem em pé na proa de um barco, talvez um *dhow* árabe, flutuando entre nuvens em direção a um sol nascente, ou talvez poente. Po, David e eu gostamos – e descobrimos que o ilustrador era um estudante egípcio de dezessete anos, Ahmed Emad Eldin, que morava com sua família na cidade de Rafha, no norte da Arábia Saudita perto da fronteira com o Iraque.

Por meio do website, Po enviou um e-mail para ele, a primeira vez em que Ahmed soube que estávamos interessados em sua arte. Ele se lembra precisamente do momento. "Estava no meu quarto.

Eram duas da tarde, no dia 31 de julho de 2014. Fiquei em choque: o Pink Floyd entrando em contato por causa da minha obra? Fiquei sem palavras. Tentei contar para minha família o que tinha acabado de acontecer, mas fiquei dez minutos sem conseguir falar".

O que Po não tinha como saber – e ficou estupefato ao descobrir – era que Ahmed era um fã. Ele tinha ouvido "Hey You", de *The Wall*, na trilha sonora de uma comédia americana chamada *Um parto de viagem*. "Fiquei muito curioso para descobrir qual era aquela banda. Perguntei para alguns amigos e eles me disseram que era o Pink Floyd. Naquele momento, me tornei um grande fã da banda. Uma coisa realmente estranha foi que eu estava ouvindo 'Hey You' quando o e-mail chegou na minha caixa de entrada".

Po acertou com Ahmed para que usássemos sua imagem – que ele havia criado aos dezesseis anos e tinha o título *Beyond the Sky* – com poucas alterações, dando ao barqueiro um remo para que pudesse conduzir o barco – agora um esquife do Tâmisa – através do mar de nuvens. Três meses depois, ela era revelada como um banner de oito metros de altura no South Bank, em Londres.

O álbum teve um bom desempenho. Nunca gostei de alardear nosso sucesso, mas foi agradável descobrir que ele tinha sido o álbum com maior número de pré-vendas na Amazon em todos os tempos até aquele momento, e o vinil com maior número de vendas na semana de lançamento de 2014, e aparentemente de todos os dezessete anos anteriores. Ouvir isso me fez lembrar de outro fato que haviam me contado certa vez, de que uma em cada duas casas na Grã-Bretanha tinha uma cópia de *Dark Side*: minha teoria é de que o número na verdade é apenas uma em cada sete, mas um monte dessas casas tem moradores com a memória muito ruim que continuam comprando o álbum.

Fizemos a festa de lançamento de *The Endless River* no Porchester Hall, com Peter Wynne-Wilson reprisando seu papel dos anos 1960 ao apresentar um magnífico show de luzes retrô, completo com slides e bolhas. Os aspectos do legado de uma banda que se aproximava rapidamente do quinquagésimo aniversário começavam a se acumular. Em maio de 2015, Roger e eu fomos juntos à antiga Poli de Regent Street, atual Universidade de Westminster, para inaugurar uma placa dizendo que ele, Rick e eu havíamos nos conhecido ali.

David e eu já trabalhávamos em um novo lançamento, *The Early Years, 1965–1972*, que incluía mais de vinte e quatro horas de áudio e vídeo ("Isso é só um trailer", eu disse a um jornalista canadense. "Eu, na verdade, estou vivendo a versão de longa-metragem".) Assim como *The Endless River* havia sido uma oportunidade de reconhecer a contribuição de Rick à banda, esse conjunto de material em sua maioria inédito nos permitia revisitar a época de Syd ao nosso lado.

As pessoas sempre me fazem perguntas completamente impossíveis de responder, como "O que teria acontecido se Syd tivesse ficado?". E se você ler todas as histórias da banda (há uma especialmente boa escrita pelo baterista), encontrará uma aceitação geral e confortável da ideia de que Syd era um gênio mal-afortunado que viajou, literalmente, e se tornou mais uma triste vítima do ácido. Mas sinto cada vez mais que talvez devêssemos reconhecer que nós éramos as pessoas que o arrastavam por um caminho que ele não queria seguir, e que ele, na verdade, queria ser um artista. Ele fez o papel de estrela pop por um tempo, e não se importava muito com isso. Já mesmo em nossa segunda aparição no *Top of the Pops* ele demonstrava sinais de que perdia o interesse. Como Ronnie Laing disse a Roger na época, talvez Syd não fosse maluco, talvez nós é que fôssemos.

Há uma verdade nisso. Syd podia estar pensando, "Isso não é muito legal", enquanto nós não conseguíamos acreditar que alguém poderia, ou teria como, achar que aquilo não fosse muito legal.

Tendo ouvido e assistido todo aquele material de novo, o que me chamou atenção foram os improvisos. Nossa técnica musical era bastante básica, mas ainda é muito impressionante perceber o que conseguíamos fazer com nosso repertório de habilidades um tanto simples.

Já que a música vai além da época da saída de Syd, achei intrigante observar a transição das composições de Syd para as de Roger, bem como escutar todos os *singles* para tentar entender por que a maioria deles não chegou perto das dez mais tocadas. É como se o público entendesse melhor do que nós no que éramos melhores, ou do que gostavam em nossa música. Na época do lançamento de *Early Years*, assisti a um documentário sobre os Hollies no qual eles diziam que tinham lançado uma faixa chamada "King Midas in Reverse", que fracassou miseravelmente, porque era sofisticada demais em comparação ao que seu público achava que eles deveriam fazer.

O material visual que descobrimos era, mais uma vez, mais interessante para mim do que a música. Boa parte do vídeo estava com a BBC, a Pathé ou estações de TV individuais dos EUA que ainda tinham acesso às fitas das transmissões ao vivo dos anos 1960 e 1970. Os trechos que vasculhamos incluíam nossa aparição no *The Dick Clark Show* com Syd distraído, exatamente do jeito que sempre me lembrei, embora tenha sido desconcertante ver a mim mesmo com vinte e dois anos correndo de camisa brilhante e calças apertadas e gritando para a câmera: por alguma razão, sempre gritávamos para a câmera, mesmo quando não tinha som. Talvez acreditássemos que um grito forte o bastante ficaria impresso no celuloide.

Junto desse acúmulo de material raro, começávamos a trabalhar com o V&A Museum em uma exposição que sucederia outra que fizeram sobre David Bowie. Isso tinha a ver, quisesse eu admitir ou não, totalmente com a questão do legado. Tínhamos que aceitar que havíamos nos tornado assunto de interesse não apenas para uma geração, mas para um monte de gerações futuras. Era uma sensação bastante estranha, considerando que em 1967 todos sabíamos que esse fenômeno do rock and roll era efêmero e que estaríamos de volta ao trabalho em um escritório de arquitetura dentro de poucos anos, se muito. Até mesmo Ringo tinha planos para abrir uma rede de salões de cabeleireiros depois dos Beatles.

O V&A nos abordou. Um de seus curadores conhecia Po e havia discussões em estágio inicial quando eu quase mandei a ideia toda pelo ralo. Ouvi dizer, apenas alguns dias antes de o museu realizar uma reunião importante para decidir se faria ou não a exposição, que Martin Roth, diretor do museu, achava que eu era contra a ideia.

Encontrei Martin em um evento do Goodwood, e acho que houve um mal-entendido. Quando ele mencionou a perspectiva de uma exposição, fiquei ligeiramente perplexo com a sugestão de que poderíamos ser os próximos, depois do sucesso que haviam tido com a exposição sobre David Bowie, e disse algo nas linhas de "O problema é que não podemos...", pensando que não teríamos um arquivo de tamanho igual ao de David Bowie, ou as roupas, e que nada do que tínhamos estava tão bem organizado ou tinha uma pré-curadoria.

Eu claramente havia parecido hesitante e negativo demais, e Martin obviamente entendeu minha reação como "Ah, acho melhor não". Não tenho certeza se essa percepção teria impedido que a exposição acontecesse, mas certamente teria atrapalhado. Felizmente, tendo ouvido a respeito, escrevi para Martin e disse a ele que adoraríamos fazê-la.

Essa não foi a primeira exposição sobre o Pink Floyd. Em 2003, havíamos montado outra, chamada *Pink Floyd: Interstellar*, no Cité de la Musique, no nordeste de Paris, parte do complexo do Parc de la Villette perto do Boulevard Périphérique. A montagem da exposição foi supervisionada por Storm e ela trouxe alguns dos infláveis (porcos, pirâmides e o Pai da turnê de *Animals*), o órgão Farfisa de Rick, alguns dos meus kits de bateria, incluindo meu Hokusai Ludwig, o Coordenador Azimuth e vários outros itens.

Mais tarde, tivemos a possibilidade de montar uma segunda versão na Fabbrica del Vapore de Milão, uma antiga fábrica de bondes, desta vez usando o melhor da imaginação de Storm, que teve uma enxurrada de ideias italianas, em especial venezianas. Uma delas tinha sido de que os itens menores ficariam em um *palazzo* e que um *vaporetto* levaria as pessoas para ver as exposições maiores. Infelizmente, não era para ser. O promotor por trás do projeto não conseguiu o financiamento e o patrocínio necessários – essas coisas, mesmo sem o envolvimento de Storm, nunca são operações baratas. Por sua vez, o colapso desse projeto quase comprometeu a exposição do V&A, porque todo mundo que havia se envolvido com o projeto italiano ainda reclamava da falta de remuneração por seus esforços.

Então, inicialmente houve uma nítida falta de interesse pelo lado do Pink Floyd, e a exposição do V&A teve um início decididamente duvidoso. Entretanto, com o entusiasmo de Martin e da equipe do V&A, o projeto seguiu em frente de forma determinada, e recebeu o título *Our Mortal Remains* ["Nossos restos mortais"] – um título soturno (referência a um verso da letra de "Nobody Home") mas que com certeza soava adequadamente Floydiano.

Eu me diverti ao descobrir que a camiseta "I Hate Pink Floyd" de Johnny Rotten estaria na exposição, embora John Lydon tivesse insistido para que não fosse apresentada nenhuma fotografia sua ao lado de seus ex-colegas do Sex Pistols. Talvez essa exposição, como um asteroide, poria fim a essa específica manada de dinossauros do rock, de forma que ficássemos preservados em âmbar, mas sem um Richard Attenborough do futuro para extrair nosso DNA.

David, após o lançamento de *The Endless River*, continuou a repetir suas declarações de que aquele era definitivamente, indubitavelmente, irrefutavelmente o último álbum do Pink Floyd: "Esse é o fim".

E, no canto, um jovem baterista de aspecto saudável soltava em voz baixa, mas insistente: "MAS, nunca se sabe…".

CONSIDERAÇÕES

ANTES DE NOSSA REUNIÃO PARA O LIVE 8, ROGER já tinha feito uma contribuição singular para este livro. Quase no fim de sua gestação, depois que ele leu o manuscrito, nos encontramos em um hotel de Londres para conversar sobre seus comentários. Ele teve muito trabalho fazendo correções e questionando algumas de minhas interpretações e ênfases. As observações tinham sido feitas em caneta verde, e conforme ele virava as páginas, eu às vezes ficava alarmado em ver partes em que o uso da tinta verde tinha sido notavelmente abundante. Em uma página, Roger havia simplesmente rabiscado "Bobagens" por cima do texto todo. No entanto, depois de nossa sessão de conversa sobre o livro, ainda estávamos nos sentindo sociáveis o bastante para sairmos para um jantar amigável com minha esposa, Nettie, e a namorada de Roger, Laurie. No restaurante, acabamos encontrando com Gerry Scarfe, que apareceu atrás de Roger e colocou as mãos em seus ombros... Ah, não, de novo não.

David obviamente frequentava a mesma papelaria que Roger, já que seus comentários também foram feitos com um marcador verde, e ele dedicou o mesmo cuidado ao exercício. Os comentários de David foram especialmente apreciados, pois eu sabia que ele sempre teve reservas em relação a qualquer um de nós tentar escrever uma história da banda, já que era impossível alguém estar presente em todos os momentos decisivos ou criativos de uma história, de modo que o que seria escrito nunca poderia ser definitivo. Eu havia feito o melhor para capturar o clima de cada período, e embora tivesse tentado ser imparcial, sei que muitos momentos são inevitavelmente matizados por meus próprios sentimentos de alegria, tristeza ou fadiga.

Rick também acrescentou seus comentários, enviados por fax de um iate no Caribe. Fiquei particularmente intrigado ao descobrir que, depois de todos aqueles anos, ele finalmente foi capaz de revelar o real motivo de ter se recusado a dar um cigarro a Roger quando estudávamos na Poli. Em primeiro lugar, Rick disse que Roger tinha sido rude no pedido – não há muita novidade aqui. Mas, o pior de tudo, assim que pegou o maço na mão, Roger arrancou a proteção de celofane, que Rick sempre cuidava para manter intacta.

Durante a vida deste livro, perdemos inúmeras pessoas que estavam ajudando e apoiando o projeto ou desempenharam um papel importante na história, incluindo Syd, Rick e Storm, é claro. No período de escrita e pesquisa, June Child, Tony Howard e Michael Kamen faleceram (e também Nick Griffiths, pouco depois que a primeira edição foi publicada). Em 2008, Bryan Morrison e Mick Kluczynski morreram. Bryan era o patife da indústria musical arquetípico, que amávamos odiar; até Roger costumava permitir que um leve sorriso se formasse em seus lábios à menção de seu nome. E tenho que dar crédito a Bryan pela enorme ajuda neste livro, fornecendo generosamente histórias que pretendia guardar para sua própria autobiografia (ainda não publicada). Mick era um pilar da equipe de técnicos desde 1970 – época em que a equipe era pequena o bastante para conhecermos bem uns aos outros – capaz de nos passar a sensação de estabilidade sempre que o caos ameaçava interferir. Norman Smith, Mike Leonard e Mark Fisher também não estão mais entre nós.

Uma das perdas mais perturbadoras para mim foi a de Steve O'Rourke, após um AVC em outubro de 2003. Dado que boa parte deste livro se passa com Steve tendo que aguentar poucas e boas da banda, incluí algumas linhas de uma carta que escrevi depois de seu funeral.

"É do elemento das experiências compartilhadas que sinto falta. Podemos contar as histórias a outras pessoas, mas revivê-las com alguém que estava presente tende a ser uma versão mais intensa da comédia, da humilhação ou dos medos que vivenciamos. Fiquei arrasado ao me dar conta do quanto de minha vida tinha sido compartilhada com Steve e de como ele é insubstituível.

"Não seria uma descrição ruim sugerir que sinto que perdi um colega de tripulação. No bom navio 'Floyd', Steve e eu trabalhamos juntos por mais de trinta anos – principalmente como marinheiros. Servimos sob ordens de capitães severos. O desvairado capitão Barrett foi o primeiro; seus olhos brilhantes com histórias de tesouros e estranhas visões quase nos levaram ao desastre, até que um motim nos colocou sob o domínio do cruel (e não tão *jolly*) Roger... Mais tarde, Roger se descuidou e teve que andar sobre a própria prancha, sendo substituído pelo timoneiro Gilmour.

"Ao longo dessas aventuras, apesar de infinitas promessas de promoção (algumas, lamento dizer, por parte de Steve), eu continuei sendo o cozinheiro do navio. Steve, eu acho, era o contramestre. Nunca lhe permitiram usar o uniforme de capitão, mas ele frequentemente era responsável por fazer o navio atravessar mares revoltos enquanto toda a tripulação discutia no porão sobre como dividir o tesouro."

Como nunca há créditos o suficiente para contemplar o vasto elenco de egomaníacos que se acumulam em uma banda, é improvável que a contribuição de Steve algum dia seja adequadamente reconhecida. A bem da verdade, ele era sábio o bastante para reconhecer isso, e sorria diante de raros "agradecimentos", ou até mesmo "agradecimentos especiais" a ele que apareciam em um ou outro encarte de disco ou programa. Inevitavelmente, há contribuições significativas de Steve neste livro, mas lamento o fato de não ter sido possível repassar tudo com ele, enquanto ele diria: "Não, não, não, Nick, não foi desse jeito".

Ao reler isso, senti que a lista daqueles que não estão mais entre nós pode ser um final mórbido, e se eu sentar para refletir sobre o que este livro representa, lembro-me de muitos bons momentos, e não dos ruins ou tristes. Então, fiquei feliz quando, em um dos encontros do Goodwood Revival, reencontrei Joe Mayo, com 89 anos, o tutor da Poli de Regent Street que me concedeu o ano sabático de que precisava quando a banda estava começando a decolar. Ainda melhor, Joe me disse que, em sua opinião, eu teria sido um arquiteto muito bom, algo que eu nunca havia ousado perguntar. Então, ainda há tempo para uma mudança de carreira.

E se você está se perguntando por que essa parte está no fim do livro em vez de aparecer na introdução, bem… o livro se chama *Inside Out*…

AGRADECIMENTOS

EM PRIMEIRO LUGAR, GOSTARIA DE AGRADECER a David Gilmour, Roger Waters e Richard Wright. Depois, por acessarem suas lembranças e me estimularem: Douglas Adams, Chris Adamson, Peter Barnes, Joe Boyd, Marc Brickman, Lindsay Corner, Jon Corpe, Nigel Eastaway, Ahmed Emad Eldin, Bob Ezrin, Jenny Fabian, Mark Fenwick, Mark Fisher, Peter Gabriel, Ron Geesin, A. A. Gill, Nick Griffiths, James Guthrie, Tony Howard, Andy Jackson, Peter Jenner, Howard Jones, Andrew King, Bob Klose, Mick Kluczynski, Norman Lawrence, Mike Leonard, Lindy Mason, Lise Mayer, Clive Metcalf, Dave Mills, Bryan Morrison, Steve O'Rourke, Alan Parker, Alan Parsons, Aubrey Powell, Guy Pratt, Gerald Scarfe, Nick Sedgwick, Norman Smith, Tony Smith, Phil Taylor, Chris Thomas, Vernon Thompson, Storm Thorgerson, Judy Trim, Snowy White, Robbie Williams, Peter Wynne-Willson, Patrick Woodroffe e Juliette Wright.

Por ajudar o livro a se tornar realidade, agradeço primeiramente a Philip Dodd, editor, amanuense e preparador de café compulsivo, que acompanhou tudo desde os primeiríssimos dias, e às vezes me deu empurrões necessários quando tudo parecia estar perdido. Também a Michael Dover, da Weidenfeld & Nicolson, cujo entusiasmo pelo livro garantiu que fosse terminado, e à toda equipe editorial, incluindo Jennie Condell, Kirsty Dunseath, Holly Harley, Justin Hunt, Jenny Page, David Rowley, Mark Rusher, Alan Samson e Mark Stay; à iconografista Emily Hedges; e a David Eldridge e à Two Associates.

Por toda a ajuda durante o processo, agradeço: às arquivistas e curadoras dos artefatos Stephanie Roberts e Tracey Kraft; às pesquisadoras Silvia Balducci, Jan Hogevold, Jane Jackson, Lidia Rosolia, Jane Sen e Madelaine Smith; à equipe da Ten Tenths, formada por Victoria Gilbert, Julia Grinter, Stella Jackson, Michelle Stranis-Oppler e Paula Webb; a Jonathan Green, por permitir que eu usasse sua própria pesquisa; e, por outros auxílios e favores, a Elina Arapoglu, Jane Caporal, Christine Carswell, Sadia Choudhry, Paul Du Noyer, Vernon Fitch, Matt Johns, Suzenna Kredenser, Chris Leith, Irini Mando, Steve Mockus, Ray Mudie, Olympus Cameras, Tom O'Rourke, Shuki Sen, Rob Shreeve, Di Skinner, Paul Trynka, Sarah Wallace e Alan Williams.

Ao longo do livro, fui muito econômico na verificação dos nomes. Como centenas de pessoas trabalharam conosco no decorrer de vários anos (tivemos uma equipe de mais de duzentas pessoas na última turnê), tornou-se impossível creditar ou mencionar todos. Peço as mais profundas desculpas a todos os heróis e heroínas não citados. Vocês não foram esquecidos.

Este livro é para Annette,
copilota, comotorista e, sempre que necessário, uma perfeita
esposa do rock, e também para os filhos, primeiramente Chloe,
Holly, Guy e Cary, mas também para toda a sofrida prole
da banda, dos empresários e da equipe.

CRONOLOGIA

UMA MISCELÂNEA DE DATAS E OCORRÊNCIAS

Datas de lançamento referem-se aos lançamentos no Reino Unido

1943

28 de julho de 1943
Nasce Rick Wright

6 de setembro de 1943
Nasce Roger Waters

1944

27 de janeiro de 1944
Nasce Nick Mason

18 de fevereiro de 1944
Eric Fletcher Waters morre em Anzio

1945

8 de maio de 1945
Dia da Vitória – o fim da Segunda Guerra Mundial na Europa

6 de agosto de 1945
Bomba atômica lançada em Hiroshima

1946

6 de janeiro de 1946
Nasce Syd Barrett

6 de março de 1946
Nasce David Gilmour

31 de maio de 1946
Aeroporto de Heathrow, em Londres, é inaugurado

1947

14 de outubro de 1947
Chuck Yeager rompe a barreira do som no X-1

1948

1948
Os primeiros LPs de 33 ⅓ rpm são lançados pela Columbia Records

30 de janeiro de 1948
Mahatma Gandhi é assassinado

1949

2 de março de 1949
Primeiro voo sem escalas ao redor do mundo em um Boeing B-50A, pilotado pelo Capitão James Gallagher

1950

1º de outubro de 1950
Primeiro cartão de crédito é emitido pelo Diners Club

1951

Maio de 1951
O Royal Festival Hall, em Londres, é inaugurado como parte do Festival da Grã-Bretanha

Julho de 1951
O apanhador no campo de centeio, de J. D. Salinger, é publicado

1952

15 de junho de 1952
Publicação de *O Diário de Anne Frank*

1953

5 de fevereiro de 1953

Fim do racionamento de açúcar no Reino Unido

Abril de 1953

Brigitte Bardot causa um impacto impressionante no Festival de Cannes

29 de maio de 1953

Edmund Hillary e Sherpa Tenzing conquistam o Everest

2 de junho de 1953

Coroação da rainha Elizabeth II

Dezembro de 1953

Primeira edição da *Playboy* é publicada

1954

6 de maio de 1954

O atleta Roger Bannister é o primeiro a correr uma milha (1,6 quilômetros) em menos de quatro minutos

1955

17 de julho de 1955

A Disneylândia é inaugurada em Anaheim, Califórnia

30 de setembro de 1955
James Dean morre em um acidente de carro quatro semanas antes do lançamento de *Juventude transviada*

1956

31 de janeiro de 1956
Nasce John Lydon, também conhecido como Johnny Rotten

Outubro de 1956
Lançamento do álbum *Rock'n'Roll* de Elvis Presley

"Rock With The Caveman", de Tommy Steele, chega às paradas do Reino Unido

1957

Fevereiro de 1957
Turnê de Bill Haley & His Comets pelo Reino Unido, a primeira de uma banda de rock and roll

5 de setembro de 1957
On The Road – Pé na estrada, de Jack Kerouac, é publicado

4 de outubro de 1957
Sputnik I, o primeiro satélite artificial, é lançado ao espaço

1958

1958

Primeiros discos em estéreo são lançados

Fevereiro de 1958

A Campanha pelo Desarmamento Nuclear (CND, na sigla em inglês) é fundada em Londres

Março de 1958

Primeira marcha de Aldermaston a Londres em apoio à CND

25 de março de 1958

Elvis Presley é recrutado para o serviço militar dos EUA

16 de agosto 1958

Nasce Madonna Ciccone

29 de agosto de 1958

Nasce Michael Jackson

1959

3 de fevereiro de 1959

Buddy Holly morre

26 de agosto de 1959

O Mini, automóvel econômico de Alec Issigonis, é lançado

Novembro de 1959
A M1, primeira autoestrada da Grã-Bretanha, é inaugurada, ligando St. Albans e Birmingham

1960

1º de maio de 1960
O avião espião U-2 pilotado por Gary Powers é derrubado pela União Soviética

6 de agosto de 1960
Chubby Checker apresenta o Twist no Dick Clark Show

1961

1961
Nick Mason passa no teste de direção

Abril de 1961
Yuri Gagarin é o primeiro homem a ir ao espaço

Agosto de 1961
O Muro de Berlim é erguido

1962

10 de julho de 1962
O satélite de comunicações Telstar é lançado

5 de agosto de 1962
Marilyn Monroe é encontrada morta

Setembro de 1962
Roger Waters, Richard Wright e Nick Mason iniciam o curso de arquitetura na Escola Politécnica de Regent Street

Outubro de 1962
Crise dos mísseis em Cuba

5 de outubro de 1962
O primeiro filme de James Bond, *007 contra o Satânico Dr. No,* estreia nos cinemas

1963

4 de junho de 1963
John Profumo, ministro do Partido Conservador, renuncia devido a escândalo envolvendo uma garota de programa

8 de agosto de 1963
Assalto ao trem pagador

9 de agosto de 1963
Primeira exibição de *Ready Steady Go!* na ITV

7 de outubro de 1963
Primeiro voo do Learjet 23

22 de novembro de 1963
O presidente John Fitzgerald Kennedy é assassinado em Dallas, Texas

21 de dezembro de 1963
Primeira aparição dos Daleks em *Doctor Who*

1964

1º de janeiro de 1964
Primeira exibição do *Top of the Pops* na BBC TV

Maio de 1964
Mods e *Rockers* brigam em Brighton

Páscoa de 1964
A estação pirata de rádio em alto-mar, Radio Caroline, entra no ar

Outubro de 1964
O governo Trabalhista de Harold Wilson chega ao poder

1965

Março de 1965
Primeiras tropas americanas são mandadas ao Vietnã

29 de julho de 1965
É lançado *Help!*, filme dos Beatles

Agosto de 1965
Primeiro Carnaval de Notting Hill a céu aberto em Londres

15 de agosto de 1965
Os Beatles se apresentam no Shea Stadium para um público de mais de 55 mil fãs, um recorde na época

Outubro de 1965
The Tea Set toca na festa de aniversário de Libby e Rosie January

25 de outubro de 1965
Os Beatles são ordenados cavaleiros pela Rainha

1º de novembro de 1965
Primeiro concerto no Fillmore Auditorium, em São Francisco

1966

17 de janeiro de 1966
Simon & Garfunkel lançam *Sounds of Silence*

Março de 1966
O Pink Floyd toca no evento *Spontaneous Underground* do Marquee Club

29 de junho de 1966
O primeiro cartão de crédito britânico, o Barclaycard, é emitido

30 de julho de 1966
A Inglaterra ganha a Copa do Mundo de futebol

8 de setembro de 1966
Primeira exibição de *Jornada nas estrelas*

30 de Setembro de 1966
Primeira apresentação do Pink Floyd no salão da All Saints Church, Powis Gardens, Londres

15 de outubro de 1966
Festa de lançamento do *IT* na Roundhouse

31 de outubro de 1966
A Blackhill Enterprises é fundada com Peter Jenner e Andrew King

4 de novembro de 1966
John Lennon diz que os Beatles são "mais populares que Jesus Cristo no momento"

29 de novembro de 1966
Última apresentação no salão da All Saints Church

3 de dezembro de 1966
Acontece o evento "Psychodelphia vs Ian Smith" na Roundhouse

12 de dezembro de 1966
Acontece o evento "You're Joking", no Royal Albert Hall

23 de dezembro de 1966
Noite de inauguração do UFO Club

26 de dezembro de 1966
É declarada a Revolução Cultural na China

1967

6 de janeiro de 1967
Acontece o evento "Freak Out Ethel" no Seymour Hall, em Londres

11 e 12 de janeiro de 1967
Sessão de gravação no estúdio Sound Techniques, em Chelsea, inclui "Arnold Layne"

17 de janeiro de 1967
Show no Commonwealth Institute

12 de fevereiro de 1967
Batida policial na casa de Keith Richards em Redlands, Sussex

1º de março de 1967
Abertura do Queen Elizabeth Hall, South Bank, em Londres

11 de março de 1967
Lançamento de “Arnold Layne”

17 de março de 1967
Lançamento de “Purple Haze”, da Jimi Hendrix Experience

1º de abril de 1967
Coletiva de lançamento pela EMI

29 e 30 de abril de 1967
O festival pela liberdade de expressão “14-Hour Technicolour Dream” é organizado no Alexandra Palace, em Londres

Maio de 1967
“A Whiter Shade of Pale”, do Procol Harum, entra na parada de singles no Reino Unido

12 de maio de 1967
Concerto “Games for May”, no Queen Elizabeth Hall

Junho de 1967
Lançamento de *Sgt. Pepper's Lonely Hearts Club Band*, dos Beatles

16 de junho de 1967
Lançamento de "See Emily Play"

16 e 18 de junho de 1967
Acontece o Monterey International Pop Music Festival

27 de junho de 1967
Primeiro caixa-eletrônico é instalado no banco Barclays em Enfield

6 de julho de 1967
Primeira apresentação no *Top of the Pops*, tocando "See Emily Play"

28 de julho de 1967
Último show no UFO no endereço original da Tottenham Court Road

5 de agosto de 1967
Lançamento de *The Piper at the Gates of Dawn*

12 de agosto de 1967
7º National Jazz and Blues Festival, em Windsor

30 de setembro de 1967
A BBC inaugura a Radio 1. A primeira música tocada (pelo DJ Tony Blackburn) é "Flowers in the Rain", da banda The Move

3 de outubro de 1967
Chuck Yeager estabelece o novo recorde de velocidade aérea com um Mach 6.7 no X-15

9 de outubro de 1967
Che Guevara é morto por soldados bolivianos

3 de novembro de 1967
Início da primeira turnê pelos EUA na Winterland, em São Francisco

9 de novembro de 1967
Publicada a primeira edição da revista *Rolling Stone*

3 de dezembro de 1967
Primeiro transplante de coração bem-sucedido é executado pelo Dr. Christian Barnard

14 de dezembro de 1967
Início da turnê de Jimi Hendrix, no Royal Albert Hall

18 de dezembro de 1967
Lançamento de "Apples and Oranges"

22 de dezembro de 1967
Evento "Christmas on Earth Continued" no Olympia Exhibition Hall, em Londres

24 de dezembro de 1967
Apollo 8 entra em órbita lunar
Frank Borman, Jim Lovell e Williams Anders tornam-se os primeiros humanos a ver o lado escuro da lua

1968

12 de janeiro de 1968
Primeira apresentação do Pink Floyd como quinteto, com David Gilmour

4 de abril de 1968
Martin Luther King é assassinado em Memphis, Tennessee

6 de abril de 1968
Anúncio oficial da saída de Syd

12 de abril de 1968
Lançamento de “It Would Be So Nice”

29 de abril de 1968
Estreia de *Hair* na Broadway

Maio de 1968
Protestos estudantis em Paris

28 de maio de 1968
Nasce Kylie Minogue

5 de junho de 1968
Robert Kennedy é assassinado em Los Angeles, Califórnia

29 de junho de 1968
Lançamento de *A Saucerful of Secrets*
Show gratuito no Hyde Park

8 de julho de 1968
Começa a segunda turnê nos EUA

15 a 17 de agosto de 1968
Scene Club, Nova York

20 de agosto de 1968
Tropas soviéticas invadem a Tchecoslováquia para pôr fim à "Primavera de Praga"

27 de outubro de 1968
Protesto contra a Guerra do Vietnã em frente à Embaixada dos EUA na Grosvenor Square, em Londres, é dispersada pela polícia

26 de novembro de 1968
Show de despedida do Cream no Royal Albert Hall

17 de dezembro de 1968
Lançamento de "Point Me at the Sky"

1969

2 de janeiro de 1969
Nick Mason se casa com Lindy Rutter

9 de fevereiro de 1969
Voo inaugural do Boeing 747

2 de março de 1969
Voo inaugural do Concorde

14 de abril de 1969
Evento "More Furious Madness from the Massed Gadgets of Auximenes" no Royal Festival Hall, em Londres

13 de maio de 1969
Estreia de *More* no Festival de Cannes

26 de junho de 1969
Royal Albert Hall, Londres, último show da primeira grande turnê pelo Reino Unido em dois anos

5 de julho de 1969
Os Rolling Stones tocam no Hyde Park, dedicando a apresentação a Brian Jones

21 de julho de 1969
Neil Armstrong e Buzz Aldrin tornam-se os primeiros homens a pisar na lua – a BBC usa música do Pink Floyd para o pouso lunar

15 a 17 de agosto de 1969
Festival de Woodstock

29 a 31 de agosto de 1969
Festival da Ilha de Wight

5 de outubro de 1969
Primeira transmissão de *Monty Python's Flying Circus* pela BBC

25 de outubro de 1969
Lançamento de *Ummagumma*

6 de dezembro de 1969
Os Rolling Stones se apresentam no autódromo de Altamont, na Califórnia

1970

3 de janeiro de 1970
Lançamento de *The Madcap Laughs*, de Syd Barrett

5 de fevereiro de 1970
Estreia de Zabriskie Point

10 de abril de 1970
Paul McCartney anuncia a separação dos Beatles

16 de abril de 1970
Apollo 13 retorna em segurança para a Terra

4 de maio de 1970
Quatro manifestantes contra a Guerra do Vietnã são mortos durante protestos no campus da Universidade Estadual de Kent, em Ohio

27 de junho de 1970
Pink Floyd se apresenta no Bath Festival of Blues and Progressive Music

18 de julho de 1970
Segundo show gratuito no Hyde Park

26 de julho de 1970
Início da mini turnê pela Riviera Francesa no Festival Internacional de Jazz de Antibes

27 de julho de 1970
A peça *Oh, Calcutá!*, de Kenneth Tynan, estreia em Londres

18 de setembro de 1970
Morre Jimi Hendrix

19 e 20 de setembro de 1970
Acontece o primeiro Festival de Glastonbury (então chamado de Pilton Festival)

Outubro de 1970
O álbum *Jesus Christ Superstar*, de Andrew Lloyd Webber e Tim Rice, é lançado

4 de outubro de 1970
Morre Janis Joplin

10 de outubro de 1970
Lançamento de *Atom Heart Mother*

14 de novembro de 1970
É lançado *Barrett*, de Syd Barrett

1971

15 de fevereiro de 1971
A Grã-Bretanha adota a moeda decimal

2 de abril de 1971
Nasce Chloe Mason

8 de maio de 1971
O Arsenal vence sua primeira dobradinha com o Campeonato Inglês e a Copa da Inglaterra

12 de maio de 1971
Mick Jagger se casa com Bianca Perez Moreno de Macias

14 de maio de 1971
Lançamento de RELICS

15 de maio de 1971
Festa no jardim no Crystal Palace, em Londres

20 de maio de 1971
A Philips lança o primeiro videocassete

2 de junho de 1971
Começa o julgamento da revista *Oz* por conteúdo obsceno

3 de julho de 1971
Morre Jim Morrison

1º de agosto de 1971
Concerto para Bangladesh em Nova York, organizado por George Harrison

6 e 7 de agosto de 1971
Festival de Hakone, no Japão

13 de agosto de 1971
Começa a primeira turnê pela Austrália

4 a 7 de outubro de 1971
Filmagens de *Live at Pompeii*

10 de Outubro de 1971
Reconstrução da Ponte de Londres é inaugurada em Lake Havasu City, no Arizona

5 de novembro de 1971
Lançamento de *Meddle*

1972

24 de janeiro de 1972
A Segunda Guerra Mundial finalmente termina para o soldado japonês Shoichi Yokoi, depois de passar 27 anos escondido na ilha de Guam

17 de fevereiro de 1972
Pré-lançamento de *The Dark Side of the Moon* para a imprensa no Rainbow Theatre, em Londres

21 de fevereiro de 1972
Richard Nixon viaja à China para encontrar o primeiro-ministro Chu En-Lai

15 de março de 1972
Estreia do filme *O poderoso chefão*

1º de junho de 1972
Começam as sessões de gravação de *The Dark Side of the Moon* no EMI Abbey Road

3 de junho de 1972
Lançamento de *Obscured by Clouds*

1º de setembro de 1972
Bobby Fisher se torna campeão mundial de xadrez ao derrotar Boris Spassky

Setembro de 1972
Olga Korbut rouba a cena nas Olimpíadas de Munique

Novembro de 1972
Estreia do filme *Pink Floyd: Live at Pompeii*
Apresentações do Ballet de Marselha de Roland Petit no final da turnê europeia

1973

1º de janeiro de 1973
Reino Unido, Irlanda e Dinamarca juntam-se à CEE

24 de março de 1973
Lançamento britânico de *The Dark Side of the Moon*

18 e 19 de maio de 1973
Shows no Earls Court

23 de novembro de 1973
Uri Geller, entortador de colheres sem igual, apresenta-se no programa *Dimbleby Talk-In*, da BBC

15 de dezembro de 1973
Lançamento de *A nice pair*

1974

4 de fevereiro de 1974
Patty Hearst é sequestrada pelo Exército Simbionês de Libertação

13 de fevereiro de 1974
Nasce o cantor Robbie Williams

6 de abril de 1974
O Abba vence o Festival Eurovision com "Waterloo"

26 de julho de 1974
Lançamento de *Rock Bottom*, de Robert Wyatt

9 de agosto de 1974
O presidente Richard Nixon renuncia após o escândalo Watergate

1º de outubro de 1974
Primeira franquia do McDonald's no Reino Unido é aberta em Woolwich, no sul de Londres

4 de novembro de 1974
Início da British Winter 1974 Tour no Usher Hall, em Edimburgo

1975

24 de março de 1975
Nasce Holly Mason

8 de abril de 1975
Abertura da turnê *Wish You Were Here,* em Vancouver

30 de abril de 1975
A Guerra do Vietnã oficialmente termina com a queda de Saigon

20 de junho de 1975
A pirâmide inflável é solta em Pittsburgh

5 de julho de 1975
Knebworth Festival

17 de julho de 1975
Acoplagem da Soyuz 19 à Apollo 18. Fim da corrida espacial

20 de julho de 1975
A sonda Voyager I pousa em Marte

5 de setembro de 1975
Lançamento de *Wish You Were Here*

1º de outubro de 1975

“The Thriller in Manila”: Muhammad Ali contra Joe Frazier

20 de dezembro de 1975

O videoclipe de “Bohemian Rhapsody” é apresentado no *Top of the Pops*

1976

18 de fevereiro de 1976

Polêmica sobre os tijolos de Carl Andre na Tate Gallery de Londres

3 de dezembro de 1976

Algie, o porco, escapa em Battersea

Novembro de 1976

Lançamento de “Anarchy in the U.K.”, dos Sex Pistols

1977

1977

Nick Mason compra uma Ferrari 250GTO com a placa “250 GTO”

28 de janeiro de 1977

Lançamento de *Animals*

Começa a turnê mundial de *Animals* em Westfalenhalle, Dortmund

19 de maio de 1977
Os Sex Pistols se apresentam no *Bill Grundy Show*

25 de maio de 1977
Estreia do primeiro filme de *Star Wars, Episódio IV: Uma nova esperança*

2 a 7 de junho de 1977
Celebração do Jubileu de Prata da Rainha Elizabeth II

18 de junho de 1977
"God Save the Queen", dos Sex Pistols, chega ao primeiro lugar no Reino Unido

6 de julho de 1977
Show da turnê *Animals* no Estádio Olímpico de Montreal

16 de agosto de 1977
Morre Elvis Presley

16 de setembro de 1977
Morre Marc Bolan

Novembro de 1977
Lançamento de *Music for Pleasure*, da banda The Damned

16 de dezembro de 1977
Estreia de *Os embalos de sábado à noite*

1978

1978
Lançamento de *Space Invaders*

Janeiro de 1978
É lançado o single de estreia de Kate Bush, “Wuthering Heights”, que chega ao primeiro lugar no Reino Unido

25 de julho de 1978
Nasce Louise Brown, primeiro “bebê de proveta” do mundo

7 de setembro de 1978
Morre Keith Moon

27 de dezembro de 1978
Fim dos quarenta anos de ditadura militar na Espanha

1979

1979
Lançamento do Walkman da Sony

2 de fevereiro de 1979
Morre Sid Vicious

Abril de 1979
Começam as sessões de gravação de *The Wall* na França

4 de maio de 1979
Margaret Thatcher é a primeira mulher britânica a assumir cargo de primeiro-ministro

9 e 10 de junho 1979
Nick Mason pilota pela primeira vez nas 24 Horas de Le Mans

12 de junho de 1979
Primeiro voo por propulsão humana pelo Canal da Mancha por Bryan Allen pilotando a Gossamer Albatross

30 de novembro de 1979
Lançamento de *The Wall*

22 de dezembro de 1979
"Another Brick in The Wall, Part 2" chega ao primeiro lugar no Reino Unido

1980

5 de fevereiro de 1980
Festa de lançamento do Cubo Mágico nos EUA

7 de fevereiro de 1980
Começa a turnê *The Wall* na LA Sports Arena

22 de março de 1980
The Dark Side of the Moon é o álbum contemporâneo a permanecer por mais tempo nas paradas americanas, depois de 303 semanas

17 de julho de 1980
Saddam Hussein se torna presidente do Iraque

21 de novembro de 1980
O episódio "Who Shot J. R.?", de *Dallas,* vai ao ar

8 de dezembro de 1980
John Lennon é assassinado em Nova York

1981

1981
Lançamento do jogo de videogame "Pac-Man"

9 de fevereiro de 1981
Morre Bill Haley

12 de abril de 1981
É lançado o primeiro ônibus espacial

13 a 17 de junho de 1981
Cinco apresentações de *The Wall* na Earls Court – última apresentação ao vivo de David, Nick, Roger e Rick por 24 anos

29 de julho de 1981
Casamento do Príncipe Charles com Lady Diana Spencer

7 de setembro de 1981
Começam as gravações do filme *The Wall*

23 de novembro de 1981
Lançamento de *A Collection of Great Dance Songs*

1982

1982
Lançamento do jogo de tabuleiro *Trivial Pursuit*

Janeiro de 1982
Erika Roe corre nua no Estádio de Twickenham durante uma partida internacional de rúgbi

Abril de 1982
Lançamento do Sinclair ZX Spectrum

2 de abril de 1982
Tem início a Guerra das Malvinas, em que Argentina e Grã-Bretanha disputam a soberania sobre as Ilhas Falklands/Malvinas

23 de maio de 1982
O filme *The Wall* estreia em Cannes

1983

1º de janeiro de 1983
É criada a internet

21 de março de 1983
Lançamento de *The Final Cut*

29 de outubro de 1983
The Dark Side of the Moon se torna o LP que permaneceu mais tempo nas paradas na história depois de 491 semanas

1984

1984
Nick Mason entra para a equipe Rothmans Porsche para as filmagens de *Life Could Be a Dream*

Janeiro de 1984
Lançamento do hoje clássico Macintosh 128K da Apple

30 de abril de 1984
Lançamento de *The Pros and Cons of Hitch-hiking*, de Roger Waters

Junho de 1984
É publicado *O guia do mochileiro das galáxias*, de Douglas Adams

16 de setembro de 1984
Primeira exibição de *Miami Vice*

Novembro de 1984
Lançamento de "Do They Know It's Christmas?", da Band Aid

1985

19 de fevereiro de 1985
Primeira exibição de *EastEnders* pela BBC

Março de 1985
Mikhail Gorbachev sucede Chernenko como presidente soviético

Maio de 1985
Inauguração do Groucho Club no Soho de Londres

13 de julho de 1985
Concertos do Live Aid no Estádio de Wembley, em Londres e no JFK Stadium, na Filadélfia
David Gilmour toca com a banda de Bryan Ferry no show de Wembley

19 de agosto de 1985
Lançamento de *Profiles*, de Nick Mason e Rick Fenn

1º de setembro de 1985
Localizados os destroços do Titanic

1986

23 de janeiro de 1986
Primeiras indicações ao Rock and Roll Hall of Fame, incluindo Chuck Berry, James Brown e Elvis Presley

30 de abril de 1986
Incêndio em Chernobyl

16 de maio de 1986
Estreia de *Top Gun – Ases indomáveis*

22 de junho de 1986
Diego Maradona marca o gol da "mão de Deus" pela Argentina contra a Inglaterra na Copa do Mundo

1987

Janeiro de 1987
Mikhail Gorbachev lança a *Glasnost* seguida pela *Perestroika*

1º de fevereiro de 1987
Fita DAT é lançada pela Aiwa

Abril de 1987
Press release de Roger Waters confirma sua saída do Pink Floyd

29 de maio de 1987
Mathias Rust pousa seu avião Cessna na Praça Vermelha em Moscou

15 de junho de 1987
Lançamento de *Radio KAOS*, de Roger Waters

Agosto de 1987
Começam os ensaios do Pink Floyd para a turnê *Momentary Lapse* em Toronto

8 de setembro de 1987
Lançamento de *A Momentary Lapse of Reason*

9 de setembro de 1987
Abertura da turnê *A Momentary Lapse of Reason*, em Ottawa

1988

23 de janeiro de 1988
Abertura da turnê mundial de *A Momentary Lapse of Reason* em Western Springs, na Nova Zelândia, que segue até 23 de agosto de 1988 no Nassau Coliseum, em Long Island

30 de abril de 1988
The Dark Side of the Moon sai da parada de álbuns americana depois de 724 semanas no Top 200

21 e 22 de junho de 1988
Shows no Palácio de Versalhes

10 de novembro de 1988
O caça-bombardeiro furtivo F-117A, da Lockheed, é revelado

22 de novembro de 1988
Lançamento do álbum ao vivo *Delicate Sound of Thunder*

1989

14 de fevereiro de 1989
Emitido *fatwa* contra Salman Rushdie por ter escrito *Versos Satânicos*

13 de maio de 1989
Começa a turnê *Another Lapse* no Werchter Park, na Bélgica

Junho de 1989
Protestos estudantis na Praça da Paz Celestial são reprimidos em Pequim, na China

3, 4, 6 e 7 de junho de 1989
Shows no Estádio Olímpico de Moscou

15 de julho de 1989
Show em Veneza

18 de julho de 1989
Fim da turnê *Another Lapse* em Marselha

26 de julho de 1989
Primeiro processo judicial pela criação de um vírus de computador nos EUA

2 de novembro de 1989
Cai o Muro de Berlim

1990

1990
A Nintendo lança o Game Boy

11 de fevereiro de 1990
Nelson Mandela é libertado da prisão

31 de março de 1990
Nasce Guy Mason

24 de abril de 1990
É lançado o telescópio espacial Hubble

21 de maio de 1990
Nick Mason se casa com Annette Lynton

30 de junho de 1990
Knebworth Festival

21 de julho de 1990
Roger Waters apresenta *The Wall* em Berlim

28 de novembro de 1990
Margaret Thatcher renuncia como primeira-ministra

1º de dezembro de 1990
Trabalhadores franceses e britânicos concluem a escavação do Eurotúnel

1991

5 de setembro de 1991
Parlamento soviético vota pela dissolução da URSS

24 de setembro de 1991
Nasce Cary Mason

Outubro de 1991
Corrida La Carrera PanAmericana

1992

1992
Lançamento da World Wide Web

13 de abril de 1992
Lançamento do vídeo *La Carrera Panamericana*

1993

23 de junho de 1993
John Wayne Bobbitt tem o pênis cortado

13 de setembro de 1993
Aperto de mãos entre Yasser Arafat e Yitzhak Rabin no gramado da Casa Branca com Bill Clinton

1994

30 de março de 1994
Lançamento de *The Division Bell*
Abertura da turnê *The Division Bell* no Robbie Stadium, em Miami

29 de outubro de 1994
Último show no Earls Court encerra a turnê *Division Bell*

1995

30 de maio de 1995
Lançamento do álbum ao vivo *PULSE*

1996

17 de janeiro de 1996
O Pink Floyd entra para o Rock & Roll Hall of Fame, com discurso de Billy Corgan

5 de julho de 1996
Nasce a ovelha Dolly, primeiro mamífero clonado de uma célula adulta

Novembro de 1996
Aparelho de DVD é lançado pela Toshiba no Japão

1997

1º de maio de 1997
Vitória esmagadora de Tony Blair e dos Trabalhistas nas eleições gerais do Reino Unido

31 de agosto de 1997
Diana, Princesa de Gales, morre em acidente de carro em Paris

1998

10 de abril de 1998
Acordo de Belfast, primeiro passo em direção à paz na Irlanda do Norte

3 de setembro de 1998
É publicado o livro *Into the Red*, de Nick Mason

4 de setembro de 1998
O Google é fundado em Menlo Park, na Califórnia

1999

31 de dezembro de 1999
O mundo aguarda, prendendo a respiração, pelo apocalipse do *bug* do milênio

2000

11 de maio de 2000
Inauguração da Tate Modern em Londres

12 de dezembro de 2000
Depois da recontagem na Flórida, George W. Bush finalmente é declarado presidente dos EUA

2001

9 de janeiro de 2001
Apple lança o iTunes; seis dias depois, Jimmy Wales e Larry Sanger lançam a Wikipédia

11 de setembro de 2001
Queda das torres do World Trade Center

23 de outubro de 2001
Apple anuncia o iPod

2002

1º de janeiro de 2002
Introdução oficial das moedas e notas de euro na Zona do Euro

2003

17 de fevereiro de 2003
Começa o pedágio urbano em Londres

10 de outubro de 2003
Abertura da exposição *Pink Floyd: Interstellar* no Musée de la Musique, em Paris

24 de outubro de 2003
Último voo comercial do Concorde do aeroporto JFK ao Heathrow

30 de outubro de 2003
Morre Steve O'Rourke

22 de novembro de 2003
A Inglaterra vence a Copa do Mundo de Rúgbi

2004

4 de fevereiro de 2004
O Facebook é lançado em Harvard

7 de outubro de 2004
Data de publicação da 1ª edição de *Inside Out*

31 de outubro de 2004
Nick Mason e a Enzo Ferrari aparecem no programa *Top Gear* da BBC

14 de dezembro de 2004
Inauguração do Viaduto de Millau de Norman Foster

26 de dezembro de 2004
Tsunami devasta países com litoral voltado para o Oceano Índico

2005

23 de abril de 2005
Upload do primeiro vídeo no YouTube

9 de abril de 2005
Charles, o Príncipe de Gales, se casa com Camilla Parker-Bowles

2 de julho de 2005
Nick, Roger, David e Rick se reúnem para o Live 8 no Hyde Park

7 de julho de 2005

No dia seguinte ao anúncio das Olimpíadas de 2012 em Londres, terroristas matam 52 civis nas redes de metrô e ônibus da cidade

16 de novembro de 2005

O Pink Floyd entra para o UK Music Hall of Fame, anunciado por Pete Townshend

17 de novembro de 2005

A ópera *Ça Ira*, de Roger Waters, estreia em Roma

2006

6 de março de 2006

Lançamento de *On an Island*, de David Gilmour

21 de março de 2006

Primeiro *tweet* é postado pelo cofundador do Twitter Jack Dorsey

7 de julho de 2006

Morre Syd Barrett

17 de julho de 2006

O presidente George W. Bush cumprimenta Tony Blair dizendo "Yo, Blair"

2007

10 de maio de 2007

"The Madcap's Last Laugh", tributo a Syd Barret no Barbican, em Londres

1º de julho de 2007

Passa a ser proibido fumar em todos os espaços públicos fechados na Inglaterra

14 de novembro de 2007

Inauguração da ferrovia High Speed 1, que liga Londres ao Eurotúnel

2008

15 de setembro de 2008

O banco Lehman Brothers pede falência
Morre Rick Wright

5 de novembro de 2008

Lewis Hamilton é o mais jovem campeão de Fórmula 1 da história

2009

20 de janeiro de 2009

Barack Obama toma posse como 44º presidente dos EUA

25 de junho de 2009
Morre Michael Jackson

2010

15 de abril de 2010
Poeira da erupção do vulcão islandês Eyjafjallajökull causa o fechamento de boa parte do espaço aéreo europeu

6 de maio de 2010
Caroline Lucas se torna a primeira parlamentar eleita pelo Partido Verde britânico

10 de julho de 2010
Roger Waters e David Gilmour comparecem juntos a evento da Hoping Foundation, na Kiddington Hall, em Oxfordshire

2011

4 de janeiro de 2011
Morte do camelô tunisiano Mohamed Bouazizi desencadeia a "Primavera Árabe"

2 de maio de 2011
Osama bin Laden é morto pelas Forças Especiais dos EUA

12 de maio de 2011
David e Nick se juntam a Roger para tocar em seu show *Wall* na O2 Arena

2012

12 de agosto de 2012
Nick Mason toca "Wish You Were Here" com Ed Sheeran, Mike Rutherford e Richard Jones na cerimônia de encerramento das Olimpíadas de Londres

21 de setembro de 2012
Confirmada a venda da EMI para a Universal

21 de dezembro de 2012
"Fim do mundo" previsto com base no calendário maia. O mundo, porém, continua girando

2013

8 de abril de 2013
Morre Margaret Thatcher

18 de abril de 2013
Morre Storm Thorgerson

7 de julho de 2013
Andy Murray é o primeiro homem britânico em 77 anos a vencer o título de simples em Wimbledon

2014

29 de março de 2014
Primeiros casamentos de pessoas do mesmo sexo na Inglaterra e em Gales

19 de setembro de 2014
A Escócia vota "Não" pela independência

7 de novembro de 2014
Lançamento de *Endless River*

2015

25 de março de 2015
A BBC confirma a demissão de Jeremy Clarkson do *Top Gear*

18 de setembro de 2015
Lançamento de *Rattle That Lock*, de David Gilmour

13 de novembro de 2015
Terroristas matam 89 pessoas na casa de shows Bataclan, em Paris, como parte de ataques coordenados pela cidade

2016

23 de junho de 2016
Brexit: o Reino Unido vota por deixar a União Europeia

8 de novembro de 2016

Donald J. Trump vence a eleição presidencial nos EUA

11 de novembro de 2016

Lançamento de The Early Years 1965-1972

2017

7 de maio de 2017

Emmanuel Macron é eleito presidente da França, derrotando Marine Le Pen

13 de maio de 2017

Abertura da exposição "Pink Floyd: Their Mortal Remains" no museu V&A, em Londres

5 de outubro de 2017

Artigo do *New York Times* sobre acusações contra o magnata do cinema Harvey Weinstein leva à explosão viral do movimento #MeToo

2018

19 de janeiro de 2018

Abertura da exposição "Their Mortal Remains" no MACRO, Museu de Arte Contemporânea de Roma (e segue para Dortmund em setembro e Madrid em maio de 2019)

1º de março de 2018

Nick Mason desmente anúncio hackeado de sua morte na Wikipedia, considerando-o "muito exagerado"

2 de maio de 2018

Nick Mason recebe do Príncipe William, pelos "serviços prestados à música", título de Comendador do Império Britânico

20 a 24 de maio de 2018

A banda Saucerful of Secrets, de Nick Mason, faz quatro pequenos shows na Dingwalls e no pub Half Moon, em Putney, abrindo caminho para uma turnê pela Europa e o Reino Unido

12 de junho de 2018

O presidente dos EUA, Donald Trump, e o Líder Supremo da Coreia do Norte, Kim Jong-un, se encontram em Singapura

2019

3 de janeiro de 2019

A sonda chinesa Chang'e 4 é o primeiro veículo espacial a pousar no "lado escuro da Lua"

12 de março de 2019

Abertura da turnê norte-americana da Saucerful of Secrets no Queen Elizabeth Theatre, em Vancouver; no Beacon Theatre, em Nova York, Roger Waters aparece para cantar "Set the Controls For the Heart of the Sun"

21 de junho de 2019
Um leilão de guitarras de David Gilmour na Christie's de Nova York arrecada 21,5 milhões de dólares para a ClientEarth; vendida por quase 4 milhões, sua Fender Stratocaster 1969 (a "Black Strat") bate o recorde mundial para uma guitarra leiloada

24 de julho de 2019
Boris Johnson se torna primeiro-ministro do Reino Unido, substituindo Theresa May

23 de dezembro de 2019
Greta Thunberg é a mais jovem Pessoa do Ano da revista *Time* na história, com o título "o poder da juventude"

2020

30 de janeiro de 2020
A Organização Mundial de Saúde anuncia a epidemia de uma doença que mais tarde seria chamada de COVID-19 e se tornaria uma pandemia mundial

3 de março de 2020
Nick Mason toca "Comfortably Numb" em evento de arrecadação de fundos para a Royal Marsden Cancer Charity na O2 Arena em Londres, organizado por Gary Brooker, do Procol Harum

12 de abril de 2020
Morre Stirling Moss, lendário piloto de Fórmula 1

25 de maio de 2020
George Floyd é morto durante sua prisão pela polícia de Minneapolis, levando a protestos do Black Lives Matter pelo mundo todo

31 de julho de 2020
Morre Alan Parker, diretor do filme *Pink Floyd: The Wall*

18 de setembro de 2020
Lançamento do álbum *Live at the Roundhouse* da banda de Nick Mason, Saucerful of Secrets, que chega em 5º lugar nas paradas do Reino Unido

7 de novembro de 2020
Eleição presidencial nos EUA: ex-vice-presidente Joe Biden é eleito, apesar das tentativas de Donald Trump em reverter o resultado

CRÉDITOS DAS IMAGENS

Os editores gostariam de agradecer às fontes a seguir por sua gentileza em permitir a reprodução das fotografias neste livro. Agradecemos, em especial, a Nick Mason pelo acesso a seu arquivo de imagens (ANM: Arquivo de Nick Mason). Empreendeu-se um grande esforço para rastrear os detentores de direitos autorais, mas, caso haja omissões ou erros, teremos o maior prazer em corrigi-los em edições futuras do livro.

SEÇÃO 1

Página 1: ANM. Página 2: ANM (ambas as imagens). Página 3: Clive Metcalfe (topo); ANM (embaixo). Página 4: Mike Leonard (ambas as imagens) Página 5: ANM. Página 6: ANM (ambas as imagens). Página 7: Peter e Sumi Jenner/Graham Keen (topo à esquerda); ANM (topo à direita); ANM (embaixo). Página 8: Graham Keen. Página 9: Adam Ritchie (topo); ANM/Wendy Gair (embaixo à esquerda); Adam Ritchie (embaixo à direita). Página 10: Dave Mills (topo); Redferns/Andrew Whittuck (embaixo). Página 11: Rex Features (topo); ANM (embaixo). Página 12: ANM (topo); Colin Prime/www.rocharchive.com (embaixo). Página 13: ANM (todas as imagens). Página 14: ANM (ambas as imagens). Página 15: ANM (ambas as imagens). Página 16: Peter e Sumi Jenner.

SEÇÃO 2

Página 1: Storm Thorgerson. Página 2: Strange Things Archive. Página 3: Arquivo de Jill Furmanovsky (topo); ANM (embaixo). Página 4: ANM. Página 5: ANM (ambas as imagens). Página 6: Pictorial Press/Jeffrey Mayer. Página 7: ANM (topo); Coleção de Steve O'Rourke (embaixo). Página 8: Mick Rock. Página 9: Ron Geesin/ Richard Stanley Página 10: Juliet Wright/Gerard Bousquet (topo); ANM (embaixo). Página 11: Rex Features/Crollanza. Página 12: ANM. Página 13: Repfoto/Robert Ellis. Página 14: Jill Furmanovsky (topo); ANM (embaixo). Página 15: ANM (ambas as imagens). Página 16: Rex Features/Everett Collection.

SEÇÃO 3

Página 1: ANM. Página 2: ANM (ambas as imagens). Página 3: ANM (ambas as imagens). Páginas 4 e 5: Hipgnosis (pirâmides); Jill Furmanovsky (banda). Página 6: Coleção de Steve O'Rourke (topo); ANM/Jill Furmanovsky (embaixo). Página 7: ANM/Jill Furmanovsky (topo e meio); ANM (embaixo). Página 8: Phil Taylor (ambas as imagens). Página 9: Phil Taylor (topo); ANM (embaixo). Página 10: Jill Furmanovsky (topo); ANM/Jean Cazals (embaixo). Página 11: Robbie Williams. Página 12: Phil Taylor. Página 13: ANM (ambas as imagens). Páginas 14 e 15: ANM (ambas as imagens). Página 16: ANM/ Bob Jenkins.

SEÇÃO 4

Página 1: ANM/Mark Fisher. Página 2: ANM. Página 3: ANM (topo); ANM/VA cortesia de The Kobal Collection (embaixo). Página 4: LAT (todas as imagens). Página 5: ANM/David Bailey (topo);

Jill Furmanovsky (embaixo). Página 6: Robbie Williams (topo); ANM (embaixo). Página 7: ANM (topo); ANM/Dimo Safari (embaixo). Página 8: ANM (todas as imagens). Página 9: ANM/Dimo Safari (topo); Alan Davison (embaixo). Página 10: ANM (todas as imagens). Página 11: ANM (ambas as imagens). Página 12: Jill Furmanovsky (topo); Brian Rasic/Rex Features (embaixo). Página 13: Brian Rasic/Rex Features (topo); Jill Furmanovsky (embaixo). Página 14: Gala Wright/Rick Wright Archive (topo); ANM (embaixo). Página 15: Harry Borden (topo); ANM (embaixo). Página 16: Jill Furmanovsky (ambas as imagens).

ÍNDICE REMISSIVO

Leia o QR Code e conheça outros títulos do nosso catálogo

@editorabelasletras
www.belasletras.com.br
loja@belasletras.com.br
54 99927.0276

2025 - 2 reimpressões
Este livro foi composto em Liberation e impresso pela gráfica Impress em janeiro de 2025.